学前融合教育系列

浙江省"十三五"师范教育创新工程项目"融合性特色幼儿教师培养"研

孤独症儿童早期
融合教育与康复训练

顾群 主 编
周佳 副主编

南京师范大学出版社

图书在版编目(CIP)数据

孤独症儿童早期融合教育与康复训练 / 顾群主编；周佳副主编. -- 南京：南京师范大学出版社，2025.3
（学前融合教育系列）
ISBN 978-7-5651-6161-2

Ⅰ.①孤… Ⅱ.①顾… ②周… Ⅲ.①孤独症-儿童教育-特殊教育②小儿疾病-孤独症-康复训练 Ⅳ.①G766②R749.940.9

中国国家版本馆 CIP 数据核字(2024)第 032201 号

丛 书 名	学前融合教育系列
书　　名	孤独症儿童早期融合教育与康复训练
主　　编	顾　群
副 主 编	周　佳
丛书策划	彭　茜
责任编辑	李丛竹
出版发行	南京师范大学出版社
地　　址	江苏省南京市鼓楼区北京西路 72 号(邮编：210009)
电　　话	(025)83598919(总编办)　83598319(营销部)　83371351(邮购部)
网　　址	http://press.njnu.edu.cn
电子信箱	nspzbb@njnu.edu.cn
照　　排	南京凯建文化发展有限公司
印　　刷	兴化印刷有限责任公司
开　　本	710 毫米×1000 毫米　1/16
印　　张	24.25
字　　数	397 千
版　　次	2025 年 3 月第 1 版
印　　次	2025 年 3 月第 1 次印刷
书　　号	ISBN 978-7-5651-6161-2
定　　价	76.00 元

出 版 人　张　鹏

南京师大版图书若有印装问题请与销售商调换
版权所有　侵犯必究

自　序

自1943年美国约翰·霍普金斯大学的专家莱奥·坎纳首次提出孤独症这一概念已经过去80余年了。但是，对人类而言，孤独症尚有许多未解之谜，如病因、治疗手段等，并且对于有效的康复训练方法，也没有找到完全统一的答案。

孤独症，也叫自闭症，全称为孤独症谱系障碍。根据美国精神医学学会2013年5月颁布的最新版美国《精神障碍诊断与统计手册（第5版）》中描述，孤独症谱系障碍是一种神经发育障碍，多起病于发育早期。

近几十年，全世界的特殊教育研究者和教育工作者对孤独症儿童的关注前所未有，一方面，孤独症儿童的出现率大幅度提升；另一方面，孤独症不仅给家庭带来"磨难"，更对社会性支持提出了挑战。我国著名教育家顾明远先生曾在为"21世纪特殊教育创新教材"所作的序中写道："在特殊教育中倒是要重视自闭症儿童，我国特殊教育更多的是关注伤残儿童，不大关心自闭症儿童，其实他们非常需要采取特殊的方法来矫正自闭症，否则他们长大以后很难融入社会。自闭症不是完全可以治愈的，但早期的鉴别和干预对他们日后的发展很有帮助。"2007年12月联合国大会通过决议，从2008年起，将每年的4月2日确定为"世界孤独症关注日"，以提高人们对孤独症相关研究与诊断以及孤独症患者的关注。例如2023年第十六届世界孤独症关注日的主题是"关爱孤独症儿童，关注与支持孤独症人士的照顾者和专业工作者"。2024年纪念活动的主题是："意识、接纳、欣赏：从苟延残喘到茁壮成长"。活动由联合国全球传播部与神经多样性研究所联合举办。这是首次从孤独症患者的角度出发，就孤独症的状况及其贡献提供真正全球性的概览，以更加全面和深入的视角让全世界了解这个群体、关注这个群体并支持这个群体。

就目前对孤独症儿童的矫正研究来看，教育干预是主要且重要的手段。教育干预的实施一定是由具有专业知识与能力的教育工作者来完成。因此，大学的师范专业应肩负起这一使命。作为从事教师培养工作40余年的教师，笔者自2002年在北京师范大学原心理学院进修和读研究生时，第一次接触到"障碍儿童"的课题开始，就对各类问题儿童特别关注，并开始学习和研究。作为嘉兴大学学前教育专业负责人，为了人才培养需要，于2014年成立了师范生培养基地，至此开始全面零距离接触各类特殊教育需要儿童，特别是着手进行孤独症儿童教育康复的研究和实践工作。10年时间里，我们已经把50多名孤独症儿童送进普通幼儿园和小学读书。同时，学前教育专业开设了"孤独症儿童早期融合教育与教育康复"等课程，培养了大批专业理论扎实、融合康复实践经验丰富的教师。

结合多年来研究成果及教学实际需要，我们编写了本教材，供各大学的特殊教育专业、学前教育专业、孤独症儿童家长和从事融合教育的教师学习、借鉴。本教材也是浙江省师范教育创新工程项目"融合性特色幼儿教师培养"的研究成果。

在此，要特别感谢青岛幸福之家幼儿园的创办人刘树芹园长在本教材编写过程中所提供的"鲜活"素材。对刘树芹园长以及青岛幸福之家幼儿园的老师们长期以来克服艰难险阻，为我国特殊需要儿童早期融合教育事业做出的卓越贡献表示敬佩！还要衷心感谢我创办的平湖市爱益人才培育中心（融合教育研究中心）的全体教师，在长期的融合教育实践中不断学习、探索和研究，为本教材提供了大量的非常有学习价值的课件，以具体、形象、丰富、直观的形式呈现了部分重难点教学内容，希望能帮助读者更好地学习与实践。

顾群

嘉兴大学

2024年3月28日

目 录

自 序 —— 001

第一章 孤独症概述 —— 001
第一节 孤独症的定义、核心症状及临床表现 —— 003
第二节 孤独症的病因、发病率及分级 —— 009
第三节 孤独症早期筛查与鉴别 —— 022

第二章 孤独症儿童早期融合教育 —— 045
第一节 孤独症儿童早期融合教育概述 —— 047
第二节 孤独症儿童的教育安置与教学活动形式 —— 062
第三节 我国孤独症儿童早期融合教育的现实问题及对策 —— 076
第四节 孤独症儿童早期融合课堂的管理 —— 083

第三章 孤独症儿童社会性发展及康复训练 —— 095
第一节 儿童社会性发展概述 —— 096
第二节 孤独症儿童社会性发展 —— 105
第三节 孤独症儿童社会性发展评估 —— 119
第四节 孤独症儿童社会性训练 —— 126

第四章 孤独症儿童心智解读能力发展及康复训练 —— 147
第一节 心智解读概述 —— 148
第二节 儿童心智解读能力的发展 —— 153
第三节 孤独症儿童心智解读能力评估 —— 173
第四节 孤独症儿童心智解读能力训练 —— 185

第五章　孤独症儿童语言与言语发展及康复训练 …… 221
- 第一节　语言与言语及其障碍概述 …… 222
- 第二节　儿童语言与言语的发展 …… 229
- 第三节　孤独症儿童语言与言语评估 …… 237
- 第四节　孤独症儿童语言与言语训练 …… 245

第六章　孤独症儿童情绪发展及康复训练 …… 257
- 第一节　孤独症儿童情绪发展的特点 …… 258
- 第二节　孤独症儿童情绪的评估 …… 279
- 第三节　孤独症儿童情绪能力训练 …… 286

第七章　孤独症儿童的行为问题及康复训练 …… 291
- 第一节　孤独症儿童的行为问题 …… 292
- 第二节　孤独症儿童行为能力评估 …… 299
- 第三节　孤独症儿童行为训练 …… 308

第八章　孤独症儿童主要康复训练方法介绍 …… 333
- 第一节　早期干预丹佛模式 …… 335
- 第二节　社交情绪调控交互支持模式 …… 343
- 第三节　孤独症儿童的心理治疗 …… 353
- 第四节　孤独症儿童的艺术治疗 …… 370

第一章

孤独症概述

教学目标

1. 师德养成目标

通过本章内容的教学,理解孤独症谱系障碍的定义,了解这一障碍儿童早期发病症状且发病率呈上升趋势的现实;认识到对孤独症患儿关注并进行针对性教育的意义,从而树立人人享有受教育权的思想意识;生成理解、包容、接纳的师爱品质。

2. 知识与能力目标

(1) 知识目标:理解孤独症的定义与核心症状;了解孤独症的临床表现、病因、发病率及其分级;基本掌握孤独症早期筛查与鉴别的相关知识。

(2) 能力目标:初步学会使用孤独症早期筛查与鉴别工具。

3. 情感与意志目标

(1) 情感目标:了解孤独症患儿异常行为的缘由,从而理解教师接纳"神经多样性"的意义,从而生成"有教无类"的情感体验。

(2) 意志目标:深刻理解孤独症患儿早期筛查与鉴别的重要性,并产生为之努力学习的意志品质。

教学重点与难点

(1) 教学重点:孤独症的定义与核心症状。

(2) 教学难点:孤独症的早期筛查与鉴别。

案例呈现

世界上首例被诊断为孤独症的人

莱奥·坎纳(Leo Kanner)博士是约翰·霍普金斯大学教授、顶尖的儿童心理专家,因著《儿童精神病学》(Child Psychiary)而声名显赫。1938年末,唐纳德的父亲给坎纳教授写了一封33页的长信,描述了儿子唐纳德出生后5年来的种种怪异表现:身体笨拙,叫名没有反应,对包括父母在内的所有人都没有兴趣,重复一些毫无意义的话,痴迷于数字、字母、音符和旋转圆形物品(如煎锅),非常讨厌环境的改变,拥有非凡的记忆力和超出常人的乐感,等等。坎纳教授不确定唐纳德究竟是得了哪种病,在仔细观察了唐纳德两个星期后,在诊断一栏写下了"精神分裂症?"。坎纳教授非常清楚,唐纳德的行为中没有任何迹象表明他具有精神分裂症典型的幻觉等症状。随后的一段时间内,唐纳德父母又带着唐纳德拜访了坎纳三次,但每次坎纳都没有给出准确

图1-1 幼年唐纳德

图1-2 少年唐纳德

图1-3 青年唐纳德

图1-4 老年唐纳德

的诊断。最后坎纳教授给唐纳德母亲的信中无奈地写道,"我非常理解你和你的丈夫,迫切想了解唐纳德到底得了什么病",但"生平第一次,我碰上了迄今为止还未被精神病学或其他文献描述过的病症",不过"我现在已经积累了其他8个非常相似的病例",但还没有公开,因为需要"进行更长时间的观察"。

直到1942年9月,这期间坎纳教授共发现了10个类似病例,他将这种病称为"早期婴儿孤独症"(early infantile autism)。1943年,其研究成果发表在一本名为《儿童精神病》(The Nervous Child)的期刊上,从此这个群体有了自己的名字和定义,文章中共列举了11个病例,唐纳德排在第一位,在孤独症诊断历史上被称为"Case 1…Donald T"(1号病例…唐纳德·T),唐纳德成为世界上第一个被确诊为孤独症的病例。

第一节　孤独症的定义、核心症状及临床表现

一、孤独症的定义

(一) 什么是孤独症

孤独症(autism),又称自闭症,全称是孤独症谱系障碍(autism spectrum disorder,ASD)。根据美国精神医学学会(American Psychiatric Association,APA)2013年5月颁布的最新版美国《精神障碍诊断与统计手册(第5版)》(Diagnostic and Statistical Manual of Mental Disorders, Fifth Edition, DSM-5)中描述,孤独症谱系障碍是一种神经发育障碍,多起病于发育早期。[1]

迄今为止,人们对孤独症的研究还处于起步阶段,其致病原因尚无定论。该病症对患者的社会功能影响较大,且近些年各国报告的发病率在不断上升。国内的一项关于孤独症、肢体残疾、智力残疾儿童家庭经济负担的调查

---

[1] 邓明昱,劳世艳.自闭症谱系障碍的临床研究新进展(DSM-5新标准)[J].中国健康心理学杂志,2016(4):481.

显示,孤独症儿童家庭每年需支出 19 582.4 元抚养费,而肢体残疾儿童和精神残疾儿童分别为 16 410.1 元和 6 391.0 元。而在美国,孤独症儿童的直接或间接治疗开销每年高达 350 亿美元,孤独症患者人均终身需要美国政府投入大约 320 万美元。英国的孤独症患者终身人均成本则在 310 万英镑至 460 万英镑之间。① 为此,世界各国对此病症都高度重视。

自 1943 年美国报道首例患儿至今,人们一直不断地在与孤独症相关的遗传学、病理学、医学、教育学、心理学、康复学等领域开展研究。

(二) 孤独症定义的变化

孤独症的英文"autism"最早源于希腊语"autor",表示自我的意思。1943 年,美国医生莱奥·坎纳首次发现并报告了 11 位孤独症儿童。他在报告中描述:"他们对周围的人相当冷漠,发出像鹦鹉一样的声音,单调重复性行为导致他们的持续性活动受限。"坎纳称这种障碍为"情感接触的孤独性障碍"(autistic disturbances of affective contact)。

图 1-5 莱奥·坎纳

1944 年,奥地利医生汉斯·阿斯伯格(Hans Asperger)发现了四名男孩的症状与坎纳医生所描述的相似,但这四名男孩有着较高的言语能力和独特的思维能力,但是运动机能障碍更显著。这种症状被汉斯·阿斯伯格医生描述为一种"孤独性精神病"。

之后来自英国的精神科医师洛娜·温(Lorna Wing)于 1981 年提出"阿斯伯格综合征"(Asperger syndrome)一词,用来区分与坎纳报告的典型症状不一致的病症。

20 世纪 50 至 70 年代,在孤独症尚未引起临床工作者和医学研究者的广泛关注时,这种症状一度被认

图 1-6 汉斯·阿斯伯格

---

① 徐云,杨健.自闭症早期发现研究进展[J].中国临床心理学杂志,2014(6):1023.

为儿童精神分裂症。[①] 1980年美国《精神障碍诊断与统计手册(第3版)》发布,创立了一个新的诊断类别,即广泛性发育障碍(pervasive developmental disorders,PDD),至此,早期婴儿孤独症第一次被作为一项单独的类型来诊断,并且其中的"广泛性"概念让人们开始关注这一病症对儿童社交、语言和认知等多方面功能的影响进行研究,并不断地对孤独症的亚型进行细化和标准化。1994年发布的《精神障碍诊断与统计手册(第4版)》中明确将孤独症、阿斯伯格症、儿童瓦解症等归属于广泛性发育障碍的亚类。当时的学界认为这是一组有神经基础的广泛性发育障碍,多起病于3岁以前,各亚类症状的严重程度不同,而孤独症处于最严重的一端。[②] 2013年,备受国际关注的《精神障碍诊断与统计手册(第5版)》(DSM-5)发布。在这一版中,孤独症的分类和诊断发生了重大的变化,用"孤独症谱系障碍"替代了"广泛性发育障碍",重点突出了孤独症是一种"谱系"障碍,并重新定义了这一病症。

综上所述,随着人们对这一病症的广泛而深入的了解,以及医学、遗传学等科学技术的进步,人们对孤独症定义的认知也在不断地发生着变化,未来也许将会有更精准的描述和诊断标准出现。

二、孤独症的核心症状及临床表现

(一) 孤独症的核心症状

根据目前国际公认的诊断系统,即《精神障碍诊断与统计手册(第5版)》,孤独症谱系障碍主要包括两大核心症状:① 持续性地出现社会沟通和社会交往障碍,具体表现为社交与情感的交互性缺陷、非语言行为交流缺陷、发展维持和理解人际关系缺陷;② 兴趣狭窄和重复刻板的行为模式,具体表现为重复刻板的语言和行为、僵化固守惯例、固定局限的兴趣活动、感知觉反应异常。在新的定义中,包括以往划分的典型孤独症(autistic disorder)、阿斯伯格综合征(Asperger syndrome)、瑞特综合征(Rett syndrome)、儿童瓦解性障碍

[①] 徐云.自闭症儿童的早期发现、干预、教育研究进展[M].北京:科学出版社,2017:2.
[②] 陈顺森,白学军,张日昇.自闭症谱系障碍的症状、诊断与干预[J].心理科学进展,2011(1):60-72.

(children's disruptive disorder)四项在内的亚类别统一归类为"孤独症谱系障碍"。这一变化说明,孤独症并非单一的发育障碍,而是有很多发展形态各异的亚型,且严重程度由轻度到重度不等,其个体的特征和表现在语言、行为和社会性发展上各有不同,具有明显的异质性。

拓展阅读

为了能进一步改进精神疾病的诊断、治疗、科研和在所有临床工作者中产生一种共同语言,经过14年的准备,2013年5月美国精神医学学会推出了美国精神障碍分类与诊断标准的最新版本——DSM-5。DSM-5对所有精神障碍进行了重新定义和分类,并制定了精确和具体的诊断标准。它采纳、吸取了数百位国际一流水准的精神心理疾病教授、精神科医生、心理学博士等各界专家的意见和建议,因而极具科学参考价值。DSM-5的出版是美国精神学会甚至全球的一大盛事。DSM每十年到十五年改版一次,也就意味着十到十五年内不会有改变。该书是所有精神障碍的诊断标准,也是所有心理咨询或精神医学相关行业从业人员必须参考的工具书。

图1-7 美国《精神障碍诊断与统计手册(第5版)》(DSM-5)

(二)孤独症的临床表现

"临床表现"一词通常是用在医学上,指患者得了某种疾病后身体发生的一系列异常变化。临床表现是疾病诊断的重要依据。由于孤独症谱系障碍是一种神经发育障碍,与其他病症一样,孤独症既有核心症状也有一些在患儿身上比较普遍存在的边缘症状。以下是对孤独症患儿临床表现的描述。

1. 孤独症核心症状的表现

(1)社交能力缺损

孤独症患儿在社交能力缺损方面的临床表现尤为明显。

具体表现为：缺乏与他人的目光对视，基本无眼神交流，常表现为目光涣散或游离/迷茫；呼唤名字没有反应；很难领会、习得社交手势的含义；不能将社交情境和情感联系起来，如家人开心与悲伤，他（她）视而不见，没有感情意识或波动；更不会"察言观色"，不理解社会生活的基本规则，如进入公共场所不能遵守基本的行为规范，做出异样的举动。

（2）行为刻板、兴趣狭窄

绝大部分孤独症患儿都会表现出不同类型的重复刻板行为、单调兴趣和强烈固执的个人化规则。研究者将这个大类的症状分成两种亚型：① 重复的感觉运动行为（repetitive motor and sensory behavior），如反复晃手或手指；② 对一贯性的坚持，包括狭窄的兴趣、僵化的日常行为规范。

具体表现为：喜欢把玩具依次排开，非常固执地坚持这样的顺序，如果被弄乱就会情绪崩溃；喜欢看旋转的圆形物件，如转盘、车轮等；喜欢重复做一件无意义的事，如开门关门、开灯关灯等；喜欢空间狭窄、封闭的空间，如桌子底下、衣柜里等；喜欢听水声和玩水；喜欢走固定的路线，如沿着墙边走，改变路线会大发脾气；喜欢吃常吃的几样东西，宁可饿着也不吃没吃过的东西；不喜欢新衣服；无意识地反复晃手或拍手；等等。

2. 孤独症边缘症状的表现

除了以上描述的两大核心症状，孤独症患儿有相当一部分还有比较明显的边缘症状。

（1）语言能力缺损

多数孤独症患儿在语言方面会有质的缺损（Gernsbacher, Moro & Gace, 2016）。有研究显示，超过 50% 的孤独症患儿都会表现出一定的语言发展缺陷，但缺陷的程度存在显著的个体差异。有的孩子会简单模仿一些语言，有的孩子到七八岁还不能开口说话（Kwok, Br, Smyth & Oram Cardy, 2015）。这一症状也是家长带孩子去医院检查的主要原因之一。

语言能力缺损的表现

具体来说，孤独症患儿语言发展障碍的症状表现不尽相同。如有的患儿会有重复的语言，如在一段时间里见到人就不停地说"大润发"或"大高楼"等。有的患儿3岁多还没有语言，见到人就只是笑；有的患儿只会仿说，如问他（她）"你叫什么名字"，得到的回答是"你叫什么名字"。多数有简单语言的患儿到了八九岁还分不清你、我、他，不会使用人称代词等。

（2）运动发展落后

研究表明，运动发展落后也是孤独症的重要症状（Bo, Lee, Colbert & Shen, 2016）。他们上肢的大运动和精细运动发展情况也明显不如一般儿童，往往难以完成扔球、拼图等活动（Liu & Breslin, 2013）。也有研究表明，孤独症患儿的运动发展落后与他们的社交能力缺损密切相关（Chukoskie, Townsend & Westerfield, 2013）。因为大量研究已经证明，孤独症儿童的模仿能力是有缺陷的。而运动方面的学习要以观察和模仿为前提。最近有研究发现，孤独症儿童的视觉相关皮层和运动相关皮层激活的同步性存在问题，并且社交症状越重的儿童，不同步性表现越为明显（Nebel et al., 2015）。

具体来说，孤独症儿童在运动发展方面表现为动作不协调，如有的患儿走路时会踮着脚尖，不能走直线；不会双脚蹦或立定跳远；学习拍球和跳绳非常困难；不会投掷；不会接球；等等。

动作不协调的表现

拓展阅读

关于孤独症患儿的智力问题，很久以来，人们认为孤独症患儿存在明显的智力缺陷。流行病学调查（Charman et al., 2011）发现，大概55%的孤独症儿童存在智力缺陷（IQ<70），但智商特别低（IQ<50）的情况并不常见。有28%的患儿智商在正常范围之内（85<IQ<115），有3%的患儿智商高于正常标准（IQ>115）。这说明，孤独症与智力落后的相关性并没有很多人认为的那么强。有研究还总结了孤独症儿童的智力特点，认为这些孩子呈现出高智商但发展不均衡的特点：他们有超强的知觉和空间推理能力，但在社交和语言方面存在明显劣势（Crespi, 2016；Calhoun, 2007）。甚至孤独症患儿在某些认知领域有独特的优势，表现出明显的"学者型能力"（savant skills）。例如，他们在机械记忆、数学计算、音乐记忆、绘画和视觉空间等方面有独特的天赋（Baron-Cohen, Ashwin, Tavassoli & Chakrabarti, 2009；Meilleur, Jelenic & Mottron, 2015；Treffert, 2014）。这种天赋被称为"孤岛能力"。有人也把这种才能与障碍并存的群体称作"白痴天才"。拥有"孤岛能力"的孤独症患儿,虽然被视为天才,但智商水平大部分介于智力低下与正常智力之间,只是与不具备"孤岛能力"的孤独症群体相比,他们在总体智商上明显较高(Howlin, et al., 2009)。

第二节 孤独症的病因、发病率及分级

一、孤独症的病因

自从世界各国开始关注孤独症这一病症的影响至今,人们对其病因的研究虽然没有定论,但一直没有停止对其进行探索和追寻。一般认为,孤独症是一种多因素导致的复杂疾病并表现为高度的异质性。近几十年来,关于孤独症的病因,比较公认的是并非独立因素所致。

(一) 遗传因素

20 世纪 90 年代英国一项研究发现,典型孤独症同卵双生子同病率大于 60%,而异卵双生子同病率为 0%,用谱系较宽的孤独症表型重新评估,同病率分别为 92% 和 10%,遗传度大于 90%。[1] 美国的一项双生子研究报道,孤独症同卵双生子同病率(男性 77%,女性 50%)明显高于异卵双生子(男性 31%,女性 36%)。有研究者通过观察发现,同卵双生子因为身处相同的子宫环境,带有同样的遗传信息,一旦有一方存在基因突变或结构异常,另一方会出现同样的状况。如果将语言交流障碍和社交障碍作为儿童孤独症的广泛表现,那么一卵双生的同病率为 60%～92%,双卵双生的同病率则为 0%～10%(H. V. Ratajczak,2011)。越来越多的研究表明,儿童孤独症的遗传度达到了 90% 以上,并存在明显的家族聚集现象。即使家族成员没有出现同样的病症,其兄弟姐妹中也可能会出现轻微的认知和行为缺陷。[2] 另一项研究报

---

[1] 中国残疾人康复协会. 孤独症康复教育人员上岗培训辅导教材[M]. 北京:华夏出版社,2018:8.
[2] 徐云. 自闭症儿童的早期发现、干预、教育研究进展[M]. 北京:科学出版社,2017:24.

道,家中有一个孩子患有孤独症,第二个孩子患有孤独症的概率是20%~25%。若以普通人群中孤独症患病率为1‰推算,同胞孤独症的患病率为普通儿童发病的20~25倍。另有一项针对孤独症患儿父母的孤独症特质调查认为,在孤独症患儿的父母身上就存在不同程度的孤独症特质。一些父母虽然存在临床特征,但并未达到诊断标准或之前未被发现;还有一些父母双方均出现了基因变异,在遗传过程中逐渐累积到孩子身上,从而增加了子女罹患孤独症的风险。

近年来孤独症相关的遗传学研究发现,与孤独症发病相关的基因超过300个,主要分布于10多条染色体上。其中,已经明确与孤独症有关的遗传因素有脆性X染色体综合征和结节性硬化。脆性X染色体是最早被认为导致孤独症的遗传因素之一。女性X染色体脆弱症患者中有25%的人智商低于70,同时伴有害羞、缺少眼神接触、注意力缺陷等问题;另外有10%~15%的人表现出了孤独症的特质,包括语言发展迟缓、多动、较少眼神接触、攻击性行为等。也有关联研究确定了6个与孤独症有关的染色体区域:2q、3p、6q、15q、16p、18q(B. M. Anderson, et al. , 2009)。还有研究发现,孤独症患者在1q、13p、16q和Xq上存在连锁(T. H. Wassink,et al. ,2008)。几乎每一条染色体上均有发现与孤独症相关的异常区域,其中被提及次数最多的是15号染色体的异常,具体为15q11~13部位存在重叠、15q12缺失等。此外,通过全基因组扫描和细胞遗传法定位出与孤独症相关的候选基因有WNT2基因、5-HTT(5-羟色胺转运体)基因、GABRB3基因、GluR6(谷氨酸受体6)基因、UBE3A和FOXP2基因、CNTNAP2基因。关于遗传基因导致孤独症,尚没有确定的精准结论,还待更深入的研究。

(二) 神经功能特异性

到目前为止,研究者们普遍认为孤独症谱系障碍是一种广泛性神经发育障碍。因此,围绕孤独症谱系障碍出现了各种各样的理论假设。大多数的理论假设都带有一定程度的神经中心主义特点,即所有影响因素最终都被归结为大脑神经功能的障碍或紊乱。

1. 神经生化因素

早在1953年,瑞提沃(Rtivo)和普罗旺斯(Provence)就观察到,孤独症儿童表现出对于各种感官刺激(如巨响、拥抱、滋味和气味等)的反应不当。奥比茨(Ornitz)等于1968年提出了一种所谓知觉不连贯假说(the perceptual inconstancy hypothesis),认为这种现象是由孤独症患儿神经受损,不能协调和平衡感觉输入与运动输出而引起的,其他的孤独症症状都是因此而派生出来的。近几年,研究者发现了与大脑发育相关的蛋白,并提出了神经发育假说。这一假说认为,扰乱子宫内或初生后神经发育轨迹的分子通路均参与了孤独症的发病机制。这些通路可能与很多不同的发育过程相关,如神经元迁移、皮层组构、突触、树突塑造、皮层联系的建立等。当其中任何一个过程受到环境因素干扰时,环境将对遗传因素进行修饰,从而引起更严重的异常。目前研究者所发现的涉及孤独症大脑发育的相关蛋白有Reelin信号蛋白和Neuroligin、Neurexin家族蛋白。Reelin信号蛋白调节神经元迁移和皮质分层,通过与脂蛋白受体相互作用调控其他神经发育过程。Neuroligin家族蛋白和Neurexin家族蛋白促进突触后神经元的分化,参与突触的发生过程,是近几年来孤独症发病机制研究领域中最广泛被研究的遗传因素。虽然研究者找到了可能参与孤独症发病的相关蛋白,但还未能确定其怎样参与到孤独症的神经发育系统中,其研究结果还有待检验。[①]

有研究提出,孤独症患儿的大脑发育过程中,中枢神经系统内的神经递质紊乱,各个神经元突触的信息传递功能异常,使神经元在迁移过程中发生异常。有不少学者还根据接收器优先选择的特点提出一种所谓的感官机能失调理论(theory of sensory dysfunction)(Goldfarb, 1956; Schopler, 1965; Stroh & Buick, 1964)。这种理论假设认为,孤独症患儿对嗅觉、触觉和味觉(近体表感受器)的选择优先于听觉和视觉(远体表感受器)。他们发现,孤独症患儿一般只是用触摸和吮吸或咬啃来探索周围的世界。这种现象的存在导致孤独症患者在进行信息加工的简单任务时,由于局部神经联结的过度而在信息加工时局部脑区过度活跃,而远距离神经联结的不足,则容易导致在从事一些需

用近体表感受器探索事物的表现

---

① 徐云.自闭症儿童的早期发现、干预、教育研究进展[M].北京:科学出版社,2017:26.

要不同脑区协作加工的复杂心理任务时,不同脑区之间的协作与激活难以实现。①

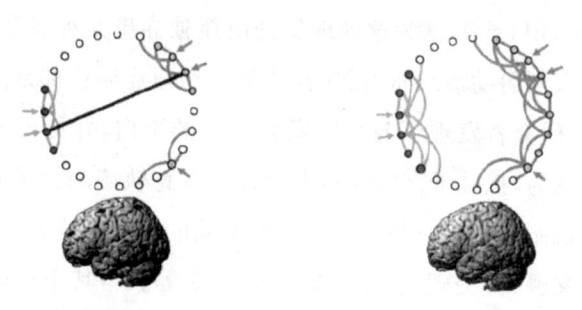

图 1-8　普通个体(左)和孤独症个体(右)的脑神经联结模式(上)及脑激活模式(下)②

2. 神经心理学因素

孤独症谱系障碍是一种严重的发育障碍性疾病,典型的孤独症处于谱系低端,而谱系高端接近普通人群。人们难以走进他们的世界,他们对别人的世界也不关注,其基本特征是社会交往以及语言交流明显异常或发展受损、伴随有限重复的兴趣和活动。③ 国外研究表明,有关孤独症的心理学理论大致分成两个阵营:一种观点认为孤独症主要是社会性损伤,是一种领域特异性(domain-specific)的障碍;另一种观点则认为孤独症主要是非社会性损伤,是在领域一般性(domain-general)的加工上存在障碍。④ 并且研究者们从心理学角度对孤独症的成因提出了三种理论假设:心理理论、弱中心整合理论和执行功能障碍理论。

心理理论是站在社会性损伤,即领域特异性障碍的角度来研究孤独症的成因。心理理论(theory of mind,TOM)是指推测自己或他人的信念、愿望、目的、情绪等心理状态,并依此进一步推测、解释他人行为的理论(能力)。一旦具备这种能力,人们会意识到他人与自己的信念存在差异,在信念和现实

---

①② 曹漱芹,方俊明. 脑神经联结异常——自闭症认知神经科学研究新进展[J]. 中国特殊教育,2007(5):44、45.
③ MANNING-COURTNEY P, MURRAY D, CURRANS K, et al. Autism spectrum disorder[J]. Current problems in pediatric adolescent health care, 2013,43(1):2-11.
④ HAPPÉ F. Social and nonsocial development in autism: where are the links? [C]// BURACK J A, CHARMAN T, et al. The development of autism: perspective from theory and research. Mahwah: LEA, 2001:237-253.

不一致的情况下，能够根据信念而非现实世界的状况来判断行为。心理理论是维持正常社交必备的条件。心理理论方面的研究认为，孤独症儿童不能很好地完成对人际关系信息的接受和处理，影响了正常的社会交往，是一种社会性缺陷。不过，现有的研究相继证明，心理理论的缺失、执行功能障碍和弱中心整合理论与孤独症的两大核心症状密切相关（俞蓉蓉等，2012）。

无法对人际关系信息进行接收和处理的表现

拓展阅读

莱斯莉（Leslie）认为心理理论能力与生俱来，并且相对独立，智力正常者亦可能存在心理理论能力的缺陷。构建该理论的最著名的游戏测验为"错误信念测试"（false-belief test）。测试中，一个玩偶（名叫莎莉）将一个玻璃球藏在盒子里，之后走出房间；继而另一玩偶（名叫安）进来从盒子里拿出玻璃球放进另一个盒子里。主试者向被试儿童询问有关记忆的几个问题之后，提出关键性的问题："莎莉回到房间以后，先到哪里找玻璃球？"研究发现，3~5岁是儿童错误信念能力发展关键期，5岁儿童已基本能通过该测试，而孤独症儿童存在明显困难。在巴伦-科恩（Baron-Cohen）的测试中，80%的孤独症儿童回答先从第二个盒子寻找。

执行功能障碍理论（executive dysfunction theory，EDF）和弱中心整合理论（weak central coherence，WCC）认为，孤独症儿童具有非社会性缺陷，他们存在对外界客观信息的加工障碍。目前，持这一观点的人对孤独症的研究从着眼于其行为缺陷逐渐转向对其认知和认知神经机制进行研究，并越来越关注其非社会性损伤。很多研究表明，孤独症患者在信息加工过程中表现出了局部加工的优势。关于孤独症局部加工优势的理论主要有两种：中央统合不足假设、知觉机能增强模型。中央统合不足被解释为一种聚焦于细节或局部的认知风格，临床上表现为关注细节和部分，不能提取中心意义。该假设得到了许多证据支持，如孤独症儿童比普通儿童较少受到背景刺激的影响，更少屈从于视错觉；孤独症儿童较少屈从于格式塔，更容易根据组成的积木拼出图形；在识别单个图形的镶嵌图形测验中表现得更好而且能更快完成任务。知觉机能增强模型保留了孤独症患者有局部优势这种想法，认为在加工等级化刺激时的局部优势效应是由知觉低级加工的增强，而非整体加工的缺陷导致的。

拓展阅读

莫特龙(Mottron)等人根据孤独症患者具有整体加工能力，提出了知觉机能增强模型(enhanced perceptual function model)。该模型关于孤独症患者信息加工的主要观点是：孤独症患者在某些低水平的视、听觉认知任务中比一般人完成得更好；在完成复杂认知任务和日常生活当中与知觉有关的行为时，知觉的参与水平更高；孤独症患者并不存在整体加工的缺陷。实验室研究和生态学研究都为知觉机能增强模型提供了证据，但孤独症患者增强的机能仅仅表现在知觉加工中，[①]从特征觉察到模式识别均发现了增强的知觉机能，其研究证据主要来自视觉通路和听觉通路两方面。

巴伦-科恩(Baron-Cohen)基于上述心理学理论进一步提出了共情—系统化理论(empathizing systemizing theory)。该理论弥补了以上三种假设的不足，从共情和系统化能力两个维度建立理论模型。研究者认为，这两种能力是代偿甚至是竞争关系。孤独症儿童的重复刻板行为、孤岛能力等非社会性特征是由过度系统化所致，同时他们也会因为共情能力的缺损，表现出无法理解和揣测他人心理过程的社会性特征。虽然看似是一个维度的两端，但正是两者的代偿性关系，造成共情和系统化能力间的不平衡，增加了诱发孤独症的可能(陈巍等，2012)。

3. 神经多样性(neurodiversity)

神经多样性是神经功能障碍的总称。主张者查普曼(R. Chapman)指出："在最近几十年中，精神、认知和学习障碍的病理化趋势日益受到正在兴起的神经多样性运动的挑战。神经多样性运动主要是一种社会正义运动，其目标是结束那种把神经多样性默认为病态的做法，不再把神经多样性视为正常心

[①] ELLIS H D, GUNTER H L. Asperger syndrome: a simple matter of white matter? [J]. Trends in cognitive sciences, 1999, 3(5): 192-200.

理功能的偏离,而是促进人类多样性的理解和接纳。"①

生成论是当代具身认知思潮中的一种新取向。其研究者主张,认知不是发生于大脑中的被动信息加工,而是追求环境意义和价值的"意义建构"。②不同于其他理论的是,持生成论者并不把 ASD 视为一种疾病或病态,而是认为 ASD 是在使用一种不同于常人的、被动地采用一种独特功能的应对环境刺激的方式来面对外界的一切。这个说法为孤独症人士首先是人,其次是一种特殊类型的人提供了非常有利的依据。

生成论者强调个体以外的"世界"不是一个可以脱离主体而存在的客观环境。相反,世界是一个"特定主体"的世界,是每一个个体通过自身活动"生成"的"世界"。也就是说,"世界"虽然是固有的,但"千人千面"。每个人都与这个"世界"构建并选择了对个体有意义的相关事物,建构了对自己有意义的"世界"。但是,个体的这个"世界"对他人不一定有意义,甚至觉得"怪诞"。对于 ASD 患者而言,他们的世界同样有重要的价值和意义,只是他人不懂而已。如 ASD 患者不喜欢集体生活、会出现重复刻板的行为以及兴趣和爱好单一,这就是他们在用自己的方式与这个"世界"连接,只有这样,他们才感觉到他的世界是有意义的、安全的和可控的。因此,如果以意义建构的观点看待孤独症谱系障碍,则他们个体的行为方式就可看作一种独特意义的建构模式。这既为孤独症谱系障碍的研究提供了一个新视角,也为孤独症谱系障碍的干预、治疗和教育提供了有益启示。

拓展阅读

什么是生物多样性?对这一概念的解释众多。1992 年《生物多样性公约》指出,生物多样性是指所有来源的活的生物体中的变异性,这些来源包括陆地、海洋和其他水生态系统及其所构成的生态综合体;它包括了物种内、物种间和生态系统的多样性。1994 年《中国生物多样性保护行动计划》指出,所

---

[1] CHAPMAN R. Neurodiversity and the social ecology of mental functions[J]. Perspectives on psychological science: a journal of the Association for psychological science, 2021, 16(6): 1360-1372.

[2] 王继瑛,叶浩生. 生成论视域下的孤独症谱系障碍研究[J]. 中国特殊教育, 2023(12): 64.

谓生物多样性就是地球上所有的动物、植物和微生物及其所构成的综合体。2021年《中国的生物多样性保护》白皮书指出，生物多样性是生物（动物、植物、微生物）与环境形成的生态复合体以及与此相关的各种生态过程的总和。因此，可以看出，生成论主张从神经多样性的视角看待ASD，实际上就像生物多样性对于生态系统的稳定具有重要影响那样，神经类型存在着多种形式才使得人类的文化具有稳定性。也就是说，这些不同形式的神经类型在社会和文化价值上是一样的，只不过有"差异"，但没有优劣和等级之分。所以，从神经多样性的角度来看，ASD个体理应被人们接受或接纳并获得应有的尊重。

（三）环境因素

环境因素主要包括物理环境因素和化学环境因素。孤独症的致病因素中有很大一部分可以用遗传学解释，但遗传学并不能解释所有的孤独症。因此，有研究者推测，孤独症有可能是表观遗传与环境因素的相互作用所致。

比较早且影响比较大的环境因素论是来自精神分析学的观点，即孤独症是由于母子互动不足以及孩子对于这种缺乏建设性的亲子关系的极端消极反应所致。也就是大家常说的"冰箱母亲论"。这个观点是1967年贝特海姆（Bettelheim）提出的。他认为孤独症患儿的父母在儿童关键发展阶段，对孩子的某些正常行为采取了一种不积极、不合理的对待（如看护或大小便训练不当），从而导致婴儿情感退缩。婴儿的这种退缩行为反过来又促使母亲对他采取进一步的拒绝态度，母婴关系也因此而不再发展。贝特海姆还认为，在这样一个充满着拒绝与威胁的环境中，孩子对父母会出现不断的退缩，直到拒绝整个世界，孤独症也就因此而产生了。当然，到了今天，研究者们已确认，这个观点是站不住脚的。

到目前为止，关于环境因素诱发孤独症发病的观点有多种推论，如化学品中毒、重金属超标和病毒感染是较为重要的几个假说。美国国家科学院的一份报告称，神经毒性物质和遗传因素的综合作用可能导致了近1/4的儿童发育障碍，其中多氯联苯（polychorinated biphenyls，PCBs）和有机磷酸酯威胁性较大。

(四) 母孕期因素

有研究显示：围产期风疹病毒和巨细胞病毒感染激发的自身免疫过程，可引起母系的炎性反应进而导致胎儿中枢神经炎性损伤，此为孤独症发病的诱导因素之一。祝丽玲等人的单因素分析显示：居住地、母亲育龄、父母关系、母亲孕期吸烟、孕期被动吸烟、孕早期睡眠、叶酸补充、严重恶心呕吐、严重情绪问题、感染、孕期体质量变化、新生儿窒息、新生儿重症黄疸、产时孕周、喂养方式、出生头围、出生体质量、母亲孕期辐射接触等是儿童孤独症的危险因素。[1] 此外，荟萃分析结果显示，母亲肥胖或患糖尿病会增加子代患孤独症的风险。近年来，医学方面关于肠道微生物的研究受到了极大的关注。另一项研究表明，孕妇怀孕期间住在高速公路附近，胎儿日后患有孤独症的风险比其他儿童高 1 倍(H. E. Vok, et al., 2010)。

目前，孕前 3 个月至孕期的叶酸补充是国内外一致认可的营养素补充。有研究表明，孕早期叶酸补充可以减少一半以上的新生儿神经管畸形发生。有研究显示，母亲孕期服用叶酸补充剂，其子女发生孤独症的风险为普通人群的 61%。[2] 祝丽玲等人发现：孕前至孕期使用叶酸补充者，其后代孤独症的患病风险较孕期未摄入叶酸者低 41.5%。应加强围孕产期和新生儿期环境因素的改善，避免高危风险因素暴露。[3]

二、孤独症的发病率

(一) 国外发病率报告

国外有关孤独症谱系障碍的流行病学资料显示，40 多年来，孤独症谱系障碍的发病率稳定增长。据世界卫生组织统计，亚洲、欧洲和北美洲国家的孤独症患病率为 1%～2%，但每个国家和地区的患病率有所不同。随着国际上标准化的疾病分类 ICD 和诊断手册 DSM 的公布，各国报告的孤独症流行

---

[1] 祝丽玲,吴丹,周丽.儿童孤独症围孕产期危险因素分析[J].中国妇幼保健,2019(12):5442.
[2] 衣明纪,王薇,李音.生命早期叶酸营养状况与孤独症发病风险[J].中国儿童保健杂志,2014(6):614-616.
[3] 祝丽玲,吴丹,周丽.儿童孤独症围孕产期危险因素分析[J].中国妇幼保健,2019(12):5444.

病学调查结果并不一致。根据美国教育部的统计,1991年美国6～21岁孤独症学生人数只有5 415人,而到了2004年,人数已经上升到了166 424人,比1991年上升了29.7倍。美国疾病控制与预防中心(CDC)2014年的统计数据,儿童孤独症的发病率已从1975年的1/5000上升至1/68;2018年的报告已高达1/59;2020年3月27日,美国疾病控制与预防中心《发病率和死亡率周报(MMWR)》发布的研究报告显示,根据2016年的统计数据,每54名8岁儿童中就有1名被确诊为孤独症(见图1-10)。这些数据来自美国疾病控制与预防中心的孤独症和发育性残疾监测网络(ADDM)中的11个社区。美国国家卫生研究所(NIH)保守估计,美国孤独症的发病率为每千人中有5～6人。总计男性患孤独症的比例比女性高3～4倍,但女性发病时病情会较男性

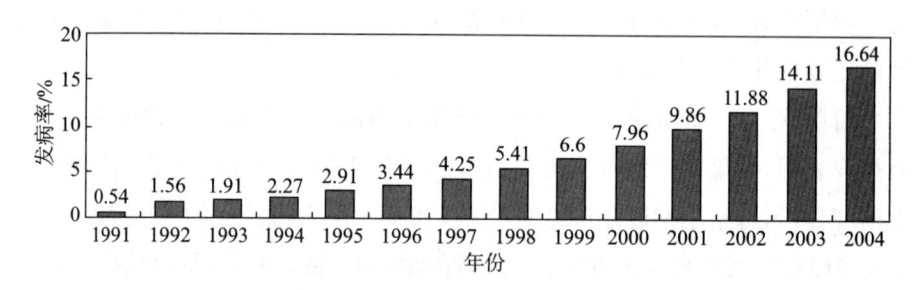

图1-9 美国教育部孤独症发病统计(1991—2004年)

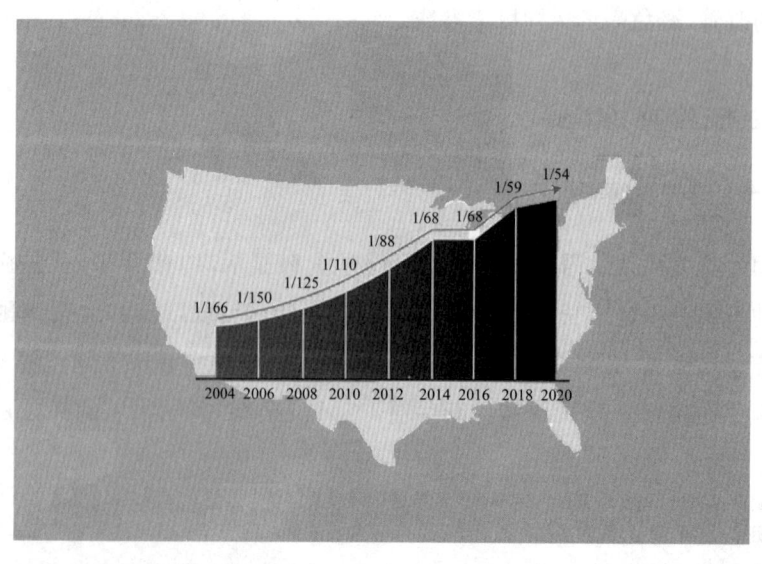

图1-10 美国疾病控制与预防中心2020年报告孤独症在儿童中的发病率变化趋势

严重。2006 年英国报道的孤独症患病率为 1.16‰,日本 2008 年报道的孤独症患病数据为 1.81‰,韩国在 2011 年报道的孤独症患病率更是高达 264‰(Y. Kawamura, et al., 2008;Y. S. Kim, et al., 2011)。2011 年联合国发布的数据表明,孤独症的发病率为 1/150。

(二) 我国发病率报告

到目前为止,我国尚无全国孤独症确切的患病率发表。2014 年 10 月 17 日由中国教育学会家庭教育专业委员会孤独症研究指导中心等共同发布的《中国孤独症儿童发展状况报告》是我国首个全面介绍儿童孤独症现状的行业报告,但报告仍未涉及大型的孤独症患者流行病学调查。只有部分省市自行开展了孤独症患病率调查。

从已有报道的省市看,福建省在 2000 年调查了 10 802 名 0~14 岁的儿童,发现孤独症的患病率为 0.28‰。江苏省在 2002—2010 年间先后对常州、无锡和连云港三个城市进行调查,发现常州市 2~6 岁儿童孤独症的患病率为 1.79‰,无锡市 1~6 岁儿童孤独症患病率为 0.98‰,连云港市 0~3 岁儿童患病率为 1.17‰。哈尔滨市 2010 年对 7 059 名 2~6 岁儿童进行孤独症患病率调查,结果显示患病率达到 2.27‰,男女比例为 7∶1;大庆市采用分层随机整群抽样方法抽取样本 7 034 人,对 2~6 岁的儿童进行调查,得到孤独症患病率为 2.42‰,男女比例为 24∶1。[①] 2004 年北京市抽样调查结果孤独症患病率为 1.53‰。根据 2012 年深圳市调查,该地区 2 岁以下婴儿孤独症患病率为 2.76‰。2013 年广州市调查结果显示,普通幼儿园孤独症患病率为 7.51‰。由于各项调查涵盖面的限制,实际患病人数可能更高,参考其他国家的检出率,我国孤独症患儿可能已经超过 200 万。俞蓉蓉等人收集并分析了 2000—2010 年报道的 10 个省市 132 788 例 0~14 岁儿童的孤独症患病率调查数据,总患病率约为 2.55‰,这个数据可能因为调查方法不一致、文化意识(担心被歧视而隐瞒病情)、教育福利不够等原因而低于国外报告的,但国内总患病率呈逐年升高的趋势与国外报告相一致。

总之,自首例孤独症被报道以来,长达 70 多年的流行病学研究均表明,儿

---

① 徐云. 自闭症儿童的早期发现、干预、教育研究进展[M]. 北京:科学出版社,2017:17.

童孤独症的患病率从最初的 4.5‰ 已经上升至 100‰～200‰。目前,有些国家和地区尚未有全面的孤独症流行病学调查,无法搜集到完整的患病数据,但可以确定的是,儿童孤独症患病率正在逐年增加。所以说,实际的患病率有可能比已报告的患病率要高。①

拓展阅读

表 1-1　2000—2015 年中国 12 省市孤独症流行病学调查表②

第一作者	调查地点	报道年份	调查人数	年龄段	患病率	男孩人数	女孩人数
罗维武	福建	2000	10 802	0～14 岁	0.28‰	2	1
汪卫华	江苏常州	2002	3 912	2～6 岁	1.79‰	5	2
汪卫华	江苏	2003	7 344	2～6 岁	1.23‰	6	3
任路忠	安徽铜陵	2003	3 559	3～5 岁	25.00‰	49	40
张欣	天津	2004	7 316	2～6 岁	1.10‰	14	2
郭荣	天津	2004	5 000	0～6 岁	1.00‰	5	0
郭朝霞	甘肃定西	2004	3 776	2～6 岁	3.44‰	10	3
张静	湖北武汉	2005	1 305	3～7 岁	19.90‰	19	7
杨曙光	贵州遵义	2007	10 412	3～12 岁	0.56‰	5	1
刘靖	北京	2007	21 866	2～6 岁	1.53‰	9	7
张枫	江苏无锡	2008	25 521	1～6 岁	0.98‰	19	6
张国云	贵州贵阳	2009	4 999	0～6 岁	1.00‰	4	1
王卫东	广东梅州	2009	4 156	2～6 岁	19.50‰	59	22
于聪	黑龙江哈尔滨	2010	7 059	2～6 岁	2.27‰	14	2
陈英才	黑龙江大庆	2010	7 034	2～6 岁	2.42‰	12	5
吴晓庆	江苏连云港	2010	8 532	0～3 岁	1.17‰	7	2

①② 徐云.自闭症儿童的早期发现、干预、教育研究进展[M].北京:科学出版社,2017:11,17-18.

续表

第一作者	调查地点	报道年份	调查人数	年龄段	患病率	男孩人数	女孩人数
王馨	广东广州	2011	7 500	2～6 岁	7.54‰	40	6
苏媛媛	天津	2011	7 904	1.5～3 岁	2.78‰	18	4
韦臻	广东深圳	2012	3 624	1.5～2 岁	2.76‰	10	0
李知	吉林长春	2014	10 000	0～6 岁	1.54‰	12	3
陈强	广东珠海	2014	5 500	1.5～3 岁	2.95‰	12	2
蒲焱	贵州贵阳	2014	3 211	2～6 岁	2.18‰	7	0
王英翔	广东江门	2015	65 643	2～6 岁	1.48‰	65	32
王光霞	山东枣庄	2015	8 000	2～6 岁	6.63‰	36	8

注：由于样本量较小，此表中显示的各地调查结果差异较大，且数据的真实性有待考证，只作为参考，不能代表我国孤独症流行病学调查结果。

三、孤独症的分级

美国《精神障碍诊断与统计手册（第5版）》中新增了对孤独症谱系障碍严重程度的划分，即依据孤独症谱系障碍的具体表现情况，依次分为需要支持（一级）、需要较多支持（二级）、需要极大支持（三级）。[①]

(一) 需要支持

需要支持即一级，属于最轻的一级，具体表现如下：

在有人帮助的情况下，社会沟通和社会交往也存在一些缺陷，并能被周围的人觉察。比如对社交总是缺乏兴趣，主动发起的社交偏少，对他人发起的社交总是显得缺乏回应技巧，表现得有些怪异。能使用完整的句子进行交流，但往往比较难保持你来我往的持续性对话。有刻板行为的表现，比较难转移注意，独立性较差。

---

① 卜凡帅，徐胜.自闭症谱系障碍诊断标准：演变、影响与展望[J].中国特殊教育，2015(2)：42.

（二）需要较多支持

需要较多支持即二级，属于中间一级，具体表现如下：

存在明显的社会沟通和社会交往障碍，在有人帮助的情况下，社交中对他人发起的社交行为回应也比较少，主动发起社交偏少，社交中偶尔会存在异常行为。言语交流中能使用简单的句子，只局限于非常有限的兴趣，非语言交流表现有时会比较怪异。有重复性刻板行为，并且难以改变或适应新的行为，这种刻板的表现能让周围的人明显觉察到，且在转移注意或改变行为时比较困难。

（三）需要极大支持

需要极大支持即三级，属于最严重的一级，具体表现如下：

存在严重的社会沟通和社会交往缺陷，在社交中极少回应他人，极少主动发起社交，即使偶尔有社交行为时，也经常出现异常表现方式。有明显的言语或非言语交流能力缺陷，只能掌握少数语词，在表达和理解言语或非言语信息时均存在严重困难，甚至完全缺乏面部表情或非语言交流。有明显的重复性刻板行为，并且难以改变或适应新的行为，或者很小的改变就会造成非常难受的结果，已对其他功能的正常运作产生显著影响。

第三节　孤独症早期筛查与鉴别

一、孤独症早期筛查与鉴别的意义

（一）早期筛查与鉴别对孤独症儿童改善症状的意义

由于孤独症的两个核心症状，即社交能力缺损与行为刻板、兴趣狭窄，在儿童早期就可以发现，并且目前医教界已达成的共识是 6 岁前是这类儿童抢救性康复期。有研究表明，ASD 儿童的父母通常在其 18 至 24 个月之前就已经关注到儿童的异常表现（Shattuck & Grosse，2007），但是通常在之后 1 年才去寻求专业帮助,而随后还需 3.5 年左右才能得到 ASD 诊断(Lord et al.,2018)。因此,ASD 早期识别有助于回应患儿父母的早期关切。也有研究表明,低龄儿童,尤其是 24 月龄以内的婴幼儿,神经可塑性强,早期强化干预能够很大程度上改善其语言、认知及适应能力(Hadders-Algra,2011;Kretch,Franchak & Adolph,2014;Schreibman et al.,2015)。因此,ASD 早期识别有助于早期诊断和早期干预的实施,对于改善 ASD 儿童发育结果至关重要(Schreibman et al.,2015)。此外,国内外的研究有许多早期干预效果明显的报告。近几年,美国两项全国性调查发现,只有少数 ASD 患儿在 3 岁前被发现,大多数都在 3 岁后才被识别,重度 ASD 诊断年龄为 3.7~4.5 岁,轻度 ASD 则在学龄期 5.6~8.6 岁才被诊断,错过了最佳干预时机。为此,2007 年,美国儿科学会(AAP)为了提高初级保健儿科医师(primary care pediatricians,PCP)对 ASD 早期识别、早期干预和医学问题的管理能力,制定了"ASD 儿童的识别和评估"和"ASD 儿童的管理"两个指南,建议初级保健儿科医师对 18~24 月龄儿童常规筛查发育问题和孤独症。

(二) 早期筛查与鉴别可减轻家庭和社会的经济负担

近十几年来,我国对孤独症的关注前所未有,但是针对孤独症的公益性服务机构少之又少。目前,多是由孤独症家长的自营机构或私立医院及部分公立医院承担孤独症的康复,且收费标准为每月 4 000~10 000 元不等。因此,康复费用已成为孤独症家庭难以承受的负担。此外,相当一部分孤独症患儿(特别是低功能患儿)需要有人看护和照料,这笔费用也不少,多数家长选择自己辞去工作在家照料,使得家庭收入锐减,患儿的康复训练更加难以持续。多数患儿的症状难以完全消除,成为终身伴随的问题。因此,早期筛查与鉴别可以使孤独症患儿较早开始康复训练,在很小的年龄或在很大程度上减轻症状,为家庭和社会减少经济的负担。

二、早期筛查与鉴别工具介绍

孤独症的早期筛查与鉴别是对其进行最终诊断的重要依据。早期筛查与鉴别的工具分为初级与重点两类,这两类各自又包含不少工具,在此介绍几个家长和教师易于掌握的工具。

(一) 初级筛查与鉴别工具

1. 婴幼儿孤独症筛查量表(CHAT)

婴幼儿孤独症筛查量表(Checklist for Autism in Toddlers,CHAT),由巴伦-科恩(Baron-Cohen)等人于2000年编制,适用于18～24个月龄婴幼儿孤独症的筛查。该量表分询问父母的9个项目和由专业人员观察评定的5个项目(详见本章末附表1-1)。

该量表对明显高危儿童的筛查和鉴别标准为:其中5个关键项目不能通过,即有意向性用手指(A7和B4)、眼凝视(B2)、玩的意向(A5和B3)。

该量表对一般高危儿童的筛查和鉴别标准为:其中5个关键项目不能通过,即有意向性用手指(A7和B4),

该量表对不满足明显高危儿童的筛查和鉴别标准为:其中如A5、B2、B3至少通过了一项。

该量表所列项目少,简便易懂,完成填写需要5～10分钟,利于家长观察判断使用。

不足之处:其特异性很高,达到0.98～1.0,但是敏感度却较低,为0.38～0.65。特异性是指正确鉴别真阴性的比例,衡量的是工具区分非孤独症的优劣程度。敏感性是指从人群中正确鉴别真阳性的比例,敏感性越高,说明工具正确鉴别孤独症的性能越好。另外,CHAT的14项内容仅围绕共同注意和假扮游戏,没有关于语言、刻板行为的描述,而且项目内容多有重复。"是"与"否"的项目选择也过于极端,没有考虑到孤独症是一个谱系障碍,所以灵敏度较低,容易漏诊。[1]

2008年罗宾斯(Robins)对CHAT进行了修订,发布了婴幼儿孤独症筛查量表(修订版)(Modified Checklist for Autism in Toddlers,M-CHAT),被广泛用于16～30个月大儿童的筛查。修订版将A部分的项目增加到23个。该工具在敏感性上较CHAT有较大的提升,达到了0.85～0.97,在特异性上也保持较高水平,为0.95～0.99。但修订版的不足是,其结论所依据的样本

---

[1] 徐云.自闭症儿童的早期发现、干预、教育研究进展[M].北京:科学出版社,2017:54.

量较少,样本也未实现随机化,其特异性和敏感性用于普通人群中时还需要进一步研究证实。

2. 婴幼儿孤独症筛查量表(中文版)(CHAT-23)

婴幼儿孤独症筛查量表(中文版)(Checklist for Autism in Toddlers 23,CHAT-23)是将 M-CHAT 的 A 部分 23 个项目和 CHAT 的 B 部分结合在一起并翻译成中文而形成的一个筛查工具(详见本章末附表 1-2)。量表适用于 18~24 月龄的婴幼儿。

CHAT-23 包括两部分:A 部分有 23 个项目,其中第 16 个为是非判断题,由父母填写。采用"没有、偶尔、有时、经常"对儿童的行为进行评分。B 部分有 4 个项目,每个的计分方法均不一样,由专业人员填写。

CHAT-23 的筛查与鉴别标准如下。A 部分有两个标准:标准一,7 个核心项目(第 2、5、7、9、13、15、23)中有 2 项或大于 2 项失败时,可判断为阳性;标准二,23 个项目中有 6 项或大于 6 项失败时,可判断为阳性。B 部分的判断标准:4 个项目中有 2 项及以上为失败时,判断为阳性。

该量表完成 A、B 部分分别需要 5~10 分钟。量表的敏感性和特异性均较高:在 A 部分的 23 个项目中,如果有 6 个没通过,敏感性为 0.84,特异性为 0.85;7 个核心项目中,如果有 2 个未通过,敏感性为 0.93,特异性为 0.77;B 部分的 4 个项目中,如果有 2 项不通过,敏感性为 0.74,特异性为 0.91。在实际应用中,通常先用该量表的 A 部分在社区儿保机构等地方进行最初筛查,筛查结果为阳性的由二级或三级医院的儿童保健科专业医生运用该量表的 B 部分进行进一步观察评定。国内研究表明,CHAT-23 可作为早期发现孤独症儿童的一种方便快捷的筛查方法。[1]

3. 婴幼儿核查表(ITC)

韦瑟比(Wetherby)和菲尔兹(Prizant)于 2002 年编制了沟通与象征行为发展量表(Communication and Symbolic Behavior Scales-Developmental Profile,CSBS-DP),用于 6~24 月龄婴幼儿的沟通和象征性行为发展筛查。婴幼儿核查表(Infant-Toddler Checklist,ITC)属于 CSBS-DP 的第一部分,可用于孤独症儿童早期筛查(详见本章末附表 1-3)。

---

[1] 徐云.自闭症儿童的早期发现、干预、教育研究进展[M].北京:科学出版社,2017:55.

婴幼儿核查表包括24个有关人际沟通发展方面的问题,测查婴幼儿在情绪、凝视、交流手势、发声、词汇、理解和物体使用等方面的发展水平,并把这些归为三个因子:即社会交流、语言和象征行为。该量表主要由家长填写,一般完成时间为5~10分钟。

量表以儿童行为发生的频率为依据进行三级评分:"从不"计0分,"有时"计1分,"通常"计2分。筛查标准为,三个因子的得分和总分属于正常范围,还是可疑范围。如果社会交流因子、象征行为因子和总分中的任何一个因子得分处于"可疑"范围,则需要进行进一步的发育筛查和孤独症相关检查来判定。如果单纯语言因子"可疑",则在3个月后进行复查,复查结果仍然为"可疑"时,则做进一步的诊断评估。

需要注意的是,婴幼儿核查表不是专门针对孤独症儿童制定的筛查工具。但是,研究表明,ITC在筛选高风险孤独症和其他发育迟缓儿童方面具有较高的敏感性和特异性,均为0.89。如果需要将孤独症和其他发展障碍区分开来的话,还需要做进一步的评估。[①]

(二) 重点筛查与鉴别工具

1. 孤独症行为核查表(ABC)

孤独症行为核查表(Autism Behavior Checklist,ABC)是由克鲁格(Krug)等人于1978年编制,适用于18个月~35岁孤独症患者的筛查、辅助诊断量表(详见本章末附表1-4)。我国于1989年引进试用后发现该量表在不同年龄段、不同性别的使用方面无差异。

ABC共有57个条目,涉及孤独症患者的感觉、行为、情绪、语言、生活自理等多方面的症状,这5个因子分别为:感觉因子(9个条目,共30分)、交往因子(12个条目,共35分)、躯体运动因子(12个条目,共28分)、语言因子(13个条目,共31分)和生活自理因子(11个条目,共25分)。每个条目根据其在量表中不同的负荷给予不同的分数,从1分到4分不等;任何一个条目,患儿只要有该项表现,不论症状轻重,就可得该项分数,最后根据所有条目的总得分得出评定结果。量表由儿童的父母或者与其共同生活2周以上的人进行评

---

① 徐云.自闭症儿童的早期发现、干预、教育研究进展[M].北京:科学出版社,2017:57.

定,评定大约需要 10~15 分钟。评定结果的方法:总分<53 分为筛查阴性,53≤总分≤67 分为筛查阳性,总分≥68 分可辅助诊断孤独症。量表总分越高,孤独症行为症状越严重。

ABC 与临床诊断的阳性符合率达 80%。我国北京大学第六医院的杨晓玲等运用该量表对国内 60 名孤独症儿童、157 名精神发育迟滞儿童及 108 名普通儿童进行测试,结果表明,当该量表总分≥31 分作为孤独症筛查界限分时,其信度、效度均为 1;当总分≥62 分时,对诊断与鉴别诊断有较好的阳性率。ABC 目前广泛用于孤独症病情评估、治疗效果评估等方面,是最为常用的孤独症评估量表之一。

2. 儿童孤独症评定量表(CARS)

斯考普勒(E. Schopler)、赖克勒(R. J. Reichler)和伦纳(B. R. Renner)于 1980 年编制了儿童孤独症评定量表(Childhood Autism Rating Scale, CARS)。该量表提供给具有临床经验的专业人员使用,可用于 2 岁以上直至成人孤独症辅助诊断(详见本章末附表 1-5)。

该量表共 15 个项目,采用 4 级标准评分:1 表示与年龄相当的行为表现;2 表示轻度异常;3 表示中度异常;4 表示严重异常。量表总分为 60 分,以 30 分作为界限分:总分低于 30 分评定为非孤独症;总分在 30~36 分,且低于 3 分的项目少于 5 项,评定为轻中度孤独症;总分大于或等于 36 分,且至少有 5 项的评分高于 3 分,评定为重度孤独症。

儿童孤独症评定量表信度系数为 0.94,效度为 0.8,具有较高的信度和效度。该量表不仅能区别孤独症和发育迟缓等儿童,而且还能判断孤独症的轻重程度。需要注意的是,使用时需要具备一定条件的场所和工具,并且需要花费一些时间观察儿童的行为。[1]

总之,对孤独症患儿的早期筛查与鉴别是一项严肃且科学的工作。迄今为止,没有单一完善的筛查与鉴别工具。所以,在筛查与鉴别时必须进行多方面的观察。

---

[1] 徐云.自闭症儿童的早期发现、干预、教育研究进展[M].北京:科学出版社,2017:62.

> **拓展阅读**

克氏孤独症行为量表（Clancy Autism Behavior Scale, CABS）是1969年由克兰西（Clancy）等人编制的经典孤独症儿童筛查量表。用于初级筛查与鉴别。1975年，中国台北学者宋维村翻译该量表并开始在门诊试用。1984年起，宋维村教授与陶国泰教授建立了联系渠道，中文版的克氏孤独症行为量表开始逐渐在内地使用。量表适用于2岁以上儿童。CABS共有14个题目，每题选项有1和0两个分数，界限分为7分，由家长填写。台湾学者谢清芬于1983年对该量表进行了修订，将原来的2个选项修改为3个选项："从不"计0分、"偶尔"计1分、"经常"计2分，并认为总分大于等于14分为初步筛选孤独症的标准。总分大于等于14分，"从不"项目小于3项，"经常"项目大于等于6项，这三种标准合并可作为诊断孤独症的依据。CABS是国内外使用比较多的孤独症筛查量表之一，具有较高的敏感性，但是特异性不高，虽有一定的临床应用价值，但是由于开发较早，其使用受到一定的限制。

三、早期筛查与鉴别的流程

孤独症的早期筛查与鉴别不是一项简单的工作，需要按照一定的流程和步骤，选择科学的工具进行。有学者进行了相关研究。如邹方彦等人拟定了一套在社区儿童中进行孤独症筛查诊断的流程：18个月的儿童在预防接种或常规体检时，由家长在社区医院完成婴幼儿孤独症筛查量表（中文版）（CHAT-23）自填问卷，并由社区医生评分；初筛阳性的儿童需转至二级或三级医院儿保科，进行第二部分当面访谈和智力评估；再次阳性儿童（或其他筛查阴性，但家长、社区医生或老师怀疑可能为ASD的儿童）需转至三级医院，由发育行为专科医生进行进一步评估，对评估异常儿童建立专科病历，列为随访和干预的对象；对CHAT-23的B部分当面访谈阴性和进一步评估正常的儿童，予以回归一般儿童之列，必要时在24个月时再次填写CHAT-23自填问卷。

王艳娟等人研究应用定期反复三级筛查逐级转诊模式进行孤独症早期

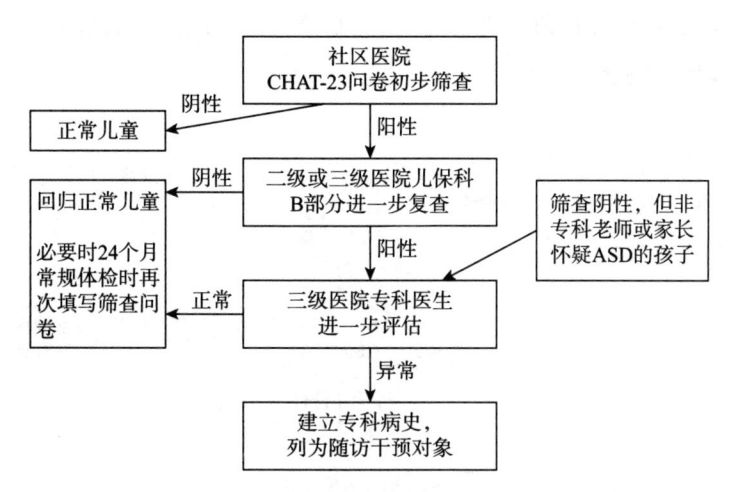

```
                    ┌─────────────────┐
                    │   社区医院       │
                    │ CHAT-23问卷初步筛查│
                    └─────────────────┘
         阴性          │         │阳性
    ┌─────────┐◄──────┘         ▼
    │ 正常儿童 │           ┌─────────────────┐
    └─────────┘    阴性   │二级或三级医院儿保科│
    ┌──────────┐◄────────│ B部分进一步复查   │────┐
    │回归正常儿童│         └─────────────────┘    │
    │必要时24个月│                  │阳性         │筛查阴性,但非
    │常规体检时再│                  ▼             │专科老师或家长
    │次填写筛查问│  正常    ┌─────────────────┐  │怀疑ASD的孩子
    │卷        │◄─────────│三级医院专科医生   │◄─┘
    └──────────┘          │ 进一步评估        │
                          └─────────────────┘
                                  │异常
                                  ▼
                          ┌─────────────────┐
                          │ 建立专科病史,    │
                          │ 列为随访干预对象 │
                          └─────────────────┘
```

图 1-11 对社区儿童中进行孤独症筛查流程图[①]

筛查和鉴别,即幼儿在 1.5～3 岁进行免疫接种和定期健康体检时,在社区医院及县乡镇妇幼保健所,用 CHAT-23 的 A 部分问卷和克氏孤独症行为量表(CABS)做初步筛查,筛查为阳性者需转到县(区)妇幼保健所儿保科做 CHAT-23 的 B 部分问卷和孤独症行为核查表(ABC)的进一步筛查。再筛查为阳性者转至市级妇幼保健院儿童心理科,依据儿童孤独症评定量表(CARS)和《精神障碍诊断与统计手册(第 5 版)》(DSM-5)进行诊断,并运用首都儿研所编制的 0～6 岁小儿神经心理发育量表测定智龄。最后,通过对筛查为阳性的儿童父母进行询问,看生活录像,每 2～3 个月定期随诊的方式,由市妇幼保健院儿童心理卫生门诊中级职称专业医师负责连续追踪半年,对明确有问题的儿童建议早期干预。[②]

2017 年 12 月 22 日"中华医学网"报道:为提高我国儿科医师识别 ASD 早期行为标志的能力,规范早期筛查,由中华医学会儿科学分会发育行为学组主持,并邀请中国医师协会儿科分会儿童保健学专业委员会、国家卫生和计划生育委员会行业专项"儿童孤独症诊断与防治技术和标准研究"项目专家组以及相关专业的专家参加讨论,并参考美国、英国等有关 ASD 管理指南,

---

[①] 邹方彦,等. 孤独症筛查量表(CHAT-23)的应用研究[J]. 中国儿童保健杂志,2010(4):289.
[②] 王艳娟,等. 孤独谱系障碍早期筛查模式在儿童保健服务系统[J]. 中国儿童保健杂志,2014(9):922.

同时结合国内外 ASD 研究进展,达成了专家共识,孤独症谱系障碍筛查诊断干预流程如下(见图 1-12)。

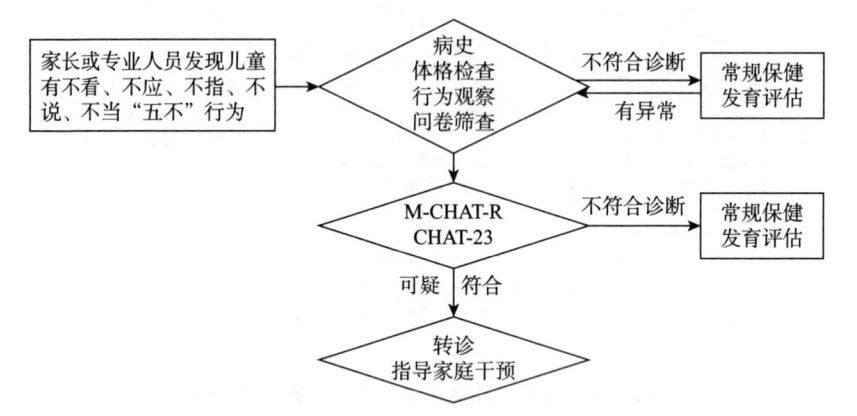

图 1-12　0~3 岁儿童孤独症谱系障碍筛查诊断干预流程①

【本章练习题】

1. 简述孤独症的定义和核心症状。
2. 试述孤独症的临床表现。
3. 试分析孤独症病因中的神经功能特异性问题。
4. 选择一个孤独症初级筛查与鉴别工具并尝试使用。

---

① 中华医学会儿科学分会发育行为学组,等. 孤独症谱系障碍儿童早期识别筛查和早期干预专家共识[J]. 中华儿科杂志. 2017(12):890-897. 表中 M-CHAT-R 为改良版婴幼儿孤独症筛查量表。

附表 1-1　　　　婴幼儿孤独症筛查量表(CHAT)

A. 询问父母的 9 个项目(回答"是"或"否")

　　A1. 您的孩子喜欢坐在您的膝盖上被摇晃、跳动吗?

　　A2. 您的孩子对别的孩子感兴趣吗?

　　A3. 您的孩子喜欢爬高比如上楼梯吗?

　　A4. 您的孩子喜欢玩"躲猫猫"游戏吗?

　　A5. 您的孩子曾经玩过"假扮"游戏,如假扮打电话、照顾玩具娃娃或假扮其他事情吗?

　　A6. 您的孩子曾经用食指去指,去要某件东西吗?

　　A7. 您的孩子曾经用食指去指,去表明对某件东西感兴趣吗?

　　A8. 您的孩子会恰当地玩玩具(如小汽车、积木)吗?(而不是只放在嘴里、乱拨或乱摔)

　　A9. 您的孩子曾经拿过什么东西给您(你们)看吗?

B. 由专业人员观察评定的 5 个项目(回答"是"或"否")

　　B1. 在诊室里,孩子与您有目光接触吗?

　　B2. 吸引孩子的注意,然后指向房间对侧的一个有趣的玩具,说,"嘿,看,那里有一个(玩具名)",观察孩子的脸,孩子有没有看您所指的玩具?

　　B3. 吸引孩子的注意,然后给孩子一个玩具小茶杯和茶壶,对孩子说:"你能倒一杯茶吗?"观察孩子,看他(她)有无假扮倒茶、喝茶等。

　　B4. 问孩子:"灯在哪里?"或对他(她)说:"把灯指给我看看。"孩子会用他(她)的食指指灯吗?

　　B5. 孩子会用积木搭塔吗?(如果会,用几块?)(积木的数量:　　　)

评判标准

　　明显高危儿童的标准:5 个关键项目不能通过,包括 A7、B4、B2、A5、B3。

　　一般高危儿童的标准:5 个关键项目不能通过,包括 A7、B4;不满足明显高危儿童的标准。

附表1-2 婴幼儿孤独症筛查量表(中文版)(CHAT-23)

按照孩子的一贯表现,在最符合的选项上画"√",各选项的发生频率如下:"没有"——0%的时间,"偶尔"——小于25%的时间,"有时"——25%~50%的时间,"经常"——大于50%的时间。

A部分:询问父母				
1. 您的孩子喜欢您摇他或是把他放在您的膝盖上蹦跳或做类似的动作吗?	没有	偶尔	有时	经常
2. 您的孩子对其他孩子有兴趣吗?	没有	偶尔	有时	经常
3. 您的孩子喜欢攀爬物体(如爬楼梯、沙发)吗?	没有	偶尔	有时	经常
4. 您的孩子喜欢玩"躲猫猫"或"捉迷藏"的游戏吗?	没有	偶尔	有时	经常
5. 您的孩子喜欢玩假扮游戏吗(如假扮打电话、照顾玩具娃娃或假扮其他事情)?	没有	偶尔	有时	经常
6. 您的孩子有没有用他的食指指着想要的东西(如食物、玩具等)?	没有	偶尔	有时	经常
7. 您的孩子有没有用他的食指指着有兴趣的东西(如汽车、飞机等)?	没有	偶尔	有时	经常
8. 您的孩子会正确玩小玩具(如车子、积木等),而不是只把它们放在嘴里、随便乱动或是把它们丢掉吗?	没有	偶尔	有时	经常
9. 您的孩子会不会亲自拿东西给您(父母)看?	没有	偶尔	有时	经常
10. 您的孩子会注意看着您的眼睛超过一两秒钟吗?	没有	偶尔	有时	经常
11. 您的孩子曾对声音过分敏感吗(如要捂住耳朵)?	没有	偶尔	有时	经常
12. 您的孩子看着您的脸或是您的微笑时会以微笑响应吗?	没有	偶尔	有时	经常
13. 您的孩子会模仿您吗?(例如,您扮个鬼脸,您的孩子会模仿吗?)	没有	偶尔	有时	经常
14. 您的孩子听到别人叫他(她)的名字时,他(她)会回应吗?	没有	偶尔	有时	经常
15. 如果您指着房间另一头的玩具,您的孩子会看那个玩具吗?	没有	偶尔	有时	经常
16. 您的孩子会走路吗?	没有	偶尔	有时	经常
17. 您的孩子会看您正在看的东西吗?	没有	偶尔	有时	经常

续表

18. 您的孩子会在他(她)的脸附近做出一些不寻常的手指动作吗?	没有	偶尔	有时	经常
19. 您的孩子有没有尝试吸引您注意他(她)的活动?	没有	偶尔	有时	经常
20. 您是否曾经怀疑您的孩子听力有问题?	没有	偶尔	有时	经常
21. 您的孩子能理解别人说的话吗?	没有	偶尔	有时	经常
22. 您的孩子有时会两眼失焦或是没有目的地走来走去吗?	没有	偶尔	有时	经常
23. 您的孩子碰到不熟悉的事物时会看着您的脸,留意您的反应吗?	没有	偶尔	有时	经常
B部分:医生观察					
24. 在访谈期间,孩子与您有目光接触吗?	没有	偶尔	有时	经常
25. 吸引孩子的注意,然后指向房间对侧的一个有趣的玩具,说:"嘿,看,那里有一个×××(玩具名)",观察孩子的脸,孩子是否会看您所指的玩具?	是		否	
26. 吸引孩子的注意,然后给孩子一个玩具小茶杯和茶壶,对孩子说:"你能倒一杯茶吗?"观察孩子,看他有无假扮倒茶、喝茶等(或用其他假扮游戏代替,如假扮喂娃娃吃饭等)。	是	模仿	否	
27. 问孩子:"灯在哪里?"或要求"把灯指给我看看",孩子会用他的食指指灯吗?	没有	光指	光看	指看

评判标准

除第 11、18、20、22 项选"有时"或"经常"以及第 16 项选"否"为失败,其他项均是选"没有"或"偶尔"为失败。

A 部分筛查标准:

核心项目(第 2、5、7、9、13、15、23 题)有 2 项或大于 2 项失败为初筛阳性;

全部项目中有 6 项或大于 6 项失败为初筛阳性。

B 部分筛查标准:

全部 4 项中有 2 项或大于 2 项失败为筛查阳性。

附表1-3　　　　　　　　　　婴幼儿核查表(ITC)

项　目	评　分		
1. 您能够知道什么时候您的孩子是快乐的,什么时候您的孩子情绪低落吗?	从不	有时	通常
2. 您的孩子在玩玩具时,他会注意到您在看着他吗?	从不	有时	通常
3. 您的孩子会对着您微笑或者大笑吗?	从不	有时	通常
4. 当您用眼睛看着并用手指着房间另一边的玩具时,您的孩子也会跟着看过去吗?	从不	有时	通常
5. 您的孩子会让您知道他需要帮助,或者用各种方式告诉您他想要拿一个他无法触及的东西吗?	从不	有时	通常
6. 当您没有注意您的孩子时,他会想办法吸引您的注意力吗?	从不	有时	通常
7. 您的孩子会做一些事情,目的只是引起您发笑吗?	从不	有时	通常
8. 您的孩子会试图让您注意他所感兴趣的东西吗?	从不	有时	通常
9. 您的孩子会捡起东西,并把它拿给您吗?	从不	有时	通常
10. 您的孩子会向您展示物品吗(注意:是展示给您看,而不是把东西交给您)?	从不	有时	通常
11. 您的孩子会向别人挥手打招呼吗?	从不	有时	通常
12. 您的孩子会用手指指东西吗?	从不	有时	通常
13. 您的孩子会以点头的方式表示"是的"和"要"吗?	从不	有时	通常
14. 您的孩子会用声音或者语言来获得他人的注意或帮助吗?	从不	有时	通常
15. 您的孩子会发出一些双音节的音吗(如 mama、gaga、baibai、dada、baba 等)?	从不	有时	通常
16. 对于下列音节,您的孩子能发出几个? ma、na、ba、da、wa、la、ya、sa、sha (0:0个;1:1~2个;2:3~4个;3:5~8个;4:9个以上)			
17. 您的孩子大约会使用多少个有意义且能够让您听得懂的词(发音不一定正确,但您可以知道他发出的声音是什么意思)?	从不	有时	通常
18. 您的孩子会把两个词连起来说吗(即说双词语,例如"还要饼干""爸爸再见")?	从不	有时	通常
19. 当您叫孩子的名字时,他会有所反应吗(例如:看着您,或转过头来对着您)?	从不	有时	通常
20. 您的孩子能听懂大约多少个单词和短语?(比如:"您的肚子在哪里?""爸爸在哪里?""给我球球。""过来这里。"您在说这些话时没有给予任何动作或眼神的指示,孩子仅凭听语音就能做出适当的反应) (0:0个;1:1~3个;2:4~10个;3:11~30个;4:31个以上)			

续表

项 目	评 分		
21. 您的孩子有兴趣玩各种各样的物品吗?	从不	有时	通常
22. 您的孩子会适当地使用大概多少样下列物品:杯子、瓶子、碗、勺子、梳子或刷子、牙刷、毛巾、球、玩具车、玩具电话? 不是简单地敲打、扔、丢、咬,而是按照本有的功能使用。 (0:0个;1:1~3个;2:3~4个;3:5~8个;4:9个以上)			
23. 您的孩子能堆起几块积木(或者套环)? (0:1块;1:2块;2:3~4块;3:5块以上)			
24. 您的孩子会玩假扮性的游戏吗? (比如:过家家,给玩具娃娃喂食,哄娃娃睡觉,把玩具动物放进玩具汽车里)	从不	有时	通常

使用说明

① 该问题由父母或直接照顾者填写。

② 每个条目的回答采取 0~2 的三级评分,"从不"为 0 分,"有时"为 1 分,"经常"为 2 分。部分有计量描述的条目的评分为 0~3 或 0~4 的多级评分。

③ 判断标准:将 1~13 条得分相加形成社会交流因子分;14~18 条得分相加形成语言因子分;19~24 条相加形成象征行为因子分;将 1~24 条得分相加形成量表总分。然后将各因子分与总分按照儿童的月龄对照划界分表,判断三个因子以及总分是属于正常还是属于可疑范围。

④ 核查办法:如果社会交流因子、象征行为因子和总分之一处于"可疑"范围,要进行进一步的发育筛选和孤独症相关检查判定,如果单纯语言因子"可疑",则 3 个月后复查,复查结果仍然可疑时,则做进一步的诊断评估。

⑤ 月龄划分见下表。

月龄	鉴别	社会交流	语言	象征行为	总分
6	正常	8~26	2~14	3~17	13~57
6	可疑	0~7	0~1	0~2	0~12
7	正常	8~26	2~14	3~17	14~57
7	可疑	0~7	0~1	0~2	0~13
8	正常	8~26	4~14	4~17	16~57
8	可疑	0~7	0~1	0~2	0~15
9	正常	8~26	4~14	4~17	18~57
9	可疑	0~8	0~3	0~3	0~17

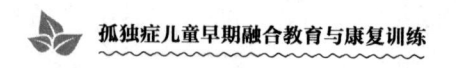

续表

月龄	鉴别	社会交流	语言	象征行为	总分
10	正常	9~26	5~14	5~17	23~57
10	可疑	0~11	0~4	0~4	0~22
11	正常	13~26	5~14	6~17	25~57
11	可疑	0~12	0~4	0~5	0~24
12	正常	14~26	6~14	7~17	28~57
12	可疑	0~13	0~5	0~6	0~27
13	正常	15~26	6~14	8~17	29~57
13	可疑	0~14	0~5	0~7	0~28
14	正常	16~26	7~14	9~17	34~57
14	可疑	0~15	0~6	0~8	0~33
15	正常	18~26	7~14	10~17	35~57
15	可疑	0~17	0~6	0~9	0~34
16	正常	18~26	7~14	11~17	36~57
16	可疑	0~17	0~6	0~10	0~35
17	正常	18~26	7~14	11~17	37~57
17	可疑	0~17	0~6	0~10	0~36
18	正常	18~26	8~14	11~17	38~57
18	可疑	0~17	0~7	0~10	0~37
19	正常	18~26	8~14	11~17	38~57
19	可疑	0~17	0~7	0~10	0~37
20	正常	19~26	8~14	12~17	39~57
20	可疑	0~18	0~7	0~11	0~38
21	正常	19~26	9~14	12~17	40~57
21	可疑	0~18	0~8	0~11	0~39
22	正常	19~26	9~14	12~17	40~57
22	可疑	0~18	0~8	0~11	0~39
23	正常	19~26	9~14	13~17	42~57
23	可疑	0~18	0~8	0~12	0~41
24	正常	19~26	10~14	13~17	42~57
24	可疑	0~18	0~9	0~12	0~41

附表 1-4 　　　孤独症行为核查表(ABC)

本量表共列出患儿的感觉、行为、情绪、语言、生活自理等方面异常表现的 57 个项目，请在每项做"是"与"否"的判断。判断"是"就在每项表示的分数上画"√"，判断"否"不做标记，不要漏掉任何一项。

注:S 表示感觉能力，R 表示交往能力，B 表示躯体运动能力，L 表示语言能力，S 表示生活自理能力。

项　目	评分					
	S	R	B	L	S
1. 喜欢长时间的自身旋转			4		
2. 学会做一件简单的事，但是很快就会"忘记"					2
3. 经常没有接触环境或进行交往的要求		4			
4. 往往不能接受简单的指令(如坐下、来这儿等)				1	
5. 不会玩玩具等(如没完没了地转动或乱扔、探等)			2		
6. 视觉辨别能力差(如对一种物体的特征——大小、颜色位置等的辨别能力差)	2				
7. 无交往性微笑(即不会与人点头、招呼、微笑)		2			
8. 代词运用的颠倒或混乱(如把"你"说成"我"等)				3	
9. 长时间地总拿着某件东西			3		
10. 似乎不在听人说话，以致怀疑他(她)听力有问题	3				
11. 说话无抑扬顿挫、无节奏				4	
12. 长时间地摇摆身体			4		
13. 要去拿什么东西，但又不是身体所能达到的地方(即对自身与物体距离估计不足)			2		
14. 对环境和日常生活规律的改变产生强烈反应					3
15. 当他(她)和其他人在一起时，对呼唤(她)的名字无反应		2			
16. 经常做出前冲、用脚尖行走、手指轻掐轻弹等动作			4		
17. 对其他人的面部表情或情感没反应		3			
18. 说话时很少用"是"或"我"等词				2	

续表

项 目	评分 S	R	B	L	S
19. 有某一方面的特殊能力,似乎与智力低下不相符合					4
20. 不能执行简单的含有介词的指令(如把球放在盒子上或把球放在盒子里)				1	
21. 有时对很大声音不产生吃惊反应(可能被怀疑听不见)	3				
22. 经常拍打手			4		
23. 发大脾气或经常发点脾气					3
24. 主动回避与别人进行眼光接触		4			
25. 拒绝别人接触或拥抱		4			
26. 有时对很痛苦的刺激(如摔伤、割破或注射)不产生反应	3				
27. 身体表现僵硬,很难抱住(如打挺)	2				
28. 当抱着他时,感到他肌肉松弛(即他不紧贴着抱他的人)			2		
29. 以姿势、手势表示所渴望得到的东西(而不倾向于语言表示)			2		
30. 常用脚尖走路					2
31. 用咬人、撞人、踢人等来伤害他人			3		
32. 不断重复短句				3	
33. 游戏时不模仿其他儿童		3			
34. 当强光直接照射眼睛时常常不眨眼	1				
35. 以撞头、咬手等行为来自伤			2		
36. 想要什么东西不能等待(一想要什么就马上要得到什么)					2
37. 不能指出5个以上物体的名称				1	
38. 不能发展任何友谊(不会和小朋友来往)		4			
39. 有许多声音的时候常常盖着耳朵	4				
40. 经常旋转、碰撞物体			4		
41. 在训练大小便方面有困难(不会控制大小便)				1	
42. 一天只能提出5个以内的要求				2	

续表

项 目	评分				
	S	R	B	L	S
43. 经常受到惊吓或非常焦虑、不安			3		
44. 在正常光线下斜眼、闭眼、皱眉	3				
45. 不是经常帮助的话,不会自己给自己穿衣					1
46. 一遍一遍重复一些声音或词				3	
47. 瞪着眼看人,好像要"看穿"似的			4		
48. 重复别人的问话和回答				4	
49. 经常不能意识到所处的环境,并且可能对危险情况不在意					2
50. 特别喜欢摆弄并着迷于单调的东西或游戏、活动等(如来回走或跑,没完没了地蹦、跳、拍、敲)					4
51. 对周围的东西喜欢触摸、嗅和/或尝			3		
52. 对生人常无视觉反应(对来人不看)	3				
53. 纠缠在一些复杂的仪式行为上,就像缠在魔圈内(如走路一定要走一定的路线,饭前或睡前或干什么以前一定要把什么东西摆在什么样的地方或做什么样的动作,否则就不睡、不吃等)				4	
54. 经常毁坏东西(如玩具,家里的一切用具很快就被弄破了)			2		
55. 在2岁半以前就发现该儿童发育延迟					1
56. 在日常生活中至今仅会用15个但又不超过30个短语来进行交往				3	
57. 长时间凝视一个地方(呆呆地看一处)	4				
小计分数					
总分:S+R+B+L+S					
该儿童还有什么其他问题(请详述):					

诊断标准

A. 总分等于或高于31分,可怀疑患有孤独症。

B. 总分等于或高于62分,可以诊断为患有孤独症。

附表 1-5　　儿童孤独症评定量表(CARS)

本量表由 15 项内容组成,是检查者使用的评定量表,每项按 1～4 级评分,请在符合的条目前面画"√"。

条　目	分数
一、人际关系	
与年龄相当:与年龄相符的害羞、自卫及表示不同意	1
轻度异常:缺乏一些眼光接触,不愿意,回避,过分害羞,对检查者反应有轻度缺陷	2
中度异常:回避人,要使劲打扰他(她)才能得到反应	3
严重异常:强烈地回避,儿童对检查者很少反应,只有检查者强烈地干扰,才能产生反应	4
二、模仿(词和动作)	
与年龄相当:与年龄相符的模仿	1
轻度异常:大部分时间都模仿,有时激动,有时延缓	2
中度异常:在检查者极大的要求下有时模仿	3
严重异常:很少用语言或动作模仿他人	4
三、情感反应	
与年龄相当:与年龄、情境相适应的情感反应——愉快不愉快,以及兴趣,通过面部表情、姿势的变化来表达	1
轻度异常:对不同的情感刺激有些缺乏相应的反应,情感可能受限或过分	2
中度异常:不适当的情感的示意,反应相当受限或过分,或往往与刺激无关	3
严重异常:极刻板的情感反应,对检查者坚持改变的情境很少产生适当的反应	4
四、躯体运用能力	
与年龄相当:与年龄相适应的利用和意识	1
轻度异常:躯体运用方面有点特殊——某些刻板运动,笨拙,缺乏协调性	2
中度异常:有中度特殊的手指或身体姿势功能失调的征象,摇动旋转,手指摆动,脚尖走	3
严重异常:如上述所描述的现象严重而广泛地发生	4

续表

条 目	分数
五、与非生命物体的关系	
与年龄相当:适合年龄的兴趣运用和探索	1
轻度异常:轻度的对东西缺乏兴趣或不适当地使用物体,像婴儿一样咬东西,猛敲东西,或者迷恋于物体发出的吱吱叫声或不停地开灯、关灯	2
中度异常:对多数物体缺乏兴趣或表现有些特别,如重复转动某件物体,反复用手指尖捏起东西,旋转轮子或对某部分着迷	3
严重异常:严重的对物体的不适当的兴趣、使用和探究,上述情况频繁地发生,很难使儿童分心	4
六、对环境变化的适应	
与年龄相当:对改变产生与年龄相适应的反应	1
轻度异常:对环境改变产生某些反应,倾向维持某一物体活动或坚持相同的反应形式	2
中度异常:对环境改变出现烦躁、沮丧的征象,当干扰他(她)时很难将其吸引过来	3
严重异常:对改变产生严重的反应,假如坚持把环境的变化强加给他,儿童可能逃跑	4
七、视觉反应	
与年龄相当:适合年龄的视觉反应,可与其他感觉系统反应整合	1
轻度异常:有时必须提醒儿童去注意物体,有时全神贯注于"镜像";有的回避眼光接触,有的凝视空间,有的着迷于灯光	2
中度异常:经常要提醒他们正在干什么,喜欢观看光亮的物体或凝视空间,即使强迫,也只有很少的眼光接触或不恰当的凝视	3
严重异常:对物体和人的广泛严重的视觉回避,着迷于使用"余光"	4
八、听觉反应	
与年龄相当:适合年龄的听觉反应	1
轻度异常:对听觉刺激或某些特殊声音缺乏一些反应,反应可能延迟,有时必须重复声音刺激,有时对大的声音敏感,或对此声音分心	2
中度异常:对听觉不构成反应,或必须重复数次刺激才产生反应,或对某些声音敏感(如很容易受惊,捂上耳朵等)	3
严重异常:对声音全面回避,对声音类型不加注意或极度敏感	4
九、近处感觉反应	
与年龄相当:对疼痛产生适当强度的反应,触觉和嗅觉正常	1

续表

条　目	分数
轻度异常：对疼痛或轻度触碰，气味、味道等有点缺乏适当的反应，有时出现一些如婴儿吸吮物体的表现	2
中度异常：对疼痛或意外伤害缺乏反应，比较集中于触觉、嗅觉、味觉	3
严重异常：过度地集中于触觉的探究感觉而不是功能的作用（吸吮、舔或摩擦），完全忽视疼痛或过分地做出反应	4
十、焦虑反应	
与年龄相当：对情境产生与年龄相适应的反应，并且反应无延长	1
轻度异常：轻度焦虑反应	2
中度异常：中度焦虑反应	3
严重异常：严重的焦虑反应，可能儿童在会见的一段时间内不能坐下，或很害怕，或退缩等	4
十一、语言交流	
与年龄相当：适合年龄的语言	1
轻度异常：语言迟钝，多数语言有意义，但有一点模仿语言	2
中度异常：缺乏语言或有意义的语言与不适当的语言相混淆（模仿言语或莫名其妙的话）	3
严重异常：严重的不正常言语，实质上缺乏可理解的语言或运用特殊的、离奇的语言	4
十二、非语言交流	
与年龄相当：与年龄相符的非语言性交流	1
轻度异常：非语言交流迟钝，交往仅为简单的或含糊的反应，如指出或去取他想要的东西	2
中度异常：缺乏非语言交往，儿童不会利用非语言交往或不会对非语言的交往做出反应	3
严重异常：特别古怪的和不可理解的非语言交往	4
十三、活动	
与年龄相当：正常活动水平——不多动亦不少动	1
轻度异常：轻度不安静或有轻度活动缓慢，但一般可控制	2
中度异常：活动相当多，并且控制其活动量有困难，或者活动过少、运动缓慢，检查者很频繁地控制或以极大努力才能得到反应	3
严重异常：极不正常的活动水平，要么是不停，要么是冷淡，很难得到儿童对任何事件的反应，差不多不断地需要大人控制	4

续表

条　目	分数
十四、智力功能	
与年龄相当:正常智力功能——无迟钝的证据	1
轻度异常:轻度智力低下——技能低下表现在各个领域	2
中度异常:中度智力低下——某些技能明显迟钝,其他的接近年龄水平	3
严重异常:智力功能严重障碍——某些技能表现迟钝,另外一些在年龄水平以上或不寻常	4
十五、总的印象	
与年龄相当:不是孤独症	1
轻度异常:轻微的或轻度孤独症	2
中度异常:孤独症的中度征象	3
严重异常:非常多的孤独症征象	4

诊断标准

A. 非孤独症:总分低于 30 分。

B. 轻到中度孤独症:总分为 30~36 分,且低于 3 分的项少于 5 项。

C. 重度孤独症:总分为 37~60 分,且至少有 5 项评分高于 3 分。

第二章

孤独症儿童早期融合教育

教学目标

1. 师德养成目标

通过本章内容的教学,理解孤独症儿童早期融合教育的深远意义;认识到让孤独症儿童进入普通儿童群体中进行融合教育对教师的德与行的要求,从而树立教育面前人人平等的思想意识;在学习过程中生成理解、包容、接纳的师爱品质。

2. 知识与能力目标

(1) 知识目标:理解孤独症儿童早期融合教育的支持系统,了解孤独症儿童的安置与教学形式,基本掌握孤独症儿童早期融合课堂的管理原则。

(2) 能力目标:学会分析我国孤独症儿童早期融合教育的现实问题并掌握应对策略,了解孤独症儿童早期融合课堂常见问题并初步掌握解决对策。

3. 情感与意志目标

(1) 情感目标:了解孤独症儿童早期融合教育中的常见问题及原因,从而生成帮助有特殊教育需要儿童的教育情感。

(2) 意志目标:充分认识孤独症儿童早期有效的融合教育的重要性,并产生为之努力学习的意志品质。

教学重点与难点

(1) 教学重点:孤独症儿童早期融合教育的支持系统。

(2) 教学难点:我国孤独症儿童早期融合教育的现实问题及对策;孤独症儿童早期融合课堂常见问题及对策。

案例呈现

我国孤独症儿童早期融合幼儿园典型事例介绍

刘树芹原是一位普通的幼儿教师，2005年幼儿园里新来的一名没有语言、生活自理能力极弱、情绪和行为问题非常严重、从不和其他小朋友在一起玩耍的孩子引起了她的注意，从此她开始走上孤独症儿童早期融合教育的探索和实践之路。2007年她创办了山东省青岛市幸福之家幼儿园，招收了有特殊教育需要的幼儿18名。为了给他们创造与普通儿童一起学习的机会，她首创了普通幼儿与特殊幼儿1∶1的学前融合教育模式，即园内每一普通儿童与一名特需儿童结对，一起生活、游戏、上课。幼儿园通过制订的融合教育目标、教育内容、教育形式及方法，引导全体幼儿一起健康成长，实现普特融合的双赢。

办园过程中，最大的阻力就是普通幼儿的家长。为消除普通幼儿家长的顾虑，幼儿园通过举办家长学校、家长会、家长开放日及家访等多种形式向家长宣传融合教育对促进普通儿童发展的积极意义，同时，幼儿园还采取了对普通幼儿减免学费、开设班车等方式吸引其入园。在幼儿园的积极努力下，普通幼儿的家长对融合教育的认识有了很大的转变，实现了由排斥到理解再到支持的转变，普通幼儿生源得到了保障。

办融合幼儿园最重要的条件是有一批能胜任融合教育的教师，这也是保证融合教育双赢的基本条件。为此，幸福之家幼儿园采取"外学内培"的策略，外聘专家走进幼儿园，系统开展特殊教育方面的培训，鼓励教师参加国家、省级各类特殊教育培训。同时，刘树芹园长自费到芬兰、新加坡、日本学习国外的早期融合教育的经验。经过多年的努力，幸福之家融合幼儿园培养了一批师德高尚、融合教育业务能力强的融合教育师资。

2019年，幸福之家融合幼儿园在崂山区开设了第一家分园——远洋风景幼儿园，招收普通幼儿300余名，特殊儿童30余名。针对远洋风景幼儿园的实际情况，幼儿园启动了普通儿童与特殊儿童10∶1的融合教育形式。2022年，幸福之家学龄支持中心成立，为学龄特需儿童提供有针对性的个别化教育，为其更好地融入普通中小学提供支持。2023年，刘树芹创建了"益起来"

创业辅助机构,为特殊青年提供就业帮助和支持,培养他们独立生活及简单工作的能力。

2021年,时任中国残疾人联合会主席的张海迪来到青岛调研残疾人的康复教育,刘树芹做汇报发言时说:"融合教育适合所有的儿童,孤独症儿童最需要融合教育。它让普通的人更优秀,有爱、有包容、有责任、有担当,更有满满的自信和满满的能量。它也让每一个有特殊需求的人被包容、被接纳、被关爱。在这样共同生活的教育环境中,从幼儿园开始,同班同学互相影响、互相帮助、共同成长,成为更好的自己。这就是融合教育的价值。"融合教育是普通孩子和特殊孩子都可以大大受益的双向奔赴。

第一节　孤独症儿童早期融合教育概述

关于融合教育,虽然目前还没有一个统一的定义,但多数学者认为它是一个对所有学生有益的教学模式。许多国家都将融合教育作为其特殊教育发展的理想或终极目标,并将其作为相关政策制定的理论依据。即使在最为贫穷、资源缺乏的国家,融合教育也至少成为使更多处境不利儿童享有学校教育机会的政治宣示或者现实举措。[①]

一、早期融合教育概要

融合教育(inclusive education)的思想自斯坦巴克夫妇明确提出后,就成为特殊教育领域内讨论的焦点与付出实施的行动。

(一) 融合教育的内涵

对于融合教育的内涵,1994年召开的世界特殊需要教育大会通过的《萨拉曼卡宣言》是这样揭示的:"每一个儿童都有独一无二的个人特点、兴趣、能

[①] 邓猛,颜廷睿.融合教育理论反思与本土化探索[M].北京:北京大学出版社,2014:49.

力和学习需要；教育系统的设计和教育方案的实施应充分考虑到这些特点与需要的广泛差异性；有特殊教育需要的儿童必须有机会进入普通学校，这些学校应该在以儿童为中心的教育活动中满足他们的需要。"乌德沃里-索尔纳（Udvani-Soler）把融合教育定义为一种支持所有学生并对全部学生都有帮助的教育；福斯（Fushs）等人认为融合教育是提供残障学生一种不同的学习方式；托尼·布斯（Tony Booth）的观点是融合的核心价值在于"促进全体儿童的全面参与"[1]；安斯科（Ainscow）说："融合常常被简单地理解为把学生从特殊学校转移到主流环境之中，以为只要他们在那儿，他们就被融合了。相反，我认为融合并不是状态的简单改变，而是一个永不结束的过程，它依赖于主流环境中教学和组织结构的持续发展。"[2]

2005年，联合国教科文组织（UNESCO）出版的《融合教育指南》(*Guidelines for Inclusion: Ensuring Access to Education for All*)描述了一个全面广泛的定义："融合教育是通过增加学习、文化与社区的参与，减少教育系统的排斥，关注并满足所有学习者多样化需求的过程。融合教育以覆盖所有适龄儿童为共识，以常规系统负责教育所有儿童为信念，它涉及教育内容、教育途径、教育结构与教育战略的变革与调整。"

2008年，联合国教科文组织在日内瓦召开的第48届国际教育大会上指出：融合教育是指通过增加学习、文化和社区参与，努力使所有的人受到同样的教育，特别是帮助那些由于身体、智力、经济、环境等因素可能被边缘化和被排斥的儿童受到同样的教育。这些易被边缘化和被排斥的群体至少包括：残疾儿童、艾滋病儿童、少数民族儿童、难民、国内迁移儿童、贫困/饥饿儿童、冲突/灾难儿童，或是来自其他弱势群体或者社会边缘群体的儿童。因此，国际组织的融合教育是指普通学校接受所有儿童，包括那些易被边缘化和被排斥的儿童，并通过恰当的课程设计、有效的教学策略、有序的内容安排、教学

---

[1] BOOTH T, AINSCOW M, KINGSTON D. Index for inclusion: developing play, learning and participation in early years and childcare[M]. Bristol: Centre for Studies on Inclusive Education, 2006:3-5.

[2] ARMSTRONG F, ARMSTRONG D, BARTON L. Inclusive education: policy, contexts and comparative perspectives[M]. London: David Fulton Publishers, 2000:117.

资源的合理利用,以保证全体儿童都能享受到高质量的教育。[1]

> **拓展阅读**

美国政府相继颁布了《全体残疾儿童教育法》(Education Law for All Disabled Children,1975)、《残疾人教育法》(Education Law for Disabled Person,1990)等多部法律,逐步使学前特殊儿童从形式上与普通儿童在同一教室上课过渡为真正相互融合与共同学习。[2] 以下是美国各个学会对融合教育的看法:[3]

(1)强调去除标签及隔离的安置。——监督与课程发展协会(Association for Supervision and Curriculum Development)

(2)强调须同时训练普通班及特殊教育班教师,才能使其了解融合教育。——国际教育学会(National Association for State Boards of Education)

(3)希望朝向融合的教育安置。——智力障碍公民协会(Association of Retarded Citizens)

(4)希望除了融合教育外仍有其他形式的安置模式。——学习障碍学会、特殊教育学会、行为异常学会

(二)早期融合教育

早期融合教育也叫学前融合教育(inclusive early childhood education)。自1978年英国政府提交的《沃诺克报告》首次提出了特殊需要教育(Special Needs Education)的概念,到1994年联合国教科文组织在《萨拉曼卡宣言》中首次提出"融合教育"这一概念至今,学前融合教育在世界各国的不断实践中不断发展。

---

[1] UNESCO-IBE. General presentation at the 48th session of the international conference on education,"inclusive education, the way of the future"[R]. Geneva:UNESCO,2008:25-28.
[2] HICHCOCK C, MEYEY A, ROSE D, et al. Technical brief:access, participation, and progress in the general curriculum[R]. Lynnfield:Center for applied special technology,2009:125-132.
[3] 吴淑美. 融合教育理论与实践[M]. 北京:华夏出版社,2018:5-6.

1. 什么是早期(学前)融合教育

早期融合教育指让有特殊教育需要的学前幼儿进入普通幼儿园,与普通幼儿共同接受保育和教育的教育形式。目前各国共识是,学前融合教育强调要为特殊幼儿提供一个正常化的教学环境,而非隔离的环境,在班级中提供所需的特殊教育和相关服务措施,使特殊教育与普通教育融合为一个系统。[①]学前融合教育的实质不仅仅是把有特殊教育需要的幼儿放在普通幼儿园里与普通幼儿在一起,而是要对他们进行有效管理,即了解他们的特殊需求,并依据他们的需求实施有针对性的教育,同时在必要的情况下提供医疗方面的支持。所以,学前融合教育发展到现在,可以理解为不仅仅是接纳,更重要的是要着眼于最大限度地扫清所有有特殊教育需要幼儿全面参与教育过程的各种阻力。最终目的是真正去除"残疾""障碍""低能"等标记,让这些儿童与普通儿童之间建立良好的人际互动关系,让他们与普通儿童一样享有同等的待遇。

学前融合教育与学校融合教育有所不同。其不同在于:

一是儿童的年龄不同。接受学前融合教育的特需儿童,生理年龄一般是在3至7或8岁。这个年龄段的儿童大多处于学龄前阶段,与普通儿童一样要接受幼儿园的教育。而学校融合教育一般指7岁或8岁以后,要接受小学及以上教育的儿童/学生。

二是学习环境不同。学前融合教育的环境是指幼儿园环境,这个环境适合幼儿的年龄特点和生理节律,如上课时间短、中午有较长时间午睡、上下午要有点心时间、每天都有一定时间的自主玩耍活动等。这些在学校融合教育的环境中是没有的。

三是学习方式和任务不同。学前融合教育的方式以游戏为主,其任务一方面是让特需儿童参与普通幼儿的各领域活动,或参与其能参与的领域活动;另一方面是让特需儿童在资源教室接受有针对性的特殊教育康复训练,并没有硬性的任务要求。而学校融合教育的方式一般要求特需儿童/学生与普通儿童在一起上课,完成每天可以完成的学习任务,同时按照特殊教育需

---

① BUYSEE V, BAILEY D B. Behavioral and developmental outcomes in young children with disabilities in integrated and segregated settings: a review of comparative studies[J]. The journal of special education, 1993, 26(4): 434 - 461.

要去学校资源教室完成学习任务。

2. 早期(学前)融合教育的必要性

(1) 有利于维护儿童的基本权利

1994年联合国教科文组织提出：融合教育能消除对特殊儿童的歧视态度，让其回到正常社区中，是建立一个融合式的社会与教育所有儿童的最有效方法。美国全国教育改造与融合研究中心(National Center on Educational Restructuring and Inclusion, NCERI)1995年将融合教育定义为：是向所有儿童提供服务，其方式为在住家附近学校提供学习环境，使特殊儿童能接受与普通儿童相同的教育，借由对教师和特殊儿童必要的支持服务和补充协助，使儿童未来能在学业、行为上获得成功，在社会上正常生活。这一定义是对1990年联合国颁布的《儿童权利公约》的很好诠释和落实。英国融合教育研究中心(Center for Studieson Inclusive Education, CSIE)2007年提出，提倡融合教育强调必须尊重人权的理念，认为所有的儿童都有权利一起学习，因为儿童不应该因为他们的障碍或学习困难而被否定或被隔离，被隔离者可以自行提出要求而免于隔离。如果能让所有的特殊儿童和邻居小朋友及兄弟姐妹一同就近入学、让特殊儿童与普通儿童有更多的互动时间，为他们创造更多的学习机会，把特殊儿童首先看作儿童，强调他们之间的相似性，而不是差异性，那是一幅怎样美好的祥和景象？因此，早期融合教育正是尊重特殊儿童基本人权与贯彻教育机会均等的有效途径。

(2) 有利于社会和谐稳定

联合国教科文组织于1990年在泰国宗迪恩召开了世界全民教育大会。这次大会确立了教育要满足每一个人基本学习需要的目标，不应使穷人，街头流浪儿和童工，农村和边远地区人口，游牧民和移民工人，土著居民，种族、民族和语言方面属于少数的群体，难民，因战争而流离失所者，以及被占领区居民等受到任何形式的歧视。消除歧视与偏见，提高社会责任感与包容度，也是构建和谐、稳定社会的需要。

全民教育虽然反映了全人类对教育公平的诉求，而事实上，由于世界各国的经济、政治体制等诸多方面的不同影响，要在短期内实现全民教育倡导的"满足每一个人基本学习需要"的目标是非常困难的。但是，世界各国对"有特殊教育需要的儿童"率先给予了关注。故此，1994年世界特殊需要教育大会上"全纳教育"应运而生。"全纳教育""嫁接"到我国后,称为"融合教育",主要以"随班就读"(learning in regular classroom,LRC)的方式来实施。其主要关注包括特殊儿童在内的每一个儿童,特别是针对特殊幼儿的早期融合教育,为有特殊教育需要的幼儿创设能够满足他们需要的融合教育环境,包容他们的多样性和差异性,反对歧视与排斥,能使这些幼儿在早年就可以得到最有力的教育支持和帮助,使得更多的特需幼儿得到较好的康复。

(3)有利于儿童的健康成长

早期融合教育秉持"零拒绝"的原则,其重要价值不仅在于能让特殊幼儿在有意义的自然情境中发展社交能力、获得归属感,还能让普通幼儿认识与了解特需幼儿,促使普通儿童尊重与接纳人类的差异性与多样性,[1]从而促进全体儿童健康成长。

因此,自20世纪八九十年代起,国外就已开展普通幼儿对不同类别残疾人理解的研究,其目的是了解在自然状态下普通幼儿对特需儿童的接纳程度,以期有针对性地加强普通幼儿的接纳性教育,使学前融合教育的实施更加顺利。例如,纳伯斯和凯斯(Nabors & Keyes)的研究显示,4岁以下的普通幼儿对肢体残疾理解有限,但5~6岁的幼儿能区分自己与肢体残疾同龄人身体和行为的差异,并对残疾问题的认识具有很强的可扩展性;与此形成鲜明对比的是,学龄前儿童难以形成对发展性障碍儿童的理解。[2] 戴梦德和赫斯特尼(Diamond & Hestenes)的研究显示,在46名学龄前幼儿中,没有一名承认唐氏综合征幼儿属于残疾人范畴。[3] 从整体来看,该时期的研究普遍认为,学龄前幼儿对残疾同伴持消极态度,儿童对残疾的认识遵循可预测的发展进程,3~6岁的普通幼儿能根据残疾设备(轮椅、眼镜或助听器等)与身体特点等显著特征,优先理解肢体和感官残疾,而对于发展性障碍的理解则要延迟

---

[1] GURALNICK M J, NEVILLE B, HAMMOND M A, et al. The friendships of young children with developmental delays: A Longitudinal Analysis [J]. Journal of applied developmental psychology. 2007,28(1):64-79.

[2] NABORS L A, KEYES L A. Brief report: preschoolers' social preferences for interacting with peers with physical differences[J]. Journal of pediatric psychology, 1997,22(1):113-122.

[3] DIAMOND K E, HESTENES L L. Preschool children's conceptions of disabilities: the salience of disability in children's ideas about others[J]. Topics in early childhood special education, 1996, 16(4):458-475.

至童年期,甚至青春期。[1]

3. 我国早期(学前)融合教育的可行性

我国近20年早期融合教育文献研究表明,自2014年我国颁布《特殊教育提升计划(2014—2016年)》后,有关学前融合教育研究的文献数量呈不断增长的趋势。[2] 这表明,学龄前教育阶段实施融合教育是可行的,学前融合教育的实施已成为学前教育的一项重要任务。以下是对学前融合教育可行性的分析。

(1) 儿童发展的需要

儿童期的身心发展对于人健康成长非常重要,特别是对于人格发展起到奠基作用,是其他年龄阶段不能相比的。特别在幼儿阶段,他们的认知能力与知识储备,格外需要外力的影响。刘颂等人研究了北京市学前融合班级中普通幼儿对残疾的认识与接纳态度。结果表明:普通幼儿主要依赖明显的身体外部特征认识残疾,主要认为残疾为肢体残疾,同时对感官缺陷的认识尚处起步阶段;普通幼儿对残疾的稳定性、非传染性与差异性具有朴素、较为正确的认识;普通幼儿对残疾人、残疾小朋友的接纳态度存在显著差异。文章对于在学前融合教育中让普通幼儿形成对残疾的客观、正确认识持积极态度。[3] 王琳琳等人在《中国特殊教育》2019年第7期上发表了《普通幼儿眼中的残疾:一项融合幼儿园的质性研究》的文章,以就读于国内某融合幼儿园的普通幼儿为研究对象,以质的研究范式,从残疾的概念、原因、特征等方面入手,研究我国融合教育背景下普通幼儿对残疾的理解与认知。研究结果显示,普通幼儿对残疾的理解是一个缓慢且复杂的动态过程,体现社会文化对

---

[1] MARAS P, BROWN R. Effects of contact on children's attitudes toward disability: A longitudinal study[J]. Journal of applied social psychology, 1996,26(23):22-31; MAGIATI I, DOCKRELL J E, LOGOTHETI A E. Young children's understanding of disabilities: The influence of development, context, and cognition[J]. Journal of applied developmental psychology, 2003, 23(4):409-430; DIAMOND K, TU H. Relations between classroom context, physical disability and preschool children's inclusion decisions[J]. Journal of applied developmental psychology, 2009,30(2):75-81; DIAMOND K E, HONG S Y. Young children's decisions to include peers with physical disabilities in play[J]. Journal of early intervention, 2010,32(3):163-177.

[2] 任平,陈立. 近二十年国内学前融合教育研究进展[J]. 内江师范学院学报,2017(5):129.

[3] 刘颂,钱红,付传彩. 北京市学前融合班级中普通幼儿对残疾的认识与接纳态度[J]. 中国特殊教育,2013(10):3.

残疾固有的刻板印象。所以说，在幼儿园实施融合教育对全体幼儿是非常有意义的教育手段。从另一方面说，幼儿的社会化程度不高加之道德观念尚未成型，更容易接受教师的引导，从而接纳特需儿童。

拓展阅读

2019年第6期《学前教育研究》上，王薇等人发表了《学前融合教育经历时长对普通幼儿自尊感和自我效能感的影响》。研究以236名普通幼儿为对象，采用问卷调查法，考察学前融合教育经历时长对普通幼儿社会意识领域的两个重要方面，即自尊感和自我效能感的影响。结果发现：有学前融合教育经历的普通幼儿在自尊感和自我效能感的发展上优于没有学前融合教育经历的幼儿，且自尊感和自我效能感随着学前融合教育经历时长的增加而增强；在自尊感的自我主张维度上，无学前融合教育经历的普通幼儿与有1~2年学前融合教育经历的普通幼儿不存在性别差异，但此经历超过2年后，女幼儿显著优于男幼儿；在自我效能感的社会效能感维度上，少于2年学前融合教育经历的女幼儿显著优于男幼儿，而此经历超过2年时不再呈现性别差异。文章指出，为进一步发挥学前融合教育对普通幼儿发展的积极作用，应在营造良好的社会接纳环境，推广学前融合教育的基础上，确立尽早融合、尽早受益的理念，同时关注性别差异，结合幼儿性别特点开展学前融合教育。

(2) 国家政策的支持

早在1990年，第七届全国人大常委会通过的《中华人民共和国残疾人保障法》第二十五条就规定，普通幼儿教育机构应当接收"能适应其生活的"残疾幼儿；1994年国务院颁布的《残疾人教育条例》规定，"普通师范院校应当有计划地设置残疾人特殊教育必修课程或者选修课程，使学生掌握必要的残疾人特殊教育的基本知识和技能，以适应随班就读的残疾学生的教育需要"，这标志着我国法律和政策对融合教育由关注推进到师资培养的层面；2014年颁布的《特殊教育提升计划（2014—2016年）》明确指出，要"支持普通幼儿园创造条件接收残疾儿童。支持特殊教育学校和有条件的儿童福利机构增设附属幼儿园(学前教育部)"。2017年新修订的《残疾人教育条例》明确规定:"推进融合教育","优先采用普通教育方式",这是我国第一次通过强制性规定将融合教育上升到法制层面。因此,我国的政策、法规已为我国学前融合教育提供了坚实的政策和法律保障。

(3) 学段任务的适宜

学前期是儿童接受正规教育的第一个学段,而幼儿园也是儿童接触的第一个教育环境。我国学前教育事业的发展与社会经济发展和对学前教育重要性的认识分不开。

2001年7月,我国教育部颁布了《幼儿园教育指导纲要(试行)》,在其"总则"中指出:"幼儿园教育是基础教育的重要组成部分,是我国学校教育和终身教育的奠基阶段。"在其"组织与实施"部分的第一条和第二条中明确规定:幼儿园的教育是为所有在园幼儿的健康成长服务的,要为每一个儿童,包括有特殊需要的儿童提供积极的支持和帮助;幼儿园的教育活动,是教师以多种形式有目的、有计划地引导幼儿生动、活泼、主动活动的教育过程。由于学前教育不以考试成绩为主要教育目标,其组织与实施是以园本或班本课程与特色为主要内容开展各项活动设计,在这种情况下,学前教育阶段更容易实施融合教育。

(四) 学前教师的接纳

中华人民共和国教育部2012年颁布了《幼儿园教师专业标准(试行)》。贯穿其中的基本理念是:师德为先、幼儿为本、能力为重和终身学习。由于学前教育采用的许多活动实施方法与特殊教育的教学方法比较类似,如生活学习法、言语仿说法、感官游戏法、运动锻炼法等,所以,幼儿教师已有的知能结构让其在某种程度上比小学及以上学段的教师更能接受融合教育的实施。2011年12月张丹丹等人在《教育与教学研究》上发表《成都市幼儿园融合教育现状调查研究》,指出:"虽然幼儿园融合教育现状不尽如人意,但发展前景还是让人充满希望的……访谈中幼儿园教师的态度是积极的,愿意合作发展随班就读的占绝大多数。"刘佳芬等人在2014年第C1期的《现代特殊教育》上发表《宁波市幼儿教师对融合教育接纳度的调查研究》,调查发现,46.2%的教师认为融合教育能为普通幼儿的社会性发展带来益处;53.8%的幼儿教师认为,不论其他家长如何反对,融合教育也是应该得到支持的一种教育。可见,幼儿教师群体是最容易接纳融合教育的师资力量。

二、孤独症儿童早期融合教育的意义

如前所述,融合教育是通过把学龄前的孤独症儿童与普通儿童安置在同一环境共同学习,并在班级中提供必要的特殊教育和相关服务措施,达到使特殊教育与普通教育融合为一体的目的。其意义可总结为以下几个方面。

(一) 提供早期真实可观感的社交模型

什么是社交模型?社交模型是人们在社会生活的不同群体中由身份和角色决定的且自然形成的相互交往的比较固定的交往模式,如家庭中的交往模式、学校班级中同学间的交往模式等。作为群居生活的人类,在长期的传统和文化信仰等影响下,不同时代、不同国家、不同民族的社交模型也会有区别。但是,人们习得社交模型的方式是相同的。人对于社交模型的识别和建立是在出生以后,通过他人的有意和无意的示范和与之交往过程中完成的。其条件是社交模型的建立需要关注他人,对他人的行为能模仿和学习。众所周知,孤独症是一种弥散性的发育障碍,是在儿童3岁以前出现的发育异常或受损。孤独症的基本临床特征为社会交往障碍、言语发育障碍、兴趣范围狭窄以及刻板的行为方式。总的来说,孤独症儿童的主要问题是社会性功能发展落后。他们对人、对人的交往"不感兴趣",由此,他们对生活周围自然形成的社交模型意识不到。使孤独症儿童建立与人正常交往的模式,是解决他们核心症状的关键所在。

幼儿园作为早期教育非常重要的社交环境,是儿童从家庭这个特殊的交往环境迈向社会群体这个一生要面对的社交环境的开始。因此,孤独症儿童的早期融合教育非常重要的意义在于,使孤独症儿童从家庭交往习得到同龄人交往习得的过程中获得自然的社交模型,即从客观上给孤独症儿童创造了同龄交往的交往模式,为孤独症儿童社会功能的提升建立了外部条件。

(二) 储备更大的可塑空间

孤独症是一种发展性障碍，虽有比较突出的共性问题，如社交障碍和兴趣狭窄、行为异常等，但因其个体差异"色彩斑斓"，被称为"谱系障碍"。作为3岁前就可发现的病症，孩子的可塑性空间大小，直接关系到孩子未来的生活。我国的古语中就有"近朱者赤，近墨者黑"的话语，还有"孟母三迁"的故事，都说明了给孩子什么样的环境，对孩子的影响非常大。至今为止，国内外发现的兽孩（如狼孩、豹孩等）七八岁回归人类社会后，用了很多年的时间也很难学会"人性"的品质。这些例子都表明，幼儿期是人各种能力发展的关键期，其发展的方向、速度和空间确实在很大程度上受其所接触的环境影响。如杜佳坤在《教育观察》2019年第3期上发表的《从个案浅析ASD儿童学前融合教育策略》中列举了个案小西从托班到中班的变化：小西在集体活动中常会"不知所措"，这时教师会适时地请班上比较能干的幼儿带她参与活动，并通过强化策略鼓励、表扬那些主动帮助小西的儿童。这就强化了儿童主动关注、帮助小西，并与她交流的动机。与托班抗拒同伴亲近相比，中班的小西愿意让别人牵她的手了。

因此，孤独症儿童的早期融合教育，是在利用普通幼儿园这个"外部世界"的广泛性和多样性的空间，在孤独症儿童的"内心世界"里扩大从内部向外部主动转变的空间。这个空间就是孤独症儿童改善的可塑空间。这个空间越大，孤独症儿童改善的可能和提升的高度就越大。

拓展阅读

表2-1　某个案在接受融合教育不同阶段的变化实例

变化项	干预3个月后	干预6个月后	干预12个月后
语言与言语	能够根据指令拿取熟悉物品；能够理解和完成简单指令"抱抱、开门、坐下"等	能够在出示部分熟悉且易于发音的实物后进行单音节或叠音命名，如"鱼""蛙""拜拜"；能够认识熟悉人物并进行寻人	能够理解并完成例如"把苹果放在桌子上"等多元素指令；能够在提示下进行"我要……""这是……"等短句表达

续表

变化项	干预3个月后	干预6个月后	干预12个月后
社交	愿意熟悉的人触碰手、脸等身体部位;被动情况下愿意与他人拥抱	呼名后有反应,能够望向呼唤的人;拥抱动作自然、热情;模仿行为增加,对他人行为有关注和部分模仿;愿意进行轮流活动	乐于与他人拥抱;能够接受亲吻并在要求下亲吻他人;呼名后远距离情况下可以走向呼唤的人;有需求时能够拉他人的手并进行点指;能够主动表达物品名称表示需求;能够关注他人语言表达时的语气、表情;能够主动模仿他人参与日常活动;愿意参与追赶游戏;主动要求进行挠痒痒游戏
感知觉	能够平静处于早操音乐环境中;愿意在辅助下踩踏平衡板;能够接受橘子的味道;能够接球和抛球	熟悉的音乐下能够在辅助下进行早操;能够完成从安全高度往下跳;能接受米饭中放卤汁,能够吃苹果	能够主动吃猪肉、鸡肉、苹果、橘子;能够远距离投球;对新音乐不再捂耳朵
行为	上课能够不随意起立和走动	能够静坐于椅子上;自由活动中不推人	集体活动中不乱跑;能够等待轮到自己
认知	能够认识部分常见水果;能够进行相同物品的颜色配对	能够认识较多水果、蔬菜;能够根据不同种类物品进行颜色分类;能够区分人物	能够进行水果、蔬菜的分类;能够区分场所;能够认识上、下;能够认识基础图形
生活自理	愿意在辅助下穿袜子;能够去掉尿不湿并站立小便;能够自己拿勺子吃饭	能够独立提起裤子;他人帮助套脚上后可以拉好袜子	能自己盛饭和汤;能独立完成扫地;能顺利穿裤子和袜子
手指精细项	能够用勺子舀珠子	能够沿直线折出痕迹;能够完成穿孔任务;能够握笔画直线	能够用木片夹珠子;能够用剪刀剪纸条;能够模仿画曲线

(三)核心症状得到最大可能的改善

如果不改善其核心症状,孤独症儿童最终是无法独立地正常生活的。因此,如果不对这些儿童进行及早有效的教育干预,不仅将贻误这些儿童的心理发展,对家庭造成沉重的心理和经济负担,对社会发展也会带来很大的负面影响。早期干预对于孤独症儿童、家庭及社会具有重大意义。[1] 如何才能

---

[1] 陆勤,魏佩君.轻中度自闭症儿童学前融合教育的实践研究[J].现代特殊教育,2016(11):68.

有效地改善孤独症儿童的核心症状,是康复界长期以来一直在寻找和研究的课题。自1994年联合国教科文组织在西班牙萨拉曼卡召开的世界特殊需要教育大会首次正式提出了全纳教育,并号召世界各国广泛开展全纳教育以来,世界各国都在探索和研究。孤独症儿童的早期融合教育实际上是在孤独症幼儿这个群体中实施全纳教育的一种形式。

在幼儿园对孤独症幼儿实施早期融合教育,采用的方式是:幼儿教师在特殊教育教师的配合下,一方面,依据孤独症幼儿的发展水平以及发展潜能,遵循一定的教学原则,根据个别化教育的目标,实施普通班课程,提升孤独症幼儿集体活动能力;另一方面,根据孤独症幼儿的需要,让其在部分时间里与普通幼儿分离,去资源教室接受特教教师的个别化辅导或小组辅导。这种融合教育的形式可以促进孤独症幼儿社会性功能的发展,即核心症状的改善。

三、孤独症儿童早期融合教育的支持系统

孤独症儿童早期融合教育的实施是一项需要多领域多成员参与的复杂工作。它是在社会文化、政治经济的推动和人们对孤独症儿童康复观念的影响下发展起来的。构建一个适合孤独症儿童早期融合教育的支持系统,是保障各国孤独症儿童早期融合教育健康发展和孤独症儿童早期融合教育质量的重要条件。从制度和硬件的支持方面,需要国家出台相关的法律法规,需要社区提供相应的硬件设施,需要幼儿园提供资源教室等;从观念和行动的支持方面,需要全社会成员的理解和包容,需要学校师生的接纳和辅助,需要家庭成员的情感和指导等。

(一)法律法规的保障

从国家层面,对特殊儿童的融合教育还是高度重视的。从"八五"计划开始,国务院已经连续制定了4个残疾人事业发展五年规划纲要,2006年6月,国务院批转了《中国残疾人事业"十一五"发展纲要(2006—2010年)》及18个配套实施方案。目前我国有关孤独症患者权益保障的法律规定主要有:《宪法》第四十五条,《残疾人保障法》,《教育法》第十条、第三十九条,《义务教育法》第十九条等。2014年,《国务院办公厅关于印发国家贫困地区儿童发展规

划(2014—2020年)的通知》特别关注了贫困地区的残疾儿童教育,要求积极推进全纳教育,使每个残疾儿童都能接受合适的教育;建立和完善服务机制,统筹学校、社区和家庭资源。此后,教育部等七部门于2014年发布的《特殊教育提升计划(2014—2016年)》中提出,"建立财政为主、社会支持、全面覆盖、通畅便利的特殊教育服务保障机制,基本形成政府主导、部门协同、各方参与的特殊教育工作格局"。

2015年,《国务院关于加快推进残疾人小康进程的意见》提出,"推行全纳教育,建立随班就读支持保障体系",对新时期随班就读法律和政策的制定提出了总要求。《第二期特殊教育提升计划(2017—2020年)》将支持保障体系的建设上升到了战略性任务的高度,主要聚焦于标准制定、财政支持及师资建设三方面,并提出了六条主要措施,其中第四条措施是"健全特殊教育专业支撑体系",包括成立残疾人教育专家委员会,健全残疾儿童入学评估机制,建立特殊教育资源中心,加强学校、家庭、社会之间的合作、信息交流和教育资源共享等。但是,到目前为止还没有专门针对孤独症患者权益保护的法律或相关条文。

我国学前(早期)融合教育支持系统的建立并不均衡。卿素兰等人运用问卷法和访谈法对教师、普通学生及其家长、随班就读学生及其家长进行调查,发现在对五个因素的总体评价中,家庭与学校支持系统比较完善,政府经费支持力度较好,社区支持度尚不够,学生自我预期不佳。[1] 杨朝军等人认为,我国的学前融合教育尚处于初步发展阶段,只有北京、上海等经济发达地区在行政手段的干预下成为试点,全国大部分省市的学前融合教育实践仍停留在观念层面。[2]

(二) 幼儿园的支持

幼儿园作为孤独症儿童早期融合教育的场所,是其支持系统中最重要的条件之一。这一支持条件是孤独症儿童早期融合教育有效实施与良好质量的保证。在这个条件中,首先,幼儿园园长起着关键性作用。园长在增强全

---

[1] 卿素兰,刘在花. 农村特殊儿童随班就读支持系统的调查研究[J]. 中国特殊教育,2007(11):3.
[2] 杨朝军,陈杰. 教育公平视角下学前融合教育的可持续发展策略探究[J]. 兰州教育学院学报,2018(10):174.

园教职工的早期融合教育意识、创设和优化全园教育环境、把握实施方向和组织学术交流与评估等方面都应发挥主导作用。其次,幼儿园教师要努力学习相关知识与指导技术,在组织孤独症幼儿参与班级的各项活动、安排集体干预和个别化教学、与其他教师进行沟通合作等方面发挥主导作用。再次,普通幼儿家长与普通幼儿的接纳、包容与支持同样是非常关键的条件。特别是普通幼儿家长要充分认识到早期融合教育对普通幼儿良好人格养成的潜在作用或间接作用,引导普通幼儿理解差异或不同,尊重差异、关心弱小。由此,建立一个适宜孤独症幼儿在幼儿园"生存"的良好环境,更加有利于早期融合教育的开展与质量的提升。

(三) 家庭的全力配合

孤独症儿童生活的家庭对其早期融合教育的支持必不可少。家庭所有成员的各种支持是保障孤独症儿童早期融合教育顺利开展的基本条件。

家庭支持的概念可以分为两类,一类是以家庭作为支持对象,另一类是家庭内部给予儿童的支持。就前者而言,家庭支持系统一般拥有很多不同的方面,来自社会的家庭支持主要包括为儿童家庭及每个家庭成员(父亲、母亲、儿童的兄弟姐妹)提供情感、教育和信息方面的正式支持和非正式支持。正式性家庭支持主要是来自为家庭提供支持的相关机构的专业人员;非正式性家庭支持指在生活中发生的一些有助于为家庭提供情感教育咨询支持的自然事件。就后者而言,从家庭出发的支持是以家庭成员为支持提供的主体,从其主体的不同,可以分为来自儿童家长的支持和来自儿童兄弟姐妹的支持。[1]

在此特别要提出的是,近几年从一些相关恶性案例中可以发现,许多孤独症儿童家长的心态与承受力出现了严重的问题(如图 2-1)。在家庭支持中,还应考虑到家庭所有成员要正视孤独症儿童的行为问题可能会给幼儿园和普通幼儿带来的不利影响或负担,端正心态,积极配合幼儿园和普通幼儿家长,学会及时沟通,化解问题或矛盾,从家庭的角度做有利于为孤独症儿童创建良好生存环境的事情。

---

[1] 徐云,王慧.自闭症儿童的疾病负担与社会保障[M].北京:科学出版社,2018:130-131.

学前融合教育的支持系统主要由三方面组成:社会支持主体,由政府、学校、家庭、亲友和邻里、社区、社团等组成;社会支持内容,由政策支持、物质支持、权利支持、情感支持、信息支持等组成;社会支持网络,由支持主体与残疾人之间、支持主体之间等组成。[①] 如果这三方面的支持系统构建完成,实质上是调动了整个社会的资源,将每一个社会成员都纳入学前融合教育支持系统之中,以保障实现特需幼儿的融合教育。

总之,孤独症儿童早期融合教育支持系统的建立非常重要,这也是构建良好的教育生态环境的大问题。当然,其建立并不是一朝一夕、一蹴而就的事情。特别就目前我国早期融合教育发展的状况来说,更需要全社会的共同努力,需要一定时间来建设。

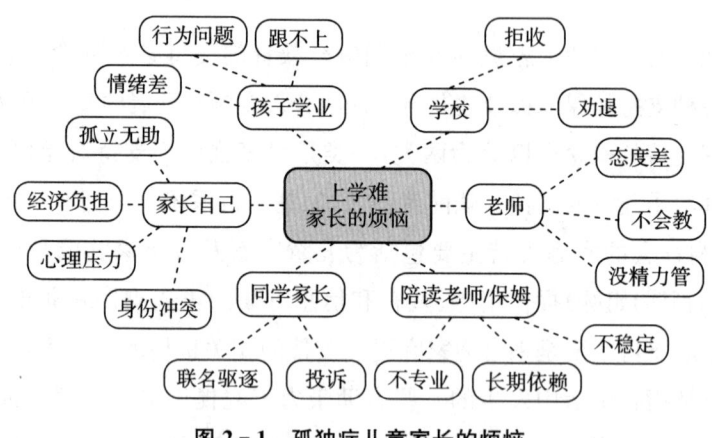

图 2-1 孤独症儿童家长的烦恼

第二节 孤独症儿童的教育安置与教学活动形式

随着孤独症儿童人数的不断增加,特别是进入21世纪的20多年,孤独症儿童的人数激增,如何对他们安置和有效教育才能提升他们的各方面能力是

---

① 彭兴蓬.融合教育的价值追求及社会支持系统的建立[J].教育研究与实验,2014(3):77.

各方人士一直在探索和研究的主要问题之一。在医学、遗传学、病理学、脑科学、特殊教育学等各个学科投入大量科研经费寻求病因以及探索符合循证实践要求的干预措施的同时,学龄前孤独症儿童的教育安置经历了从隔离安置形式到隔离与融合安置形式并存的历程,呈现出当今多样化的教育安置体系。[①]

一、孤独症儿童的教育安置

(一) 外国孤独症儿童的教育安置

1. 美国孤独症儿童的教育安置情况

20世纪70年代,美国学者主张采用"瀑布式"特殊教育服务体系,根据残疾儿童的障碍程度,将残疾儿童安置到"最小受限制环境"中。[②] 1975年美国《残疾人教育法》正式实施,教育工作者开始根据个别化教育计划(individualized education plan, IEP)的要求,为孤独症儿童设计教学内容和教育安置形式,而大部分孤独症儿童仍主要是在全日制的特殊教育班或隔离式的特殊教育学校中接受教育。随着融合教育运动的开展,很多学者提出重度认知障碍与发展性障碍,包括孤独症儿童也应该融入普通班级中就读。[③]

在美国主要有五种孤独症儿童教育安置方式:普通班级、资源教室、特殊教育学校、寄宿制机构、家庭或者医院。随着融合教育的开展,普通班级和资源教室成为美国特殊儿童教育安置的主要模式,其具体情况见图2-2和图2-3。如图2-2所示,2003—2007年美国孤独症儿童主要安置于普通班级中,且有较小幅上升的趋势,2007年所占比例达到89.7%。但正如图2-3所示,在普通班级就读的孤独症儿童都需要抽取部分时间到资源教室或者特教机构接受特殊服务。其中,在普通班级外接受特殊服务的时间大于60%的孤独症儿童所占比例最大,但随着年份的增长呈下降趋势。[④]

[①] 胡晓毅,范文静. 我国学龄孤独症儿童教育安置形式的思考[J]. 教育学报. 2016(12):70-71.
[②] DENO E. Special education as developmental capital[J]. Exceptional children, 1970, 37(3): 229-237.
[③] MESIBOV G B, SHEA V. Full inclusion and students with autism[J]. Journal of autism and developmental disorders, 1996, 26(3): 337-346.
[④] 连福鑫,贺荟中. 美国自闭症儿童融合教育研究综述及启示[J]. 中国特殊教育,2011(4):30.

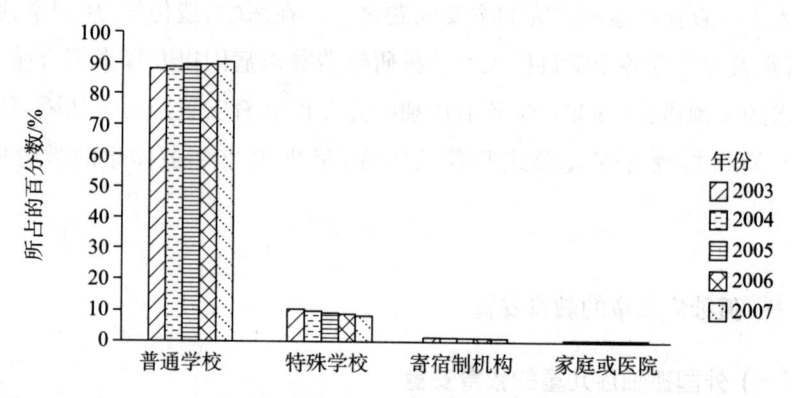

图 2-2　2003—2007 年美国孤独症儿童不同教育安置模式所占比例（6～21 岁）

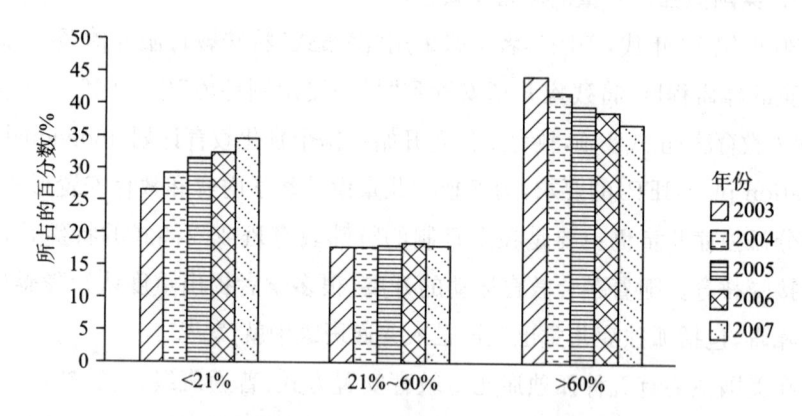

图 2-3　2003—2007 年在普通班级外接受不同特殊服务时间的
美国孤独症儿童各自所占的比例（6～21 岁）

此外，由于美国小学、初中和高中阶段的教育有很大差别，因此对于孤独症儿童的教育安置也有所不同，具体情况见图 2-4 所示。随着孤独症学生年龄的增高，教育安置的全纳程度就逐渐降低。以 2002 年为例，分离班级的安置是 3 个年龄组的最主要的形式，各年龄组之间差别不大，在 45% 到 50% 之间。普通班级安置的比例则不同，不同年龄组之间差别很大；6～11 岁年龄组的比例接近 30%，而 18～21 岁年龄组只有 10%。分离环境安置比的跨组差异也很大，18～21 岁年龄组的比例高达 30%，而 6～11 岁年龄组则不到 10%。[①]

---

① 余强. 美国中小学阶段孤独症患者的全纳教育[J]. 外国中小学教育，2011(7)：49.

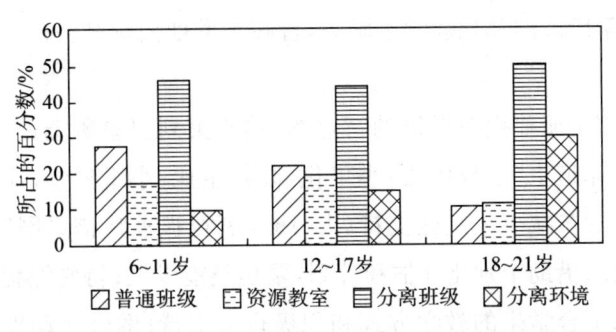

图 2-4　2002 年美国不同年龄孤独症学生的教育安置

2. 澳大利亚孤独症儿童的教育安置

澳大利亚融合教育也经历了由隔离到融合的转变。20 世纪八九十年代，澳大利亚一些普通学校开始接收轻度残疾学生，由此开始了融合教育的探索。特别是新南威尔士州，它是澳大利亚在融合教育发展上颇具特色的一个州。这个州除了陆续出台多个文件支持与保障融合教育的顺利实施外，在融合教育实践上该州也探索出独特的发展模式。该州实施的"卫星班项目"（Satellite Class Program），尤其是"孤独症卫星班项目"，在帮助特殊学生顺利转衔进入融合环境中积累了丰富经验。[①] "澳大利亚孤独症谱系网"1992 年在新南威尔士州建立了第一个"孤独症卫星班"，旨在为孤独症儿童进入普通班级做准备，减少直接进入完全融合环境带来的不利影响，确保他们在普通班级得到高质量的教育。"澳大利亚孤独症谱系网"还通过与政府、当地教育部门的合作，为"卫星班"配备了充足且高质量的师资队伍，其组织架构见图 2-5。就招收对象年龄来看，孤独症卫星班不仅招收学前的孤独症儿童，也为

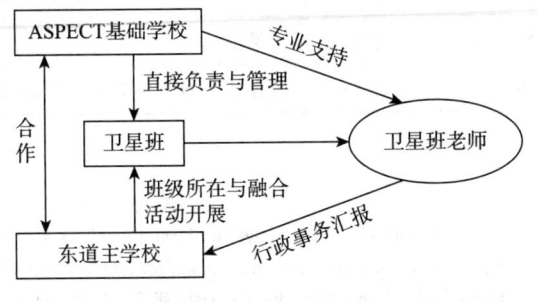

图 2-5　澳大利亚孤独症卫星班的组织架构

---

① 俞林亚，倪萍萍.澳大利亚新南威尔士州卫星班模式概况及启示[J].中国特殊教育，2018(9)：8.

小学乃至中学阶段的孤独症学生服务,旨在帮助他们顺利转衔至完全融合的教育环境中。①

新南威尔士孤独症卫星班的特点是:精心策划卫星班选址;将卫星班的人员整合到"东道主"学校中去;小班化,高师生比;小组教学,注重社交和沟通技能发展,逐步减少个别化支持;由"澳大利亚孤独症谱系网"提供职员培训与专业支持;借助个别化评估和计划,聚焦技能发展;特殊课程和普教课程的有机整合;适合学生的教学方式和积极行为支持;融合活动提供了发展社交沟通技能的机会,以及同伴互动和评估学生需要的机会。②

拓展阅读

表 2-2 美、英、澳、新四国孤独症学校(举例)③

国家	学校名称	学校性质	所在地区	服务对象
美国	Palm Beach School	公立	佛罗里达州	3~18岁孤独症谱系障碍患者
	The Jericho School	私立	佛罗里达州	3~18岁孤独症谱系障碍患者
	Imagine Academy	私立	纽约州	5~21岁孤独症谱系障碍患者
英国	Anderson School	私立	布里斯托尔	7~19岁孤独症谱系障碍患者
	Church Lawton School	公立	柴郡	4~19岁孤独症谱系障碍患者
	Daldorch House School	私立	苏格兰	8~21岁孤独症谱系障碍患者
澳大利亚	Giant Steps	私立	新南威尔士州	5~18岁孤独症谱系障碍患者
	Western Autistic School	私立	维多利亚州	6~18岁孤独症谱系障碍患者
新加坡	Pathlight School	公立	宏茂桥	7~18岁孤独症谱系障碍患者
	Eden school	公立	武吉巴督市	7~18岁孤独症谱系障碍患者

---

① Autism Spectrum Australia(ASPECT). Introduction of Satellite Class[EB/OL]. (2017-05-17)[2023-12-01]. https://www.autismspectrum.org.au/content/satellite-classes.
② ROBERTS JACQUELINE M A, KEANE E, CLARK T R. Making inclusion work:Autism Spectrum Australia's Satellite Class Project[J]. Teaching exceptional children, 2008,41(2):22-27.
③ 曹漱芹,高黎阳,樊江琴.当代孤独症学校教育质量特征与启示——基于30所国外孤独症学校的研究[J].比较教育研究,2015(9):98.

(二) 我国孤独症儿童的安置

数据显示,我国孤独症患者可能超过1 000万。面对这样一个庞大的、社会功能不足的群体,我国一直在探索适合他们健康发展的教育安置形式。

20世纪90年代,国内公立特殊学校相继成立了一些孤独症儿童班,如北京市丰台区培智中心学校、海淀区培智中心学校等,一些民办机构如星星雨教育研究所等为孤独症儿童提供教育、干预及训练。[1] 这个时期,我国孤独症儿童的教育安置处于起步阶段,大多数公立的特殊学校没有接触过孤独症儿童或针对其开展教育康复。因此,当时我国孤独症儿童的教学策略和干预方法大多借鉴国外,国内特殊教育教师的操作程序并不规范,预后效果也大打折扣。[2]

进入21世纪,我国孤独症儿童的教育安置受到前所未有的重视。2006年制订的《中国残疾人事业"十一五"发展纲要》,正式将孤独症作为精神残疾列入残疾类别之一,需要接受特殊教育服务。《精神病防治康复"十一五"实施方案》中提出,将在全国31个省级孤独症儿童康复训练试点机构开展孤独症儿童康复训练。教育部印发的《残疾人随班就读工作管理办法(2011年修订)》中,明确提出随班就读的对象包括孤独症儿童。《特殊教育提升计划(2014—2016年)》明确提出,鼓励有条件的地区试点建设孤独症儿童少年特殊教育学校。这些重要文件和法规的出台,给我国的孤独症儿童教育安置提供了政策上的保障。

拓展阅读

我国残疾儿童少年的教育安置形式变化分为三个阶段:

第一阶段(1986—1992年):残疾儿童少年的教育安置以隔离为主要形式,八至九成残疾儿童少年在特教学校就读。在这一阶段中,聋校、培智学校和盲校等隔离式特教学校既为主体又为骨干(这一阶段中,综合性特教学校

---

[1] 李慧聆,周耿.孤独症儿童教育与训练文集[M].北京:北京出版社,1997:3.
[2] 王梅.关于孤独症儿童、青少年教育安置问题的几点思考[J].现代特殊育,2004(10):30-32.

数量发展缓慢)。

第二阶段(1993—2001年):残疾儿童少年的教育安置形式以逐步融合为发展趋势,五至七成残疾儿童少年在普通学校就读,也可以说是随班就读为主体、特教学校为骨干格局的形成阶段(这一阶段中,综合性特教学校数量略有发展)。

第三阶段(2002—2011年):残疾儿童少年的教育安置融合趋势总体稳定,2002至2010年度六成左右残疾儿童少年在普通学校就读(2011年随班就读在校生人数占总人数比例为55%,略有下降)。在这一阶段中,随班就读仍然为主体,特教学校依然为骨干,但在特教学校内部,综合性特教学校迅速增加,聋校、培智学校和盲校三类隔离式特教学校出现减少趋势,其所占比例也开始受到综合性特教学校的冲击,2011年综合性特教学校为892所,占特教学校总数的50%。同时,在第三阶段,随着特殊教育对象类别的增加与在特教学校就读的学生残疾程度的加重,特教学校的功能也越来越呈现出综合性与复杂化的发展态势。[①]

目前,我国孤独症儿童教育安置的主要形式是普通学校安置、特殊教育班安置、特殊教育学校安置和教育康复机构安置。

1. 普通学校安置

1990年12月,第七届全国人大常委会通过的《中华人民共和国残疾人保障法》第二十二条规定:普通中小学必须招收"能适应其学习生活"的特殊儿童、少年入学;普通幼儿教育机构应当接收"能适应其生活"的特殊幼儿。因此,自21世纪开始,我国孤独症儿童进入普通学校的安置,主要针对那些没有显著行为问题、智力基本正常、具备一定的生活自理能力,且通过训练可以遵守学校常规的轻度和中度孤独症儿童。

普通学校安置孤独症儿童的优势在于:可以充分利用普通学校的教育资源,给予孤独症儿童与普通儿童交往的社交环境。特别是一些轻度或中度的孤独症儿童,通过引导可以逐渐适应学校环境,在普通学校就读。当他们遇到难度较高的课程时,学校可以通过个别化教学满足他们的学习需要。

[①] 赵小红.近25年中国残疾儿童教育安置形式变迁——兼论随班就读政策的发展[J].中国特殊教育,2013(3):25-26.

普通学校安置孤独症儿童的问题在于：由于孤独症是一种谱系障碍，他们的表现差异很大，且一些儿童伴有行为问题，可能会出现自伤和攻击性行为。因此，学校与普通儿童家庭对孤独症儿童的接纳程度比较低。2011年四川师范大学周思佳对广州市海珠区孤独症儿童普通小学随班就读问题进行了研究，并指出："普通学校教师、学生以及学生家长对孤独症儿童知之甚少、缺乏接纳，教师没有相应的专业技能，此外针对孤独症儿童的教育康复器材设施匮乏，导致孤独症儿童的融合教育实施困难重重。"

2. 特殊教育班安置

特殊教育班(special educational class)，是附设于普通学校或特殊教育学校的特殊儿童教学班。在特殊教育班就读的孤独症儿童，一般具备基本生活自理能力，无严重的自伤或攻击性行为，但智力水平偏低，经过一段时间的训练基本可以适应班级一日生活。在特殊教育班的教室里，一般会配备针对特殊儿童的专用教具和学具，按班级人数3∶1配备特教教师。

特殊教育班安置孤独症儿童的优势在于：可以利用普通学校的资源和师资，节省大量的人力、物力和财力，还可以让特殊儿童的入学率大大提升，可以方便并在一定程度上完成孤独症儿童的融合教育。由于这些优势，我国许多省份和地区非常重视特殊教育班的建立，如浙江省要求县级所属的镇级学校都要设立特殊教育班。

拓展阅读

苏州市发布了特教班的办班标准，要求凡是小学、初中（包括九年一贯制）学校，在校生在千人以上的，且校内中、重度智力障碍学生满5人的，就应该开设特教班。特教班学生的就读形式可根据学校情况决定，但要以全日制为主。5名学生必须配备1名专任教师，学生数超过8人的，专任教师就要确保2名，同时配备足够的兼职教师。专任教师每年至少要有一次专业培训。每个特教班教室的面积不得小于50平方米，室内要配置视频转换仪、电视机、电脑、摄像机等多媒体设备；校内要建有无障碍通道，设有残障生专用的卫生设施，至少要有一间康复、感统、劳技、家政、烹饪五合一的多功能综合训练教室。

特殊教育班安置孤独症儿童的问题在于：特殊教育班里的特殊学生并非都是孤独症儿童，加之孤独症儿童的谱系特性，班级教学很难满足他们每一个体的身心发展需要。又由于目前特殊教育教师对开展孤独症儿童融合教育的知识与技能掌握得不够全面，很难或根本不能够制订精准的、适合孤独症儿童其自身特点的个别化教育计划，所以孤独症儿童在特殊教育班里常常得不到有力的帮助。

3. 特殊教育学校安置

特殊教育学校（special education school）是由政府、企业事业组织、社会团体、其他社会组织及公民个人依法举办的专门对残疾儿童、青少年实施义务教育的机构。它是我国特殊儿童安置的主要形式之一，也是很多孤独症儿童家长的选择。

特殊教育学校安置孤独症儿童的优势在于：首先，师资相对比较专业。特殊教育学校的教师基本都是特殊教育专业毕业的教师。他们具备一定的特殊教育知识和技能，对不同障碍儿童的身心发展与需要经验较多，可以针对不同类型儿童的特点和需要进行课程设计、选择教学策略，特别是擅长对特殊儿童开展个别化教学。其次，最近十多年，国家非常重视特殊教育学校的建设工作，各省都相继出台了支持特殊教育学校建设的文件和方案。因此，各地特殊教育学校的设施设备比较齐全和先进，可以为孤独症儿童开展有针对性的评估和教育工作。再次，将孤独症儿童集中于特殊教育学校不仅可以提高教育效率，更重要的是，孤独症儿童可以得到更有针对性的训练，使他们的核心症状得到最大程度的改善。

拓展阅读

在国外，如英国出现了一类专门招收孤独症儿童的特殊学校——自由学校。这是英国2010年获批设立的一种特殊类别的学校，它接受政府的全额资助，但不是由地方教育局创办，而是由家长、教师、慈善团体、商业组织、大学、宗教组织以及志愿者举办的非营利学校。这些学校接受英格兰学校监察组织和英国教育、儿童服务和技能标准办公室的监管。目前，专门招收孤独症儿童的自由学校由英国孤独症协会（National Autistic Society）、地方教育局、志愿者团队、学校和家庭共同举办。这样的学校看似是特殊学校教育的补充，实际反映出的是孤独症儿童教育的新变革，人们逐渐开始关注孤独症儿童的教育和发展，而不再仅仅将其作为特殊儿童来对待。[①]

在国内，如厦门市心欣幼儿园是较早独立设置的公办特殊幼儿园，自2011年成立以来，一直致力于为听力语言障碍、智力障碍、脑瘫与孤独症四类特殊儿童提供综合性康复训练和学前教育，帮助儿童恢复或补偿功能，实现生活自理，促进他们未来能平等、全面、充分地参与、融入社会生活。该幼儿园有专业的语言矫治室、感统训练室、艺术治疗室、测听室、运动治疗室等供不同类型的残疾儿童进行康复训练。心欣幼儿园要求教育者具备观察、分析、评估孩子发展的能力，能解读特需儿童行为背后的发展水平；具有设计和组织康复教育活动的能力，包括集体康复教育、个别指导以及环境创设；具有对康复教育行为进行反思的能力。

特殊教育学校安置孤独症儿童的问题在于：首先，不是孤独症儿童身心发展需要的教育环境。在特殊教育学校安置孤独症儿童，并不是全球所倡导的"全纳教育"和我们所积极推进的融合教育。因为在特殊学校里没有普通儿童，孤独症儿童的社会性功能改善，特别是交往能力的提高是无法满足的。其次，办学成本大。为满足所有特殊儿童的教育需要，学校建设的硬件和软件投资较大，而受教育的人数较之普通学生少得太多，因此，出现投资大受众少的问题。再次，政府为每位孤独症儿童每年补助的经费，无法满足他们一对一的专门训练，需要孤独症家庭自行补贴，这又使得贫困家庭难以承受。

4. 教育康复机构安置

教育康复机构（educational rehabilitation institution）是由残联、民间团体、慈善组织或个人承办的，以教育训练为手段，以改善或恢复特殊教育需要儿童受损害的机体功能，使其重返社会、适应社会为目的的机构。近些年来，由于孤独症的患病率激增，人们对此障碍的认识和重视程度加大。加之许多家长感觉到，孤独症儿童在普通学校或班级里随班就读，真正的个别化教育难以落实，反而延误了孤独症儿童的康复时间，教育康复机构的出现就为孤

---

① 徐云. 自闭症儿童的早期发现、干预、教育研究进展[M]. 北京：科学出版社，2017：124.

独症儿童的教育与安置提供了新的选择。

教育康复机构安置孤独症儿童的优势在于：首先，是专门针对孤独症儿童的核心症状开展教育康复训练的场所。特别是公办或残联创办的教育康复机构由于资金、资源雄厚，专门为孤独症儿童的教育康复配备了比较先进的设施设备，如由教育部门主管的全公办教育模式（如北京海淀培智学校）、残联主管的全公办学校模式（如广州康纳学校）等。其次，多数创办已久的民办机构，由于自主性强，在孤独症儿童的教育康复上理念先进、经验丰富、运营灵活、服务专业，政府也会对较为正规的民办机构（如深圳市自闭症研究会、浙江平湖市爱益人才培育中心等）提供购买服务以及规范化管理。

教育康复机构安置孤独症儿童的问题在于：首先，与特殊教育学校安置一样，不利于融合教育的开展，无法为孤独症儿童创建良好的教育生态环境；其次，良莠不齐，康复质量无法保障。近十几年，民间创办了太多的教育康复机构，许多机构的创办人自己不懂孤独症康复的相关知识与技术，机构的师资鱼龙混杂，特别是以赢利为目的的居多，使得我国孤独症教育康复的性质与目的走样，更造成了许多孤独症儿童的康复陷入了"死胡同"，如一味地训练仿说、用感觉统合训练代替其他能力训练、教学过于程序化等。这样的康复训练无法让孤独症儿童未来真正融入社会。再次，一些机构的收费较高，或要求家长全程陪同，也使很多家庭承担着巨大的经济和人力的压力。

拓展阅读

我国港澳台地区的康复教育机构发展较早，具有代表性的有明爱组织、扶康会和协康会等。以香港协康会为例，其成立至今一直致力于为不同能力的儿童及其家人提供及时且优质的服务，帮助这些儿童尽展所能，积极面对人生。其理念是激发个人潜能，提升家庭能量，促进社会共融。协康会通过40个服务单位，为需要帮助的儿童及青少年提供专业评估、辅导和训练，其中包括早期教育及训练中心、特殊幼儿中心、综合服务中心青葱计划和康苗幼儿园，以及家长资源中心、同心家长会、爸爸俱乐部和儿童健乐会等。此外，协康会还成立了专业教育及发展学会。

二、孤独症儿童的教学活动形式

融合教育的支持者主张孤独症儿童可以在与健全同学的交往过程中,逐步习得社交技能,一帮一辅导、同伴介入的干预、合作式学习等教学形式在近年来蔚然成风,并取得了积极的效果。[①] 因此,孤独症儿童的早期融合教育对他们的核心症状的改善非常有意义,其中起非常重要作用的就是融合教育的教学组织形式和教学活动的开展。从孤独症儿童教育康复的目标来说,"因材施教"应得到体现。对于不同症状程度和不同发展水平的孤独症儿童,应对其采用不同或多种的教学形式。就我国目前的情况,孤独症儿童的教学活动形式是根据课堂参与的人数来划分和命名的,即个别化教学、小组教学和集体教学三种活动形式。

(一) 个别化教学

个别化教学,也称一对一个训,是指因孤独症儿童的个体发展和康复需要而采用的一种为单个孤独症儿童进行一对一的教学组织形式。个别化教学的实施一定是在对孤独症儿童进行全面的教育评估后,根据其身心发展与康复需要制订的个别化教育计划(IEP),再依据个别化教育计划开展教学活动。这是一个非常严谨且每个环节都需要严格把握的闭环式的教学组织形式。因此,这种教学组织形式是对孤独症儿童实施教学的最重要也是最主要的一种方式。

个别化教学的优势在于:能针对孤独症儿童的个体发展需要开展针对性的教学。它可以在单位时间内使孤独症儿童的学习机会最大化;教师与孤独症儿童的互动与交流频率最大化;教师对孤独症儿童的关注与精力投入最大化。特别是,个别化教学既要解决孤独症儿童的功能性技能的掌握(如呼名反应、眼睛对视、语言理解与表达等),也要解决生成性技能的发展问题(如智力与认知能力的发展、主动发起社交和潜能开发等),同时还要对其异常或刻板行为进行矫正。由此,个别化教学会对孤独症儿童的教学效果产生最大化

[①] 胡晓毅. 当前美国孤独症儿童教育面临的挑战及其对我国的启示[J]. 比较教育研究,2014(9):95.

效应。

个别化教学的不足在于：由于是一对一教学，孤独症儿童单位时间内只与一名教师接触，缺乏与其他人特别是同龄儿童进行沟通交流的环境。因此，习得的技能往往难以泛化到其他情境或他人身上。

（二）小组教学

小组教学是指根据孤独症儿童的身心发展需要，由一位或几位教师组织2名或以上儿童开展教学的组织形式。小组教学的教学对象组成主要视教学目标和孤独症儿童的能力水平来选择。一般有两种方式，即能力相拟组合或能力差异组合。能力相拟组合是在教学目标比较一致的情况下，如训练共同注意时常常采用的方式；差异组合是需要强带弱、训练模仿时常常采用的方式。经过长期的实践证明，小组教学对孤独症儿童的问题改善或康复非常有利，是比较常见的一种教学组织形式。

小组教学的优势在于：可以弥补个别化教学缺乏"社交圈"的弊端。小组教学参与的儿童人数少，教师的人数视情况配备。教学过程中教师可以做到密切关注每个孤独症儿童并对其行为或活动的效果及时进行反馈或评价。小组教学，特别是差异组合的教学，教师也可以针对孤独症儿童的能力和发展需要实施有差异的教学，可以做到视每个儿童的情况及时调整教学进度和目标。由于小组教学是几个儿童与教师在一起开展的教学活动，有更浓的教学氛围，便于师生之间和生生之间的互动，利于促进孤独症儿童间的主动社交和模仿性学习。

小组教学的不足在于：小组教学不是所有的孤独症儿童或重度障碍儿童康复初期时所适合的教学组织形式。也就是说小组教学受儿童的能力水平限制。不会主动社交、缺乏语言表达与理解能力、基本上没有共同注意等的限制，使得他们无法在小组中完成学习任务。此外，小组教学的实施对教师来说难度大、条件要求高，没有一定工作和教育康复经验的教师很难胜任。

（三）集体教学

从教学组织形式上来说，集体教学是班级授课制的一种同意义的概念。

它是我国各学段教育教学的最主要的形式。集体教学一般来说都是按儿童的生长年龄编成班级，以班级为单位开展教学的组织形式。当然，这是对普通儿童的教育教学而言的一种诠释。作为孤独症儿童的教学组织形式，有不同的内涵。

孤独症儿童的集体教学有两种不同的方式。一种是将孤独症儿童融入普通儿童班级的教学组织形式，称融合式集体教学形式，这种形式的教学对孤独症儿童的要求比较高，需要在能力评估后，在某门课程或某几门课程授课时，由资源教师带儿童进入班级参与学习。另一种是与有各种能力问题的儿童混龄组织班级进行教学的形式。这种形式主要以幼儿园的各领域活动为主要内容，由一名教师主讲，多名教师辅助来开展教学活动。其目的是通过幼儿园班级形式的活动，培养儿童在集体中学习时的行为规范，如安坐、共同注意、集体课堂规则理解和远距离注意等。

集体教学（融合式集体教学形式）

集体教学（特需儿童混龄形式）

集体教学的优势在于：弥补了个别化教学和小组教学的不足。在集体教学中可以更好地培养孤独症儿童的团体意识，训练他们的规则理解与执行、模仿、合作或协作、自我与他人存在感，以及社交边界等能力；集体教学也最能体现出最大可能地在人力、物力和财力最少化的环境中得到教学效率的最大化，特别是在促进孤独症儿童社会性发展中起到了不可替代的教育作用。

集体教学的不足在于：由于授课时间有限、班级人数多的原因，教师很难使孤独症儿童在集体教学中的发展目标得到切实有效的实现，集体教学对孤独症儿童来说很容易流于形式；不论是融合式还是混龄式的集体教学，主讲教师很难关注和满足孤独症儿童的需要，因此，需要有经验的教师，最好是资源教师的积极配合。

可以看出，以上三种教学组织形式，各有其优势和不足。长期的经验告诉我们，对于孤独症儿童的康复，单一的教学组织形式不能满足他们的发展和问题改善的需要，适时地采用多种教学组织形式才是一种有效的教学策略。

除了以上三种教学形式外，我国目前还有一种开展得比较多的形式，即"亲子同课"的教学组织形式。由于孤独症儿童的康复是一个比较漫长的过程，家庭康复的配合非常重要。亲子同课是指家长在儿童上课的过程中同在教室中,一边作为教师的助手协助教师做训练,一边学习康复技术,回到家后配合做康复训练。这种形式的不利在于,由于亲子同室,教师对儿童的要求可能会比较宽松,儿童自身也容易因家长的存在而不配合教师。

第三节 我国孤独症儿童早期融合教育的现实问题及对策

我国融合教育起步较晚,对早期融合教育的观念与重视程度仍存在诸多现实问题,这些问题是什么? 如何解决? 弄清这些是当下我国早期融合教育发展的关键。

一、现实问题

(一)观念问题

当前,社会、学校(幼儿园)、家庭对特殊需要儿童进入普通学校(幼儿园)和健全学生一起生活和学习还存在不同的认识。

1. 学校(幼儿园)教师的认识

周念丽(2006)的研究发现,幼教工作者对特殊需要儿童存在认识上的误区。他们认为照顾特殊需要儿童会降低教学要求,从而影响教学质量,但是,另一方面幼教工作者又认同特殊需要儿童有接受融合教育的权利。[①] 严冷(2008)对北京市的幼教工作者调查发现,66.4%的幼教工作者对幼儿园招收特殊需要儿童持中立态度。在残疾类型上,幼教工作者更愿意接纳语言发育迟缓的儿童、感觉障碍儿童和学习障碍儿童,在残疾的程度上半数以上的幼教工作者只愿意接纳轻度障碍儿童。[②] 马红英等人(2010)调查发现,随班就读教师更倾向于接纳

---

① 周念丽.中日幼儿园教师学前融合教育意识比较[J].幼儿教育·教育科学,2006(12):35-37.
② 严冷.北京幼儿园教师全纳教育观念的调查[J].学前教育研究,2008(5):19.

智力残疾、肢体残疾和学习障碍学生,对脑瘫、情绪和行为障碍学生的接纳度低。① 从文献研究中可发现,幼教工作者对特殊需要儿童了解不多,认识不足,接纳度低。这对我国特需儿童融合教育事业的发展影响很大。

2. 普通儿童家长的顾虑

孙怡静等(2011)对杭州西湖区普通幼儿家长的调查显示,66%的普通幼儿家长不太了解甚至完全不了解何为学前融合教育。② 虞洁(2012)的研究显示,普通儿童家长比特殊儿童家长更担心融合教育会影响孩子的教育质量。③ 孙怡静等(2011)的研究显示,半数以上家长(53.2%)认为学前融合教育对普通幼儿的影响是弊大于利。④ 严冷(2009)通过问卷调查发现,北京地区普通幼儿家长对自己子女所在班级招收特殊儿童的做法持保守态度。⑤ 对家长关于孤独症谱系障碍儿童融合教育态度的调查也发现,家长对孤独症儿童融合教育的具体实施存有诸多质疑,信心普遍不足。⑥ 虞洁(2012)通过对普通儿童家长与特需儿童家长关于融合教育的观念和态度的比较发现,普通儿童家长对融合教育的了解程度不及特需儿童家长,在融合教育态度方面,普通儿童家长不及特需儿童家长的态度积极。⑦ 从文献中也可看出,幼儿家长对学前融合教育持一种相对保守、不太积极的态度,人们对学前融合教育和对特需儿童的认识不足,甚至认识错误。

3. 普通儿童的观念

刘颂等人(2013)对北京市 2 所融合幼儿园进行调查,发现北京市普通幼儿已有朴素的残疾概念,绝大部分幼儿认为残疾具有稳定性,并不会随着年龄增长而改善,54.9%的幼儿认为残疾不具有传染性;但是普通幼儿对残疾人持消极与积极并存的

---

① 马红英,谭和平.上海市随班就读教师现状研究[J].中国特殊教育,2010(1),62.
②④ 孙怡静,漆梦萍.西湖区普通幼儿家长学前融合教育相关认识的调查报告[J].成功(教育),2011(7):182.
③⑦ 虞洁.对教师、家长融合教育认识的调查及智障儿童的个案研究[D].上海:上海师范大学,2012.
⑤ 严冷.北京普通幼儿家长全纳教育观念的调查[J].中国特殊教育,2009(9):8-13.
⑥ 苏雪云,吴择效,方俊明.家长对自闭症谱系障碍儿童融合教育的态度和需求调查[J].中国特殊教育,2014(3):36-41.

接纳态度,一方面54.8%的幼儿表示愿意和残疾小朋友一起玩,主要理由是残疾小朋友需要帮助,另一方面81.2%的幼儿表示不喜欢残疾人。

(二) 缺乏知识

相关研究表明,大部分幼教工作者缺乏基本的特殊教育知识和技能。张燕(2003)对北京市普教机构的调查发现,园长和教师对实施随班就读的政策了解很少,有的甚至完全不了解。[①] 杨福义等人(2009)对上海市学前特殊教育教师专业化发展调查显示,学前特殊教育教师中,专业背景以学前教育居多,特殊教育专业只占四分之一。学前特殊教育教师专业知识和技能掌握程度偏低,急需提高。王娟和王嘉毅(2009)则从师范大学课程设置的情况说明了学前特殊教育教师的专业知识匮乏。他们对我国某西部师范大学相关人员的访谈表明,普通教师的培养课程中没有专门的全纳教育课程和特殊教育课程,与全纳教育相关的内容只是随机地出现在教师的课堂教学中。[②] 谈秀菁和尹坚勤对江苏省338所幼儿园调查后发现,高达63%和64.8%的幼儿教师希望获得特殊教育专业培训和特殊教育专业人员的指导。[③] 相关调查结果也显示,137所师范院校中已开设特殊教育必修或选修课程的仅19所,占调查总数的13.9%,至今尚未开设的118所,占总数的86.1%。[④] 可见,我国大部分师范院校开设特殊教育课程之少,导致许多幼教工作者在职前几乎没有接触过特殊教育相关知识。

(三) 融合面窄

融合教育在我国是以"随班就读"的形式实施的,但是,融合教育往往被局限为轻度的视力、听力、智力残疾人的随班就读。从我国融合教育对象的统计数据上看,80%以上的随班就读学生是视残、听残和智残三类儿童。教育年限也被限定在九年义务教育阶段。尽管在特殊教育比较发达的地区如上海、北京、广州等地,已扩大到6~9类特殊儿童,但全国性的有关特殊教育

---

① 张燕. 北京市学前特殊教育的调查与思考[J]. 中国特殊教育,2003(4):59.
② 王娟,王嘉毅. 我国职前教师教育中全纳教育的现状及对策研究[J]. 中国特殊教育,2009(12):5.
③ 谈秀菁,尹坚勤. 普通幼儿园中特殊教育服务现状调查与思考[J]. 学前教育研究,2008(5):15.
④ 汪海萍. 普通师范院校特殊教育课程开设情况的调查[J]. 中国特殊教育,2006(12):14-15.

的政策法规督促推行的主要是三类。可见,听、视和智残以外的大量的学习障碍、言语与语言障碍和注意缺陷多动障碍(ADHD)等有特殊需要的学生都没有纳入融合教育服务对象的范围。

据我国教育部公布的数据,自1979年至2008年,中国大陆接受特殊教育的学生数1979年3.09万,占中小学学生人数0.011%;2000年增至37.76万,占中小学学生人数的0.017%;2008年最高41.74万,占中小学学生人数的0.021%。显然,融合教育成为一种对部分人在部分时段的教育方式,没有把残疾人教育作为一个整体,融入各个阶段的公共教育体系中;特殊教育和普通教育的"围墙"未能打通,普教、特教未能融为一体;甚至在普通学校里,随班就读工作单独管理,随班就读学生被单独对待,没有将其融入学校整体工作计划和发展目标中。①

拓展阅读

《浙江省"十四五"特殊教育发展提升行动计划》(浙政办发〔2022〕56号)提出,提供广义特殊教育服务,合理布局孤独症儿童学校(班),逐步建立助教陪读制度,丰富孤独症儿童教育课程资源,加强孤独症儿童教育及康复教师培训。探索将注意力缺陷多动综合征(即注意缺陷多动障碍)、学习障碍、智力超常等有特殊教育需要的非残疾儿童青少年纳入特殊教育服务体系的机制。

《浙江省"十四五"特殊教育发展提升行动计划》

(四) 缺乏支持

1. 法律保障

从法律的制定角度看,虽然我国在《教师法》《残疾人教育条例》《义务教育法》等法律体系中涉及了特殊教育的相关内容,但是从整体上来看,这些"法规的级别不高,权威性不强,缺乏核心的《特殊教育法》",并且,"现有的法律条款操作性不强",也"缺乏强制性的条款"②。在这种情况下,学前融合教

---

① 厉才茂.关于融合教育的阐释与思考[J].残疾人研究,2013(1):56.
② 彭霞光.中国特殊教育发展面临的六大转变[J].中国特殊教育,2010(9):3-4.

育实施的范围有限。

2. 其他保障

表现在缺乏可操作性的入学评估标准和程序；普通学校师资数量不足、缺乏专门训练；缺乏合适的安置模式；特殊学校资源中心作用尚未充分发挥；跨专业、多部门的合作缺乏；融合教育需要的康复、辅具、无障碍环境等设施与服务难以配套；已有的相关政策重数量指标，轻质量指标，缺乏保障执行的制约机制。[①]

拓展阅读

2016年，教育部办公厅就普通学校特殊教育资源教室建设工作印发《普通学校特殊教育资源教室建设指南》，并明确提出，各级教育行政部门要坚持特教特办的原则，科学规划，统筹安排，合理布局，协调落实好普通学校特殊教育资源教室建设所需的资金、人员和相关政策，切实做好特殊教育资源教室的建设与管理工作。

2021年，国家《"十四五"特殊教育发展提升行动计划》提出：大力发展非义务教育阶段特殊教育。积极发展学前特殊教育，鼓励普通幼儿园接收具有接受普通教育能力的残疾儿童就近入园随班就读，推动特殊教育学校和有条件的儿童福利机构、残疾儿童康复机构普遍增设学前部或附设幼儿园，鼓励设置专门招收残疾儿童的特殊教育幼儿园（班），尽早为残疾儿童提供适宜的保育、教育、康复、干预服务。

国家《"十四五"特殊教育发展提升行动计划》

二、应对策略

我国当前早期融合教育面临的问题诸多，已影响了早期融合教育工作的开展。如何解决这些问题呢？

---

① 救助儿童会,中国教育科学研究院.中国大陆地区特殊教育学校发展与随班就读发展研究报告[R].北京:救助儿童会北京代表处,2012.

(一) 全方位解决观念的缺失

人的观念对人的行为起着关键性的作用。有什么样的观念就会有什么样的行为,积极的、正向的观念会引发人去做积极和正向的事情,如主动助人、包容他人的缺陷等;反之,则会使人拒绝或排斥助人、厌恶他人的缺陷等。因此,转变人们对特需儿童的看法,树立正确的儿童观、人才观和特殊教育观等是解决早期融合教育的首要问题。特需儿童需要早期融合教育、早期融合教育对所有儿童都有益处的观念,要通过社会各层面、多渠道、全方位来传播,特别是通过社会意识形态层面进行宣传,让全社会的人都加强早期融合教育必要性和紧迫性的认识。特别是在教育界,要广泛向全体教师、家长和儿童进行关爱特需儿童、为他们创造良好的教育生态环境意义的宣传和教育,积极开展早期融合教育的试点或试验,用榜样的力量带动全体成员转变观念,积极推动早期融合教育顺利开展。

(二) 职前职后加大知识传授

早期融合教育在职教师和相关人员知识的缺乏,会影响早期融合教育的质量。因此,提高教师和相关人员的知识和能力水平是亟待解决的问题。教师的培养不是一日之功,所以,职前师资培养方面,在师范大学或师范专业开设特殊需要儿童教育相关知识的课程是解决这一问题的最好的方法。嘉兴大学学前教育专业自2013年就开始做融合性特色幼儿教师培养工作。在学前教育专业人才培养方案的课程设置中,开设了与特殊需要儿童教育相关的专业必修课、专业选修课等(见表2-3)。在职后师资培训方面,每年定期或不定期开展各种层次的教师培训,如在浙江省教师5内年360学时培训中增加特殊需要儿童相关知识与技术的培训;在国家级或省级教师培训里,都要有针对特殊需要儿童相关知识的授课内容等。这样使得在职教师更快、更多地了解和学习相关知识,促进早期融合教育得到广泛开展,且保证其质量不断提升。

表 2-3　嘉兴大学学前教育专业开设的方向模块课程

课程类别			课程名称
方向模块选修	任选一个方向，另修其他两个方向带☆号课程（共修16学分）	特殊教育方向	儿童运动康复☆
			孤独症儿童融合教育与康复训练☆
			沙盘游戏治疗
			听觉障碍儿童发展与教育
			视觉障碍儿童发展与教育
		运动与健康教育方向	婴幼儿营养学☆
			学前儿童体适能评定理论与实操（英）☆
方向模块选修	任选一个方向，另修其他两个方向带☆号课程（共修16学分）	运动与健康教育方向	婴幼儿动作与心理发展
			幼儿适应体育
			幼儿运动安全与防护
		早期教育方向	早期教育课程开发☆
			婴幼儿家庭教育指导☆
			婴幼儿感觉统合训练
			婴幼儿游戏与玩具
			婴幼儿发展评估

（三）积极推动扩大融合范围

近些年来，人们越来越意识到，特殊教育需要儿童的类型不仅仅以视力、听力和智力障碍为主。早在20世纪70年代，西方许多国家就把学习障碍、言语与语言障碍、注意缺陷多动障碍和情绪与行为障碍等列为特殊教育需要之列，并写入法律条款中用以保障他们的受教育权益。如前所述，目前我国的融合教育的面很窄，远远不能满足各类有特殊教育需要儿童的教育需要。因此，需要通过各方力量进行推动，如教育界、医疗与康复界、特殊需要儿童家长等的大力宣传与介绍，并向政府部门建言和提出依据等，把所有有特殊教育需要的儿童都纳入早期融合教育的范围之中。特别是近几年孤独症儿童的患病率提升，大量的儿童需要在3岁左右进入幼儿园进行早期融合教育。所以，扩大早期融合教育的范围对特殊教育需要儿童，特别是对孤独症儿童症状的改善以及公平的受教育权利的争取起到一个非常重要的保障作用。

(四) 自上而下构建支持系统

我国台湾学者吴淑美认为,理想的融合教育应达到的目标是:一,每位学生皆为班上的一分子;二,提供有效的教学与个别化教育服务;三,尊重学生的个别差异;四,普通教师与特殊教师共同合作;五,促进同伴互动与学习;六,学生与家长积极参与;七,行政资源与政策支持;八,提供合宜的评量方式。① 这些要求看似不高,但并非易事。因此,早期融合教育的发展需要一个自上而下的全方位的支持系统。首先是出台相关的法律法规和政策保障,其次是普通幼儿园教师早期融合教育专业能力的提升,再次是特教机构与幼儿园之间在融合保教中的合作,最后是家庭康复与医教结合的康复系统的建立,等等。所以说,早期融合教育的发展与质量保证需要一个自上而下的闭环式的良性循环生态系统。只有我们的系统建立完善,才能保证早期融合教育与特殊需要儿童教育的质量。

第四节　孤独症儿童早期融合课堂的管理

孤独症儿童的早期融合教育质量,最重要的评价依据是孤独症儿童参与课堂活动的情况,即孤独症儿童融入课堂活动的状态是评价早期融合教育质量的关键因素之一。因此,孤独症儿童早期融合课堂的管理知识与技能,对从事融合教育的教师来说必须学会和掌握。②

一、孤独症儿童早期融合课堂的表现

课堂是儿童群体活动的场域。在课堂上儿童需要用已发展的社会功能

---

① 董杰仁. 桃园县"国小"普通班教师对资源教师提供支持服务需求与满意度调查研究[D]. 桃园:中原大学,2007.

② 参见:顾群. 学前融合教育[M]. 南京:南京师范大学出版社,2024.

完成融合教育活动,如语言理解与表达、认知能力以及与老师和同学合作或配合完成各种各样活动的能力等。这对孤独症儿童来说,是一件非常不容易的事情。一般来说,孤独症儿童在早期融合课堂上会有如下表现。

(一)共同注意缺乏,无法关注重要信息

孤独症儿童明显的问题是关注自己想关注的,而对他人、他事不"关心"。他们常常在多人的环境中也会表现出比较专心于自己的事情,好像什么事情都与他们没有关系。也就是说,孤独症儿童缺乏的不是注意力而是共同注意,即与他人一起关注该关注的事物的能力。早期融合课堂上有普通儿童也有特殊需要儿童,教师会依据孩子们的需要设计活动内容,发展他们的各种能力。通常来说,融合课堂以健康、语言、社会、科学和艺术这五大领域内容开展活动。无论是什么活动,都需要儿童关注教师的语言、展示、指令和操作,才能完成活动任务。显然,对于孤独症儿童来说,如果没有辅导教师(资源教师)的陪伴,他们无法关注到活动的重要信息或知识点,因此,难以完成课堂活动任务。

共同注意缺乏的表现

(二)语言理解困难,导致不能很快学会

社交能力缺损是孤独症谱系障碍儿童核心症状之一,这类儿童普遍表现为言语与语言发展落后。他们在语言理解与表达方面比较困难,即在字、词和句子的理解以及使用字词和句子表达需要和感受方面比较困难。特别是对于高级(抽象)的词汇的理解很难完成。早期融合教育课堂中,教师设计的各种活动主要是使用语言为媒介来实现活动的目标。这对于孤独症儿童来说是一个比较大的挑战。因此,教师在活动实施的过程中一般要考虑孤独症儿童的语言发展特点,使用重复表达、放慢语速、采用短句形式来照顾他们的理解需要。同时,还要给他们课堂表达的机会,只需要用简单语言就能回答的问题,可以请他们来回答,以增强孤独症儿童的表达欲望和信心。

语言理解困难的表现

(三)兴趣局限或狭窄,对课程没有学习欲望

兴趣局限或狭窄也是孤独症儿童的普遍问题。由于思维固着、行为刻

板,孤独症儿童常常对某个或某类事物有比较"专一"的喜好,如喜欢圆的东西、喜欢开关门或灯、喜欢听某种声音或怕听某种声音、喜欢不停循环的画面、喜欢看汉字或字母、喜欢电器等。他们对不喜欢的事物视而不见、听而不闻。因此,在早期融合教育的课堂上他们往往表现出只对自己感兴趣的活动的关注和参与欲望。而他们感兴趣的活动并不是每节课都有的。这使得他们常常在不感兴趣的课堂上表现出烦躁不安、坐不住,甚至有时会有大叫或发脾气的情况出现,导致课堂秩序混乱,影响课堂活动的开展。

兴趣局限或狭窄的表现

(四) 思维固着,知识学习迁移非常困难

思维固着表现为思维不灵活,思考问题是"一条道跑到黑",不能全面地、多角度地考虑问题,不能使用迂回的方式解决问题。这就是孤独症儿童的思维缺陷。这样的思维发展特点,使得他们在学习过程中表现为不能触类旁通,不能对知识进行迁移和泛化。如他们学习时看到的直角三角形是正位放置的,如果倒过来就不认识了。因此,在早期融合教育课堂活动中,如果没有辅导教师(资源教师)在旁边及时指导或引导,单靠孤独症儿童自己的参与与认知能力是无法完成课堂的学习任务的。

思维固着的表现

(五) 情绪与行为问题会影响课堂秩序

如上所述,由于兴趣狭窄,孤独症儿童在不感兴趣的课堂上会出现不良情绪与行为。此外,孤独症儿童感觉超敏的情况也比较普遍。如有的对声音非常敏感,听到一些声音会立即用双手捂住耳朵,在嘈杂的环境下会有烦躁和哭闹的情况发生;有的对光敏感,喜欢待在暗处;有的有寻求刺激性行为,如用身体或头碰墙壁、用嗅来认识物品等。因此,在早期融合教育的课堂上,孤独症儿童常常会因他们的感觉超敏或超载出现情绪与行为问题,如出现哭闹、拍手、蹦跳、叫喊或攻击性行为等。所以,早期融合教育的课堂需要教师了解孤独症儿童的问题表现,把影响融合课堂活动开展的一些情绪和行为问题有准备地加以提前预防。

情绪与行为问题举例

二、孤独症儿童早期融合课堂管理原则

孤独症儿童的核心特征以及谱系性，决定了孤独症儿童的融合教育课堂管理有其特殊性。孤独症儿童早期融合课堂的管理要遵循以下几条原则。

（一）课堂环境支持原则

依常理而言，一个系统的稳定和动态平衡来自内部的步调一致和频率一致。早期融合教育的课堂中，孤独症儿童是课堂这个系统内的特殊存在体，由于他们的"特殊性"，他们必然是课堂中潜在的不稳定因素。如果课堂这个环境中存在激发他们情绪的感官刺激，他们的情绪问题就容易爆发，进而打破课堂的正常秩序。因此，环境的支持性和安全性是让孤独症儿童保持较好情绪并愿意参与课堂学习活动的前提。所以，孤独症儿童早期融合课堂的管理，首先要考虑的是在普通班中为孤独症儿童提供所有的特殊教育和相关服务措施，使孤独症儿童教育和普通教育合并为一个系统，即为他们创设一个"无障碍环境"。这个"无障碍环境"包括早期融合教育措施的保证、课堂所有成员心理方面的接纳、教育资源的保障等。

1. 早期融合教育措施的保证

这是指幼儿园或融合教育班级要做好一个学期的融合教育实施的总体方案，其中包括早期融合教育分管领导和融合教育参与教师的职责、融合教育方式的选择、融合教育活动的总体设计和融合教育"双向目标"（普通儿童活动目标和孤独症儿童活动目标）以及融合教育课堂不良状况发生的解决预案等，以保证早期融合教育的有效性和质量的提升。

2. 课堂所有成员心理方面的接纳

这是指班级所有相关教师在课前要全面知晓参与融合的孤独症儿童的基本情况。课前教师们一起研究，为融合的孤独症儿童做好包括活动内容、方法和手段以及活动目标预设的全面准备。

3. 教育资源的保障

这是指幼儿园要为融合教育中的孤独症儿童创造利于他们学习和融合的一切资源。研究表明，孤独症儿童很多是通过视知觉获取信息的。课堂上

教师的语言对他们来说比较难以接受,因此,使用图片刺激有助于孤独症儿童理解活动内容,有助于改善其情绪与行为。幼儿园要为孤独症儿童提供各种有利于他们识别的图片或视觉提示标志,以帮助孤独症儿童在融合课堂获取较为完整的信息,从而补偿孤独症儿童的认知缺陷和社交障碍。

拓展阅读

案例报道,有个孤独症孩子下课后总是出现尖叫的情绪异常行为。通过系统观察发现,下课铃声是这个孩子出现尖叫行为的诱因,铃声特定的声高和频率是这个孩子听神经无法忍受的,听觉过敏导致他的痛苦反应,就像我们常人听到划玻璃那样刺耳的声音不能忍受一样。他的尖叫是一种受到强烈听觉刺激后的应激反应。后来尝试下课戴耳塞后孩子的尖叫行为减少,但戴耳塞会影响他的听力,又引起了他的焦躁,通过专业人员的分析和判断,最后通过改变铃声,置换成比较柔和的音乐铃声,使其问题行为迎刃而解。[①]

(二)活动内容调整原则

为了有效地完成孤独症儿童的早期融合教育,课堂活动内容的调整必然是融合幼儿园要考虑的问题。活动内容的调整就是通过改变现行教室活动或材料,尽可能帮助孤独症儿童最大可能地参与到课堂活动和各环节之中,以便通过提高孤独症儿童活动参与度以及与同伴的有趣互动来帮助孤独症儿童利用各种机会获得发展,改善其核心症状,提升其学习能力。教师要注意的是活动内容的调整应该是易操作的,即便于实施的;不是为了单纯地"迎合"孤独症儿童的"口味",而是要考虑"双方儿童"的"共同利益"和需要;也不要更多的额外资源,如增加教师人数、活动资金等。

---

① 王彤梅.协同论视角下孤独症儿童的行为表现及融合策略[J].晋中学院学报,2020(5):96.

拓展阅读

表 2-4　课程调整基本类型[①]

调整类型	含义	策略
环境支持	改变物理环境、社交环境和时空环境来促进参与、互动和学习	改变物理环境 改变社交环境 改变时空环境
材料调整	调整材料,使幼儿能够尽可能地独立参与	材料和设备放置到最佳的位置(如适当高度) 固定活动材料 调整反馈方式 把材料调整得更大或更明亮
简化活动	将任务分解成小步骤或者减少任务数量来简化任务	任务分解 改变任务或减少任务数量 以成功的体验结束活动
利用幼儿的喜好	如果幼儿没有充分参与,可以寻找并利用幼儿的个人喜好	手持最爱的玩具 利用最喜欢的活动 引入最喜欢的人
特殊设备	使用特殊、合适的设备,让幼儿能够参与活动,或者提高幼儿参与的水平	使用特殊设备提高幼儿参与机会 使用特殊设备提高幼儿参与水平
成人支持	成人介入辅助幼儿参与和学习	示范 加入幼儿游戏 表扬和鼓励
同伴支持	请同伴帮助幼儿学习重要目标	示范 为幼儿寻求一个小助手 表扬和鼓励
隐性支持	在活动中安排自然就会发生的事情	顺序调整 在课程领域内将课程排好顺序

[①] 苏珊·R.桑德尔,艾琳·S.施瓦茨,等.学前特殊需要儿童融合教育实用手册[M].王燕华,曾松添,等译,北京:北京大学出版社,2018:56.

(三) 正向行为引导原则

自我伤害、刻板行为、破坏行为是孤独症儿童最常见的问题行为。这些问题行为也会时常出现在课堂活动中。孤独症儿童的早期融合教育也是帮助孤独症儿童减少问题行为发生的手段之一。融合课堂上的行为干预最有利的因素是，可以利用普通儿童和教师的正向行为作为示范，引导孤独症儿童逐渐减少问题行为发生的次数，直到问题行为基本消失。正向行为引导主要由预防、教导和反应三种原则构成。

1. 预防原则

这个原则主要是消除引发问题行为的前事，即在融合教育活动开始前，教师要提前做好准备工作。例如，可以对孤独症儿童进行课堂活动场景模拟，让孤独症儿童在场景中真切表现自我，目的是帮助融合教师找到最适合处理其问题行为的有效方式或方法，从而减少孤独症儿童在真实的课堂活动中问题行为出现的频率。同时，还要预防孤独症儿童因为课堂活动的难度过高、融合教师在活动过程中的内容陈述不够清晰等，而发生逃避或过激行为。

2. 教导原则

由于生理心理等综合因素，孤独症儿童的情绪和行为异于常人。特别是言语能力弱，无法让他人理解其需要的儿童，帮助他们学会使用替代行为，是融合教育教师要承担的工作之一。因此，在执行正向行为引导时，要根据他们的特点，选择和发展适合他们的替代行为。例如，对于语言功能较好的孤独症儿童，可以通过身体辅助、言语辅助等方式来协助他们建立正常的沟通系统；对于语言功能较弱的甚至没有语言功能的孤独症儿童，可以采用视觉支持，如图片交换沟通系统（PECS）等方式来帮助他们交流，表达自身的需求。

对于替代行为的教导，一方面，融合教师的正面教导非常关键，教师要用孤独症儿童能理解的语言清楚地阐述、正确地引导、手把手地示范，带领孤独症儿童进行长时间的练习；另一方面，当课堂活动中孤独症儿童表现进步时，应该及时给予他们正强化，激励他们学习替代行为的兴趣，逐步让他们感受到不需要通过消极行为来表达自身需求也可以达成目的。

3. 反应原则

反应原则是通过增强、削弱、隔离、反应代价、重新指令、回归原状、过度矫正、刺激的厌腻等策略，在目标行为出现后安排立即后果，使孤独症儿童的问题行为变得无效。其目的是改变目前情境中问题行为所产生结果的强度、长度、频度，停止提供孤独症儿童因当前问题行为而获得的强化刺激。如当孤独症儿童的无理需求没有及时得到满足，而发生情绪异常时，教师采取的反应应该是忽视，让其逐步体会到问题行为不能表达他们自身需求，并让孤独症儿童看到，当他人表现正确行为时会比自己的问题行为更快更多地获得正强化或得到满足，让其逐步了解问题行为不仅不能表达需求，甚至还会得到一些"惩罚"，从而慢慢习得正确行为。

（四）协同融合教育原则

从孤独症儿童的谱系性和融合教育的复杂性与艰巨性来说，孤独症儿童的早期融合教育并非融合教师一方所能胜任的工作。协同理论在孤独症儿童的早期融合教育中起着重要的作用。协同理论认为，千差万别的系统，尽管其属性不同，但在整个环境中，各个系统间存在着相互影响而又相互合作的关系，其中也包括复杂的人类社会行为。基于协同理论，结合孤独症儿童的核心症状，孤独症儿童融合教育的课堂活动需要利用多方协同才能有效完成。这里的多方包括普通教师与融合教师（资源教师）的协同、全体教师与全体儿童的协同、普通儿童与孤独症儿童的协同等。

站在教师的角度，其协同首要的是理念和目标一致，即融合教育的理念保持一致、融合教育达成的目标保持一致，也就是说全体教师要从思想意识层面上保持一致，这是协同融合教育的关键问题。全体教师与全体儿童的协同，要求教师把融合活动课堂看成一个系统和整体，做到理解儿童的差异，但不能有意识地人为划分"普特"界线，以自身的正向示范行为带动全体儿童一起协同完成课堂活动。而普通儿童与孤独症儿童的协同，教师要引导儿童视能力承担活动任务，特别是引导普通儿童或能力强的儿童主动与孤独症儿童协同活动，引导普通儿童主动帮助和关注孤独症儿童，让其意识到，他们与孤独症儿童是一个集体，荣辱共享。

三、孤独症儿童早期融合课堂常见问题及对策

孤独症儿童在早期融合教育的课堂活动中常常会出现一些问题,解决这些常见问题是融合教育有效性的保证,更是融合教育教师要掌握的基本知识和能力。

(一) 共同注意缺乏

1. 问题表现

共同注意缺乏是孤独症儿童普遍存在的症状之一。这是由于孤独症儿童普遍只关注自己的喜好,并且关注物多于人。他们在大量时间里只能关注到自己喜欢的单一的物或做自己感觉舒服的刻板动作,如反复把小汽车一字摆齐,或一直画圆形,或反复去开关门等。共同注意的缺乏给孤独症儿童融合教育带来的首要问题是,他们不能及时接收到教师的语言或指令,因而无法与融合课堂中的他人同步,或者说无法参与到课堂活动之中。

共同注意缺乏的解决对策

2. 解决对策

(1) 课堂环境要利于他们的听觉适应

孤独症儿童普遍是视觉型学习者,他们的听觉敏感性差异很大,对声音的大小、频率和声调接受起来明显不同。如有的孤独症儿童无法接受电吹风的声音,有的无法听某个曲子,有的因为无法接受人多发出的噪声,而不愿意待在教室里,等等。融合课堂的环境布置要考虑到他们的听觉特点,在条件允许的情况下尽可能减少对孤独症儿童听觉的过度刺激,让他们喜欢待在融合课堂中。

(2) 用好友关系影响他们参与活动

融合教师要对孤独症儿童的喜好进行全面了解,特别要了解他们喜欢哪个小朋友。融合课上,尽可能安排孤独症儿童与他们喜欢的小朋友坐在一起,一方面让他们能安心地在课堂上安坐;另一方面可以让他们喜欢的小朋友成为他们课堂活动的示范者。

(3) 融合教师要及时引导他们的共同注意

融合教师(资源教师)在融合课堂上要对孤独症儿童"了如指掌"。在一

个活动开始前,教师就要准确地预判他们的注意力会是怎样的;当他们的注意力分散时,教师要用他们能及时接收和接受的方法引导他们的注意力回到课堂活动中来。如运用他们能听懂的语言及时提示、用他们能接受的奖励卡或强化物、用他们能理解的手势等,进行及时的干预或引导。

(二) 课堂无纪律意识

1. 问题表现

对于孤独症儿童来说,他们的课堂无纪律行为是其无人际意识导致的,而不是明知故犯。由于他们意识不到不同时间不同环境下要做什么,就常常会违反课堂纪律、干扰或打扰课堂活动,如不分场合地大喊大叫、站立或边蹦边拍手、走出座位等。这些行为明显会使融合课堂活动受到影响,严重的会导致融合课堂活动中断。

课堂无纪律意识的表现及解决对策

2. 解决对策

(1) 融合教师的干预方法

对课堂纪律意识弱的孤独症儿童,融合教师(资源教师)要知道他们在什么活动时容易产生干扰课堂行为,什么情况下可以安坐参与活动并能参与多久等。融合教师要根据融合课堂的活动主题和活动方式安排孤独症儿童参与融合,即采取分时间、分活动内容的方式,让他们进行课堂活动的融合。当融合教师无法对孤独症儿童的干扰行为进行管理或制止时,要及时把孤独症儿童带离融合教室,待他们的情绪平复或行为强度减弱后,再带入融合教室参与活动。

(2) 普通教师的干预方法

普通教师一般是指在融合活动课堂中的主讲教师,他们的主要任务是完成融合活动的顺利开展和对融合活动的整体把控。他们既要关注大多数普通儿童,还要照顾到参与融合的孤独症儿童。普通教师要做的是与融合教师一起了解和掌握孤独症儿童心理特点和学习能力,在融合活动过程中,有能力及时预判孤独症儿童可能出现的干扰行为。及时通过活动内容的吸引、提问或近身示范等方式,协助融合教师对孤独症儿童的行为进行有效干预。

(三) 听理解力不足

1. 问题表现

由于脑发育问题,孤独症儿童的语言理解力普遍较弱,更不擅长通过听来理解语言的含义。特别是对于长句子、用词抽象的句子来说,他们无法听懂,也就无法进行回应。这也是孤独症儿童融合课堂活动参与度不高的重要原因之一。

听理解力不足的表现及解决对策

2. 解决对策

(1) 教师课堂语言要适宜

融合课堂的教师,无论是主讲教师还是融合教师,在课堂活动的组织、示范、指导或引导过程中,要照顾到孤独症儿童的学习特点,尽可能用简短、精练和形象的语言进行表述。

(2) 适度提问,不强迫表达

课堂活动主要由教师的语言表达和学生的回答构成。语言表达需要表达的动机和欲望。由于语言发展落后,多数孤独症儿童表达的动机不强烈。因此,在融合课堂活动中提问孤独症儿童要适度和适量,原则上不要强迫他们回答问题或不要让他们回答他们无法回答的问题。否则可能会出现孤独症儿童对融合活动的反感或恐惧,产生"厌学"现象。

(四) 合作力弱

1. 问题表现

孤独症儿童人际关系的"淡漠",直接的表现就是"目中无人",无论是在小组中还是在集体中,都不能与人合作完成活动。严重者还会通过哭闹和逃跑的方式对小组或集体课产生排斥,拒绝参与活动。孤独症儿童的合作能力发展落后,导致他们不能通过与他人一起游戏或活动培养他们的模仿和依恋,从而影响了他们社会能力的整体发展。

合作力弱的表现及解决对策

2. 解决对策

(1) 选择合适的玩伴

能参与融合活动的孤独症儿童一般都在做康复训练,当他们的某些能力基本达到了融合教育条件时,才可能开展融合教育活动。因此,参加融合教育活动的孤独症儿童一般来说都有一定的人际意识,只是大多数时候显得比较被动,需要有他喜欢或愿意一起玩的小朋友为伴来带动他们。教师要熟悉孩子的需要,为他们选择合适的玩伴,特别是在融合课堂上,让他们与喜欢的玩伴在一起游戏,参与他们喜欢的玩伴的合作游戏,长此下去,孤独症儿童的合作意识和能力就会慢慢提高,融合课堂合作活动的完成度就会越来越高。

(2) 安排适合的合作游戏

多数孤独症儿童参与合作游戏是不主动的,甚至可能不喜欢参与。他们参与合作游戏的被动性主要是因为人际意识弱,还有就是对合作游戏活动的不理解或对游戏方式不能接受。对合作游戏活动不理解可能是因为教师讲解游戏规则时他们理解不了,也就是听不懂;对游戏方式不能接受表现在有些孤独症儿童不喜欢与合作伙伴有身体接触,如双人三足跑的合作游戏、背靠背横向跑的合作游戏等。所以,教师在融合活动课堂安排合作游戏时,要考虑到孤独症儿童的心理需要,一方面在讲解游戏规则时,尽可能使用简单易懂的语言配合肢体动作来示范;另一方面选择那些身体接触少的合作游戏,如合作举球游戏、双人拉棒跑游戏等。

【本章练习题】

1. 试述孤独症儿童早期融合教育的意义。
2. 简述孤独症儿童早期融合教育的支持系统。
3. 试举例说明孤独症儿童的教学活动形式。
4. 分析我国孤独症儿童早期融合教育的现实问题及对策。
5. 举例说明孤独症儿童早期融合课堂常见问题及对策。

第三章

孤独症儿童社会性发展及康复训练

教学目标

1. 师德养成目标

通过本章内容的教学,理解社会性与社会化的内涵及儿童社会性发展的重要性;认识到如果不及时改善孤独症患儿社会性发展落后症状,将对家庭和社会产生负面影响,从而坚持努力学习,掌握本领,帮助孤独症儿童。

2. 知识与能力目标

(1) 知识目标:理解社会性发展的重要性,了解孤独症儿童社会性发展与普通儿童的差距,掌握孤独症儿童社会性发展评估的一般知识,理解孤独症儿童社会性训练的相关知识等。

(2) 能力目标:初步学会孤独症儿童社会性发展的评估方法和社会性训练的基本方法。

3. 情感与意志目标

(1) 情感目标:了解孤独症患儿社会性发展落后的原因,从而理解教师接纳"神经多样性"的意义;坚信孤独症儿童的社会性发展一定会在后天的社会生活和学习中,通过有效的教育和训练得到提升。

(2) 意志目标:深刻理解孤独症患儿社会性训练的必要性,并产生为之努力学习的意志品质。

教学重点与难点

(1) 教学重点:孤独症儿童社会性发展。

(2) 教学难点:孤独症儿童社会性训练。

案例呈现

小乐今年5岁,确诊患孤独症已有近2年。每天上午9点左右,不管老师安排了什么活动,不管其他小朋友正在做什么,小乐都会一个人来到沙坑边,右手握着小铲子铲起一捧沙,倒到左手边的位置,并不断地重复这个动作,最长可以持续两个小时。其他小朋友路过和小乐打招呼,小乐头也不抬,仿佛没有听见。老师走过去轻轻蹲在小乐面前,和小乐交谈,小乐也只是稍微挪动一下身体,换一个方向,继续铲沙子。小乐几乎没有语言,对周围的环境也几乎没有什么反应。上课的时候,老师和小朋友们一起玩"洗澡歌"的游戏,"洗洗头、洗洗脸、左搓搓、右揉揉",小朋友们都能跟着老师边念儿歌边做动作,只有小乐坐在凳子上,抬头平视前方,偶尔低头看看自己的手心,对小朋友们的游戏不感兴趣。

第一节 儿童社会性发展概述

人的存在具有二重性,即自然性与社会性。自然性是人与社会存在和延续的物质前提,如人的生育、新陈代谢等。然而,现实中只具有自然性的人是不存在的,人的生存总是不可避免地要与他人发生各种各样的联系,如人出生后被养育、成年后从事生产劳动等,人总是处在一定的社会关系之中。社会性的问题是哲学、人类学、社会学、教育学和心理学等领域研究的课题。马克思在他的《关于费尔巴哈的提纲》第六条中指出,人的本质就是"一切社会关系的总和"。可以说,社会性是人的最主要的、最根本的属性,它是决定人之所以为"人"的最根本的问题。要了解儿童的社会性发展,首先要从了解"什么是社会性"和"什么是社会化"开始。

一、社会性与社会化

(一) 社会性概述

社会性也称社会能力。对社会性的定义,不同的学者给出了不同的解释。一般认为,社会性是人为适应社会生活,在社会交往过程中形成的一种心理和行为特征。它有广义和狭义之分,其广义是与个体的生物性相对,是指人在社会生活过程中所形成的全部社会特征的总和;其狭义是指个体在其生物性基础上形成和发展起来的一切为了适应社会生活所需要的特征,如遵守社会行为规范、学会交往、利他行为、合群性等。人的社会性发展本身是人类社会发展的需要和必然,也是个体参与社会生活所必须具备的基本条件。人的社会性并不是生来就有的,是出生后经过社会化后的产物。社会性有如下特征,体现了有益于人类社会群居生活的亲社会行为特征。

1. 利他性

利他性是一种有益于社会的品质,是指尊重他人利益,自觉自愿地给予他人方便并不求回报。一般情况下,人为了生存,一方面需要满足自己的需要,另一方面为了让他人得到满足,会在他人需要的时候给予帮助;在某些极端情况下,人们可能会不惜放弃自己的需要来满足别人的愿望。

2. 协作性

协作性是群居生物生存的法则之一。低等动物如蚂蚁、蜜蜂通过协作,使其一代代得以繁衍生存。人类社会的协作性更加具有广泛性,如在工作、学习、活动中每一个参与者各司其职,相互配合,不断使人类社会的各项目标得以达成。不协作的社会是无法进步和发展的。

3. 依赖性

依赖性是人与人相互需要的一种比较特殊的社会心理现象,其主要表现为对他人的精神和生理需求的依赖,如爱和被爱。依赖性可以使家庭稳定、和睦,代代繁衍;使团队成员有归属感、责任感,不断发展壮大。

4. 自觉性

自觉性是社会生活中人们需要自我制约来达成共同目标的一种特征,其表现为人们具有自律能力后,不用监督就会遵循社会道德规范,做出符合个人和集体长远利益的行为,如在工作、学习乃至生活上表现为积极、热心、热情、投入等。

(二) 社会化概述

所谓社会化是人出生后,在特定的社会条件下,通过与环境的交互作用,由自然人发展成为能够适应社会生活的社会人的过程。在这个过程中,人通过教育使自己能动地接受、掌握社会生活所必需的知识、技能、行为规范,形成社会适应性,从而取得社会资格并发展个性。简单来说,社会化就是人在社会环境影响下使自己的一言一行具有社会性特征,成为社会人,同时又积极地反作用于社会环境的双向过程。人的社会化过程被认为会贯穿人的一生。人的社会化具有如下特点。

1. 强制性

人自出生后就不间断地接触他所能接触到的各种社会环境,而这些环境是不以人的意志为转移的。因此,也就可以理解为,人不得不接受来自社会环境的影响。

2. 能动性

在人的社会化过程中,个体一方面受到来自社会环境的影响,另一方面,人是一种有主观能动性的生物,随着个体年龄的不断增长、生活经验的增多和能力的增强,个体的社会化表现出越来越多的能动性。个体会通过自己的主观努力不断地反作用于环境,进而影响着个体社会化的进程和方向。

3. 持续性

人自出生开始就在直接或间接地受到社会环境的影响。个体的社会化过程会持续终生,只是在不同时期有着不同的社会化的内容、要求、进程和侧重点。

(三) 社会性与社会化的关系

国外对儿童社会性发展的研究最早受到社会学关于个体社会化研究的影响。因此,在儿童心理发展研究中,儿童的社会性发展与社会化是出现最多的两个概念。有人将两者替换使用或混用,有人则从不同的角度说明两者的不同。20世纪初,社会化研究主要有三个角度:一是文化角度,把社会化看成是人类文化的传递和延续过程;二是个性发展角度,认为社会化即人的个性形成和发展的过程;三是社会结构的角度,认为社会化是使人变得具有社会性的过程,其本质是个人承担社会角色。[①] 由此可以看出,社会性与社会化两者关系极其密切,且各自又承担着不同角色:社会性是后天通过社会化后产生的人类共同生存所要具备的能力,社会化是人后天受环境等影响必然经历的过程。

二、儿童社会性发展

(一) 儿童社会性发展的内涵

人从出生开始就是社会大家庭中的一分子,随着年龄的增长、社会生活范围的扩大,人们不断学习为社会人所接受的社会规范和交往规则,如约束自己、理解他人,如何与他人融洽相处等,从而成为一个合格的社会人。儿童社会性发展是发展心理学研究的领域,关于其定义,学者们从不同角度进行了阐述。伯根(Bergan,1976)认为儿童的社会性是由其稳定的内部结构和通过遗传与环境因素相互作用而形成的特性。谢弗尔(Shaffer,1989)认为儿童的社会性包括:情绪和对周围亲人的亲密关系、自我概念、社会技能、性别角色,以及攻击性、利他性为核心的道德发展。美国心理学家贝克认为儿童的社会性主要是指儿童在情绪交流、自我理解、了解他人、社会认知、人际技能、亲密关系、道德推理和道德行为等方面的发展。

儿童社会性发展是指儿童在其生物特性的基础上与社会生活环境相互作用,逐渐掌握社会规范,学习社会技能,形成社会角色,获得社会价值和培养社会态度,发展社会行为,由自然人发展为社会人的过程中形成的那些独特的心理特征。儿童社会性发展的意义在于它使个体能够适应周围的社会环境,正常地与他人交往,接受他人的影响,反过来也会影响他人,在自我完善过程中积极地影响和改造周围环境。可以说,儿童的社会性发展是儿童生存的必然,也是人类进步和发展的必然。

---

① 陈文,郑淮.儿童社会性发展的心理学观[J].现代教育论丛,2002(4):25.

(二) 儿童社会性发展的理论基础

社会性发展是儿童其他能力发展的基石,对于儿童社会性发展的研究建立在诸多心理学等相关研究的理论基础之上,以下简要介绍几种主要的理论。

1. 弗洛伊德的性本能发展理论

西格蒙特·弗洛伊德(Sigmund Freud)对人类行为、情绪等动机做了探讨。他强调生物基础、潜意识力量、性驱力对人发展的推动作用。"我们认为这些性的冲动对人类心灵最高文化的、艺术的和社会的成绩做出了最大的贡献。"[①]他将个体的人格结构区分为本我(id)、自我(ego)和超我(superego)。弗洛伊德把类似性本能的、驱使个体去寻求快感的冲动、能量称为"力比多"(libido)。他把儿童心理发展看作"力比多"的发展,认为心理发展的过程是由"力比多"来推动的。他根据"力比多"在个体不同发展时期投射的部位不同,把个体的心理发展分为口唇期(oral stage)、肛门期(anal stage)、性器期(phallic stage)、潜伏期(latent stage)和生殖期(genital stage)。他认为儿童早期父母的教养态度和行为对儿童心理发展有十分重要的作用。

拓展阅读

弗洛伊德的人格结构理论

弗洛伊德认为:① 本我(id)属人格结构中的原始部分,从出生之日起就开始出现。它体现人类基本需求层面,如饥、渴、性。因此,本我反映人的生物本能,按快乐原则行事,支配本我的是享乐原则,属"原始的人"。② 自我(ego)是人出生以后从本我中分化出来的。由于本我的各种需求在现实中不可能得到立即满足,人就学会了迁就并学习到如何在现实中获得需求的满足。因此,自我会寻求在允许的条件下让本能冲动能够得到满足,按现实原则行事,属"现实的人";支配自我的是现实原则。③ 超我(superego)在人格结构中居于最高位置,是人在学习和发展过程中接受各种教育后而逐渐形成的。超我中存在自我超越和自律两个组成部分。因此,超我追求完美,代表

---

① 弗洛伊德.精神分析引论[M].高觉敷,译.北京:商务印书馆,1984:9.

了人的社会性,支配超我的是完美原则,属"道德的人"。

一个人的人格中,本我、自我和超我一般情况下是处于协调和平衡状态的,以保证人的生活、学习和工作的正常进行。如果三者失调乃至破坏,就会产生心理障碍,危及人格的发展。

弗洛伊德关于本我、自我、超我的人格结构假说是心理学史上对人的社会性发展过程的最早描述。

2. 埃里克森的心理社会性理论

艾里克·埃里克森(Erik Erikson)将个体的发展动机从潜意识领域扩大到意识领域。[①] 他认为在个体社会化的历程中,不同阶段面临着不同的心理与社会矛盾,即心理社会危机。人在每一个阶段都有相应的任务和需要解决的心理社会问题。他根据个体在不同时期的心理社会危机的特点,将个体社会化的过程划分为八个阶段:基本信任对不信任(0～1.5岁)、自主对羞怯与怀疑(1.5～3岁)、主动对内疚(3～6岁)、勤奋对自卑(6～12岁)、同一性对同一性混乱(12～18岁)、亲密对孤独(18～25岁)、繁殖对停滞(25～50岁)及完善对绝望(50岁直至死亡)。埃里克森特别强调在人的每个发展阶段,社会环境对解决人的心理社会危机起着重要作用。

3. 班杜拉的社会学习理论

班杜拉(Albert Bandura)的社会学习理论认为,个体的社会行为是在行为、个体内部的认知因素和环境三者交互作用下获得的。他提出观察学习对人社会性发展的重要作用。他认为个体通过观看他人的行为而习得复杂的行为。班杜拉把观察学习分为注意过程、保持过程、动作再现过程和动机过程,并认为人是通过注意榜样行为,通过个体的表象或想象使榜样行为储存在记忆中,而后再现榜样行为,最后通过强化引起的动机作用将新行为实际表现出来。

拓展阅读

班杜拉认为个体的学习行为有三种机制,这三种机制为人们正确理解社

[①] 王振宇. 儿童心理发展理论[M]. 上海:华东师范大学出版社,2000:169.

会行为提供了特殊作用。① 联结。联结理论认为,学习就是刺激—反应联结的形成。这一理论强调各种联结的作用:情境与行为的联结,一些行为与另一些行为的联结,一些知觉的联结,甚至一些情绪也是由联结而形成的。② 强化。强化理论认为,人们行为的产生与否,是由随后会有一个令人愉快的东西出现,或可能是随后会有一个不愉快的结果出现而导致的。他把强化分为直接强化,即人们受到自己行为的直接后果的影响;替代强化,即人们会观察他人做出行为后得到了什么后果;自我强化,即人们在行为之后对自己的认知与评价会影响其进一步的行为表现。③ 观察学习。观察学习理论认为,人们仅通过观察他人或模仿榜样,就可以学习某种社会态度和行为。在观察学习中,环境中的他人是一个重要的信息来源。观察学习可以在没有任何其他外在强化的情况下出现。

4. 皮亚杰的认知发展理论

皮亚杰(Jean Piaget)的认知发展理论对儿童社会性发展领域的研究具有重大贡献。他非常强调个体在心理发展中的积极作用,认为认知发展是儿童个体的认知结构在环境作用下不断地通过同化、顺应从而达到平衡的过程。个体的社会性发展依赖于认知发展,并可以从认知发展中得到解释。社会性发展与认知发展是相互平行的,不可超越其认知发展阶段。以儿童认知发展的前运算阶段为例,这个阶段的儿童存在自我中心思维,即把注意集中在自己的观点和动作上,而不能从他人的角度考虑问题。这种自我中心思维决定了这一时期的儿童在诸如道德判断上以他律为主。当儿童的认知发展进入到具体运算阶段,在思维上产生"去中心化"后,其道德判断才会走向自律阶段。

5. 维果斯基的心理发展观

维果斯基(Lev Vygotsky)的心理发展观从思维和语言、学习与发展的关系问题进行探讨,强调文化、社会对儿童发展的影响。他认为人从出生开始,直到去世,是彻底的社会实体。人的心理功能是在低级心理功能的基础上逐渐向高级心理功能转化的过程,而心理功能受环境与教育的影响。他提出了著名的"最近发展区"概念,即每个孩子都有其实际的能力发展水平,同时也具备一定的潜力发展区,后者是可以在成人的指导下或是在同伴的引导下提升和增强的能力区域。

(三) 儿童社会性发展的研究

对于儿童社会性发展的研究,早在 20 世纪 30 年代就已起步。人的社会性,即社会能力究竟涵盖哪些方面？国外学者认为,当儿童表现得有责任感而不是不负责任、友好而不是敌对、配合而不是反抗、有目标而不是随意、能自我控制而不是冲动行事时,就说明他们具备了社会能力。[1] 卡兹、麦克莱伦等人归纳和描述了儿童的社会能力。他们认为具备社会能力的儿童的个体特征有:通常保持正面情绪;不会过度依赖教师;通常愿意参加社交团体;通常能够恰当地应对挫折和拒绝;表现出对他人的同情心;与一两个同伴有良好的关系,并表现出对他们真正的关心,以及当他们不在时的思念;富有幽默感;看上去没有强烈的孤独感。[2] 心理学的特质论者（Fishbein & Ajzen,1972；Gibson,1969；Kohlberg,1963—1969）认为,在儿童社会性的心理结构中起最重要作用的特质因素有四个:信念、情绪、态度和价值观。从出生到年满 12 岁,孩子们都渴望且有动机学习社会技能,他们希望与人联结,并能参与社会活动。所以说,童年期是发展与社会能力相关的态度和行为的最理想阶段,这些态度和行为包括:信任、自我意识和自尊、与人交流的技能、亲社会的态度和行为、建立和维护友谊的技能、解决问题的策略、应对事件的能力、执行力和自我调节。[3]

我国的相关研究从 20 世纪 80 年代中期开始。当时,我国学前儿童心理发展与教育的研究已由"认知与智育中心"转向重视学前儿童个性的全面发展,尤其是儿童社会性发展方面的研究。[4] 1994 年,我国学者石绍华在《中国儿童社会性发展文献数据库（CCSD）的建立》一文中对儿童的社会性发展进行了较为详细的划分,具体分为社会认知、社会情感、社会行为、自我和社会

---

[1] 马里乔·J. 科斯特尔尼克,等. 0—12 岁儿童社会性发展——理论与技巧:第 8 版[M]. 王晓波,译. 北京:中国轻工业出版社,2018:3.

[2] DIGEST D, MCCLELLAN D E, KATZ L G. Assessing young children's social competence ERIC Digest（ERIC Document Reproduction Service No. ED450953）[R]. Champaign, IL: ERIC Clearinghouse on Elementary and Early Childhood Education, 2001.

[3] 马里乔·J. 科斯特尔尼,等. 0—12 岁儿童社会性发展——理论与技巧:第 8 版[M]. 王晓波,译. 北京:中国轻工业出版社,2018:8.

[4] 周燕. 我国学前儿童社会性发展研究中存在的问题[J]. 学前教育研究,1998(2):3.

性的发生机制五个方面。其中社会认知包括人生观、价值观、道德观、归因、理想、抱负水平和性别角色;社会情感包括道德情感、依恋、亲子关系,兴趣、爱好和同伴关系;社会行为包括遵守规则行为、向社会与反社会行为、侵犯与攻击行为、独立性与依赖性、合作与竞争、分享行为及社会技能;自我包括自我意识和自控能力。我国心理学工作者在测量3～9岁儿童的社会性发展时,将儿童的社会性发展划分为几个主要的维度,分别是社会性的情绪和情感、社会认知、社会适应能力、遵守生活常规和社会规则情况、遵守道德规则情况、同伴关系、自我控制能力和意志品质独立性、自我意识和自我教育。同时发现,3～6岁儿童的社会技能和自我意识都逐渐发展,同情心和利他品格均衡发展,而7～9岁儿童则出现停滞;3～4岁是社会依恋发展的关键期,5～6岁是社会适应和社会认知发展的关键期。[①] 可见,儿童期是社会性发展的上升时期。

(四) 儿童社会性发展的特点

随着儿童的成长,他们的想法和行为会越来越符合社会生活需要的模样,如需要帮助会礼貌地请他人帮助、在公共场所不再因需求得不到满足而大声哭闹等,这是儿童社会性发展的结果。儿童社会性发展是社会化的过程,这个过程具有典型性,其特点主要表现为以下几方面。

1. 习得性

人的社会性不是与生俱来的,新生儿只具备生物性,不备有社会性。人的社会性是在后天的成长过程中,在社会环境中受到了来自人、文化、事物的影响,以及个体与生俱来的主观能动性的作用而形成的。没有后天社会环境对人的影响,人就无法习得与社会生活(集体生活)相匹配的想法和行为,"狼孩"就是一个很能说明社会性是后天习得的例证。

2. 差异性

人的社会性是后天习得的,但并不是人出生后接触了社会环境都会形成同等水平的社会能力。人的社会能力的形成受诸多因素影响,首先是先天脑

---

① 陈会昌.儿童社会性发展的特点、影响因素及其测量——《中国3—9岁儿童的社会性发展》课题总报告[J].心理发展与教育,1994(4):1-17.

发育的水平,这是人社会性发展的生物学基础。然后是后天儿童接触到的不同社会能力的人、接触到的事物和儿童自我发展的主观能动性。所以说,人的社会性发展如同人的心理发展一样,不是完全一样的,甚至表现出明显的差异性,如有的人社会性发展较好,较早就表现出善解人意、有同理心等;有的人社会性发展落后,表现为适应能力弱、很难与他人和谐相处、不和他人玩耍、对外界变化缺乏好奇心和探索欲、缺乏主动性、不遵从社会规范及社交规则、易冲动、易攻击他人等。

3. 顺序性

儿童的社会性发展看似是自然而然形成的,实则是一个非常复杂的过程,且社会性发展与社会能力各方面相关的行为具有典型的顺序性,如儿童6岁前主要关注自己的身体特征,八九岁时开始关注人的心理特征。通常情况下,人的社会性发展的顺序是这样的:先认识身体、心理,再认识社会;先认识他人、认识自我,再认识彼此间的相互关系;先认识情绪、行为,再认识心理状态。所以说,儿童社会性发展与社会能力各方面相关行为的发展顺序是:自我调节、同情心、亲社会行为、道德接受能力、对友谊的理解等。[①]

第二节 孤独症儿童社会性发展

孤独症是一种严重影响儿童身心健康的广泛性神经发育障碍,其最大问题是社会性发展缺陷,主要表现在儿童的自我意识、情感、社交、社会认知、行为、动机、语言等方面。本节简要介绍孤独症儿童的自我意识、社交、社会认知的发展。

一、孤独症儿童自我意识的发展

自我意识是主体对其自身的意识,包括在实践中自己对自己、自己对自

---

① 马里乔·J.科斯特尔尼,等.0—12岁儿童社会性发展——理论与技巧:第8版[M].王晓波,译.北京:中国轻工业出版社,2018:8.

然、自己对他人、自己对社会等关系的意识活动。[①] 自我意识的形成是儿童社会化的重要组成部分。人的社会化目标就是形成完整的自我。

(一) 自我意识的作用

自我意识的发展水平是孤独症儿童社会性发展水平评估时的重要指标之一。孤独症儿童和普通儿童的主要区别就在于社会性发展水平方面。一个具有社会能力的儿童应该清楚自己的言行对自己和他人有什么影响。儿童的自我意识发展对其人际交往、沟通以及认知都具有重要意义。自我意识的作用具体如下。

1. 了解自己

有自我意识的儿童会对自己有清晰的认知,知道自己有能力做什么和不能做什么,从而在做事时会积极尝试和量力而行,产生成就感的机会就会增多。自我意识会使儿童知道自己的优势和劣势,会使儿童通过自我评价、自我教育和自我监督不断发扬自身优势,提升自己以减少劣势,从而不断提高自信心。

2. 探索客体

儿童自我意识的形成也会使儿童知晓自己和他人及自己所处环境之间的关系,从而激发儿童对他人和世界这个客体的探索欲望,促使自己在不断探索中得到丰富的知识和更多的内心体验。探索得越多,获得的"内容"也就越多,儿童的自尊心和自信心随之提升,从而进一步促进儿童对有关客体的主动性,如主动学习、主动交往、自觉进行自我调节等。

3. 修正自我

自我意识首要的作用是让人了解自己。当儿童产生了自我意识,会对自己的情绪和行为进行认知时,当儿童能清楚地了解自己的情绪,并能够体验自己的情绪、行为对他人的影响时,就会主动修正、调节自己的行为和情绪,从而使自己做出社会期望的适应性行为,消除和减弱问题行为。

[①] 周爱琴,石淑华.儿童自我意识的理论模型与影响因素研究进展[J].国外医学(社会医学分册),2003(1):22-26.

(二) 儿童自我意识发展规律

人的自我意识的形成是伴随着生理发展而逐渐开始的。新生儿没有自我意识,其明显表现是会不自主地抓自己的脸、吃自己的手和脚,因为他们还不知道这些是自己身体的一部分。一些研究表明,自我意识从婴儿期开始萌芽并逐渐发展,8~24个月的孩子开始出现最初的自我意识。5~6岁是自我意识发展的早期阶段,儿童在人际交往中明显表现出能从交往对方的角度反思和调节自己的反应,并逐步认识到有一个区别于外部表现的、内在的、真正的"我"存在。李晓文(1993)研究指出,小学5年级儿童(10~11岁)明显显示出较为成熟的自我意识,表现为把自己作为观察的对象,从而能够更为主动地调节自己。[1] 人的自我意识的发展从早期阶段的萌芽、形成、发展、完善到成熟,大约要经过20多年的时间,可以说是一个漫长的过程。一般来说,自我意识水平低的儿童心理发育较不成熟,自我评价的原则性不强,独立性较弱,自我控制性较差,因此容易出现行为问题,如果对这些行为问题不及时加以引导和纠正,会影响到他们在学校和社会适应能力的提高。[2]

拓展阅读

自我意识发展的三个阶段

自我意识发展有三个阶段,即生物性的自我、社会性的自我和心理性的自我。

1. 生物性的自我

人刚出生时是主客观未分化的状态,七八个月后开始出现自我意识萌芽,这时新生儿能意识到自己的身体,对呼名有反应。2岁左右的幼儿可以使用第一人称代词"我",这在自我意识发展中是一大飞跃。3岁左右的幼儿开始出现羞耻感、占有心,要求"我自己来",这表明自我意识有了新的发展。3岁前的儿童大多是以自我为中心的,他们以自己的身体、自己的想法和自己

---

[1] 李晓文.关于8—13岁儿童自我意识发展的一项实验研究[J].心理科学,1993(1):15.
[2] 吴怀能,陈卫平,王红妹,等.浙江省学龄儿童自我意识和行为问题现状调查[J].中国学校卫生,2017(12):1083.

的情感为中心来认识和投射外部世界,因此,这一时期也称为"自我中心期",它是自我意识最原始的生物性的形态。

2. 社会性的自我

从3岁到青春期,是人社会化的关键时期。儿童在幼儿园和学校接受各方面的教育,通过游戏、学习和各类活动的不断练习、模仿以及认同客体,逐渐习得社会规范,逐渐形成各种角色观念,如性别角色、家庭角色、同伴角色等,这时期明显的变化是能有意识地调控自己的行为,能从别人对自己的态度中认识自己,并以此作为对自己评价的参考。这一时期的自我意识发展很迅速,有了质的飞跃,称为"社会性的自我"。

3. 心理性的自我

这个阶段的自我是发展到最高级的自我,是人进入青年期以后才出现的。心理性的自我表现为开始清晰地意识到自己的内心世界,喜欢用自己的体验和观点去评价外部世界,开始有明确的价值追求,开始有对理想自我的塑造。人的三观,即世界观、人生观、价值观的形成,是心理性自我形成的重要标志。

(三) 孤独症儿童自我意识发展的阶段表现

孤独症儿童自我意识的发展不能与普通儿童同步,且孤独症儿童群体的自我意识发展阶段也不具有普遍性。以下结合普通儿童的自我意识发展进程,对孤独症儿童的自我意识发展的阶段性表现做简要介绍。需要注意的是,孤独症儿童个体的自我意识发展进程各不相同,他们的自我意识发展阶段不能按年龄来对照,有的晚于普通儿童一两岁,有的要晚三四岁,特别是低功能孤独症儿童的自我意识可能会一直停留在婴幼儿期。

1. 自我意识开启阶段

本阶段是自我意识萌芽期,儿童还不能区分主体(自己)和客体(自己以外)。主要表现为对自己的名字没有反应;吃自己的手,拿到东西就放嘴里;对自己的身体部位没有认知等。大多数孤独症儿童的自我意识发展都能达到这个阶段。

2. 自我意识量变阶段

本阶段儿童对自己的身体、名字有一定的认识,也有了一定的物权意识;

开始有自主意识,如有语言的儿童会要求"自己来",没有语言的儿童会用动作表示不让别人帮忙;开始有初级的自我评价等。大多数孤独症儿童的自我意识发展都能达到这个阶段。

3. 自我意识质变阶段

这个阶段的自我意识质变表现为,儿童可以根据他人的观点来评价自己,如"我很棒,因为小朋友都说我很厉害"等;开始意识到自己的性别角色;儿童的自我认知和自我体验也丰富了。本阶段仍以他律为主。部分孤独症儿童的自我意识发展能达到这个阶段。

4. 自我意识成熟阶段

这个阶段的儿童开始有意识地关注自己的内心并以此调节控制自己的行动;已逐渐理解自己承担的角色,如家庭角色、同伴角色、学校角色等;能以社会规范和他人要求来认识自己和客观世界等。一些孤独症儿童的自我意识发展能达到这个阶段。

5. 自我意识完善阶段

这一阶段表现为主体我对客体我进行考察、认识,以及自我同一性开始发展。儿童有了独立的愿望,开始想摆脱父母的限制;对自己和他人的内心世界和品质开始进行探索;可以依照社会准则比较客观、公正和全面地评价自我;能比较理性地进行思考;开始有比较深刻的情绪体验和自觉的自我调控能力;可以自己制定行动和生活目标;开始自我教育、自我反省和自我完善;等等。少数孤独症儿童的自我意识发展能达到这个阶段。

二、孤独症儿童社交的发展

社交对人的意义重大。作为在群体中生存的人类,人与人之间通过后天的学习获得与他人交往的能力是生存的必需。

(一) 社交的作用

1. 去自我中心化

儿童在与他人进行交往的过程中,会接触到不同脾气秉性、不同兴趣爱好的人,能听到不同人的表达方式,能看到他人的情感和行为状态等,这些会使儿童在关注自我的同时也能关注他人,关注他人与自己的关系,特别是在与他人的交互和评价中能够更好地进行自我教育和自我完善。

2. 促进社会认知

儿童与他人的交往活动本身就是一种学习活动。儿童在交往中不仅用眼睛看、用耳朵听,更用脑子去记、去分析、去理解。他们从中不断获得社会生活中各方面的知识,从而促进了儿童对社会中各种事物、人物和关系的理解。社会认知能力的提升,会让儿童更轻松地融入集体生活之中。

3. 习得交往技能

社交技能是人在后天社会生活中,特别是在与人交往中逐渐习得的。儿童出生后,就会模仿学习成年人的交往技能,如拥抱、亲吻、握手等。随着儿童成长,特别是与同龄人的交往,他们学会了在不同的情境中采用不同的处理问题的方式,如学会合作、分享、互帮互助,学会幽默,学会如何有效地化解冲突或矛盾等。

4. 形成亲社会行为

亲社会行为,如乐于助人、遵纪守法、与人为善、和谐相处等行为,都是在交往中通过学习和实践形成的良好的社会行为。儿童只有形成了亲社会行为,才能在人际交往中不断获得他人的认可和友谊,不断认识自己,增强自信心和尊严感。

(二) 儿童社交的发展

儿童社交的发展是从出生后开始的。社交发展主要包括人际交往与社会适应。幼儿阶段是社会性发展的关键时期。以下依据 2012 年 9 月教育部发布的《3~6 岁儿童学习与发展指南》,简要介绍儿童社交能力的发展。

1. 人际交往的发展

(1) 愿意与人交往

3~4 岁的儿童开始愿意与小朋友一起游戏;愿意与熟悉的长辈一起活动。

4~5 岁的儿童已经有了经常一起玩的小伙伴;喜欢与长辈交谈,有事愿意告诉长辈。

5~6 岁的儿童已经有了自己的好朋友,也喜欢结交新朋友;有问题愿意向别人请教;有高兴的或有趣的事愿意与大家分享。

(2) 能与同伴友好相处

3~4岁的儿童想加入同伴的游戏时,能友好地提出请求;在成人指导下,不争抢、不独霸玩具;与同伴发生冲突时,能听从成人的劝解。

4~5岁的儿童会运用介绍自己、交换玩具等简单技巧加入同伴游戏;对大家都喜欢的东西能轮流、分享;与同伴发生冲突时,能在他人帮助下和平解决;活动时愿意接受同伴的意见和建议;不欺负弱小。

5~6岁的儿童能想办法吸引同伴和自己一起游戏;活动时能与同伴分工合作,遇到困难能一起克服;与同伴发生冲突时能自己协商解决;知道别人的想法有时和自己不一样,能倾听和接受别人的意见,不能接受时会说明理由;不欺负别人,也不允许别人欺负自己。

(3) 自我的发展(自尊、自信、自主)

3~4岁的儿童能根据自己的兴趣选择游戏或其他活动;为自己的好行为或活动成果感到高兴;自己能做的事情愿意自己做;喜欢承担一些小任务。

4~5岁的儿童能按自己的想法进行游戏或其他活动;知道自己的一些优点和长处,并对此感到满意;自己的事情尽量自己做,不愿意依赖别人;敢于尝试有一定难度的活动和任务。

5~6岁的儿童能主动发起活动或在活动中出主意、想办法;做了好事或取得了成功后还想做得更好;自己的事情自己做,不会的愿意学;主动承担任务,遇到困难能够坚持而不轻易求助;与别人的看法不同时,敢于坚持自己的意见并说出理由。

(4) 关心、尊重他人

3~4岁的儿童在长辈讲话时能认真听,并能听从长辈的要求;身边的人生病或不开心时能表现出同情;在提醒下能做到不打扰别人。

4~5岁的儿童会用礼貌的方式向长辈表达自己的要求和想法;能注意到别人的情绪,并有关心、体贴的表现;知道父母的职业,能体会到父母为养育自己所付出的辛劳。

5~6岁的儿童能有礼貌地与人交往;能关注别人的情绪和需要,并能给予力所能及的帮助;尊重为大家提供服务的人,珍惜他们的劳动成果;接纳、尊重与自己的生活方式或习惯不同的人。

2. 社会适应的发展

（1）适应群体生活

3~4岁的儿童对群体活动有兴趣；对幼儿园的生活好奇，喜欢上幼儿园。

4~5岁的儿童愿意并主动参加群体活动；愿意与家长一起参与社区的一些群体活动。

5~6岁的儿童在群体活动中积极、快乐；对小学生活有好奇和向往。

（2）遵守基本行为规范

3~4岁的儿童在提醒下，能遵守游戏和公共场所的规则；知道不经允许不能拿别人的东西，借别人的东西要归还；在成人提醒下，爱护玩具和其他物品。

4~5岁的儿童能感受到规则的意义，并能基本遵守规则；不私自拿不属于自己的东西；知道说谎是不对的；知道接受的任务要努力完成；在提醒下，能节约粮食、水电等。

5~6岁的儿童理解规则的意义、能与同伴协商制定游戏和活动规则；爱惜物品，用别人的东西时也知道爱护；做错事敢于承认，不说谎；能认真负责地完成自己所接受的任务；能爱护身边的环境，注意节约资源。

（3）具有初步的归属感

3~4岁的儿童知道和自己一起生活的家庭成员及与自己的关系，体会到自己是家庭的一员；能感受到家庭生活的温暖，爱父母，亲近与信赖长辈；能说出自己家所在街道、小区（乡镇、村）的名称；认识国旗，知道国歌。

4~5岁的儿童喜欢自己所在的幼儿园和班级，积极参加集体活动；能说出自己家所在地的省、市、县（区）名称，知道当地有代表性的物产或景观；知道自己是中国人；奏国歌、升国旗时自动站好。

5~6岁的儿童愿意为集体做事，为集体的成绩感到高兴；能感受到家乡的发展变化并为此感到高兴；知道自己的民族，知道中国是一个多民族的大家庭，各民族之间要互相尊重、团结友爱；知道国家一些重大成就，爱祖国，为自己是中国人感到自豪。

（三）孤独症儿童社交能力发展的表现

孤独症儿童的社交能力发展同样不能与普通儿童同步。他们普遍表现出语言、情绪、动机、思维和行为等方面的障碍，导致社交失能，这也是孤独症儿童社会性发展障碍的集中体现。

1. 孤独症儿童社交发展进程

孤独症儿童的各种能力发展速度虽然比普通儿童慢，但进程是一样的。儿童的社交发展进程一般是先开始与成人建立关系——垂直关系，然后发展到与儿童建立关系——平行关系。

（1）垂直关系建立的进程

垂直关系的建立是儿童开启人际交往的第一步。其进程是从成人发起、儿童被动参与，到成人发起、儿童主动参与，再到儿童发起、成人和儿童双向互动的过程。但是，对于孤独症儿童来说，发展进程的最后一步——"儿童发起、成人和儿童双向互动"这项能力，只有少部分轻度或高功能孤独症儿童经过有效的康复训练才能达到。

（2）平行关系建立的进程

平行关系的建立是从成人发起、成人和儿童双向互动，到儿童发起、同伴间双向互动，再到儿童友谊的建立，直至儿童同伴团体互动的过程。但是，"儿童友谊的建立"和"儿童同伴团体互动"对于中低功能和错过有效康复期的孤独症儿童来说，很难达成。

需要说明的是，孤独症儿童垂直和平行关系的建立不会自然地按照这个进程开始和发展，必须是在成人或训练者有意识地影响下才能不断发展。

2. 孤独症儿童社交类型及表现

孤独症是谱系障碍，其"面貌"各异。就社交能力发展来说，可根据孤独症儿童的障碍程度，归纳出其社交类型及表现。以下按照障碍程度从重到轻的顺序进行社交类型及表现的介绍。

（1）全无社交

全无社交有的是儿童刚被发现有孤独症还没有进行康复时的表现，有的是康复一段时间仍没有开启社交的表现。前者如果症状比较轻，经过一段时间有针对性的康复训练，社交能力可以提升；后者一般都症状比较重，需要康复训练更长时间，有的可能经过康复训练也只能完成被动社交。这类儿童对人的存在没有意识，只有当有需求的时候会找人帮助，且常常缺乏眼神接触，缺乏社交式微笑，不理解游戏规则，对同伴缺乏兴趣，不喜欢身体接触，不喜欢与他人

全无社交的表现

一起参与活动等。

(2) 条件性社交

一般来说,条件性社交的孤独症儿童相比完全无社交的儿童症状稍轻,或者是经过一段时间有针对性的康复后刚刚开启社交。但是,这样的社交,条件之一是需要在引导下与他人进行短暂且频次不多的社交,条件之二是只能围绕自己感兴趣的事物或活动短时间主动参与社交。

条件性社交的表现

(3) 被动式社交

这类孤独症儿童症状相对较轻或康复训练后社交有一定改善。主要表现为在他人引导或带动下可以参与一些社交活动,但是在社交活动中共同注意比较弱,与同伴交流少。

被动式社交的表现

(4) 无技巧社交

这类孤独症儿童一般属于高功能或轻症或康复较好的。其表现为在参加自己理解能力范围内或比较感兴趣的活动时,可以主动发起活动。但活动中缺乏社交技巧,不能维持他人的注意力,更不能应对交往中出现的问题。

无技巧社交的表现

(5) 淡漠式社交

这类孤独症儿童是程度较轻者或通过有效的康复训练改善较大者。其表现是已有一定的社交技巧,如有一定的同理心,会帮助人,能与人合作完成任务,能与他人分享自己喜欢的东西,特别是在共同注意方面问题不大。但是,他们在与人交往中很难建立深厚感情。由于心智解读能力较弱,对友谊或友情理解不足,他们往往会把熟悉的朋友当作"好朋友"或者把不喜欢自己的人也当作"好朋友"。

淡漠式社交的表现

三、孤独症儿童社会认知的发展

(一) 社会认知的内涵

著名心理学家弗拉维尔(John Hurley Flavell)认为,"社会认知课题可以是很综合或很广泛的"。社会认知(social cognition)是个内涵很广泛的概念,它是指个体对他人、自我、社会关系、社会规则等社会性客体和社会现象及其关系进行感知、理解的心理活动。社会认知涉及社会结构中的方方面面,包括社会对个体的认知、人与人关系的认知,以及社会环境、角色、规则和事件的认知等。具体来说,是对他人的情绪、性格特点、人际交往、行为动机等的认知。社会认知是儿童社会适应和人际交往能力发展的重要基础。概括地说,社会认知主要包含三个方面:第一,对个人的认知,包括对自己和他人各种心理活动(如感知、注意、记忆、思维、情感、动机、意向等)及思想观点、个性品质等的认知;第二,对人与人之间各种关系的认知,如对权威的服从、友谊、冲突、合作等关系的认知;第三,对集体内部或团队之间各种社会关系的认知等。

(二) 社会认知的作用

社会认知的顺利进行和完成,要求主体的参与,儿童必须能够评价与他人构成某种关系的特定社会情境,了解自己与他人的社会角色,推断他人的情感和意图,选择和执行某种恰当的社会交往策略等,所有这些都将促进某种积极的社会关系的生成和发展,提高儿童的适应性能力。

1. 促进人际关系的建立

人际关系的基础是要认知自己以外的他人,在认知他人的基础上才能与他人建立良好的人际互动。儿童社会认知能力的发展可以帮助他们更好地理解他人的行为意图和情绪缘由,这有助于儿童在人际互动中对不同的关系选择采取不同的方式和策略。

2. 利于集体生活融入

儿童对集体生活的适应性是衡量儿童社会认知发展水平的重要手段。随着儿童的成长,他们开始接触不同的客观环境,了解、掌握客观环境的相关知识,如开始了解不同的社会角色及它们的功能等,从而能有效地帮助儿童认知所接触到的社会结构,明白和遵从相应的规则。只有这样,他们的社会适应性才能提升,才能成为一个容易被他人接纳并成为受集体成员欢迎的人。

3. 树立正确行为规范

社会认知的内涵中本身包含着对社会规则的认知。社会规则是人在社会生活中约定俗成的、人人都要遵守的行为准则。这些准则可以保证人们在社会集体生活中和谐相处、相互扶持、共同发展。因此,儿童社会认知的发展有助于儿童树立正确的行为规范,使儿童在社会生活中能明辨是非、善恶,成为合格的社会成员。

(二) 儿童社会认知的发展

儿童日常生活的大部分活动都要与他人产生相互作用。这是儿童社会认知要具备的客观条件。当然,儿童社会认知的发展不能只具备外在的客观条件,更关键的是要具备内在的或主观条件:一是脑力(思维能力),这是儿童掌握社会性知识的基本条件;二是好奇心和求知欲,这是儿童积极主动观察和理解他人与生活环境的重要条件;三是认知能力,这是在具备社会性知识基础上,有能力去揣测他人的想法和行为的必备条件。对于普通儿童来说,出生后随着年龄的增长,随着内在条件的逐渐具备,他们的社会认知也开始不断发展。

1. 普通儿童社会认知的发展

儿童的社会认知是什么时候发生的? 21世纪以来,研究者们从精神分析、生态学、行为学及认知心理学等不同的角度对这一问题进行了探讨。各派理论在对某些具体问题的分析上有所不同,但都认为,儿童出生不久,就在不同的方面表现出社会认知的萌芽,其中,依恋能力是个体早期社会认知的重要形式之一。

近20年来的研究表明,新生儿的感知觉系统具有很强的工作能力,而且表现出明显的对社会性刺激的知觉偏爱性,这是母婴依恋产生的重要因素之一。[1]

一般来说,生长发育健康的婴儿,出生后不久就会表现出适应母亲的情绪状态,能够借助自然的情绪感染来探察母亲的情绪,并期望对自己的情绪做出反应。

在自然状态下,声音可以同时提供情绪和语言信息,因此,声音可使普通儿童不再只对别人的情绪信号做出反应,他们还能够通过这些信号揣摩别人的内心状态和偏好,以指导自己的反应。5个月大时,婴儿已经可以理解他人的表情,会匹配不同声音与表情,特别是可以不看成人表情就能够对新异事

---

[1] 陈英和.儿童社会认知的早期表现[J].北京师范大学学报(社会科学版),1996(4):103.

物做出自己的反应。随着婴儿理解他人意图和共同注意技能的提高,他们开始明白情绪表现不仅是有意义的,而且是对具体客体或事件做出的有意义反应。[①]

随着年龄增长,发展正常的儿童1岁时开始"认生",出现分离焦虑,1岁半开始知道他人情绪与自己的情绪可能不一样。特别是儿童会独立行走后,其独立意识开始出现,语言表达和理解发展迅速,开始理解合作游戏。2岁的幼儿只有当父母用语言表达出意愿或兴趣时才会有利他行为。[②]

3~4岁幼儿进入幼儿园集体中,开始熟悉生活和学习环境,学习集体规则、行为规范,开始认知不同的社会角色,并开始形成最初的道德判断,如小朋友在玩的玩具不能去抢等。

4~5岁幼儿的社会认知能力有明显提高,他们懂得更多的社会规则、行为规范,特别是能关注他人的情感反应,对他人的心理及行为能做出自己的理解和推测,并开始出现关心、同情他人的心理品质。

5~6岁是社会交往发展的重要时期。幼儿开始进入幼儿园大班的集体。经过两年集体生活,不断习得各种行为规范,他们对老师和小朋友也有比较深入的了解,他们开始懂得爱、爱老师、爱小朋友,友谊的种子开始萌发。

6~7岁进入小学,儿童的独立意识明显增强,从依赖父母转向依赖老师,并表现出对同伴友谊的强烈渴望,这一转变还会影响儿童的自尊和自信品质的发展。

2. 孤独症儿童社会认知的发展

社会认知有赖于个人经验及对目标相关线索的知觉,并且通过个人推理、分类与归纳等方式进行思考分析,因此,社会认知是个体的行为基础,个体社会行为是在社会认知作用下做出各种裁决的结果。[③] 近年来,有关孤独症谱系障碍认知特征及其行为的研究集中反映出一个核心问题,即孤独症儿童在社会认知和对他人的感觉方面,较同龄儿童存在"质"的差异或缺陷。

---

① KAKINUMA M. Development of shared intentionality and theory of mind (social cognition) in children with autistic spectrum disorder[J]. Japan journal of autistic spectrum, 2014,12(3):7-13.
② 刘步云,静进.儿童的利他行为发展及相关神经机制[J].中国心理卫生杂志,2014(6):406-410.
③ D. M. 巴斯.进化心理学:心理的新科学[M].熊哲宏,张勇,晏倩,译.上海:华东师范大学出版社,2007.

据统计,半数以上的孤独症儿童存在智力问题。这也是导致其认知能力较弱的重要因素。孤独症儿童在社会认知方面的明显表现是对社会规则常常"视而不见",更缺乏理解。因此,孤独症儿童的社会认知发展不能与普通儿童同步,且孤独症儿童群体内部的社会认知发展进程也不同步。以下对他们社会认知发展具有共性的方面进行简要介绍。

(1) 无法自主发展以人为中心

绝大多数孤独症儿童在婴儿期就表现出对亲人感情的淡漠,表现为在生理没有需求时,很好照料,如很少哭闹、不黏人、自己玩耍不找人、只对物感兴趣、不会模仿人的语言和行为等。少数孤独症儿童可能会在 2 岁后出现这些表现,称之为退行性发展障碍。因此,当他们到了进幼儿园的年龄时,很少表现出分离焦虑。随着他们年龄的增长,虽然多数孤独症儿童与普通儿童一样与社会环境中的方方面面接触,但是,孤独症儿童多数情况下只关注物而不关注人,导致他们的共同注意、共享能力、共情(同理心)、揣摩理解对方、合作行为等方面明显落后或存在缺陷。[①]

(2) 面孔表情或情绪识别发展困难

面孔表情或情绪识别是社会认知的基础。如前所述,普通儿童出生后不久就会表现出适应母亲的情绪状态,能够借助自然的情绪感染来探察母亲的情绪。5 个月大时,婴儿已经可以理解他人的表情。神经科学在研究和探索孤独症社会认知缺陷的生物学基础方面获得了不菲的成就,研究发现,孤独症儿童早期表现出面孔识别、表情认知和共享行为等方面的异常。磁共振成像(MRI)研究发现,在面孔表情/情绪任务中,孤独症大脑梭状回、颞下回、颞上沟、杏仁核等部位出现异常激活。若干研究显示,孤独症患者的镜像神经元系统在模仿动作时激活水平非常低下。[②]

(3) 无法主动发起有效社交行为

孤独症儿童理解他人意图的能力不能随年龄增长和生活环境变化或丰

---

① 静进.儿童社会认知发展及与孤独症谱系障碍的关系[J].中国儿童保健杂志,2014(12):1234.
② 王馨,静进.孤独症谱系障碍的镜像神经元功能研究进展[J].中国儿童保健杂志.2009(3):322-324.

富而自然提升,这导致他们无法产生主动与他人互动和有效的社交行为。多数情况下,他们都是在他人主动下,被动地接受社交,且社交基本都是一次性的,没有多次往返的社交。孤独症儿童社交在主动性、自主性和独立性方面始终发展落后,就算经过有针对性和有效的康复,其发展速度也会比较慢,大多数孤独症儿童会终身存在社交落后的情况,高功能孤独症儿童也基本如此。有研究发现,高功能孤独症儿童也会表现出把自己支配的资源让给他人、使他人获益的行为,但在此过程中,即使对方不需要或感到厌烦,他们还是"慷慨"地将物品给出。研究还表明,对高功能孤独症儿童运用家庭情感训练及与宠物互动等干预后,能在一定程度上改善其分享行为。但他们在社交主动性、自主性、独立性方面始终很弱。[1]

无法主动发起有效社交行为的表现

第三节 孤独症儿童社会性发展评估

孤独症儿童社会性发展评估是一项严肃且复杂的系统工作,需要有资质的医生、教育康复师与孤独症家长协作才能完成。其评估的意义主要是了解孤独症儿童社会性发展的水平或社会交往障碍程度,并以此作为个别化教育计划(IEP)制订的依据。因此,对孤独症儿童社会性发展的评估主要是诊断性评估与适应行为评估。

一、评估的手段

(一) 诊断性评估

诊断性评估,也称"教育前评估",是进行教育鉴定与诊断的手段。诊断性评估要求有资质的医生和教育康复师与家长,结合医学、心理学、教育学及儿童教养环境等,进行深入的、多层次的评估。评估中,需要各类人员在对孤

---

[1] 余美侨,静进.儿童分享行为的发展及影响因素[J].中国儿童保健杂志,2013(6):610-613.

独症儿童接触一段时间后，对所收集到的有关信息进行分析与整合，从而确定孤独症儿童个体的症状表现及障碍程度，为个别化教育计划提供依据。诊断性评估是非常注意儿童各方面表现细节的评估。通过对孤独症儿童各方面发展表现的分析，在给出其分数和结果后，重要的是提出该儿童个别化教育中的优势与劣势及要采取的方式和手段等。也可以在某种程度上预估该儿童能力发展的可能性。

因此，诊断性评估是对孤独症儿童进行较全面的能力评估，一方面是确定儿童孤独症的程度，另一方面是提供个别化教育计划的参考数据。

诊断性评估所用到的诊断工具主要有：《精神障碍诊断与统计手册(第5版)》《中国精神障碍分类与诊断标准(第3版)》《国际疾病分类(第10版)》，以及孤独症筛查鉴别的各种工具量表(这些工具多数已在第一章第三节介绍，本章不再赘述)。

(二) 适应性行为评估

适应性行为是指人为了生存、生活独立并承担一定的社会责任，后天发展起来的一种适应外界环境的行为。人的适应性行为的发展与其年龄和心理发展水平相适应，其中包括能独立发挥功能的能力，在与环境相互作用时有效满足环境中社会要求和自然要求的能力，以及在社会文化约束下调节和发挥功能的能力。

孤独症儿童的适应性行为主要通过儿童适应性行为评定量表(CABR)等进行评估。

二、评估的原则

人的社会性发展是后天受家庭成员、环境和各方面教育因素的影响形成的。因此，对孤独症儿童的社会性发展评估要遵循"两多"原则，即多维度性、多方参与。

(一) 多维度性原则

孤独症儿童的社会性发展评估需要来自各方面的多种类型的资料。内斯沃斯和巴格内托(1988)将多维性的评估界定为"一种全面的整合式的方法,该方法采用多种测量手段,从多方面获取资料,对多个领域进行调查,并达成多重目的"。多维度的评估是指要运用多种测量工具获取多种测量数据;在多场合和多时间段,即在不同的环境下和一天的不同时间、一周的不同日子中进行评估,以确定孤独症儿童社会性行为表现的一致性;还要通过多个行为领域的评估,如社交、语言、认知和情绪等,从中考察孤独症儿童的社会性发展水平及他们个体的优势和弱势。

(二) 多方参与性原则

为了保证孤独症儿童社会性发展评估的精准性,评估不能简单地由有资质的医生完成,而应由医生、教师或教育康复师、家长或照顾者多方参与完成。有资质的医生可以借助自己的经验和掌握的评估工具,通过与孤独症儿童的接触、观察,进行专业性和有价值的信息收集,医生评估在整个评估中起到决定性作用;孤独症儿童的教师或教育康复师可以把孤独症儿童在受教育或康复过程中的多方面表现进行信息汇总,教师或教育康复师在整个评估中起关键性作用;孤独症儿童的家长或照顾者是儿童信息的最重要也是主要的提供者,有关研究表明,家长能够准确评价自己年幼孩子的发展状况,尤其在要求他们就儿童当前拥有的行为做出判断时更是如此。

三、评估工具

关于孤独症儿童社会性发展评估工具,这里主要简单介绍与儿童行为有关的几个量表。

(一) 康纳斯(Conners)儿童行为评估量表

康纳斯儿童行为评估量表(Conners Child Behavior Scale)是由美国心理学家康纳斯(C. K. Conners)1969年编制,再于1978年由他和哥以特(Goytle)、乌利希(Ulrich)共同修订,用于全面评定儿童行为问题的他评量表。该量表已被新西兰、意大利、德国等国家的学者广泛应用,是全世界应用范围最广的儿童行为评定量表,有较好的信度和效度。[1] 我国于20世纪80年代引进该量表,并陆续应用于临床及科研工作中。[2] 该量表在国内广泛应用于儿童青少年心理障碍、多动症、阅读障碍,以及品行障碍、孤独症、网络成瘾、抽动症的行为问题等。康纳斯儿童行为评估量表包括父母症状问卷和教师评定量表。

1. 父母症状问卷

父母症状问卷(Parent Symptom Questionnaire,PSQ)适用于3～17岁儿童。问卷问题共48项,能较好地反映儿童的注意力表现、多动症表现、攻击性行为、焦虑紧张、心身障碍及社交等问题。我国学者苏林雁等于2001年在全国20个大中城市6～17岁儿童中取样1 759例,制定了PSQ全国城市儿童常模。PSQ包括5个分量表(品行问题、学习问题、心身问题、冲动—多动、焦虑),还设计了仅有10条的简明症状问卷(即多动指数),用于筛查儿童多动症及追踪疗效。以多动指数1.5划界,得分大于等于此分即有多动症的可能。PSQ项目适度,内容简单易懂,家长仅需5～10分钟即可完成,可用于临床辅助诊断及科研,也可作为筛查工具用于流行学调查。

2. 教师评定量表

教师评定量表(Teacher Rating Scale,TRS)1978年版包括28项,由教师评估儿童的行为问题,分为三个因子:品行问题、多动、注意力不集中—被动。同样设计了多动指数。苏林雁等于2000年在全国20个大中城市抽样1 577例,其中男774例,女803例,包括部分少数民族样本,年龄为6～17岁,建立了全国常模。

(二) 婴儿社会性反应问卷(ISPQ)

婴儿社会性反应问卷(Infant Sociality Performance Questionnaire,ISPQ)是由安徽医科大学公共卫生学院儿少卫生与妇幼保健学系陶芳标与安徽省马鞍山市妇幼保健院儿童保健科严双琴等人于2013年编制的。该问卷在用

---

[1] BARKLEY R A. Hyperactive children: a handbook for diagnosis and treatment: 2nd ed[M]. New York: The Guiford Press, 1982:132-134.

[2] 杜亚松,苏林雁,李雪荣. Conners量表在注意缺陷多动障碍中的应用[J]. 中国临床心理学杂志, 1997(1):44-45.

于研究性目的时,可比较不同组别儿童社会性发育水平,也可用于对儿童发展问题的早期识别或预测。

该量表以主要带养人(主要是父母)评价的方式,调查12月龄内婴儿的社会性反应发育情况,带养者结合儿童的实际情况,根据指导语和对应的题目选择最佳选项。该问卷共42个条目,根据发生频率(经常、有时、没有)对项目进行描述,每次测评时间约3~5分钟,适用于3、6、9、12月龄阶段的儿童。该问卷也是一个分阶段评估的问卷,除3月龄只有应人—应物维度外,其余阶段包括二至三个维度。例如,6月龄:应人—应物(条目1、2、3、4)、游戏性反应(条目5、6、7、8)、自主运动(条目9、10);9月龄:应人—应物(条目1、2、3、4、5)、游戏性反应(条目6、7、8)、自主运动(条目9、10、11、12);12月龄:应人—应物(条目1、2、3、4、5、6、7、8)、自主运动(条目1、2、3、4)。

该量表适用人群的年龄限制非常严格,适用于3个月±7天、6个月±7天、9个月±7天和12个月±7天的婴儿。它可作为儿童早期社会性反应发育水平的评估工具,为婴儿期发现心理行为问题提供参考,为实施干预提供时机。可按照整体评价,也可按照不同年龄组儿童的社会性发育维度来评价。

(三) 社交反应量表第2版(SRS-2)

社交反应量表(Social Responsiveness Scale,SRS)由康斯坦丁诺(John N. Constantino)和格鲁伯(Christian P. Gruber)于2003年编制,2012年发布第2版(SRS-2),用于评定2岁6个月到成年期孤独症患者的社交能力。该量表共有65个条目,5点评分量表。完成整个量表需要15~20分钟,计分及计算结果需要5~10分钟。计算得分转化为T分,分为正常、轻度、中度、重度四个等级,显示被试互动社交行为方面的异常及日常社交行为中的困难程度,为临床诊断或心理教育计划的制订提供依据。

该量表共有四种版本,第一种是学龄前期版,适用于评定2岁6个月至4岁6个月年龄范围的被试。第二种是学龄期版,适用于评定4~18岁年龄范围的被试。这两种版本由被试的主要监护人或老师根据其情况完成。第三种是成年期他评版本,适用于19岁及以上年龄的被试,由其父母亲、配偶、其他亲戚或朋友根据被试情况完成。第四种是成人自评版本,适用于19岁及以上年龄的成人,由被试自己评定。所有的版本都适合男女不同性别的人群。

该量表标准化的常模来自美国四个人口普查区,在性别、种族、受教育水平上与整个国家的比例有很好的一致性。该量表能较客观地评价被试的社会交往能力,且适用的年龄范围广,方便使用。目前其在德国、荷兰、日本、韩国等不同文化背景的国家中应用,均显示了良好的信效度,能较好地评估孤独症患者的社交能力情况,对辅助诊断和制订干预计划都具有一定的参考、指导意义。

(四)婴幼儿社会认知发展筛查量表(ICSCDSS)

婴幼儿社会认知发展筛查量表(Infant and Early Children Social Cognition Development Screening Scale,ICSCDSS)是一种社会适应能力发展筛查量表。该量表共49个条目,包括5部分:发育情况(用于初步了解婴幼儿的生长发育史),运动发育(用于评价运动发育情况),认人,适应行为(是量表的核心部分,涉及情绪理解、亲子依恋、共同注意和心理理论等婴幼儿社会认知发展的主要方面),语言发育(用于评价语言发育情况)。除发育情况外,其他4部分的条目均按"通过""不确定""不通过"分别计2、1、0分。该量表信效度良好。

该量表应由儿童专家(儿童保健医生、儿科医生、儿科护士、心理医生)通过对养育者(父母或其他了解儿童的人士)的询问来填写。记录者最好在现场观察儿童的情况下进行,其现场主要是医院、保健所、咨询室、幼儿园、家庭等。评估环境最好安静,光线和温度适宜。评估时间约需10分钟。大年龄儿童则需时间长些。另外,如儿童的人际和适应行为有问题而进行"辅助记录项目"记录,时间也可能长些。

拓展阅读

儿童社会适应能力的发展主要包含其体格发育和认知的发展,儿童的社会适应能力发展水平决定其社会自立能力的水平。然而,儿童社会适应能力的发展前提是社会认知的发展,即儿童从认人能力发展到语言理解、语言表达和沟通能力等。婴儿期,儿童还没有有意义的语言,但是,他们可以通过非言语性的表达来传递自己的感受,来理解大人的逗弄和周围相关情境,从中理解对方的需求和情感及自身态度等。因此，婴幼儿期即有原始的社会认知萌芽，如母子依恋和对母亲呼唤的最初反应等，所以说，儿童说话前的非语言性的社会认知行为，对其以后的社会认知发展具有重要的影响。之后随着交往范围的扩大，语言表达能力的发展，对儿童社会认知的发展起到关键性的推动作用。

(五) 儿童适应性行为评定量表(CABR)

儿童适应性行为评定量表(Children's Adaptive Behavior Rating Scale, CABR)是由中南大学湘雅二院姚树桥、龚耀先于1991年编制的。该量表是评估个体适应自然和社会环境有效性的心理测验工具，属于一种能力评定量表。该量表已广泛应用于智力低下的诊断、分类、训练及特殊教育等领域。也常用于其他人群尤其是问题儿童的行为发展研究。通常，智商较多地说明了被试的学习能力，而适应性行为则较多地说明了在后天环境下的自然的社会适应能力。儿童适应性行为评定量表不仅可作为制订教育与训练计划的依据，也是评价其效果的有效工具。

该量表适用于3～12岁儿童，适用于较大地域，包括城市版和农村版两种量表。量表采用分量表式结构，即把反映同一适应行为项目的数个行为按发展水平组成一个项目，再把反映同一功能的适应行为项目合编为一个分量表，共有8个分量表。各年龄的被试都接受所有功能的分量表评定，共评定包含在59个项目中的228种行为。

各分量表具体内容如下：① 感觉运动，共有6个项目。主要测试视、听、坐、站、走、跑、身体平衡等技能。② 生活自理，共有10个项目。测试饮食、大小便、穿戴、洗漱等技能。③ 语言发展，共有9个项目。包括掌握词的数量与复杂性、数的概念、书写与阅读以及社会沟通言语等技能。④ 个人取向，共有10个项目。包括了注意力、主动性、行为控制能力、日常爱好及个人习惯等反映个人动力方面的内容。⑤ 社会责任，共有9个项目。主要包括与遵守社会规范及社会交往有关的行为技能。⑥ 时空定向，共有4个项目。测试时间概念、空间定向及利用交通工具方面的技能。⑦ 劳动技能，共有7个项目。包括日常家务劳动和职业劳动技能。⑧ 经济活动，共有4个项目。包括钱的概念、购物技能及计划用钱的能力。

以上8个分量表中,可以把感觉运动、生活自理、劳动技能及经济活动分量表归为独立功能因子,语言发展和时空定向分量表归为认知功能因子,个人取向和社会责任分量表归为社会/自制因子。

第四节　孤独症儿童社会性训练

一、社会性训练的意义

孤独症儿童的社会性康复涵盖了社会功能康复的全过程。从训练的内容来说,包含培养孤独症儿童的自我意识、社会交往、社会认知、社会行为,从而促进其社会功能的发展;从训练的时间和空间来说,渗透在孤独症儿童生活中的所有时间和空间,如从孩子早上起床开始的问候到入睡前的阅读或互动及道"晚安"。总之,社会性训练是从孤独症儿童的生活到学习、从家庭到社区、从父母到同伴、从自我到他人、从行为到个体的心理成长等,其目的是使孤独症儿童学习自理、自尊、自信、自立、自我管理、自我成长。

(一) 培养孤独症儿童的自主性

人在社会上生存及发展,虽然需要学会与他人相处,但是先要发展自主意识和能力,如知道自己的存在与他人的关系,从自己的主动尝试与探索中获得愉悦感和成就感。自主性的培养首先培养的是让孤独症儿童从小学会自我照顾,即学会生活自理,具备基本的穿衣、吃饭、如厕、洗漱、独自睡觉等能力。随着孤独症儿童年龄的增长,还要引导他们学会独自安全居家,能做家务,如拖地、做饭、洗衣。再大一点的孤独症孩子,需要学习解决生活中出现的问题,如没有生活用品的时候知道去哪里买,停电、停水的时候知道去外面吃饭等。孤独症儿童的自主性水平决定了他们是否能熟悉社会、走向社会,最终适应社会、融入社会。因此,这方面训练的意义非常重要。

生活自理或自主性训练举例

(二) 提高孤独症儿童心智解读能力

孤独症儿童社会性训练中的一个重要内容是自我意识和社会认知的训练。这些训练可以帮助孤独症儿童学习自我觉知，了解自己的情绪是怎么来的、自己的行为是否符合照顾者或者社会的要求，从而学习按他人的要求调节自己的情绪和行为，最终能够做到自己管控自己的行为和情绪，不干涉和影响他人。同时，通过训练使孤独症儿童学会知晓他人的交往态度、交往技能和交往情感，从而提高其心智解读能力。此方面的社会性训练可以提升孤独症儿童的自尊、人际交往能力和心智解读能力，使他们习得各种社会交往的技能，如学习理解、帮助、同情、关心他人。

提高孤独症儿童心智解读能力举例

(三) 提升孤独症儿童社会行为能力

社会性训练中的每项内容都是让孤独症儿童学会理解及遵从不同的社会行为规范和规则，如学会遵守同伴互动中的游戏规则，遵守各项纪律，学会轮流等待，学会什么场所下要遵守什么规定，以及明白做人的道理等。这些社会行为能力的提升，会使孤独症儿童容易成为被他人接纳的人，从而更顺利地融入群体生活。

提升孤独症儿童社会行为能力举例

总之，孤独症儿童的社会性训练对孤独症儿童的康复意义十分重大。以下主要介绍孤独症儿童的自我意识训练、社交训练和社会认知训练。

二、孤独症儿童的自我意识训练

自我意识从其形态来说，包含自我认识、自我体验和自我调控，即自我意识的形成是一个人的知、情、意的发展过程。其中，自我认识是要完成"我是一个什么样的人"或"我是谁"的求解过程；自我体验是要完成"我有什么价值"或"是否对自己满意"的求解过程；自我调控是要完成"我是否能控制我自己"或"我能否改变自己的现状"的求解过程。

(一) 孤独症儿童自我认识训练

自我认识也叫自我认知,是对自己的认识,这是人自我意识发展的第一步。自我认识又包含自我感觉、自我观察、自我概念、自我评价和性别意识五个方面。对孤独症儿童来说,自我认识的开启和发展是他们认识社会的重要起点。但是,这对于他们来说也是非常难的一步。需要不断的、多次的、长时间的反复练习或唤醒,才能使他们觉察自己的存在与他人存在的不同。

1. 生理自我认识训练

（1）训练目标

通过各种感觉训练,使孤独症儿童认识自己的身体部位、外貌、年龄和性别等与他人的区别,从而生成对自己身体的认识。

（2）训练方式

教师通过各类游戏的方式来完成训练。对无语言孤独症儿童的训练,主要通过肢体动作完成对身体各部位的认识;对有语言孤独症儿童的训练,主要通过语言和肢体并用完成对身体各部位的认识。

（3）训练举例

① 认识自己的身体。

可以用游戏的方式,进行小组训练或个训。教师边唱边指导或辅助儿童,"拍拍他的小手/前胸/胳膊,拍拍我的小手/前胸/胳膊"(身体各部分的名称都可以替换或变换使用)。对无语言的儿童,教师要用手来辅助儿童;对有语言、能听懂的儿童,教师可以让其边唱边做动作,使孤独症儿童产生不同的感受。多次重复这个游戏,直到儿童能独立完成游戏为止。

生理自我认识训练

② 认识自己的外貌。

可以用游戏的方式,进行小组训练或个训。教师边唱边指导或辅助儿童,"×××(小朋友的名字)的眼睛大还是老师(或其他小朋友的名字)的眼睛大?"(身体各部分的名称都可以替换或变换使用)。对无语言的儿童,教师要用手来辅助他们;对有语言、能听懂的儿童,教师可以让其边唱边用手指,使孤独症儿童认识到自己的身体面貌与他人的不同。多次重复这个游戏,直到儿童能独立完成游戏为止。

③ 认识年龄和性别。

可以用游戏的方式，进行小组训练或个训。教师说："今天我们要做自我介绍的游戏，老师先来说，然后小朋友来说。×（老师的姓）老师今年32岁，我是女生。下面请×××（小朋友的名字）来说。""×××（小朋友的名字）我今年5岁，我是男生。"对无语言的儿童，教师要辅助他们边听边用手来做动作完成，使孤独症儿童能区别自己的年龄与性别与他人的不同。多次重复这个游戏，直到儿童能独立完成游戏为止。

2. 心理自我认识

（1）训练目标

通过各种心理训练，使孤独症儿童认识自己的喜好、能力和情感等，从而生成对自己心理的认识。

（2）训练方式

教师通过设计主题游戏的方式来完成训练。对无语言孤独症儿童的训练，主要通过肢体动作完成对自己心理能力的认识；对有语言的孤独症儿童的训练，主要通过语言和肢体并用完成对自己心理能力的认识。

（3）训练举例

① 认识自己的喜好。

可以用游戏的方式，进行小组训练或个训。教师说："桌面上放了好多你们喜欢的玩具。×（老师的姓）老师先来猜猜哪个小朋友最喜欢哪个玩具：×××（小朋友的名字）小朋友最喜欢小汽车。×××（小朋友的名字）小朋友最喜欢恐龙……"教师可以故意说错，让儿童自己找最喜欢的；也可以说对，让他们认可自己最喜欢的玩具。之后，让儿童说自己最喜欢的和他人最喜欢的玩具。对无语言的儿童，教师要辅助他们边听边用手来做动作完成，使孤独症儿童能认识自己的喜好，以及与他人喜好的不同或相同。多次重复这个游戏，直到儿童能独立完成游戏为止。

心理自我认识训练

② 认识自己的能力。

可以用游戏的方式，进行小组训练或个训。教师说："今天我们的游戏是先说说自己能做什么，只允许说一种，大家说好后，小朋友就可以做自己喜欢的事情了。我先来说，×（老师的姓）老师能剪纸。"然后，教师问："×××（小朋友的名字)小朋友,你能做什么?""×××(小朋友的名字)能画画。"每个儿童都说"好"后,教师把课前准备好的材料发给儿童,让他们做自己能做的事情,当他们做好后,老师要通过表情、动作和语言用夸张的方式表扬他们:"做得好!"使孤独症儿童认识到自己的能力是什么。对无语言的儿童,教师要辅助他们边听边用手来做动作,并辅导他们完成能做的事情。多次重复这个游戏,直到儿童能充分认识到自己的能力为止。

③ 认识自己的情感。

可以用游戏的方式,进行小组训练或个训。教师说:"今天我们的游戏是找找你最喜欢的家里人。我先来说,然后小朋友来说。"老师拿出课前准备好的家人的照片,一一摆在桌子上,边摆边说出家人与自己的关系:"这是×(老师的姓)老师的妈妈;这是×(老师的姓)老师的爸爸;这是×(老师的姓)老师的孩子,叫×××(老师孩子的名字);这是×××(老师孩子的名字)的爸爸。"教师接着说:"我最喜欢我的妈妈,因为妈妈也最喜欢我。"然后,老师把课前准备好的每个小朋友家人的照片拿出来,摆一张,让小朋友说出是谁。最后问:"×××(小朋友的名字),你最喜欢的家里人是谁?"待孤独症儿童说出后,老师表扬并拥抱他(她),并说"老师也喜欢×××(小朋友的名字)"。对无语言的儿童,教师要辅助他们边听边用手来做动作表示,并辅导他们完成活动,使孤独症儿童认识到自己最喜欢的人和体验自己的情感。多次重复这个游戏,直到儿童能充分认识到自己喜欢的人为止。

(二)孤独症儿童自我体验训练

自我体验是指向情感方面的自我意识。自我体验是在自我认知形成的基础上,逐渐形成并完善的。自我体验是自己对自己的感觉和认可度,即回答的是"我是否喜欢我自己",它是由自己对自己的态度决定的。通常,人的自我体验是通过自尊、自爱、自信、自卑、自怜、自弃、自傲、责任感、义务感、优越感等情绪体验表现出来的。不同的人,自我体验会有差别。

自我体验一般由自己的主观体验、外部表现和生理唤醒三方面组成,如当一个学生面对自己拿不准的试题时,首先会表现出不自信,然后情绪上会表现出紧张,之后有的人会手心出汗,有的人拿笔的手会发抖,甚至有的人会出现头晕等。这就是人的自我体验产生的过程。对于孤独症儿童的自我体验的训练，主要从自尊、自爱和自信这"三自训练"着手。

1. 训练目标

通过各种训练，使孤独症儿童认识到自己的能力和价值，从而产生对自己的积极认可，逐渐形成自尊、自爱和自信。

2. 训练方式

教师创设各种场景和机会，运用游戏的方式进行训练。对无语言孤独症儿童的训练，主要通过肢体动作完成；对有语言的孤独症儿童的训练，主要通过语言和肢体并用来完成。

3. 训练举例

（1）自尊训练

可以用游戏的方式，进行小组训练或个训。教师可以选择能力水平相当的同质性孤独症儿童，也可以选择能力水平有差异的异质性孤独症儿童一起训练。教师说："今天我们的教室里缺了一把椅子，怎么办呢？"如果有小朋友主动去找一把椅子来，教师要马上说："你能主动帮助别人，你真是个好孩子！"如果没有小朋友主动帮助他人，教师要用语言提示："谁来帮这个小朋友呢？"当有人帮助后，教师如前一样，给予肯定。接下来，教师可以带着儿童继续游戏。教师有计划地设计对个别孤独症儿童有难度的任务、对个别孩子比较容易完成的任务，带领他们做的时候，教师要注意观察儿童的表现，及时鼓励能力强的儿童。特别要注意，当发现能力强的儿童的表情和语言有嘲笑能力弱的儿童的现象时，要及时制止并进行引导。同时，要对能力弱的儿童说："你自己能做就很好！以后别人笑你，你要对他（她）说，你这样不对！或者你来告诉老师。"使孤独症儿童认识到自己的能力，知道自己的价值，并且知道尊重自己和他人。对无语言的儿童，教师要辅助儿童边听边用手来做动作，辅导他们完成能做的事情。多次重复这个游戏，直到儿童能充分认识到自己的能力，形成自尊感。

（2）自爱训练

可以用游戏的方式，进行小组训练或个训。教师可以根据上课儿童的兴趣和能力，设计主题式的活动，如画水果、用积木搭游乐场、用橡皮泥捏物等。教师说："今天我们要自己选择做想做的事情。"待儿童选择好后，引导他们在安静的教室里完成活动。待每个儿童完成自己的任务后,让儿童安静地坐在一起。最后教师和儿童一起对每个作品进行评价,以表扬的方式进行,使孤独症儿童认识到自己和他人的不同优势、能力和价值,产生自爱且爱他人的心理品质。对无语言的儿童,教师要通过语言和手势来帮助他们理解。多次重复这个游戏,直到儿童能充分认识到自己和他人都值得去爱。

(3) 自信训练

可以用游戏的方式,进行小组训练或个训。教师可以设计一个以谈话为主的游戏"说说自己和他人的优点"。教师说:"今天我们来说说自己和其他小朋友都有什么优点。老师先说,然后小朋友再说。"教师用示范的方式,引导儿童用简单的语言说说自己和小朋友各自的优点。待每个儿童表达后,教师要及时进行总结和鼓励,特别是启发儿童对自己和他人的评价要说:"你真的好棒!×××(小朋友的名字)你知道吗?刚刚他(她)说的都是你厉害的地方,你好棒!"使孤独症儿童充分认识到自己和他人的优点,从而产生自信。对无语言的儿童,教师要通过语言和手势来帮助他们理解和"表达"。多次重复这个游戏,直到儿童能充分认识到自己和他人都很棒。

自信训练

(三) 孤独症儿童自我调控训练

自我调控就是自我调节和自我控制,是人在自我体验的驱动下,为了实现某种目标而做出的符合实际的、可行的计划或行动的调整,并为之而付出努力。自我调控是指向意志方面的自我意识。因此,自我调控要回答的是"我要成为什么样的人""我如何改变自己"。通常,人的自我调控表现为自主、自强、自律、自制、自立、自卫等意志行为。对于孤独症儿童自我调控的训练,主要从自律、自制和自立这"三自训练"着手。

1. 训练目标

通过各种训练,使孤独症儿童认识到自己对自己的行为负责、自己决定做正确的事情后的成就感,从而产生对自己的积极认可,逐渐形成自律、自制和自立。

2. 训练方式

教师创设各种场景和机会,运用游戏的方式进行训练。对无语言孤独症儿童的训练，主要是通过肢体动作完成；对有语言的孤独症儿童的训练，主要是通过语言和肢体并用来完成。

3. **训练举例**

（1）自律训练

可以用游戏的方式，进行小组训练或个训。教师可以使用一个比较传统的游戏"我是一个木头人"来训练孤独症儿童。这个游戏比较简单，也容易操作。教师首先要讲清楚游戏规则："今天我们要做个好玩的游戏，小朋友跟老师一起在教室里边听音乐边转圈走，当老师说到'我们都是木头人，不许说话不许动'的时候，大家都要停下来不能说话不能动，如果谁说话谁动了，谁就输了，就要下场在一边坐着看别人玩。"然后，教师带领小朋友一起做这个游戏，要严格按照游戏规则来做，使孤独症儿童充分认识到自己是自己的主人，从而产生自律的品质。对无语言的儿童，教师要通过语言和手势来帮助他们理解。多次重复这个游戏，直到儿童能充分认识到自律的意义。

（2）自制训练

采用个训形式，使用延迟满足的游戏进行训练。教师课前准备好每个孤独症儿童特别喜欢的东西，可以是食物，也可以是玩具等。游戏要一对一进行，教师把孤独症儿童喜欢的东西放在他（她）面前，告诉他（她）"如果等老师回来再玩或再吃，老师回来后会再多给一个或让你多玩一会儿"。教师给儿童等待的时间要视儿童的理解力和自制力安排，并且随着游戏的次数增加，等待时间逐渐延长，使孤独症儿童形成自制的品质。对无语言的儿童，教师要通过语言和手势来帮助他们理解游戏规则。多次重复这个游戏，直到儿童产生一定的自制能力为止。

（3）自立训练

采用小组训练形式，使用角色扮演游戏进行训练。教师可以设计多个系列主题游戏，如"我是个好儿子（女儿）""我是个好哥哥（姐姐）""我是个好学生""我是个小班长"等。课前根据孤独症儿童的能力和康复需要，有计划地安排游戏顺序。此训练可以使孤独症儿童逐渐产生责任意识和社会角色意识，形成自立的品质。对无语言的儿童，教师要通过语言和手势来帮助他们理解游戏规则。多次重复这个游戏,直到儿童产生一定的自立能力为止。

三、孤独症儿童的社交训练

儿童社交能力的发展与儿童对人的关注与依恋、共同注意能力、非语言与语言能力、自我意识水平、主观能动性和社交知识与技能等的发展有着密切关系。以下主要介绍引导孤独症儿童对人关注与依恋和对孤独症儿童的社交知识与技能训练,其他方面的训练在本章和其他章节有介绍。

(一) 关注与依恋训练

关注与依恋是孤独症儿童社交能力发展的前提条件,只有关注到人,对人有依恋感,孤独症儿童才会出现主动的社交意识与社交行为。因此,关注与依恋训练是孤独症儿童社交训练的开始。

1. 训练目标

通过训练,使孤独症儿童从关注物转变为关注人,从喜欢独处转变为依恋他人,从而具备一定的观察他人、环境和人际关系的能力。

2. 训练方式

对低功能孤独症儿童采用一对一游戏训练方式,对中、高功能孤独症儿童采用两人及以上人数的小组游戏的训练方式。对无语言孤独症儿童的训练,主要是通过肢体动作和在教师的辅导下完成;对有语言的孤独症儿童的训练,主要是通过语言和肢体并用来完成。

3. 训练举例

(1) 顺应式训练

这里的顺应是指训练的出发点以孤独症儿童的兴趣和游戏为中心,教师顺应孤独症儿童的游戏和玩法,与其同步游戏。具体做法如下。

顺应式训练

教师与孤独症儿童在同一个空间里,如果是无语言的低功能孤独症儿童,教师可以不打扰他(她)。如果是中、高功能孤独症儿童,教师可以跟他(她)用手势加语言打个招呼,不强求他(她)回复和看老师。然后,教师观察他(她)在做什么,他(她)可能是在把小汽车摆成行,可能是在画圆,也可能是在开关门等，教师只需要做与他(她)一样的事情。如果他(她)看不到老师在做什么，也不要着急，慢慢让他(她)自己发现老师也在做与他(她)一样的事情，这就是好的开始。这个游戏可以多次重复做，直到他们可以主动找老师与他(她)一起玩游戏，对人产生依恋为止。

(2) 听知觉训练

这个训练一定是在完成了顺应游戏训练后，孤独症儿童能在多数情况下关注到人，产生了对人的依恋后，才作为主要的训练项目。具体做法如下。

依据孤独症儿童的喜好选择训练材料，如动物、植物、水果、交通工具等。教师可以使用他们喜欢的物品的实物、卡片或口头语言配合完成听知觉训练。如使用孤独症儿童喜欢的动物卡片，教师可以口头模仿他们熟悉的小动物的叫声，让孤独症儿童边听边选择对应的动物卡片，交给教师。如果选择正确，教师要用非常夸张的动作和语言表扬他们。这个训练非常适合低功能孤独症儿童。

听知觉训练

针对中、高功能孤独症儿童，教师可以设计一个听训练游戏，如"老师说到苹果举手，老师说到香蕉抬腿"。根据孤独症儿童的能力情况，适当延长两个"靶"词之间的间隔和出现的频率。

(二) 社交知识与技能训练

学会社交对孤独症儿童来说虽然意义重大，但是件非常难的事情。不关注他人、不参与集体活动是孤独症儿童的普遍现象。因此，对孤独症儿童的社交训练是先从引导他们学会被动地接收他人信息开始，直到让他们学会主动发起社交。

1. 被动社交训练

孤独症儿童普遍的典型问题是以"自我为中心"，与普通儿童的"自我为中心"不同的是，他们是没有能力关注他人，考虑他人。因此，对孤独症儿童的社交训练，先要顺应他们的行为方式，利用他们的偏好，"唤醒"他们的社交意识。

(1) 回应训练

① 训练目标。

通过训练，使孤独症儿童从呼名没有反应到听到有人叫他(她)名字有行为或语言上的反应；从被动回应时不能眼睛对视或交流，到可以目光对视。

② 训练方式。

对无语言的低功能孤独症儿童采用一对一游戏训练方式，呼名后的回应方式用转头或抬头回应来完成；对有一定语言的中、高功能孤独症儿童可以采用两人及以上人数的小组游戏的训练方式，呼名后的回应方式用语言回应来完成。

③ 训练举例。

第一，听觉回应训练。

孤独症儿童听觉信息输入普遍处于劣势，特别是在社交中，对自己名字的听觉不敏感，基本都是"听而不闻"。听觉回应训练具体做法如下。

教师课前准备好孤独症儿童特别偏好的东西，如玩具车、雪花插片、酸奶、葡萄、人偶等。上课后，孤独症儿童一般都会自顾自地玩。这时，教师手里拿着准备好的东西，说"×××（小朋友的名字），我有一个×××"，看儿童的反应，如果没有回应，说明你准备的东西没有他（她）在玩的东西对他（她）有吸引力，或者你离他（她）太远。这时，教师要走近些，把儿童正在玩的东西拿走，再说一遍"×××（小朋友的名字），我有×××"。如果儿童有呼名反应了，是成功的第一步，但这个回应还不是对自己名字的回应。类似这样的训练重复多次，直到儿童对他（她）喜欢的东西的听觉回应频率增多，接下来，可以采用教师说"×××（小朋友的名字），你看我有什么？"来训练。这样的听觉反应训练，如果儿童回应的频率增多，说明他们对自己的名字有回应了，且开始有了好奇心，想知道他人手里的东西是什么，有关注他人的意识了。这个游戏可以多次重复做，直到他们可以对他人的呼唤有比较多的回应。

听觉回应训练

第二，视觉回应训练。

孤独症儿童如果有视觉优势的话，也仅限于在他们自己偏好的事物上。在社交中，比较明显的表现是，当他们有需求找人的时候，多数情况下不会用眼睛对视，不看人脸，这是典型的社交障碍。视觉回应训练具体做法如下。

视觉回应训练

教师课前准备好孤独症儿童特别偏好的东西，如积木、动物卡片、玩具推土机、苹果等。上课后，教师安排儿童与自己面对面坐，拿出准备好的东西放在自己的脸旁,说"×××(小朋友的名字),我有一个×××",看儿童的反应,如果儿童没有回应,眼睛四处瞟,说明准备的东西不是他(她)喜欢的。这时,教师要马上更换,重新再来。当儿童能在教师说一遍后马上看教师脸边上的东西时,这是成功的第一步,但这个回应还不是用眼睛的对视回应。类似这样的训练重复多次,直到儿童能更多地看教师的脸部,接下来,教师可以把准备好的东西放在身后,与儿童面对面近距离坐好,说"×××(小朋友的名字),你看老师的眼睛(边说边用手指自己的眼睛),我会给你×××"进行训练。这样的眼睛对视反应训练下,如果儿童对视回应的频率提高,说明他们在社交时对他人的眼睛开始有关注意识。这个游戏可以多次重复做,直到他们在与他人互动时有比较多的眼睛对视和视觉回应。

(2) 场景社交训练

① 训练目标。

通过训练,使孤独症儿童熟悉并掌握不同场景下应知应会的社交规范,同时能去遵守,从而具备在公共场所从事活动的能力。以下仅介绍几种场景的训练。

② 训练方式。

对无语言的低功能孤独症儿童可以采用模拟式的一对一游戏训练方式;对有一定语言的中、高功能孤独症儿童可以采用现场式,两人及以上人数的小组游戏的训练方式。

③ 训练举例。

第一,超市场景训练。

超市场景训练,主要是让孤独症儿童了解去超市做什么、怎么做,模拟场景训练与现场训练环节相同。具体做法如下。

超市场景训练

先是预备训练。教师针对儿童的特质,将儿童进超市后可能会出现的异常行为充分考虑到,如儿童看到自己喜欢吃的东西就直接去拿来吃、看到喜欢的玩具就去拿来玩、不满足时大发脾气、看到喜欢的东西特别高兴会过于兴奋大喊大叫等,教师要预备好解决方案。预备训练就是教师要把在超市能做什么、不能做什么、遇到喜欢的东西应怎么办等一一讲给孤独症儿童,让他们知晓基本的行为规范,同时让他们知晓并掌握如何在超市购物。预备训练时教师可以边讲边做行为示范,也可以用角色扮演的方法让儿童练习。当儿童知晓并能模拟进超市的行为后,就可以进行正式的超市场景训练。

超市场景训练无论是在学校模拟超市还是在真实的超市进行,都要严格按照行为规范训练,特别是在学校的模拟超市要当作真实场景来看待。训练过程中,教师待儿童进入超市开始观察他们的行为,如看到想吃的、想玩的时,发现有不当行为及时提醒。当儿童出现异常行为时,教师要进行安抚,并停止训练。这个训练可以多次重复做,直到孤独症儿童能在超市中遵守行为规范并能完成购物活动为止。

第二,乘车场景训练。

乘车场景训练,主要是让孤独症儿童了解乘车的行为规范。模拟场景训练与现场训练环节相同。具体做法如下。

先是预备训练。教师针对儿童的特质,将儿童乘车时可能会出现的异常行为充分考虑到,如儿童会在车上或兴奋或害怕地大喊大叫、看到其他乘客的东西想要去拿、出现自我刺激行为等,教师要准备好解决方案。预备训练就是教师要把乘车时的行为规范一一讲给孤独症儿童,让他们知晓基本的行为规范。预备训练时教师可以边讲边做行为示范,也可以用角色扮演的方法让儿童练习。当儿童知晓并能模拟乘车的行为后,就可以进行正式的场景训练。

乘车场景训练

乘车场景训练无论是在学校的模拟教室还是真实的乘坐训练,都要严格按照行为规范训练,特别是要把学校的模拟教室当作真实场景来看待。训练过程中,教师要从在站台等车开始训练,并对车来后如何上车,上车后怎么购票、怎么安坐,如果没有座位怎么站在安全的位置,怎么听报站,车到站了从哪个门下车等进行全程训练。如果在车上发现儿童有不当行为并影响了其他乘客,要及时提醒并制止,严重时则停止训练。这个训练可以多次重复做,直到孤独症儿童能顺利完成乘车活动为止。

第三,餐厅场景训练。

餐厅场景训练,主要是让孤独症儿童了解在外面就餐时的行为规范。模拟场景训练与现场训练环节相同。具体做法如下。

餐厅场景训练

先是预备训练。教师针对儿童的特质,将儿童在餐厅可能会出现的异常行为充分考虑到,如儿童会在餐厅跑来跑去,或兴奋或害怕地大喊大叫、看到其他食客桌上的东西就要拿来吃、出现自我刺激行为等,教师要准备好解决方案。预备训练就是教师要把在外面餐厅用餐时的行为规范一一讲给孤独症儿童,让他们知晓基本的行为规范。预备训练时教师可以边讲边做行为示范,也可以用角色扮演的方法让儿童练习。当儿童知晓并能模拟在餐厅进餐的行为后,就可以进行正式的场景训练。

餐厅进餐的场景训练,无论是在学校的模拟教室还是真实的餐厅训练,都要严格按照行为规范训练,特别是在学校的模拟教室要当作真实场景来看待。训练过程中,教师要从走进餐厅开始训练,并针对选择座位、点餐、用餐、结账等进行全程训练。如果在餐厅里发现儿童有不当行为并影响了其他食客,要及时提醒并制止,严重时则停止训练。这个训练可以多次重复做,直到孤独症儿童能顺利完成在外面餐厅用餐为止。

2. 主动社交训练

主动社交能力的发展是孤独症儿童社交训练的最终目标,也是在被动社交能力发展的基础上进行的社交训练。

(1) 主动参与训练

① 训练目标。

通过训练,使孤独症儿童学会主动加入社交活动或游戏的技巧,并在其中能遵守社交规范或游戏规则,从而具备主动参与社交的能力。

② 训练方式。

对无语言的低功能孤独症儿童可以采用模拟式的、一对一游戏训练方式;对有一定语言的中、高功能孤独症儿童可以采用现场式,两人及以上人数的小组游戏的训练方式。

③ 训练举例。

教师课前准备好孤独症儿童喜欢玩的玩具若干个,每个玩具只准备1个。如果是一对一个训课,教师与儿童面对面坐,拿出1个儿童喜欢的玩具自己玩,并吸引他(她)的注意力。儿童在看老师玩,对有语言的孤独症儿童,教师可以问"你要和我一起玩吗?",如果儿童说"要",教师引导儿童说完整的请求一起玩的话,然后和儿童一起玩

主动参与训练

玩具；对没有语言的儿童，教师边问边做动作"要一起玩吗？要一起就点头"，当儿童点头后，教师就和儿童一起玩玩具。也可以告知没有语言能力的孤独症儿童，如果想要加入进来，可以用手拉、用眼睛看小朋友，这样别人就知道你想参与一起玩。如果是小组训练，教师做指导，先让一个孤独症儿童拿玩具玩，教师先做自己想参与游戏的示范，然后引导小组内的其他儿童学习参与游戏的表达方法。这个训练可以多次重复做，直到孤独症儿童能主动提出参与社交活动或游戏为止。

（2）主动发起训练

① 训练目标。

通过训练，使孤独症儿童学会主动发起社交活动或游戏的技巧，并在其中能遵守社交规范或游戏规则，从而具备主动发起社交的能力。

② 训练方式。

对无语言的低功能孤独症儿童可以采用模拟式的、一对一游戏训练方式；对有一定语言的中、高功能孤独症儿童可以采用现场式，两人及以上人数的小组游戏的训练方式。

③ 训练举例。

教师课前准备好上课材料，如儿童不容易打开的瓶盖、不容易撕开的玩具包装以及儿童没有玩过的玩具等。以下训练举例主要是针对有语言的孤独症儿童的训练。

第一，主动请求训练。

可以一对一，也可以小组训练。教师拿出并给孤独症儿童不会打开的物件，一般情况下，儿童会自己先看，再试着去打开，反复尝试后还是打不开，多数儿童会丢给老师，让其帮助打开。这时，教师把物件还给儿童，示范着说"老师能帮帮我吗？"，当儿童能仿说后，教师再帮助他们。这个训练可以多次重复做，直到孤独症儿童能主动提出帮助为止。

主动请求训练

第二，主动询问训练。

可以一对一，也可以小组训练。教师拿出孤独症儿童没有玩过的玩具，一般情况下，儿童会自己观察着玩，反复尝试后发现还是不会玩，有的儿童会失去兴趣丢下不玩，有的儿童会破坏

主动询问训练

性地玩。这个时候,教师开始介入,可以说:"你是不会玩吗?""如果你想学会玩这个玩具,要问老师。"如果孤独症儿童能完整地表达老师教他们的语言,教师要好好表扬他们,并教他们怎么玩。如果儿童还不能完整表达,教师先示范,说:"老师能教我玩吗?"这个训练可以多次重复做,直到孤独症儿童能主动向他人询问为止。

四、孤独症儿童的社会认知训练

社会认知是一个复杂的心理过程。一方面,需要根据个体的经验及对有关线索的分析进行认知;另一方面,需要通过个体的思维活动,即信息加工、推理、分类和归纳等来进行。对于孤独症儿童来说,两方面能力的欠缺使得他们的社会认知能力发展受到严重影响。社会认知的内容非常丰富,主要包括三个大的认知领域,即对个体的认知、对人际关系的认知和对社会关系系统的认知。以下主要针对其他章节没有涉及的训练部分进行介绍。

(一)人际关系认知训练

人际关系认知主要包含与长辈关系的认知、同伴关系的认知、周围人关系的认知等。对于孤独症儿童来说,前两个认知是训练的重中之重。

1. 长辈关系认知训练

(1)训练目标

通过训练,使孤独症儿童从他们最熟悉的家里的长辈开始认知,使他们能知晓家里的长辈与自己的关系,从而提升人际关系认知能力。

(2)训练方式

对低功能孤独症儿童采用一对一游戏训练方式,对中、高功能孤独症儿童采用两人及以上人数的小组游戏的训练方式。无语言孤独症儿童的训练主要是通过肢体动作和在教师的辅导下完成,有语言的孤独症儿童的训练主要是通过语言和肢体并用来完成。

(3)训练举例

对无语言的孤独症儿童的训练,教师课前各准备一张自己、孤独症儿童家里长辈的照片。上课后,先分别一一拿出,让他们辨认,如教师拿出孩子妈妈的照片,说"×××(小朋友的名字)的妈妈",边说边自己指。然后,教师继续说"×××(小朋友的名字)的妈妈",让孤独症儿童指照片。反复认知多次后,再拿出教师自己的照片,说"哪个照片是×××(小朋友的名字)的妈妈?",让儿童指认。待儿童能基本认知家里的长辈后,可以把他们的照片放在一起,让孩子听教师的话来指认。对于有语言的孤独症儿童的训练,教师在训练中可要求儿童多用语言和手势一起参与训练。这样的训练要多次重复做,直到孤独症儿童能基本无误地认知正确为止。

长辈关系认知训练

2. 同伴关系认知训练

(1) 训练目标

通过训练,使孤独症儿童从熟悉他们、每天接触多的同伴开始认知,如同班的、学号相邻的、上课一个组的同伴等。让他们能知晓自己与同伴的关系,从而提升人际关系认知能力。

(2) 训练方式

对低功能孤独症儿童采用一对一游戏训练方式,对中、高功能孤独症儿童采用两人及以上人数的小组游戏的训练方式。无语言孤独症儿童的训练主要是通过肢体动作和在教师的辅导下完成,有语言的孤独症儿童的训练主要是通过语言和肢体并用来完成。

(3) 训练举例

对无语言的孤独症儿童的训练,采用一对一的方式,教师课前准备儿童熟悉的小朋友的照片。上课后,先分别一一拿出,让他们辨认,如教师拿出一张照片,说"这是×××(小朋友的名字),是你的好朋友(同学)",边说边自己指认。然后,教师继续说"这是×××(小朋友的名字),是你的好朋友(同学),用手指点一点你的好朋友(同学)",让孤独症儿童指照片。反复认知多次后,再拿出另一个小朋友的照片,说"哪个照片是你的好朋友(同学)×××(小朋友的名字)?"让儿童指认。待儿童能基本认知所有小朋友后,可以把他们的照片放在一起,让孩子听教师的话来指认。对于有语言的孤独症儿童的训练,教师在训练中要求儿童多用语言和手势一起参与训练。这样的训练要多次重复做,直到孤独症儿童能基本无误地正确认知为止。

同伴关系认知训练

（二）环境与角色认知训练

环境与角色认知是指人们对生活和学习环境的认知以及对自己应有的社会角色的认知。

1. 社会环境认知训练

（1）训练目标

通过训练，使孤独症儿童知晓人们生活和学习的环境有什么不同，如家里与家外、幼儿园（学校）与图书馆等，并掌握不同的生活和学习环境都有什么设施及它们的功能等，从而使孤独症儿童能在不同的生活和学习环境中遵守相应的行为规则，提升他们的社会环境认知能力。

（2）训练方式

对低功能孤独症儿童采用一对一游戏训练方式，对中、高功能孤独症儿童采用两人及以上人数的小组游戏的训练方式。无语言孤独症儿童的训练主要是通过肢体动作和在教师的辅导下完成，有语言的孤独症儿童的训练主要是通过语言和肢体并用来完成。

（3）训练举例

社会环境认知训练可以使用绘本故事、模拟情境和现场学习的方式进行。以最便于使用的绘本故事训练为例，教师课前准备好系列主题的绘本故事书，如《我的家》《我的幼儿园》《在图书馆里》等。每次训练一个主题，一个主题要重复多次。对于没有语言的孤独症儿童，教师要用手势加语言的方式讲绘本故事，使用的语言句子不能太长，让儿童边听边看绘本故事书上的图画。然后，教师说绘本中物品的名称，让儿童指认。当儿童指认时，教师可以通过动作帮助儿童认知，如水杯，教师做喝水的动作等。在学习认知不同环境中要遵守的行为规则时，教师要用语言和手势做出示范，如讲授《在图书馆里》时，教师示范如何轻走、轻声等。对于有语言的孤独症儿童，要多以语言讲解和动作示范的方式进行，以帮助他们用语言记忆故事内容。这样的训练要多次重复做，直到孤独症儿童能基本地正确认知为止。

社会环境认知训练

2. 社会角色认知训练

（1）训练目标

通过训练，使孤独症儿童知晓自己在不同生活场景中有着不同的社会角色，如学生、儿子（女儿）、哥哥（姐姐）或弟弟（妹妹）、乘客、顾客等，并掌握不同社会角色的名称、特征、功能及应承担的责任和行为准则，从而使孤独症儿童能在不同的生活场景中遵守相应的行为规范，提升他们的社会角色认知能力。

（2）训练方式

对低功能孤独儿童采用一对一游戏训练方式，对中、高功能孤独症儿童采用两人及以上人数的小组游戏的训练方式。无语言孤独症儿童的训练主要是通过肢体动作和在教师的辅导下完成，有语言的孤独症儿童的训练主要是通过语言和肢体并用来完成。

（3）训练举例

社会角色认知训练可以使用绘本故事、角色扮演和现场学习的方式进行。以效果最好的角色扮演训练为例，角色扮演对于有无语言的孤独症儿童都是一个很好的训练手段。教师课前准备好角色扮演的脚本，脚本要设计出儿童扮演角色的主线，如不同时间和空间里要扮演什么，要做什么，怎么做，等等。一般来说，孤独症儿童的社会角色认知训练要先从单一角色训练开始，待儿童能理解单一角色并能掌握其名称、特征和责任后，再进行多角色训练；同时，最好先从他们熟悉的家庭角色的认知开始，之后再训练他们认知经常去的环境中所扮演的角色，如医院里、游乐场里和公交车上等。简单来说，教师课前准备好一个模拟医院的场景，训练开始，教师要向儿童说"今天的游戏是你生病了去医院看病"，并让儿童扮演生病的自己，教师可以示范也可以辅助儿童完成。然后继续进行，"在医院你是什么人？"，教师启发有语言的孤独症儿童说出"我是病人"，接着教师说"病人到医院，要听谁的话？"，教师引导儿童说"听医生的话"，教师继续说"听医生的话，医生给你做检查和打针，你怎么做呢？"，启发儿童说出"配合医生，打针不哭"。以上过程中，教师一边引导和启发儿童，一边用动作示范，一边要观察儿童是否理解并能否进入角色。这样的训练要多次重复做，直到孤独症儿童基本无误地对自己的社会角色有认知为止。

社会角色认知训练

【本章练习题】

1. 什么是社会性和社会化？两者有何关系？
2. 简述儿童社会性发展的意义。
3. 试述孤独症儿童的社会性发展。
4. 简述孤独症儿童心智解读能力评估方法。
5. 简述孤独症儿童社会性发展评估的原则。
6. 试述孤独症儿童社会性训练的主要内容和训练目标。

第四章

孤独症儿童心智解读能力发展及康复训练

教学目标

1. 师德养成目标

通过本章内容的教学,理解心智解读的内涵及意义;认识到心智解读能力在社会生活中的意义的同时,充分理解孤独症儿童心智解读方面的障碍,培养理解、尊重和帮助孤独症儿童的师德品质。

2. 知识与能力目标

(1) 知识目标:理解人类心智解读的重要性,了解孤独症儿童心智解读的发展,掌握孤独症儿童心智解读能力评估的一般知识,理解孤独症儿童心智解读能力训练的原则等。

(2) 能力目标:初步学会孤独症儿童心智解读能力评估方法和各项心智解读能力训练的基本方法。

3. 情感与意志目标

(1) 情感目标:了解孤独症儿童心智解读能力异常的原因,从而产生体谅、包容的情感体验。

(2) 意志目标:深刻理解孤独症儿童心智解读能力训练的必要性,并产生为之努力学习的意志品质。

教学重点与难点

(1) 教学重点:孤独症儿童心智解读能力的发展。

(2) 教学难点:孤独症儿童心智解读能力训练的内容及实施。

案例呈现

小意是个 6 岁的孤独症男孩,经过几年的康复训练,他的各种能力有了很大的提高,还有半年就要进入普通小学上学了。一天,妈妈在朋友圈发了这样一段文字:"儿子:妈妈你什么时候死呢?妈妈:怎么问这个?儿子:你死了之后,你的手机就是我的了。"看到母子的对话,我马上联系老师,明天开始用他能理解的方式对他进行"死亡"主题的系列知识讲述。然而,过了几天,家长还是反映,孩子仍在问同样的问题。后来了解到,之前有一次妈妈对孩子说"等我死了以后,家里的房子、车子都是你的了"(说是开玩笑说的)。这个孩子有一定的学习迁移能力,他把房子和车子替换成了特别喜欢的手机。但是,小意还无法理解"死"的含义,更不能正确解读妈妈说话的意图。

第一节　心智解读概述

一、源起与定义

心智解读(mind reading)研究,最早源于 1978 年普雷马克(D. Premack)和伍德罗夫(G. Woodruff)进行的一个关于灵长目动物元表征能力的实验研究。当时这两位心理学家进行了一系列有关黑猩猩的实验,其中包括了解黑猩猩是否能在某种特定的情境中预测人的行为,即"黑猩猩有心理理论吗?",结果发现他们的被试,一个名叫莎拉(Sarah)的黑猩猩,能够在某种实验情境中表现出关于心理状态的认识——它能够在一定程度上推测人(饲养者)的心理活动,即具备了简单的心理推测能力。因此,他们得出结论,基于心理状态归因的行为认识并不是复杂的或高级的行为,而是一种原始的行为,并且提出了幼儿是否具有心智解读能力这一问题。他们的研究结论遭到了批评,反对者认为,心理状态觉知的真正体现,是被试考虑到另一个人在某一种情境下的不正确的信念,即错误信念(false-belief)。这是因为与正确信念的预测相比，对于错误信念的预测必然要涉及个体关于事件状态的心理表征。因此，1983年，维默（Wimmer）和佩尔奈（Perner）首创"错误信念理解"实验任务，被誉为"错误信念理解"的"经典"任务。

心智解读理论也叫心理理论（theory of mind）。心理理论研究的基本概念框架源于发展心理学（尤其是儿童心理学领域）。多年来，心理理论的定义不尽相同。如有人认为心理理论是一种理论，这种推理系统之所以被视为理论，是因为这种推测功能难以被直接观测到；有人认为这种推理判断的反应可用于对其他个体具体行为做出某种预测；有人认为心理理论是一种能力、知识或知识体系，知识体系同科学理论一样有其产生、发展和成熟的过程；还有人认为心理理论并非科学理论，而是一种非规范和难于界定的日常理论，因而称之为常识心理学或朴素心理学。目前，比较多的人认为，心理理论是个体对自我和他人心理活动的认识能力，是预测和解释他人感知、需要、意图、情绪、愿望和信念等概念如何相互联系并实施组织建构的一种理论。[①]

如上所述，心智解读是指人"能够理解周围同类的思想和行为"，"从而保持社会连接、进行策略性互动的能力"，"根据这个理论我们可以合乎逻辑地推断出他人在各种情况下的思想、信念和欲望"[②]。与心智解读理论内涵相通的心理理论实则是它的狭义之说，是指一种抽象的、连贯的、可解释因果关系的系统，即一个人用他的内在心理状态，如信仰、愿望、意图和情感等来理解他人行为的理论。

心智解读能力是个体在社会生活或合作中必须具备的一种重要的社会功能。个体心智解读能力的缺失或缺损会导致其无法理解或了解他人的行为和想法，也就无法与周围的人保持各方面的"同步"，以致给个体的发展甚至生存带来障碍。

拓展阅读

"错误信念理解"实验的主要内容是通过一个客体位置变化预测他人行为的任务。实验让被试看一个用玩偶演示的故事：一个小男孩将巧克力放在

---

① 林勤英，静进.阿斯伯格综合征的心理理论研究现状[J].国际儿科学杂志，2007(6):464.
② 马修·利伯曼.社交天性：人类社交的三大驱动力[M].杭州：浙江人民出版社，2016:12,149.

厨房的碗柜上(位置 A)，然后离开；他不在时，母亲把巧克力放到另一个碗柜上(位置 B)。要求被试判断男孩回到厨房拿巧克力时，会在什么地方寻找。对于成年人来说，答案是显而易见的，小男孩会在位置 A 处寻找——这是他最后看到巧克力的位置所在。之所以能够得出这个答案是因为人们能够从小男孩的角度出发，认为他所知道的巧克力的位置和我们所知道的正确位置是不同的——他持有的是一个错误的信念。研究结果表明，小于 5 岁的儿童会做出错误的判断，认为男孩会在位置 B 处寻找；而大于 5 岁的儿童的判断则是正确的。这类相关实验在以后的研究中经常被采用，这种实验被称为"错误信念理解"任务范式的研究。

二、心智活动与心智解读

通俗地说，心智解读是指个体与他人交流中通过他人的表现来了解其心智活动(心理活动)。因此，心智活动是心智解读的对象，它是在人脑内产生的，具有极强主观性质的，且难以用直接的工具进行测量的精神世界。心智活动虽然不能进行直接测量，但是可以通过各种心理相互作用表现出来。例如会通过与脑、身体、自然环境及社会环境之间的相互作用，引起脑和身体的变化，包括脑的活动和身体生理指标的改变；心智活动会通过言语表达，会产生行为，再由人的行为引起自然环境和社会环境的变化等；脑、身体、自然环境及社会环境又通过这些相互作用影响心智活动，引起心智活动的改变。所以，人的心智活动是个体的脑与环境相互作用而产生的。

为此，个体在心智解读过程中，需要获取与心智活动相关的各种信息，如脑的活动、身体的活动、个体的言语和行动等信息，同时，要分析个体的行为对环境的影响等。心智解读就是要通过对这些信息的分析，来推测人的心智活动。

三、心智解读的手段

如上所述，心智活动是心智解读的对象，基于人的心智活动是人心理活动相互作用的结果。人的心智解读的手段主要有两种。一种是基于心身、心物和人与环境相互作用的、传统的心智解读手段。如当人内心感觉到紧张时,就会出现呼吸急促、血压升高等身体症状;当人听到一个期待已久的好消息时,就会奔走相告;等等。另一种由于人的心理活动是脑机制的原因,心智解读可以通过获取和分析脑激活数据,进行间接解读,这也是科技发展后的一种心智解读手段。其依据是心智活动与脑之间相互作用,使脑电波、事件相关电位和局部脑血流量、血氧水平等发生变化。通过仪器,可测量和分析心智活动时的脑电、脑磁和脑功能成像等数据,用以解读人的心智。

四、心智解读的过程

一般来说,人的心智解读过程由三部分组成:首先,是获取人心智活动的信息。主要通过人外化的心理表现,如语言和非语言(肢体语言或表情)、行为等获得个体外部表现的各种信息。其次,要把获取的个体外部表现的所有信息与心智活动一一对应起来。再次,根据以上两个部分的内容来解读心智,例如看到这个人脸泛红、眼睛不敢直视、语言表达简单。完成了第一步后,人会在脑中进行心智活动解读,即开始把这个人与他(她)所处的环境中的人和物进行对应,同时,解读者也会根据自己对这个人的熟悉和了解程度,进行一一对应。当以上两个部分完成以后,心智解读的结果就会出现,这个人目前所处的环境中很可能有他(她)或害怕或仰慕已久的人。

五、心智解读的有限性

心智解读也被叫作"读心"。由于人的心智活动的复杂性,所以,心智解读是一项非常具有"技术"性的人的内在心理活动,既包括对人认知活动中的感知、记忆和思维等的解读,还包括对人觉醒、情感和意向等的推测。因此,心智解读是个体的心智能力达到一定水平后才可能完成的。也就是说,人的心智解读能力不是天生的,是在后天成长过程中身心发展达到一定程度后才能实现。从心智解读的过程来说,第一步获取信息的手段主要是通过他人的外在表现来了解他人当下的心理活动。由于人的个体差异大、个体可能还会用其具备的心理能力来掩饰真实的内心活动,这将会导致解读者进行关系对应时信息不对称或对应不符的问题。因此,心智解读结果的精确程度就变得有限了。

六、心智解读的功能

人为什么可以进行心智解读?这是因为人的心智活动是人大脑活动的产物,心智活动外化的行为是有规律可循的。有规律可循,就是可以公式化,人脑对于公式化的事物是比较容易接受和习得的。因此,人出生后,随着大脑的发育和心理的成熟,心智解读能力渐渐发展起来。心智解读对人自身的发展和人类的进步有着重要的意义。

(一)预测功能

日常生活中,人们常常会对相处很久的人很容易地进行接下来他(她)的行为或想法的预判,对做了很久的事情接下来的发展或走向进行预估。这就是具有心智解读能力的人的本领。这种本领可以使人在惯性思维的指导下了解他人,使人与人之间的交往变得简单而容易,避免冲突发生;也使人对所做的事情的未来有一个提前的知晓,以规避一些消极影响的发生。

(二)理解功能

在心智解读过程中,一方面,需要人不断地了解、观察他人的言行和心智活动变化,捕捉各种信息,并把这些信息进行串联、对应,进行深入的分析,最终通过理解,实现解读;另一方面,人们通过心智解读更能理解他人的言行或者"三观"产生的缘由,进而更能理解被解读者。

(三)沟通功能

当一个人要对他人进行心智解读时,本身就带有沟通意愿。心智解读的过程中,沟通也是非常重要的获取信息的手段。语言交流的沟通、非语言交流的沟通,都是获取直接信息的手段。通过沟通获得的信息,一般来说信息的真实性和准确性比较高。此外,心智解读本身也促进了人与人之间的沟通。

拓展阅读

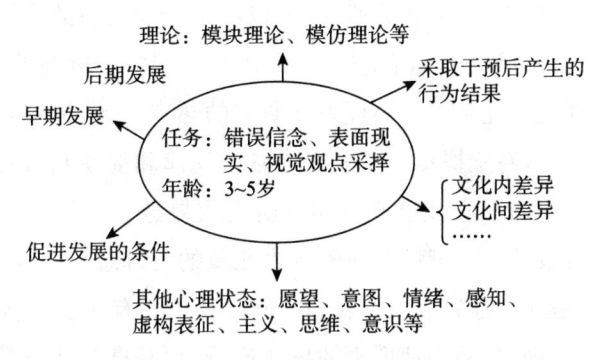

图 4-1 心理理论的主要研究方向[①]

图 4-1 清晰地展示了"心理理论"自其产生以来的一些主要研究方向。早期的研究主要集中于 3～5 岁儿童错误信念（false-belief）、表面现实（appearance-reality）和视觉观点采择（visual perspective-taking）能力的发展。后来又发展了许多其他方面的研究（图 4-1 中箭头所示），如研究错误信念外的其他心理状态的发展，提出了解释"心理理论"发展的一系列学说，研究促进发展的条件和采取干预后产生的行为后果，而且研究对象从 3～5 岁扩展到婴儿期和学龄期，还研究了"心理理论"发展的个别差异等。

第二节 儿童心智解读能力的发展

孤独症儿童的社交功能缺损是一个不争的事实。长期以来，人们非常关注孤独症儿童心智解读能力的发展研究。在了解孤独症儿童的心智解读能力之前，我们要先知晓普通儿童心智解读能力的发展。

---

① 傅宏.儿童青少年心理治疗[M].合肥:安徽人民出版社,2000:346.

一、普通儿童心智解读能力的发展

关于儿童"心理理论"的相关研究,可以说是继皮亚杰的认知发展和元认知研究之后,又一个研究儿童心理表征和认知发展的角度与范式。近些年,对儿童的心理理论研究是儿童心理发展研究的热点问题,特别是其关键年龄及发展阶段的研究,对于揭示心理发展的基本规律和促使儿童心理发展有着非常重要的理论价值和实践意义。相关研究成果进一步证实了儿童心智解读能力发展的阶段性和关键性。一般认为儿童的心理理论在4~5岁左右开始形成,其标志是成功地完成"错误信念理解"任务。有人认为,4岁左右开始发展的"错误信念理解"是心理理论的核心成分,也是衡量儿童是否具备心理理论的标志性任务。[1] 4~5岁儿童能够认识到不同知觉和观察角度会使人对相同客体或事件有不同的解释;能理解知觉(看或听)获得知识与知识因果性的关系(有人知道某事是因为他们看见或听见过它)理解知识和信念与行为因果性的关系(信念导致人以一定的方式活动);形成关于情境的错误信念,所以能够理解人对情境的错误表征会导致错误的行为。常态发展儿童对心理状态的理解以可预测的顺序发展。[2] 有研究认为,6~7岁左右儿童获得解释性心理理论,即认识到认知过程的解释性和建构性,认识到在知觉信息完全相同的情况下,人们也可能通过不同的建构和解释拥有不同信念。在错误信念任务中,信念的差异来源是知觉信息的不同,只需认识外部世界的单向影响,信念是外部世界的客观的、直接的复制,不需要理解心理对外部世界的影响,这属于复制式心理理论。而解释性心理理论的测量可分为两类,一类考察儿童是否理解这样一些事实,即人们可以并且经常对同一事件给出不同解释。[3]

---

[1] WIMMER H, PERNER J. Beliefs about beliefs: representation and constraining function of wrong beliefs in young children's understanding of deception [J]. Cognition, 1983, 13 (1): 103 - 128.

[2] WELLMAN H M, LIU D. Scaling of theory-of-mind tasks[J]. Child development, 2004, 75(2): 523 - 541.

[3] ROSS H S, RECCHIA H E, CARPENDALE J. Making sense of divergent interpretations of conflict and developing an interpretive understanding of mind [J]. Journal of cognition and development, 2005, 6(4): 571 - 592.

9～14 岁儿童发展出更多的心理理论能力,如理解和识别失言的能力[1]。在失言理解任务中,儿童需要探测谁说了不应该说的话,并回答不应该那样说的原因,这既需要理解说者,也需要理解听者的心理状态。[2]

以下就普通儿童心理发展能力与心智解读能力发展密切相关的方面进行简要介绍。

(一) 儿童共同注意的发展

共同注意也称联合注意(joint attention),是个体追随或引起另一个体的注意而使两个个体同时注意同一物体的过程[3];共同注意的发展是人语言发展与社会功能发展的前提或基础性条件。共同注意时人的姿态和注视起着十分重要的作用,如一般情况下,普通人在共同注意时,其表情、动作和眼神趋同性很明显,共同注意过程中的情感趋向也很相似。

关于儿童共同注意发展的前兆,发展心理学研究表明:婴儿从大人的面孔、手和手中的物体获得外界信息,其注意从大人的面孔转向手是联合注意的先兆。[4] 从发展顺序看,婴儿的兴趣在 6～12 个月开始从与大人面对面的互动转向对物体的探索,特别是那些属于大人的物体;在此过程中婴儿试图抓住这些物体,与大人共同关注同一物体。9 个月时婴儿有观看被手抓住的物体的倾向。婴儿对大人的手的错误反应表现为婴儿望向或者伸手去抓大人的手指而不是手指所指示的物体。这些都被视为联合注意的先兆。[5]

人的共同注意有主动和被动两种方式。一类是被动的共同注意。婴儿大概在 1 岁后期,开始对大人发起的共同注意做出反应。大约 12～14 个月

---

[1] BARON-COHEN S, O'RIORDAN M, STONE V E, et al. Recognition of faux pas by normally developing children and children with Asperger syndrome or high-functioning autism[J]. Journal of autism and development disorders, 1999, 29(5): 407-418.
[2] STONE V E, BARON-COHEN S, KNIGHT R T. Frontal lobe contributions to theory of mind [J]. Journal of cognitive neuroscience, 1998, 10(5): 640-656.
[3] WILLIAMS J H, WAITER G D, PERRA O, et al. An fMRI study of joint attention experience [J]. NeuroImage, 2005, 25(1): 133-140.
[4] AMANO S, KEZUKA E, YAMAMOTO A. Infant shifting attention from an adult's face to an adult's hand: a precursor of joint attention[J]. Infant behavior and development, 2004, 27(1): 64-80.
[5] 林志成. 联合注意:早期发展的里程碑[J]. 心理科学, 2007(5):1155.

时,在能够跟随大人的注视或者指引(point)后,婴儿开始将注意力从物体转向大人再转向物体,以进一步核对自己所关注的物体是不是大人所真正关注的,从而与大人注意同一事物。[①] 另一类是主动的共同注意。在接近1岁末时,婴儿遇到感觉有趣的事物(事件),并有其他人在场时,开始主动发起共同注意。这时发起所采用的方式是非言语的方式(如注视转移和手势),然后就开始加入声音,能发出简单的声音。大约在2岁中期,幼儿开始发展出一种协调性很好的共同注意技能,一般是以注视转移和手势为主要形式。研究认为,共同注意的出现标志着儿童社会理解发展的开始,这为其将来的社会性发展奠定了基础。

(二) 儿童假扮能力的发展

假扮(pretend)是指人故意做出某种动作或姿态来掩饰其真相。儿童假扮行为的出现最早是以假扮游戏(pretend play)的方式表现的。假扮游戏也称为假装游戏、假想游戏等,是儿童成长过程中必然出现的一种特殊游戏类型。假扮游戏是一种有意识的,但不含欺骗目的的游戏形式,是以"好像"的状态为特征的游戏,如假扮妈妈哄娃娃睡觉、假扮护士给娃娃打针等。在假扮游戏中,儿童把自己想象成在生活中熟悉的人物,试图用自己假扮的人物的思维进行游戏活动,并从中体验假扮者的心理感受,如生气、高兴等。可以说,假扮游戏本身,非常有利于儿童心智解读能力的发展。通过游戏,儿童不仅可以体验到生活中熟悉人物的想法,学习他们的做法,更能感受到他们的情绪或情感以及在游戏中学会预测他人的行为。

当然,儿童假扮游戏的产生是与他们的心智解读能力的发展密切相关。因为,儿童只有在意识层面能准确地感知到真实情境后,才有可能去想象出非真实的情形,并根据自己的想法做出非真实的行为。研究发现,2~4岁的儿童能够辨认假扮,能够自发地做出假扮行为。比如,实验者拿着一只香蕉打电话,3岁的儿童能辨认出实验者是在假扮打电话,而非真的打电话。[②] Leslie 认为,2岁儿童的假扮行为表明他们具有了元表征能力,能够认识到自

[①] TOMASELLO M. Joint attention as social cognition[M]// MOORE C, DUNHAM P J. Joint attention: its origins and role in development. NJ: Lawrence Erlbaum Associates, 1995:103-130.

[②] 邵智,张婷. 自闭症儿童心灵解读技能干预教程[M]. 重庆:西南师范大学出版社,2016:8.

己和他人的假扮心理；而另一些研究者则认为，4岁以后的儿童才能对假扮心理进行表征。有关儿童假扮的解读能力的发展，相关研究还在进行中。

(三) 儿童意图能力的发展

意图(intentions)是一种希望达到某种目的的打算的心理活动。一般人在清醒状态中的活动都是有意图的。意图并不是生而有之，是儿童心理发展到一定阶段产生的，它是心智解读的重要成分。对意图的解读主要是人对目标对象的一系列内心表征，包括对人为达到目标所做的计划的解读，实现计划目标信心的解读，以及对实现该目标的动机和愿望的解读等。有关儿童意图的解读，其意义在于：能理解人和有一定智能的动物与其他客体的不同；对人的意图理解了，才能理解道德和责任；理解了意图，儿童就能进行计划并产生执行计划的动力。

最早研究儿童意图发展的人是瑞士儿童心理学家皮亚杰。皮亚杰研究认为：与年长的儿童不同，当一个行为受到谴责时，8岁或9岁以下儿童会把原因归结于错误的行为而不是行动者的意图。如他们会认为故意摔碎和不小心碰碎花瓶都应该受惩罚。对于这一研究结果，后来的研究者也进行了验证。近年的研究认为，儿童能够在更早的阶段理解自己和他人的意图，但是研究所显示的年龄并不一致。1980年，舒尔茨(Shultz)、韦尔斯(Wells)和索尔达(Sarda)发现，3岁儿童能够辨别哪些事情的发生是无意图的。比如，让儿童戴上一个能干扰其视觉的棱镜，然后从两个硬币(银币和铜币)中拿出其中一个。如果儿童被指示拿左边的银币时，改变后的视觉会使儿童接触到的是右边的铜币。当问儿童是否有意去拿铜币时，大多数3岁儿童能正确地否认有这种意图。但是3岁儿童在辨别膝跳反射是否有意图时却存在困难。通过引起儿童产生膝跳反射，然后问儿童是否有意动腿时，3岁儿童却表示他们有意动腿，5岁儿童才报告他们不是有意动腿的。2006年廖渝等人的研究认为，中国4岁的儿童已经能够正确地判断膝跳反射不是由意图产生的。2000年弗拉维尔(Flavell)、格林(Green)等的研究认为，儿童在3岁半到4岁之间能达到对意图的理解。总之，目前的研究没有得出儿童获得意图理解的确切时间。

(四) 儿童欺骗能力的发展

欺骗(deception)是指用虚伪的言行隐瞒真相,使人上当。人们对儿童欺骗的研究主要从两个方面进行,一个是研究儿童问题的欺骗行为,一个是研究心智解读中儿童欺骗能力的发展。欺骗能力是指个体有意地使他人产生错误信念,以使他人进入某一误区的行为能力。从这个概念中的"有意使他人产生错误信念"不难看出,只有儿童具备了一定的分辨力、思考力和筹划力后,欺骗行为才会出现,欺骗能力才能提升。因此,欺骗能力与心智解读能力关系密切。

对于儿童欺骗能力的发展研究,1991年苏利文(Sullivan)和温纳(Winner)就认为2岁儿童就已有了欺骗能力,其事例是当这个男孩的婶婶打电话来说她不能来与他一起玩时男孩哭了,他婶婶有所不忍就答应男孩来与他玩。而这个男孩转身对妈妈说:"我骗她的,我让她认为我非常伤心,因此她就会来了。"几十年来,西方研究者提出了许多理论假设,观点主要有两种:一种认为儿童的欺骗发生在4岁之前,即使2~3岁这样的年幼儿童也有欺骗能力;另一种观点认为,儿童的欺骗出现在4岁以后,原因是当儿童拥有了心智解读能力,才能拥有欺骗或欺骗理解的能力。研究者为此开展了大量的实验研究。如1989年佩斯金(J. Peskin)在十分自然的情境中测试了儿童隐藏自己意图的能力,结果发现:4岁儿童会出于自己的某种动机和意图隐藏自己的意图进行欺骗,但3岁儿童不能。1991年索迪安(B. Sodian)以竞争游戏的方式测试儿童是否理解"欺骗",即通过操控他人信念,使他人采取错误行为而无法达成目标,结果发现:4岁儿童能操控他人信念进行欺骗,而3岁儿童不能。[1] 同年,哈拉(Hala)等人设计了"藏与找"的研究方案,研究年幼儿童是否拥有欺骗能力。结果发现:4岁儿童的确会撒谎会骗人,但更年幼的儿童也能做到这一点,如2~3岁的儿童就能采用这一种或两种行为方式来进行欺骗。[2]

---

[1] SODIAN B, TAYLOR C, PERNER H J. Early deception and the child's theory of mind: false trails and genuine markers[J]. Child development, 1991,62(3):468-483.

[2] HALA S, CHANDLER M, FRITZ A S. Fledgling theories of mind: deception as a marker of 3-year-olds'understanding of false belief[J]. Child development, 1991,61(2):83-97.

(五) 儿童情绪能力的发展

情绪(emotions)是人表现于外的一种心理活动。从心理学的定义来说，情绪是人对客观事物所持态度的体验。也就是说，人的情绪产生的前提是要对人、事、物有态度，而人的态度是与人的认知发展、生活经历和性格特质等密切相关的。因此，情绪这种心理活动虽表现于外，但又是一种比较复杂的内心世界的活动，并且，无论是积极还是消极的情绪产生，都是有其原因的。

2000年塔格(Tager)、弗拉斯伯格(Flusberg)和苏利文(Sullivan)提出，人的心理解读主要由两成分构成，即社会认知成分和社会知觉成分，并认为社会知觉的发展早于社会认知。而社会知觉与人的情绪解读能力相关。社会知觉是指从他人的面部表情、声音和行为动作等信息迅速判断其意图、情绪等心理状态。其中，情绪理解的发展对情绪的解读至关重要。情绪理解(understanding of emotion)被定义为儿童理解情绪的原因和结果的能力。[①] 近些年，对于人类情绪发展和情绪解读的研究有了一些成果。大约在2岁甚至更小，婴儿对面部表情的识别就开始了。2岁半到3岁的婴幼儿，能够明白愿望与情绪的关系，他们知道愿望得到满足使他人高兴；反之则使他人难过。4岁的儿童开始逐渐明白信念与情绪的关系，这种能力到6岁基本成熟。研究还发现，4~6岁是儿童情绪理解的快速发展期，无论是基于外部的面部表情，还是具体的情境情绪信息的情绪理解，都得到了较快发展。[②]

在儿童情绪解读的发展中，移情(empathize)是其重要的内容。移情是指人在觉察他人情绪反应时所体验到的与他人共有的情绪反应。瓦伊什(Vaish)等人向2岁左右的儿童呈现伤害性情境和中性情境。在两种情境中，被试都会看到一个成人将另一个成人拥有的东西抢走或破坏。不同的是，在伤害性情境中攻击行为发起者的言语表达和行为比较富有侵略性和挑衅性，而在中性情境中攻击行为发起者的言语表达和行为较为中性。两种情境中

---

① CASSIDY J, PARKE R D, Braungart J M. Family-peer connections: the roles of emotional expressiveness within the family and children's understanding of emotions[J]. Child development, 1992,63(3):603-618.
② WANG Z, LU W, ZHANG H, et al. Free-labeling facial expressions and emotional situations in children aged 3 to 7 years: developmental trend and a face inferiority effect[J]. International journal of behavioral development, 2014,38(6):487-498.

的受害者都没有表达出明显情绪。结果显示,经历伤害性情境的儿童较经历中性情境的儿童表现出更多的关心表情和亲社会行为。这表明2岁左右的儿童在缺少明显情绪线索的情况下,仍能通过情绪观点采择对受害者产生移情,并能促进随后的亲社会行为的发展。[1]

(六) 儿童社会认知的发展

对儿童社会认知发展的研究,一直是发展心理学中比较活跃的研究领域。一般认为,皮亚杰的儿童社会性游戏及道德判断研究是关于儿童社会认知发展较早的研究之一。皮亚杰对认知发展的解释是社会相互作用的经历引发了认知上的冲突,由冲突引起的不平衡成了发展的驱动力;社会相互作用在儿童去自我中心和认知发展中起着重要作用。[2]

一般认为,儿童的社会认知在三四岁发生了重要变化,儿童通过诸如"相信""知道""假扮"等词,开始表现出对自己及他人的言语和行为的理解、解释和预测。学前期的儿童通过认识和理解信念、欲望、知道、承诺、意图、情绪、感情等概念而逐渐获得心理理论这样一种认知结构,从而逐渐拥有解释和预测事件的能力。[3] 韦尔曼(Wellman)和班纳吉(Banerjee)采用逆向推理的方法研究发现:3岁儿童能够很好地理解高兴、悲哀、生气等情绪反应与愿望之间的关系,对吃惊或好奇等情绪反应与信念之间的关系亦有所认识,但比前者出现得较晚。[4] 2006年金宇、静进的研究表明,3岁以前儿童识别简单表情的能力已经充分发展了,4岁以后绝大多数儿童能通过观察哭泣的表情推测可能的原因。3岁和4岁儿童表情解释的能力显著高于错误信念的推测能力,5岁时表情解释和错误信念的推测能力间差异就不显著了。同时,对于不同难度的测试年长被试的通过率始终高于年幼儿童的通过率,而且3岁和4

---

[1] VAISH A, CARPENTER M, TOMASELLO M. Sympathy through affective perspective taking and its relation to prosocial behavior in toddlers[J]. Developmental psychology, 2009, 45(2): 534-543.

[2] LOURENCO O, MACHADO A. In defense of Piaget's theory: a reply to 10 common criticisms [J]. Psychological review, 1996, 103(1): 143-164.

[3] 邓赐平,戴晶斌. 儿童社会认知结构发展研究述评[J]. 心理科学, 1999(2): 162.

[4] WELLMAN H M, BANERJEE M. Mind and emotion: children's understanding of the emotional consequences of beliefs and desires[J]. British journal of developmental psychology, 1991(9): 191-214.

岁两组通过率比较差异有统计学显著性,说明推测他人错误信念的能力在 3~4 岁之间得到快速发展。①

通过以上介绍不难看出,在普通儿童心智解读能力的发展中,共同注意是儿童社会理解发展的开始,即心智解读能力发展的门户;假扮和欺骗是发展心智解读能力的关键条件;意图和情绪的发展是儿童心智解读的重要内容;社会认知则是儿童心智解读能力发展到高水平的前提条件。

二、孤独症儿童心智解读能力的发展

心理理论(心智解读)是一个复杂的、发展的、多面性的结构,它包括识别情感、态度和意图的能力,以及对自我和他人的内在心理状态进行推论的能力。② 心理理论研究表明:儿童的心理理论的发展与儿童的感知发展、注意和认知发展、情绪发展以及交往的发展都有非常密切的关系。儿童的心理理论只有发展到一定程度,才可能学会一定的社会技能,从而学会做出正确的情绪反应,发展社会交往行为。对于心理理论失调的研究,目前涉及最多的是针对孤独症儿童的研究。孤独症是个体广泛性的发展障碍,这通常导致孤独症儿童的神经认知功能发展异常。从孤独症患儿明显的外部行为特征,即社交失能,兴趣狭窄、刻板,行为异常,就可以得知,他们的心智解读能力发展是存在严重问题的。

孤独症儿童心理理论缺陷是广受关注和研究的课题。从神经心理病理学的角度看孤独症的核心症状,目前研究者确定他们的心理理论受损。③ 对于正常发展的儿童来说,如果他们在 4 岁左右能够通过心理理论的一级错误信念任务(first-order false-belief task),就说明他们获得了心理理论。但是,采用相应的任务对孤独症个体的信念理解能力进行测试,却发现他们普遍不

---

① 金宇,静进.语言理解能力与儿童心理理论测试成绩的关系[J].中国心理卫生杂志,2006(6):353.
② CREHAN ET, ALTHOFF RR, Riehl H, et al. Brief report: me, reporting on myself—preliminary evaluation of the criterion-related validity of the theory of mind inventory-2 when completed by autistic young adults[J]. Journal of autism and developmental disorders, 2020,50 (2):696-664.
③ 黄伟合.儿童自闭症及其他发展性障碍的行为干预:家长和专业人员的指导手册[M].上海:华东师范大学出版社,2003:22-23.

能通过。[1] 有实验证明,患孤独症的个体在根据人的眼睛来判断人的情感时有困难,但在判断人的性别和年龄等基本特征时没有困难。[2] 患孤独症的个体在推断他人观点是否存在错误时有困难。目前,研究人员已逐渐接受这些观点并认为患有孤独症个体的心理理论失调体现了一种特殊的认知神经损伤。[3] 研究还表明:孤独症患儿很难通过"错误信念"测验,他们很难理解别人的及自己的心理理论。因此,孤独症儿童不能形成正常的社会关系,在言语和非言语的交流上存在明显的困难,这些症状均源自心理理论受损害。[4] 许多研究表明,孤独症儿童在对错误信念、知识状态、假扮、基于信念基础的情绪等的认识方面存在困难;他们的自发语言中很少涉及心理状态词,难以区分心理和物理的本质及认识大脑的心理活动功能。有关孤独症儿童的研究发现,其许多行为问题与潜在认知缺陷之间存在重要联系。

拓展阅读

国内外关于孤独症儿童心理理论发展状况的研究。1985 年美国心理学家巴伦-科恩(Baron-Cohen)、莱斯利(Leslie)和弗思(Firth)采用自行设计的心理理论任务对患有高功能孤独症的儿童进行了测验,被誉为"转变了孤独症研究领域"的开创性研究。其研究结果发现,80%的被试不能完成简单的错误信念任务,而大部分心理年龄较低的唐氏综合征(Down Syndrome)个体和正常发展中的学前儿童都能够通过这种测验任务。此后,这一研究及其结论得到了广泛的复制和证实。哈佩(Happé)对 28 项这方面的研究进行了回顾,研究被试总数超过 300 人,年龄范围从 4 岁到 30 岁。结果也证实孤独症

---

[1] BARON-COHEN S, LESLIE A M, FRITH U. Does the autistic child have a "theory of mind"? [J]. Cognition, 1985,21(1):37-46.
[2] BARON-COHEN S, WHEELWRIGHT S, JOLIFFE T. Is there a "language of the eyes"? Evidence from normal adults and adults with autism or Asperger syndrom[J]. Visual cognition. 1999,4(3):311-331.
[3] BARON-COHEN S. How to build a baby that can read minds: cognitive mechanisms in mind reading[J]. Current psychology of cognition, 1994,13(5):513-552.
[4] 江琴娣,王璇.自闭症倾向儿童服从指令教育训练的个案研究[J].中国临床康复,2002(19):2833-4344.

被试一致性地不能通过错误信念理解任务,而普通学前儿童和心理发展相对迟缓的儿童则能够通过。哈佩根据这一研究结论推测,与普通的 5 岁学前儿童相比,孤独症儿童需要在心理年龄达到 11 岁以后才能够有 80% 的通过率。[1] 同样,伊米亚(Yirmiya)等人进行了一个关于错误信念理解研究的元分析(meta-analysis)。分析中使用的 22 项关于心理理论任务测评的研究,均使用了正常发展的儿童作为对照组。结论证实,患有孤独症的个体的心理理论成绩显著低于正常发展的个体。我国学者焦青采用自编故事测验对 10 名 8~17.5 岁的孤独症儿童进行了研究,结果发现绝大部分被试能够理解他人的愿望和根据他人愿望预测他人行为,也能理解他人的情绪,但是都不能理解他人的错误信念,不能理解错误信念导致的认知性情绪。[2] 刘娲对 31 名 3~6 岁的孤独症儿童的研究发现,学龄前孤独症儿童的心理理论水平显著低于同年龄的普通儿童,取得了与国外研究者相一致的结论。[3]

(一) 孤独症儿童共同注意的发展

根据社会认知模型理论,儿童在理解他人的话语或行为具有目的性之前,其共同注意还无法产生或发展。也就是说,孤独症儿童要产生共同注意行为,首先要能够推测出他人分享事物的意图,这恰恰是孤独症儿童的核心问题。对人来说,共同注意对心理理论发展的主要贡献就是建立自我、他人和客体之间的三元表征,帮助个体区分自我、环境与他人,从而更好地适应社会生活。从中可以看出,心理理论与共同注意既相互包容,又相互制约。史坦贝格(Shteynberg)描述说,共同注意行为涉及一种多元的、不可简化的集体心理视角的激活,即一种通过"我们的注意"来观察事物的视角。[4]

对孤独症儿童共同注意的研究目前认为,孤独症儿童可能是由于心理理论的发展存在缺陷,从而导致在共同注意方面存在困难。研究者认为,在孤独症儿童中,存在着共同注意的延迟和非典型性发展,这些缺陷也会对儿童

---

[1] HAPPÉ F G E. The role of age and verbal ability in the theory of mind task performance of subjects with autism[J]. Child development, 1995,66(3):843-855.
[2] 焦青. 10 例孤独症儿童心理理论能力的测试分析[J]. 中国心理卫生杂志,2001(1):60-63.
[3] 刘娲. 3~6 岁孤独症儿童心理理论发展的研究[D]. 北京:北京师范大学,2004:254-259.
[4] SHTEYNBERG G. Shared attention[J]. Perspectives on psychological science, 2015,10(5):579-590.

之后的社会交往能力产生消极影响。① 孤独症儿童共同注意的发展缺陷,一方面表现为较少的共同注意行为,另一方面其发展出共同注意的年龄也有所推后。对于共同注意,巴伦-科恩(Baron-Cohen)将儿童的共同注意分为两类,一类是注视监控,即儿童追随他人的视线或指点去注视某一对象;另一类则是元陈述指向,即儿童作为主导者去引发别人的视线接触。前者是回应性共同注意(responding joint attention,RJA),后者是自发性共同注意(initiating joint attention,IJA)。有研究通过记录诱发互动任务中孤独症儿童与研究人员的互动行为,评估其共同注意的表现,并用错误信念任务(一级和二级)评估其心理理论能力(基础和高级)。数据分析发现,儿童基础心理理论的能力(一级错误信念任务的得分),显著影响其互动情境中共同注意的表现。② 该研究将儿童的回应性共同注意和自发性共同注意进行共同编码,对共同注意表现的评估较为完整。研究发现,孤独症儿童自发性共同注意的缺陷比回应性共同注意更为严重。③ 我国学者周念丽、杨治良将孤独症儿童作为共同注意行为的主导者,并以与他们心理年龄相近的普通儿童和智力障碍儿童作为对比,通过实验来探索他们的自主性共同注意特点。结果表明,孤独症幼儿的自主性视觉方向所及目标物多于人,而人的目标中又更多地锁定同伴而非教师。孤独症幼儿在唤起他人共同注意时多以"拉"和"抱"来替代指点行为,其自主性共同注意的发生率与情绪有密切关系。④

---

① POON K K, WATSON L R, BARANEK G T, et al. To what extent do joint attention, imitation, and object play behaviors in infancy predict later communication and intellectual functioning in ASD? [J]. Journal of autism and developmental disorders, 2012,42(6):1064-1074.
② KRISTEN S, VUORI M, SODIAN B. "I love the cute caterpillar!" autistic children's production of internal state language across contexts and relations to joint attention and theory of mind[J]. Research in autism spectrum disorders, 2015,12(0):22-33.
③ CLIFFORD S M, DISSANAYAKE C. The early development of joint attention in infants with autistic disorder using home video observations and parental interview[J]. Journal of autism & developmental disorders, 2008,38(5):791-805.
④ 周念丽,杨治良.自闭症幼儿自主性共同注意的实验研究[J].心理科学.2005(5):1063-1067.

拓展阅读

著名心理学家班杜拉在20世纪80年代对认知心理学加以完善,以其为基础建立了社会认知理论,该理论提出:人的行为影响受个人因素及环境因素影响十分重要,否定了以往理论单方面影响决定的观点,最后指出社会影响、自我影响和成就结果三个方面是相互作用影响的关系,构建了"三元交互模型"。三元交互模型很好地概括总结了人的自我因素、社会环境因素及行为的影响作用关系,非常重视人的自我因素及社会环境因素对行为的影响,从心理学角度来看,人的能动受人的主观因素影响较大,同时也有环境因素对其影响,并不是以往人们所认识的行为单向影响自身及环境。

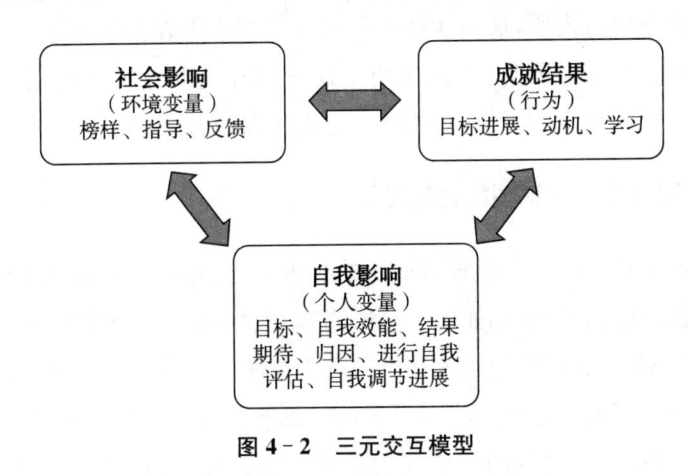

图4-2 三元交互模型

(二) 孤独症儿童假扮能力的发展

儿童的假扮能力主要通过假扮游戏来表现。假扮游戏,尤其是社会性假扮游戏,对儿童的社会认知和心智解读能力的发展有着重要意义。大量的研究表明,孤独症儿童普遍缺乏假扮能力。当前,对孤独症儿童假扮游戏的研究主要有三个方面:一是在不做任何干预的自然情境中观察他们的假扮能力。研究者发现,孤独症儿童的自发性假扮游戏明显少于普通儿童(M. D. Rutherford,2007)。二是在启发或引导下观察他们的假扮能力。研究发现,孤独症儿童的假扮游戏行为数量通过引导后有明显的增加,他们的假扮游戏行为与普通儿童相当,其中出现最多的是客体代替假扮游戏,但是,他们假扮游戏的创新性明显落后于一般儿童(R. P. Hobson,2009)。三是对孤独症儿童假扮游戏的认知研究。研究者的结果不一致。有些研究者认为孤独症儿童不能理解假扮游戏的含义,原因在于假扮游戏的理解与心智解读能力密切相关,心智解读能力的缺失导致无法理解假扮游戏(F. R. Volkmar,2004);有些研究者认为孤独症儿童可以理解假扮游戏的含义,他们的假扮游戏行为较少,可能是因为他们在表现出假扮游戏时存在执行功能障碍(王昇芳,2004);等等。[①] 2004年周念丽、方俊明为探索孤独症幼儿的假扮游戏特点,了解其游戏水平低下的相关因素,选取了6名平均心理年龄为23个月的孤独症幼儿作为研究对象,同时将心理年龄与之相匹配的智力障碍儿童和普通儿童各6名作为对照组进行了实验研究。以秒为单位对实验结果和实验过程进行编码分析后表明,孤独症幼儿的假扮游戏水平在三组中最低。分析游戏过程推测其可能原因为:孤独症幼儿缺乏对游戏本身的兴趣、游戏过程中缺乏与他人经验分享、对玩具功能缺乏正确认知能力。[②]

(三) 孤独症儿童意图能力的发展

意图能力被看成是儿童理解他人的心理状态、预测和解释他人的行为的能力,也被描述为心理推测能力。众所周知,人拥有心理推测能力,是使人能更好地理解别人、更好地与别人共处的重要条件。普通儿童一般在18~30个月就会运用许多关于心理想法的词语,如"我想""我认为""我觉得"等。有研究发现,孤独症儿童的意图解读能力远远不如普通儿童。1985年巴伦-科恩等人研究了普通儿童、唐氏综合征儿童及孤独症儿童对他人错误信念的理解,发现只有孤独症儿童在理解他人的错误信念上存在明显的困难。我国学者蔡培瑛等人对49名孤独症儿童及30名智力障碍儿童进行了行为评定与社会认知的研究,研究结果显示:表达障碍、病理现象、与同龄儿童交往障碍是孤独症儿童比较核心的问题;其心理理论实验的结果表明,孤独症儿童的心理推测能力发展明显落后于智力障碍儿童,但高功能孤独症儿童能够完成更

---

① 徐云,柴浩. 孤独症儿童心智解读能力训练[M]. 北京:科学出版社,2015:18-19.
② 周念丽,方俊明. 自闭症幼儿的视觉性自我认知实验研究[J]. 心理科学,2004(6):1414-1417.

高认知水平的 TOM 任务。[1]

关于孤独症儿童的意图能力的研究结果并不一致。有研究者采用"思想泡"来测量孤独症儿童的想法解读能力，发现孤独症儿童可以理解"思想泡"里面的内容代表一个人的想法以及每个人可以有不同的心理状态等(H. M. Wellman, 2002)。这表明，任务的呈现方式会改变孤独症儿童在想法解读任务中的成绩。还有研究表明，孤独症儿童在错误照片任务及其他不涉及心理状态的任务中表现得较好。因此，可以认为孤独症儿童的一般推理能力没有问题，只是在理解他人的心理状态时存在困难。

通过以上研究，目前的理解是孤独症是一种广泛性发育障碍，表现为谱系性，孤独症儿童的意图能力的发展并非处于同一水平，且一定还存在一些其他因素的影响。可以肯定的是，孤独症儿童的意图能力的发展普遍存在明显滞后。

拓展阅读

"思想泡"是在儿童故事书或卡通集里常见的一种图画，主要通过在故事人物的头顶上画一个云彩状的泡泡，泡泡里面放上此刻故事人物正在想的某件物品的图画，以此来表示人物所思所想的内容。它跟"思想"(thought)不同：人的"思想"是一种不可见的、无形的、内在的、非物质的东西，而"思想泡"则是一种可见的、有形的和外在的物质性实体。如图4-3所示：男孩头顶上类似云彩的"泡泡"里放了一辆小汽车，表示这个男孩虽然手里牵着一条狗，但此刻他内心想的却是玩具车。[2]

图 4-3 行为和"思想泡"

韦尔曼(Wellman)等人最早利用"思想泡"(thought bubbles)策略进行普

---

[1] 蔡培瑛,孔克勤.孤独症儿童行为评定与社会认知发展的研究[J].心理科学,2000(3):269-274.
[2] 邹瑾,王立新,项玉.自闭症心理理论研究范式的新进展——"思想泡"技术的运用[J].中国特殊教育,2008(2):57.

通儿童心理理论研究,发现对被试反复解释"思想泡"代表某人此时心里正在想什么后,学前儿童基本上都能理解。"思想泡"直接把人们头脑里所想的某物或某事用实物图片的方式呈现出来,简单明了,通俗易懂。克里(Kerr)和德尔金(Durkin)用"思想泡"策略帮助孤独症儿童理解心理理论的测验问题,研究表明言语表达能力较差的孤独症儿童也能理解心理陈述问题。陈秋佑研究发现:"思想泡"策略能帮助小学高功能孤独症学生理解高阶的次级错误信念,能学会辨别失礼行为、谎话及玩笑,且能泛化到日常生活情境中。[1]

(四) 孤独症儿童欺骗能力的发展

人对欺骗的识别需要具备一定的意图能力。孤独症儿童缺乏意图能力,也就导致他们无法成功实施欺骗行为。[2] 早在1992年,巴伦-科恩就提出,由于孤独症儿童不具备心理理论,无法理解并推测他人的想法,所以可能缺乏欺骗他人的能力。[3] 基于对孤独症儿童的观察了解,人们普遍认为孤独症儿童在与他人进行沟通和交往时,很难区分玩笑和谎言。

然而,1997年雷尼克(Reinecke)采用"猜东西"的游戏则发现,孤独症儿童不需要经过刻意的培训也能学会欺骗,并认为孤独症患者可能有欺骗能力。[4] 1998年卡尔森(Carlson)、摩西(Moses)和黑克斯(Hix)等人认为在儿童的欺骗行为中更能体现他们对错误信念的认识。[5] 孤独症儿童通过了错误信念任务,说明他们能理解错误信念,但并不表示他们能将对错误信念的理解应用到社会情境(欺骗情境)中。同年,麦格雷戈(McGregor)考察了3岁儿童和孤独症儿童是否能把习得的错误信念理解能力泛化到其他任务。结果

---

[1] 张敏,徐胜,凤华,等."思想泡"教学对低功能自闭症儿童心理理论发展的干预研究[J].中国特殊教育,2016(6):44.
[2] PILOWSKY T, YIRMIYA N, ARBELLE S, et al. Theory of mind abilities of children with schizophrenia, children with autism, and normally developing children [J]. Schizophrenia research, 2000,42(2):145-155.
[3] BARON-COHEN S. Out of sight or out of mind? Another look at deception in autism [J]. Journal of child psychology & psychiatry & allied disciplines 1992,33(7):1141-1155.
[4] REINECKE D R, NEWMAN B, KURTZ A L, et al. Teaching deception skills in a game-play context to three adolescents with autism [J]. Journal of autism & developmental disorders, 1997,27(2):127-137.
[5] CARLSON S M, MOSES L J, HIX H R. The role of inhibitory processes in young children's difficulties with deception and false belief[J]. Child development, 1998,69(3):672-691.

发现，训练后3岁普通儿童能通过错误信念任务，并能将此能力泛化到其他任务，而孤独症儿童错误信念任务成绩虽然提高了，但泛化任务成绩基本没有变化。[1] 这说明通过错误信念任务的孤独症儿童，并不等于获得与普通儿童相同水平的心理理解能力。2005年我国学者陈静欣和苏彦捷的研究也发现，要求孤独症儿童防止对手发现物品时没有困难，但要求说谎欺骗对手时，孤独症儿童表现得比普通儿童差。这说明，孤独症儿童能理解欺骗任务，只是他们在理解及操纵信念方面存在着特殊的缺损，从而影响他们实施欺骗行为。

（五）孤独症儿童情绪能力的发展

良好的情绪能力是人以适当的方式来达到其特定目的的一种技能，这种技能是在引发情绪的特定社会情境中发生并发展的。情绪能力主要由情绪知觉能力、情绪理解能力、情绪表达能力及情绪调节能力组成。近年来，对孤独症儿童的情绪能力发展各组成部分的研究比较多，由于研究技术的发展，特别是脑成像技术的进步，研究深入到认知神经科学。研究显示：孤独症儿童不能很好地识别与理解他人及自身的情绪、对他人表达的情绪不能给予适当的反应并缺少适当的情绪调节能力及策略，与同龄人相比不能理解尴尬、羞愧等复杂情绪，且随年龄增长更少地表达自身情绪，尤其是处于一定社会情境中时[2]。

研究显示，孤独症儿童情绪能力各组成部分有如下特点：其一，情绪知觉。它是人在婴儿期就开始持续发展的，用以识别他人情绪的一种重要的情绪发展基础性能力。孤独症儿童情绪知觉能力的发展明显弱于普通儿童，且不随年龄增长而提高。与普通儿童相比，13岁左右的孤独症儿童不能对"惊讶"进行正确的情绪编码。[3] 孤独症儿童缺少对面部情绪表情的兴趣，对面部

---

[1] MCGREGOR E, WHITEN A, BLACKBURN P. Teaching theory of mind by highlighting intention and illustrating thoughts: a comparison of their effectiveness with 3-year olds and autistic individuals[J]. British journal of developmental psychology, 1998,16(3):281-300.

[2] TRACY J L, ROBINS R W, LAGATTUTA K H. Can children recognize pride? [J]. Emotion, 2005,5(3):251-257.

[3] BALCONI M, AMENTA S, FERRARI C. Emotional decoding in facial expression, scripts and videos: a comparison between normal, autistic and Asperger children[J]. Research in autism spectrum disorders, 2012,6(1):193-203.

情绪表情的感知也存在缺陷,并对负面情绪的感知障碍更为严重。① 有分析发现,孤独症儿童脑枕叶激活时间显著慢于普通儿童,且左侧强于右侧,梭状回与额叶激活程度弱于普通儿童,进一步研究发现,孤独症儿童在进行面部情绪表情加工时其楔前叶的激活程度显著低于普通儿童,且其杏仁核的激活程度并无差异,即孤独症儿童在进行表情加工时可能只涉及部分神经网络,并且加工策略不同于普通儿童。② 其二,情绪理解。它是对情绪如何作用的理解,需要在综合社会环境信息并观察他人的心理状态下发生、发展。认知神经科学研究显示:在完成心理理论任务时,孤独症儿童的左侧内额皮层活动程度显著低于同龄普通儿童。③ 其三,情绪表达。它是对所接触到的社会环境引起的内在情绪状态的表现。研究认为,普通儿童自出生后就具备了一定的情绪表达能力。帕洛莫(Palomo)等认为孤独症儿童6岁前的情绪表达能力与普通儿童并无显著差别,但学龄期儿童及孤独症成人的情绪表达能力则随年龄增长而衰退。④ 认知神经科学的研究认为,孤独症儿童在表达自身情绪时,其梭状回和前额叶的活动程度显著低于普通儿童;在利用语言表达情绪时,其前额叶和前脑岛的活动较普通儿童有所降低;在模仿他人动作时,其镜像神经元活动明显弱于普通儿童。⑤ 其四,情绪调节。它是情绪能力中最高级的组成部分,是对自己的情绪性质、体验等进行有计划、有目的的调整的能力。研究显示,随着年龄的增长,孤独症儿童并没有发展相应的情绪调节策略,他们的情绪一旦被高度唤醒就很难恢复,且没有或者很少使用情绪

---

① 李咏梅,静进,邹小兵,等. 孤独症幼儿对面部情绪表情认知特征的初步研究[J]. 中国循证儿科杂志,2009(1):23-28.
② WONG T K, FUNG P C, CHUA S E, et al. Abnormal spatiotemporal processing of emotional facial expressions in childhood autism: dipole source analysis of event-related potentials[J]. European journal of neuroscience, 2008,28(2):407-416.
③ MINSHEW N J, KELLER T A. The nature of brain dysfunction in autism: functional brain imaging studies[J]. Current opinion neurology, 2010,23(2):124-130.
④ PALOMO R, BELINCHON M, OZONO S. Autism and family home movies: a comprehensive review[J]. Journal of developmental and behavioral pediatrics, 2006,27(2):59-68.
⑤ N HADJIKHANI, JOSEPH R M, MANOACH D S, et al. Body expressions of emotion do not trigger fear contagion in autism spectrum disorder[J]. Social cognitive & affective neuroscience, 2009,4(1):70-78.

调节策略。[①] 人脑的任务负激活网络(TNN)对人的社会感知、情绪加工、自我反思等功能有密切相关。来自认知神经科学的研究显示,孤独症儿童的情绪调节障碍可能由任务负激活网络异常所致。有学者发现孤独症儿童的任务负激活网络中的左脑回与内侧前额叶皮质与普通儿童有显著差异。[②] 在注意控制和抑制控制任务中,孤独症儿童的前扣带皮层活动显著弱于普通儿童。[③]

(六) 孤独症儿童社会认知的发展

一般认为,人的社会认知的发展早于语言的发展,原因是社会认知的发展开始是依赖非语言能力。在研究孤独症儿童的社会认知发展时,研究者们提出了"社会认知缺陷"的概念。20世纪70年代,研究者就对孤独症的面孔认知进行了实验研究。研究发现,普通新生儿6个月就会有视线跟随运动的能力,18个月就会关注别人的视线。但是,孤独症儿童较早便表现出这方面的异常。他们缺乏与母亲的共视(包括随母亲的眼光注视别处)和共同注意;即使有眼光接触,但极少表现相应的微笑和其他情绪反应。在面孔视线判断测验中,普通儿童对"注视自己"的面孔的判断准确率比"注视别处"面孔的准确率要高,但孤独症儿童的判断则极少受面孔视线的影响,似乎无视面孔的视线是否在注视自己。这在高功能孤独症患者的自述中有报告,如威廉姆斯(Williams)在自传报告里提到"我那时一接触别人的眼光,就完全不知道该讲什么话了""有时看沙滩上的一粒一粒的沙子,会觉得特别有趣,于是长时间沉浸在注视沙子当中"。研究者还发现,孤独症儿童在1岁开始就极少注视他人的面孔。近年来脑影像学研究,如功能性磁共振成像(fMRI)、正电子发射计算机电子扫描(PET)在此方面也有所发现。关于表情认知实验的报告也多称孤独症患者的成绩比普通人低。威克斯(Weeks)等用表情面孔图片进行分

[①] KONSTANTAREAS M M, STEWART K. Affect regulation and temperament in children with autism spectrum disorder[J]. Journal of autism & development disorders, 2006,36(2):143-154.
[②] KENNEDY D P, COURCHESNE E. The intrinsic functional organization of the brain is altered in autism[J]. NeuroImage, 2008,39(4):1877-1885.
[③] CHAN A S, HAN Y M Y, LEUNG W W, et al. Abnormalities in the anterior cingulate cortex associated with attentional and inhibitory control deficits: a neurophysiological study on children with autism spectrum disorders [J]. Research in autism spectrum disorders, 2011, 5(1): 254-266.

类测验时,普通儿童常常利用表情线索进行分类,而孤独症患儿则倾向于根据装饰物如帽子、耳环、眼镜等线索进行分类。戈斯曼(J. B. Grossman)给被试儿童同时呈现表情图和情感描述语,普通儿童较少受情感语的影响而辨别出表情图,但是孤独症儿童面临表情图与情感语矛盾时(如呈现高兴的图片时,背景语说"悲伤"),其表情判断错误明显高于普通儿童。

拓展阅读

早在1990年,布拉泽(L. Brothers)根据灵长类社会活动的多样性提出了"社会脑假说"(social brain hypothesis),他通过对黑猩猩进行各种刺激下的脑电生理记录予以探讨。他认为,包括人类在内的灵长类大脑内肯定存在着一个旨在认识和理解他人表情的神经机制,在社会交往中人会通过该中枢迅速处理与他人相互作用的各种信息。社会脑假说认为,人类大脑承担着适应环境和进化的重大责任;为适应进化过程中的环境,大脑必须有效地解决面临的各种任务或与生存相关的问题;大脑是个高度特异的信息处理中枢。社会脑的基本功能是:在社会交往过程中,它承担着了解和观察他人的目的、意图、信念、推测等信息的处理,从而达到与他人进行有效沟通和交往,简言之即社会认知能力。普雷马克(D. Premack)等观察研究黑猩猩的行为时曾提出疑问:"黑猩猩有心理理论吗?"(Does the chimpanzee have a theory of mind?)如果它们具有揣摩其他对象之目的、意图、知识、信念、推理、思考、疑惑、爱好等精神状态(mental states)的能力,则肯定具备了所谓的心理理论。在人类社会中该能力则具体体现在社会认知方面。[①]

通过以上内容的介绍我们不难发现,孤独症儿童在共同注意、假扮能力、意图能力、情绪能力和社会认知能力方面都存在不同程度的缺陷,这些缺陷都是直接影响孤独症儿童心智解读能力发展的主要障碍,由此使得他们与外界社会的交流互动受到阻碍。

[①] 静进.社会脑与孤独症儿童的社会认知[J].中国儿童保健杂志,2004(5):421.

第三节　孤独症儿童心智解读能力评估

心智解读能力评估是对孤独症儿童进行心智解读能力训练提供基础能力水平数据的重要手段，也是对孤独症儿童进行针对性、适宜性、有效性康复训练的重要依据，更是及时调整和改进康复训练方案的重要工作之一。

一、孤独症儿童心智解读能力评估原则

（一）全面性原则

对孤独症儿童的心智解读评估要针对心智解读产生的基础能力进行全面的数据采集，如共同注意、假扮、意图、欺骗、情绪和社会认知等方面的数据采集。其目的是要全面掌握孤独症儿童心智解读能力发展的真实情况。

（二）过程性原则

孤独症儿童的核心问题导致他们的适应能力很弱，而心智解读能力的表现并不是通过一时一事就能看到或能比较准确地认定。因此，对孤独症儿童的心智解读能力的评估需要一个过程。一般情况下要通过一周或者更长的时间才能比较客观地掌握各种信息。

（三）自然性原则

对孤独症儿童的心智解读能力评估，要求在儿童熟悉的环境、日常的自然状态下进行，这样采集到的信息比较准确且真实。

二、孤独症儿童心智解读能力评估方法

对孤独症儿童心智解读能力的评估是一项非常专业且严谨的工作，需要专业人士来做。作为教师，要了解基本的、简便的评估方法，这样一方面可以

为专业人士提供信息数据;另一方面可以及时知晓孤独症儿童的问题所在,以便在工作中给予孤独症儿童更多的、有针对性的教育支持。以下简要介绍几种可供教师使用的基本评估方法。

(一) 记检评估法

1. 什么是记检评估法

这是用于日常教育活动中对所观察的儿童行为与所显示的儿童的心智解读能力水平进行记录并对照标准进行检查,了解孤独症儿童心智解读能力的各项内容是否达到标准的一种评估方法。

2. 记检评估法评估的内容

以下主要就孤独症儿童的情绪、意图和假扮能力的记检评估进行简要介绍。

(1) 情绪解读能力记检评估

这个评估主要涉及儿童对于情绪的辨认和理解。了解孤独症儿童是否能够辨认出人的不同情绪表现,如高兴、生气、害怕等,是否能辨认出与自身或他人处境、愿望、想法相关的情绪及其感受。

该方法的运用有五个阶段且需要依次进行记录和检查。它们是运用照片识别面部表情、运用图片或卡片识别情绪、辨别以情境为基础的情绪、辨别以欲望为基础的情绪、辨别以意图为基础的情绪。

(2) 意图解读能力记检评估

这个方法主要涉及儿童对他人想法或做法的理解。了解孤独症儿童是否能知晓从不同角度所看到的事物是不一样的道理,是否理解自己想的可能与他人想的不一样。

该方法的运用有五个阶段且需要依次进行记录和检查。它们是简单的视觉角度取替、复杂的视觉角度取替、理解"看到才知道"的原理、依个人经验来预测他人的行动、理解错误意图。

(3) 假扮能力记检评估

这个方法涉及的是孤独症儿童对于假扮的理解。了解孤独症儿童是否能够懂得真实与假扮之间的区别,是否会玩假扮游戏等。

该方法的运用有五个阶段,且需要依次进行记录和检查。它们是感觉动作游戏、初级功能性游戏、建构功能性游戏、初级假扮性游戏、建构假扮性游戏。

3. 记检评估法使用表样例[①]

表 4-1 情绪解读能力记检表

姓名：		性别：	年龄：	
序号		检核内容		能否做到或在辅助下做到
1		能辨认出相片中人物的面部表情(如高兴、难过、生气、害怕)		
2		能辨认出卡通面孔图片中人物的面部表情(如高兴、难过、生气、害怕)		
3		能用高兴或难过表达自己的情绪		
4		能用生气或害怕表达自己的情绪		
5		能用高兴或难过形容别人的情绪		
6		能用生气或害怕形容别人的情绪		
7		能解释自己有某种情绪的原因(如：心爱的玩具坏了，所以觉得很难过)		
8		能解释别人有某情绪的原因(如：因为小明收到礼物，所以觉得很开心)		
9		能辨认因外在环境而引发的感受(如：小明住的大厦起火了，他连忙走到窗口等待消防员来救他，这时小明会感到很害怕)		
10		理解别人因为愿望实现而感到高兴(如：小明想要一辆玩具小火车，生日的时候妈妈送了他一辆玩具小火车，所以小明觉得很高兴)		
11		理解别人因为愿望不能实现而感到难过(如：小明想去游乐园玩，但是爸爸带他去了博物馆，所以小明感到难过)		
12		能对他人的高兴或难过情绪做出反应(如：当看见其他儿童哭时，对他们说："不要哭了！"给他们纸巾或玩具，做出安慰)		
13		理解想法会影响情绪(如：小明想去游乐场玩，他相信爸爸会带他去游乐场玩，所以他感到很开心)		
总结：				

[①] 徐云,柴浩.孤独症儿童心智解读能力训练[M].北京:科学出版社,2015:89-91.

表4-2　意图解读能力记检表

| 姓名： | | 性别： | | 年龄： | |

序号	检核内容	是否做到或在辅助下做到
1	能注视跟他讲话的人	
2	能注意别人视线方向的转移	
3	从别人的视线方向,知道对方注视的人或物品	
4	从别人的视线方向,知道对方想要的东西(如:小明说我饿了,眼睛看向桌子上的面包)	
5	能够主动用目光接触、指示、声音等方式引起大人的注意,来与大人分享自己感兴趣的物品或活动	
6	理解当人处于不同的角度时,会看见不同的事物(如:一张卡片,前后贴有不同的图画,儿童要回答出自己看到的和老师看到的是不同的图案)	
7	理解当人处于不同的位置时,看的同一物体的角度是不同的(如:一张卡片,放在老师和儿童中间的桌面上,使老师看到的画面是倒置的,儿童要回答出自己这面是朝向自己的,老师那面看到的是倒置的)	
8	理解只有看过的人才会知道该事情,没有看过的人是不知道的(如:小明在家里,看到妈妈做了精美的蛋糕,而爸爸不在家,所以爸爸不知道)	
9	理解别人的动机、想法或意愿可能会与自己的有所不同	
10	理解别人在不知道事情改变时,原先的想法是不会改变的(如:小明上学时,妈妈把他放在地板上的玩具汽车放到了玩具箱里,当他回家时,他会在地板上找小汽车)	
11	在日常生活中,可以理解笑话、比喻、说谎等	

总结：

表 4-3　假扮能力记检表

姓名：		性别：	年龄：	
序号	检核内容			能否做到或在辅助下做到
1	将玩具或物品假扮成另一种物体进行游戏(如:将香蕉当作电话,将皮带当作蛇等)			
2	用手势或动作进行假扮游戏(如:用拳头当锤子)			
3	假想的玩具或物品有某些特点(如:假装布娃娃饿了,给他吃东西)			
4	在游戏中,扮演另一个人或是一件东西(如:扮演自己是超人,或扮演自己是小青蛙,在地上跳)			
5	懂得设计情境,进行假想游戏或角色扮演(如:用一个玩具扮演喜羊羊,另一个玩具扮演灰太狼,进行喜羊羊斗灰太狼的游戏)			
总结：				

4. 记检评估法使用表说明

首先,记检表中所列的记检内容均是 4 岁以上儿童能达到的心智解读能力;教师要通过亲身观察,结合自己的理解,针对孤独症儿童个体需要进行有选择的删减。

其次,记检表上的评价内容如果不能呈现出孤独症儿童的所有表现。一定要写好最后的叙事性总结,以便能让全体教师和家长更清楚地看到儿童成长与发展的全过程。

(二) 音像观察评估法

1. 什么是音像观察评估法

它是指使用音频和视频资料观察、研究孤独症儿童的心智解读能力的评估方法。该方法要使用音频和视频录制工具,如录音笔、摄像机或手机等设备,对孤独症儿童在日常生活或训练过程中的真实情况,多角度如实记录下来，从而对这样的资料进行反复听和看，以此来记录孤独症儿童心智解读能力发展的方法。

2. 使用的意义

其意义在于：一是可以连续记录孤独症儿童在相同或不同场所各种心智解读能力的表现，可从纵向的角度看心智解读能力的水平和发展过程；二是音频和视频是形象且真实的记录载体，可以很客观地记录孤独症儿童的声音、表情、动作和语言等，研究资料可信度极高；三是目前获取音频和视频的手段多种多样，且方便存储，便于评估者或研究者反复听和看，可以多次重复使用。

3. 使用说明

首先，要征得孤独症儿童家长的同意；如果该儿童有一定的语言能力和理解力，要征得孤独症儿童本人的同意。

其次，录制前要制订评估计划，并准备好录制使用的工具，如录音笔、摄像机或手机，并保证有充足的电量。

再次，录制过程中要在自然情境下完成，不要打乱孤独症儿童正常的活动、上课和日常作息时间，以保证获取音像资料的真实和完整。

（三）频率记录评估法

1. 什么是频率记录评估法

它是指对孤独症儿童心智解读能力的某些指标项，如语言、行为等的出现频率进行记录，以了解他们心智解读能力的发展水平，为孤独症儿童心智解读能力的康复训练提供依据。

2. 使用的意义

一方面，频率记录法是一种简便易操作的评估方法，家长和教师都会很容易习得并实施；另一方面，频率记录法可用比较便利的方式用符号记录孤独症儿童在单位时间出现某种语言和行为的次数，且便于统计与计算。

3. 使用样例说明

以下简要介绍使用正确的人称代词的频率记录样例。学会使用人称代词进行语言表达是儿童自我意识发展中的重要里程碑，这表明儿童已能区分主体与客体的关系，这对他们的心智解读能力的发展起着至关重要的作用。

接触过孤独症儿童的人都知道,学会使用人称代词对他们来说比较难。即使是有一定语言表达能力的孤独症儿童,恰当使用人称代词也需要进行长期训练。

表4-4 人称代词"你""我""他"使用频率记录表

儿童姓名:		儿童出生日期:		记录者:

第一次记录时间：　　　年　　月　　日
第二次记录时间：　　　年　　月　　日

记录任务	记录方法	记录结果
"你"的使用频率记录	家长或教师观察并记录:儿童一天中使用"你"来称呼记录者的频率;儿童没有使用"你"来称呼记录者,用什么来称呼的? 频率是多少?	□使用"你"称呼记录者的次数是( )次 □使用其他词语来称呼记录者,使用的词语是( )
"我"的使用频率记录	家长或教师观察并记录:儿童一天中使用"我"来称呼他自己的频率;儿童没有使用"我"来称呼他自己,用什么来称呼的? 频率是多少?	□使用"我"称呼他人自己的次数是( )次 □使用其他词语来称呼他自己,使用的词语是( )
"他"的使用频率记录	家长或教师观察并记录:儿童一天中使用"他"来称呼他人的频率;儿童没有使用"他"来称呼他人,用什么来称呼的? 频率是多少?	□使用"他"称呼他人次数是( )次 □使用其他词语来称呼他人,使用的词语是( )

三、孤独症儿童心智解读能力评估使用的测验工具

孤独症儿童的心智解读能力评估,目前没有专门针对性的一项评估就能了解全貌的工具。以下介绍的工具主要涵盖孤独症儿童心智解读能力表现中语言的理解与表达、认知水平和行为方面的测验工具,可配合上述介绍的评估方法一起使用。

(一) 皮博迪图片词汇测验(PPVT)

皮博迪图片词汇测验(Peabody Picture Vocabulary Test,PPVT)[①]是由

---

① 桑标,缪小春.皮博迪图片词汇测验修订版(PPVT-R)上海市区试用常模的修订[J].心理科学通讯,1990(5):22-27.

美国夏威夷大学特殊教育兼职教授迪姆恩(Lloyd M. Dimn)和心理测量学家邓恩(Leota M. Dunn)编制,于1959年发表,1965年稍做修正。1981年发表了修订版,即PPVT-R。这是一套为发声有困难的人及聋人设计的测量其"使用"词汇能力的测验工具,也是美国智能缺陷协会(AAMD)所介绍的常用智能测试方法之一。

最初PPVT所采用的词汇主要来源于《韦伯斯特新大学词典》。词汇选择以形象性为基础,包括身体部位、情绪、食物、衣服、玩具和娱乐等类别,目标词和三个干扰项都必须能够通过线条图来表示。这些词经筛选后组合绘制成200组图片,每组图片由4幅图画组成且相应安排了3个刺激词,进行预测后,剔除效果不佳的词和图片,保留效果最好的300个词及相应的150组图片。每组图片均有A式、B式两个刺激词,分别代表图片中某两幅图画的含义。例如图片里面画着绿洲、海岸、沼泽和峡谷4幅图画,测试时,A式刺激词为绿洲,B式刺激词为峡谷,每张图片使用A式刺激词还是B式刺激词,主试可以任意选择,交替使用。①

PPVT-R工具共有150张(组)黑白图片,每张图片上有4幅图,其中一幅图与某一词的词义相符合。测验时拿出一张图片,主试说出一个词,要求被试指出图片上的4幅图哪一个最能说明该词的意义。该测验适用的年龄范围为2.5~18岁。但每一个被试只做与其水平相接近的部分。被试指对一个词得1分,在连续8个词中有6个词错误时,被认为是达到了顶点而中止试验,顶点分减错误分为总得分。测验所得的原始分数可以转化为智龄、离差智商分数或百分位等级。整个测验要求在10~15分钟内完成。

> **拓展阅读**

PPVT于1997年又进行了一次修订,称为PPVT-Ⅲ;2007年进行了第三次修订,发表了PPVT-Ⅳ。PPVT是一套个别施测的常模参照测验,可用来测量受测者的词汇理解能力。PPVT主要用来评估受测者的接受性词汇能

---

① 桑标,缪小春.皮博迪图片词汇测验修订版(PPVT-R)上海市区试用常模的修订[J].心理科学通讯,1990(5):22-27.

力,并经常与表达性词汇测验(Expressive Vocabulary Test,EVT)一起用于评估受测者的语言发展水平。随着PPVT的不断完善与发展,目前应用人群也逐渐多样化,最初仅应用于测量发声有困难人群的词汇能力,现已广泛地应用于研究普通、智力障碍、情绪失调、生理上有障碍的儿童或天才儿童的智力水平,主要侧重于言语智力[1],且是评估治疗方案中前测后测的有效工具[2]。

PPVT问世之后,我国相继对PPVT的不同版本结合我国实际情况进行了修订。上海新华医院参考1965版PPVT制定出适合我国城市学前期与小学初期儿童的图片词汇测试方法及量表,并在上海市区进行标准化,制订了智龄量表、智商和百分位数量表。研究者参考《新华字典》,小学一、二年级语文课本和原版PPVT,经过三次预测和修改,最后选定480幅图画,每4幅组成一张图片,共120张图片。每张图片上4幅图画所代表的4个词词性尽量相同,难易度也尽量相似,120张图片的测试词及顺序是根据第三次预测的结果确定的,以120个测试词的通过人数百分比为依据,排列了图片顺序。[3]

(二) 威斯康星卡片分类任务测验(WCST)

威斯康星卡片分类任务测验(Wisconsin Card Sorting Test,WCST)是一种单项神经心理测定。最早是由柏格(Berg,1948)用于检测普通人的抽象思维能力的测验。这个测验工具测查的是对人的以往经验进行分类、概括、工作记忆和认知转移的能力。

该测验共有4张刺激卡和128张反应卡,每张卡是一个8厘米×8厘米的正方形,分别以红、绿、蓝、黄4种颜色画有1~4个三角形、星形、十字形或圆形。其中4张刺激卡分别画有1个红三角、2个绿星、3个黄十字、4个蓝圆的图片,按上述顺序放于卡片盒上方,见图4-4。

威斯康星卡片分类测验的步骤如下。

第一步:将刺激卡置于前方。刺激卡(包含不同颜色、形状和数量的卡

---

[1] 任明星,张兰豫,王玉珠,等.临床儿科诊断及治疗进展[M].北京:科学技术文献出版社,2014:37.
[2] ARGULEWICZ E N, ABEL R R. Internal evidence of bias in the PPVT-R for Anglo-American and Mexican-American children[J]. Journal of school psychology, 1984,22(3):299-303.
[3] 赵鑫鑫,司可可,赵微.皮博迪图片词汇测验在特殊教育领域的应用进展[J].现代特殊教育,2020(10):74.

片)放置在被试面前。

第二步:被试将反应卡依次放在刺激卡下方。被试根据不同的分类原则(如颜色、形状、数量)将反应卡依次放在刺激卡下方。

第三步:主试掌握分类原则并告诉被试"对"或者"错误"。主试(实验者)负责掌握分类的原则,并告知被试哪些分类是正确的,哪些是错误的。

第四步:每个原则有10张正确卡片。确保每个分类原则下都有10张正确的卡片,以供被试参考和练习。

第五步:完成正确分类6次或用完128张反应卡测验结束。被试需要完成6次正确的分类或使用完128张反应卡,测试才会结束。

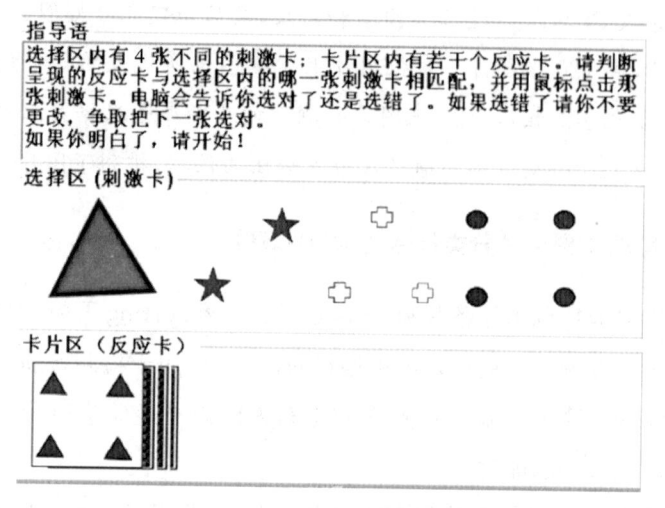

图4-4 威斯康星卡片分类任务测验显示卡

这个测验主要用于评估被试的抽象概括、工作记忆、认知转移等方面的能力,通过连续进行10次正确分类后转换到下一个分类标准,以此来测试被试的认知灵活性和执行功能。

拓展阅读

威斯康星卡片分类任务测验常见情况是:有些被试能从一个动作(颜色分类)转移到另一个动作(按形状分类),但对开始的动作有强迫性重复,没等完成第二个分类,就又回到第一个动作中,始终在两个动作间徘徊,但是不能完成任何一个动作。习惯重复旧的行为模式，一旦执行了一项要求(如按照颜色分类)，就会一直做下去，即使主试一再指出是错误的，患者仍坚持下去。

有时患者能根据外部标准察觉到他自己行为上所发生的错误，但是不能根据他的知识去改变他的行为，在测验时，即使能记住指导语，但不能按照指导语做出正确反应。一些患者在做了错误反应时，能马上认识到错误，但仍以当前不正确的分类去匹配卡片。有时候说的是对的，做的却是错的。

(三) 孤独症儿童发展本位行为评量系统

孤独症儿童发展本位行为评量系统是由台湾彰化师范大学凤华教授基于行为分析原理开发的，重庆师范大学孤独症儿童研究中心徐胜教授团队与之合作，对这套课程进行实践、验证和修订，使它更具本土化特点。这套评估系统于2019年出版[1]，是用于学龄期孤独症儿童行为能力评量的工具，是一套比较全面的包含了孤独症核心症状的测评工具。

1. 感官知觉能力

《精神障碍诊断与统计手册(第5版)》对孤独症诊断中新增加了"感官知觉过高或过低的反应形态"。孤独症儿童在感官知觉方面有其特殊偏好及局限性，因此，了解孤独症儿童的感官知觉能力，一方面可以提前预防他们的焦虑与不安；另一方面可根据他们的偏好，安排适宜他们的环境、活动和康复手段。

2. 五大领域能力

五大领域能力主要指孤独症儿童普遍表现异常的沟通、社会情绪、认知、适应行为及动作发展能力。评估的目的是要系统了解孤独症儿童与社会功能密切相关的这五大领域的核心能力水平，从而掌握他们心智解读能力各组织部分的基本情况，以备康复训练之用。

3. 转衔与适应能力

这是对孤独症儿童是否能进入普通小学阶段，以及是否能适应小学阶段的学习和生活而进行的评估。评估的目的是了解孤独症儿童进入小学阶段应具备的基本能力的达标情况，以及进入新的学习和生活环境能否顺利适应

---

[1] 凤华(著)，徐胜(修订). 自闭症儿童发展本位行为评量系统:第2版[M]. 重庆:重庆大学出版社,2019.

的能力状况,以备家长知晓和康复训练时有针对性地进行康复训练。

这套评估系统的特点是根据儿童的身心发展顺序和特点,将重要能力列为评量的要点,细化到了0~3个月、3~6个月等阶段,使评估人员可以了解孤独症儿童比较全面的能力及达到的水平。这套评估系统体现了孤独症儿童的核心障碍领域——社会情绪领域特征,在注意行为、互动、亲近行为、情绪行为、游戏行为、心理理论能力等方面建构了专门针对孤独症儿童的各种评量系统。

拓展阅读

近20年来,已有各种不同的理论尝试解释孤独症儿童的行为特性,并尝试改进孤独症儿童的社会技能与语言能力,如:应用行为分析(Applied Behavior Analysis, ABA)、认知行为策略、社会学习发展策略(Ozonoff & Miller, 1995),而其中成效最为显著的应首推应用行为分析(Maurice, Green & Luce, 1996; Matson, et al., 1996)。ABA于1968年正式定名后,相关研究论文已经累积有数千篇,经过长时间的累积,ABA已经发展出有效的干预方案,其中影响最深的,首推斯金纳(Skinner, 1957)的经典著作《语言行为》(Verbal Behavior),该书从语言的功能、沟通及控制等三个方面对语言做了全新的阐述,提供给语言评量及干预一个崭新方向。情绪发展在近年来也普遍受到重视,格林斯潘等(Greenspan, Weider, Simons, 1998)在长时间以情绪为干预重点的治疗过程中发展出"情绪发展里程碑"。孤独症儿童在情绪发展过程中确实与一般儿童相异,情绪发展里程碑为其情绪发展方面提供了评量重点。此外,社会认知领域提出"心理理论"的发展阶段,研究证实孤独症儿童在心理理论的发展上与一般儿童或唐氏综合征儿童相比,确实显现得较为不足,为孤独症儿童社会认知能力的发展与社会互动提供了重要的评量方向。适应行为是强调个人的独立自主与环境适应,并凸显个体在适应环境时应表现出的有效能行为(Schalock et al., 2010)。动作发展是儿童以非语言方式与外界互动、探索世界的方式,被视为多元智能之一(Gardner, 1999),也是孤独症儿童发展本位行为评量系统的重要考虑。

第四节　孤独症儿童心智解读能力训练

一、孤独症儿童心智解读能力训练的必要性

普通儿童的心智解读能力是在其成长过程中自然培养起来的,一般不需要专门教导。而孤独症儿童缺乏心智解读能力的基本条件,因此,他们的心智解读能力无法自发形成。一些研究指出,孤独症儿童能学会理解错误信念[1],或是区别假象与真实[2]。一项研究使用行为和情绪线索来帮助学生理解错误信念。[3]还有研究利用直接教学法来教孤独症儿童区别假象和真实。[4] 这些研究使用重复性的作业活动及反馈,都呈现出一致性的显著效果。几乎所有的孤独症儿童都能通过相关测试。哈德温(Hadwin)等(1997)考察了通过对孤独症儿童进行心理理论训练能否促进他们的社会交往技能。[5] 他们的训练包括三个方面,即对情绪、信念以及假扮游戏的理解。结果表明,经过训练的孤独症儿童确实通过了有关情绪和信念的理解测试,可是他们在社会交往技能上却没有显著的改进,特别是如何保持一个话题,以及对心理状态词的应用,都没有显著的改善。我国学者张敏等人(2016)采用单一被试实验设计模式中跨被试多试探实验设计,对3名目前就读于普通幼儿园并在特教机构接受教育干预的低功能孤独症儿童,使用"思想泡"策略进行教学干预,探讨其心理理论的发展。结果表明,3名被试通过"思想泡"教学后,在心理理论的基本情绪辨识、基本信念及第一顺位错误信念等三个次领域能力上都有提高。[6]

---

[1][3]　BOWLER D M, STROM E. Elicitation of first-order' theory of mind in children with autism [J]. Autism, 1998,2(1):33-44.

[2][4]　Starr E M. Theory of mind autistic children: teaching the appearance-reality distinction [J]. Dissertation abstracts international, 1993,53(12-A):4282-4283.

[5]　HADWIN J A. BARON-COHEN S, HOWLIN P et al. Does teaching theory of mind have an effect on the ability to develop conversation in children with autism? [J] Journal of autism and develop-mental disorder, 1997,27(5):519-537.

[6]　张敏,徐胜,凤华,等."思想泡"教学对低功能自闭症儿童心理理论发展的干预研究[J].中国特殊教育,2016(6):44.

可见，对孤独症儿童进行心智解读能力训练在一定程度上可以提升他们的心智解读水平，但是，其困难程度也非常之大，需要从最基本的认知自己和客体开始。

二、孤独症儿童心智解读能力训练原则

（一）分步骤原则

心智解读能力是儿童从最初的认识自己到了解他人过渡，也是从简单的视角到复杂的视角理解他人的发展过程。因此，对孤独症儿童的心智解读能力训练要根据儿童心智解读能力发展的规律，化整为零，分步骤进行训练。教师一方面要了解心智解读能力的组成部分，另一方面还要掌握孤独症儿童个体的能力水平，设计有针对性的训练步骤开展训练。

（二）生活游戏原则

孤独症儿童的心智解读能力训练要切合儿童的年龄特点和孤独症儿童的个体偏好，利用他们熟悉的生活场景和人物角色进行训练，这有利于他们更快地进入训练情境之中，从而提高训练效果。

（三）不断强化原则

对于儿童来说，由于他们年龄小、经验少，"读心"能力对他们来说是一种比较难以掌握的本领，更何况他们还是社会交往能力落后的孤独症儿童。因此，对他们的心智解读能力训练是在不厌其烦的多次重复和强化中完成的，即使这样，对低功能孤独症儿童来说，收效可能还是微乎其微。所以，坚持不懈的反复练习，是达到目标的"良方"。

（四）强调内化原则

心智解读本身是比较复杂的心理活动，因为人心本身就是复杂而微妙的。因此，对孤独症儿童的心智解读能力训练，不能简单使用外在表象的行为训练，这只能使孤独症儿童使用他们擅长的刻板思维来理解"人心"，这样的理解无法达成心智解读的内在目标。只有将对心智解读相关内涵的理解，

内化成他们脑中的知识或经验,才能实现心智解读能力提升的目的。

三、孤独症儿童心智解读能力训练的内容及实施

孤独症儿童心智解读能力训练的内容要围绕与心智解读能力密切相关的各组成部分来进行。以下主要介绍四项训练,有关情绪和社会认知方面的训练会在下面两章内容中专门介绍。

(一) 共同注意训练

共同注意是人在社会生活中必不可少的心理条件,在某种程度上它决定了人的社会功能水平。共同注意是指两个以上的人共同对某一事物加以注意,以共同分享对该物体或事件的兴趣及知觉体验。[①] 共同注意有两种形式,即回应性共同注意(RJA)和自发性共同注意(IJA)。需要明确的是,共同注意是儿童早期形成的一种心理过程,将影响儿童语言、社会认知、模仿学习等技能的发展。[②]

目前的研究表明,共同注意缺乏是儿童罹患 ASD 的早期危险信号之一。[③]

拓展阅读

一般来说,婴儿的共同注意发展始于出生后 3~4 个月[④],3~6 个月的婴儿开始出现主动注视,可以完成简单的 3 点注视跟随。9 个月大婴儿开始能够分享对事物的行动和注意,如与照顾者一起搭积木。这时,婴儿可以跟随他人视线转移注意力。1 岁左右的婴儿跟随视线或指示方向,能灵活地在物

[①④] MUNDY P, NEWELL L. Attention, joint attention, and social cognition [J]. Current directions in psychological science, 2010,16(5):269-274.
[②] SULLIVAN M, FINELLI J, MARVIN A, et al. Response to joint attention in toddlers at risk for autism spectrum disorder: a prospective study[J]. Journal of autism and developmental disorders, 2007,37(1):37-48.
[③] PERKINS T, Stokes M, MCGILLIVRAY J, et al. Mirror neuron dysfunction in autism spectrum disorders[J]. Journal of clinical neuroscience, 2010,7(10):1239-1243.

体—他人—物体之间切换视线,以确定双方正在注意同一事物。① 婴儿在1岁内,更多是回应他人发起的共同注意;1岁后开始主动发起共同注意,其表现是已开始了解他人对外在事物具有独立的思想,能使用手指指示或展示,并配合目光交替的方式引发共同注意,与他人分享对某物品的兴趣和意图;② 在18个月时,儿童的共同注意整体发展成熟,并能稳定协调运用共同注意,与他人进行社会互动交流沟通。如能使用手指指示,伴或不伴随语言,灵活地融入共同注意行为中。③

相关研究表明,自发性共同注意和回应性共同注意的发展速度不同,自发性共同注意在婴儿12～13个月时即可完成,此时他们能使用手指指示和展示,并配合眼神交替的方式引发共同注意,分享对某物品的兴趣。回应性共同注意在婴儿12个月时已获得发展,如果此时他人使用多重线索方式引发他们的共同注意,他们已能稳定跟随。在12～14个月时能正确跟随眼神注视方向,且能在物品和他人间交替变换注意焦点,在婴儿18个月时整体发展成熟,能运用共同注意促进其社会互动的品质。④

1. 回应性共同注意训练

(1) 概念

回应性共同注意,也可称为理解性共同注意,是儿童追随别人目光和手指的方向以分享一个共同参考点的能力,包括目光注视、注视跟随、手指指示跟随等行为。已有研究表明,孤独症儿童的回应性共同注意能力存在明显缺陷,其回应性共同注意能力可能随适应性年龄提高而提高。但是,如果采取针对性的训练,其获得的时间可能会提前,水平可能会更高。⑤

(2) 训练目标

训练目标要视孤独症儿童的障碍程度及个体的能力水平和发展的可能

---

① TOMASELLO M, CARPENTER M, CALL J, et al. Understanding and sharing intentions: the origins of cultural cognition[J]. Behavioral and brain sciences, 2005, 28(5): 675 - 691.

②④ JONES E A, CARR E G. Joint attention in children with autism: theory and intervention[J]. Focus on autism and other development disabilities, 2004, 19(1): 13 - 26.

③ MEINDL J N, CANNELLA-MALONE H I. Initiating and responding to joint attention bids in children with autism: a review of the literature[J]. Research in developmental disabilities, 2011, 32(5): 1441 - 1454.

⑤ 陈玉美,陈卓铭,林珍萍,等.孤独症谱系障碍儿童的共同注意力特点分析[J].临床儿科杂志,2017(2):102.

性来制定。常规的做法是制定个体的初、中、高级训练目标。

① 初级训练目标。

初级训练目标主要是能使孤独症儿童学会关注人。

第一,使孤独症儿童学会看人脸;

第二,使孤独症儿童学会呼名反应。

② 中级训练目标。

中级训练目标主要是帮助孤独症儿童获得近距离回应性共同注意的能力。

第一,使孤独症儿童学会近距离时能眼神追视;

第二,使孤独症儿童学会近距离时能跟随指示。

③ 高级训练目标。

高级训练目标主要是帮助孤独症儿童获得远距离回应性共同注意的能力。

第一,使孤独症儿童学会远距离时能眼神追视;

第二,使孤独症儿童学会远距离时能跟随指示。

(3) 训练要求

① 接受训练的孤独症儿童听觉和视觉正常。

② 接受训练的孤独症儿童能听懂或能表达简单的生活语言。

③ 要求训练按照初、中、高级的顺序进行,完成一级训练目标后才能进入下一级。

(4) 教具准备

① 准备多类孤独症儿童喜欢的玩具或卡片。

② 准备一个孤独症儿童双手可以拿起的软皮球。

(5) 训练过程

① 初级训练过程。

第一个训练内容及步骤如下。

训练内容:学会对声音有反应。

训练要求与步骤:教师在孤独症儿童身边使用能发声的玩具或教具,有意地使其发声,以引起儿童的注意,直到孤独症儿童能在多数情况下对每次的声音有反应,如把头转向声源处。

回应性共同注意训练(初级训练)

第二个训练内容及步骤如下。

训练内容：学会看人脸。

训练要求与步骤：教师把双手放在孤独症儿童的脸颊上，让其看自己的脸。每天重复多次，直到孤独症儿童能在教师说"看我的脸"时，多数情况下能做到。

第三个训练内容及步骤如下。

训练内容：学会对自己名字有反应。

训练要求与步骤：教师在孤独症儿童身边叫他的名字，如果孤独症儿童没有反应，教师在叫他名字两三秒后，用手去触碰孤独症儿童的身体并再次叫他。如果孤独症儿童还是没有反应，就在叫他名字后，用双手把他的脸转向自己，让他看自己。每天重复多次，直到孤独症儿童能在教师叫他名字时，多数情况下能有明显反应，如把脸转向教师或者用语言回应教师。

以上三个训练后，儿童多数情况下能有正确的反应，就可以认为已经完成了这级训练目标。

② 中级训练过程。

第一个训练内容及步骤如下。

训练内容：学会在近距离时能用眼睛追视。

训练要求与步骤：教师选择一个孤独症儿童喜欢的玩具或物品，在他身边逗他，当孤独症儿童注意看的时候，教师拿着玩具或物品在教室内走动，使儿童能用眼睛在原地追视，或跟着教师追拿玩具或物品。这样的练习重复多次，直到孤独症儿童能在多数情况下进行追视。

回应性共同注意训练（中级训练）

第二个训练内容及步骤如下。

训练内容：学会近距离时能跟随指示。

训练要求与步骤：教师准备几个玩具或卡片，放在个训室的不同位置，让孤独症儿童坐在座位上，教师依次走动式站在玩具或卡片旁，对有仿说或语言表达能力的孤独症儿童，指着玩具或卡片说"看这是什么？这是……"；对没有仿说或语言表达能力的孤独症儿童说"这是……"，教师时刻观察孤独症儿童是否能一一跟随自己所指示的玩具或卡片。如果中途无法跟随，教师走到孤独症儿童身旁提醒他，直到他能跟随教师的指示继续进行下去。这样的练习重复多次,直到孤独症儿童在多数情况下能跟随指示。

以上两个训练后,儿童多数情况下能有正确的反应,就可以认为已经完成了这级训练目标。

③ 高级训练过程。

第一个训练内容及步骤如下。

训练内容:学会在远距离时能用眼睛追视。

训练要求与步骤:两个教师在比较大的教室或户外,选择能力相当的 3 个孤独症儿童采取小组训练。教师准备一个儿童能两手拿起的软皮球,让 3 个儿童分别坐在教室或户外间隔较远的地方,教儿童依次把球扔给下一个儿童,要求每个儿童要用眼睛追视球的运动,一个教师指导和辅助孤独症儿童扔球,另一个教师随时观察每个儿童眼睛追视情况,如果发现某儿童停止追视,就走近他提醒他继续追视。这样的练习重复多次,直到孤独症儿童能在多数情况下进行追视。

回应性共同注意训练(高级训练)

第二个训练内容及步骤如下。

训练内容:学会远距离时能跟随指示。

训练要求与步骤:两个教师在比较大的教室或户外,选择能力相当的 3 个孤独症儿童采取小组训练。其中一个教师作为教练,站在较远处喊口令——"听我的口令,大家一起向前走三步",另一个教师作为辅助者站在 3 个孤独症儿童旁边随时辅导不能跟随指示的儿童。教练的口令要灵活多样。这样的练习重复多次,直到孤独症儿童能在多数情况下跟随指示。

以上两个训练后,儿童多数情况下能有正确的反应,就可以认为已经完成了这级训练目标。

2. 自发性共同注意训练

(1) 概念

自发性共同注意也可称为表达性共同注意,是指儿童主动引发他人对其感兴趣物体的注意,包括使用姿势和目光接触去引导别人对物体、事件和自己的注意,强调主动表达的意愿。一般来说,12 月龄婴儿已具备一定的共同注意的能力,发育早者在 6 月龄时就已显现。对于孤独症儿童来说,已有研究表明,孤独症儿童的自发性共同注意同样存在明显缺陷,并且可能难以随年龄提高而提高。因此,更需要有针对性的训练才有可能获得这一能力。[①]

(2) 训练目标

训练目标要视孤独症儿童的障碍程度以及个体的能力水平和发展的可能性来制定。常规的做法是制定个体的初、中、高级训练目标。

① 初级训练目标。

初级训练目标主要是能使孤独症儿童获得眼神接触或眼神在物体与他人间来回交替的能力。

第一,使孤独症儿童在需要的时候有意识地用眼神与人接触;

第二,使孤独症儿童学会用眼神在物体与他人间来回交替。

② 中级训练目标。

中级训练目标主要是帮助孤独症儿童以分享为目标地用手指示。

第一,使孤独症儿童学会手指指示动作;

第二,使孤独症儿童学会用手指指示来分享。

③ 高级训练目标。

高级训练目标主要是帮助孤独症儿童以分享为目的地主动展示。

第一,使孤独症儿童学会理解主动展示的意义;

第二,使孤独症儿童学会主动展示来分享。

(3) 训练要求

① 接受训练的孤独症儿童完成了回应性共同注意的训练;

② 接受训练的孤独症儿童能听懂或能表达简单的生活语言;

③ 要求训练按照初、中、高级的顺序进行,完成一级训练目标后才能进入下一级。

(4) 教具准备

准备包扎绷带和多类孤独症儿童喜欢的电动玩具或卡片。

(5) 训练过程

① 初级训练过程。

第一个训练内容及步骤如下。

---

① 陈玉美,陈卓铭,林珍萍,等. 孤独症谱系障碍儿童的共同注意力特点分析[J]. 临床儿科杂志,2017(2):102.

训练内容：学会在需要时用眼神与人接触而非用手接触。

训练要求与步骤：教师使用示范的方式进行训练，如故意假装自己手指痛，表情痛苦地用眼睛看孤独症儿童，以引起他的注意。这样的练习重复多次，直到多数情况下孤独症儿童能用眼神看着教师。

第二个训练内容及步骤如下。

训练内容：学会用眼神在物体与他人间来回交替。

训练要求与步骤：教师使用示范的方式进行训练，如故意把手臂包扎上，表情痛苦地用眼睛看孤独症儿童再看自己包扎的手臂，以引起他的注意并模仿。这样的练习重复多次，直到多数情况下孤独症儿童能用眼神在教师的眼睛与手臂间来回交替。

以上两个训练后，儿童多数情况下能有正确的反应，就可以认为已经完成了这级训练目标。

② 中级训练过程。

第一个训练内容及步骤如下。

训练内容：学会手指指示动作。

训练要求与步骤：教师教孤独症儿童指示手势。教师先示范，其中一只手的食指伸出，其他手指屈起，然后指向物体或人。然后辅助孤独症儿童做正确的指示手势，再指向物体或人。这样的练习重复多次，直到孤独症儿童能在多数情况下自主完成手指指示动作。

第二个训练内容及步骤如下。

训练内容：学会用手指指示来分享。

训练要求与步骤：教师准备几个玩具或卡片，放在个训室的不同位置，让孤独症儿童坐在座位上，教师依次走动式站在玩具或卡片旁，对有仿说或语言表达能力的孤独症儿童，用正确手势指着玩具或卡片说"我想要……""你能给我……吗？"。教师时刻观察孤独症儿童是否能一一跟随自己所指的玩具或卡片并能拿对。如果中途无法跟随，教师要走到孤独症儿童身旁提醒他，直到他能跟随教师的手势指示继续进行下去。然后再换孤独症儿童用手势指示模仿教师刚才做的。如果孤独症儿童没有语言表达能力，可以只用手指指示。这样的练习重复多次,直到孤独症儿童在多数情况下能用手指指示来分享。

以上两个训练后,儿童多数情况下能有正确的反应,就可以认为已经完成了这级训练目标。

③ 高级训练过程。

第一个训练内容及步骤如下。

训练内容:学会主动展示的方法。

训练要求与步骤:两个教师给两个或以上孤独症儿童上小组课。两个教师先做示范,如一个教师用眼睛看着在其身旁的另一个教师说:"我有一个非常好玩的玩具,你要跟我一起玩吗?"另一个教师用眼睛看着这个教师说:"好的。"或者一个教师用正确的手势指着远处的一个物品说"你看那个东西是什么?我们一起去看看吧"等。然后,让孤独症儿童轮流模仿。这样的练习重复多次,直到孤独症儿童能在多数情况下采用不同的方法进行主动展示。

自发性共同注意训练(高级训练)

第二个训练内容及步骤如下。

训练内容:学会主动展示来分享。

训练要求与步骤:两个教师给两个或以上孤独症儿童上小组课。让每个儿童选择一个自己喜欢的玩具或物品。两个教师先做示范,一个教师拿着自己手里的玩具或物品说"这只小狗会走路"。如果其中有孤独症儿童不会表述,教师还要用正确的手势表示,并动手让小狗走路,与另一个教师分享。然后让孤独症儿童两两互相学习主动展示来分享。这样的练习重复多次,直到孤独症儿童能在多数情况下主动展示来分享。

以上两个训练后,儿童多数情况下能有正确的反应,就可以认为已经完成了这级训练目标。

(二) 认识主客体的训练

1. 认识自己和他人的身体

认识自己和他人的身体是人在成长发展过程中较早获得的,并且发展水平直接影响人对主客体认识的基础性能力。

(1) 概念

认识自己和他人的身体是个体自我意识形成的重要手段,是人出生后通过不断习得而获得的一种认知。一般来说,儿童出生后1~2个月对自己的身体没有认识,如新生儿会下意识地用手抓自己的脸。2~3个月大的婴儿会吃自己的手和脚,这时开始认识到手和脚是自己的,可以自己支配。7~8个月大的婴儿会把自己的手放到他人的嘴里,或用手摸他人的脸、眼镜等,这表明他们开始对自己和他人的身体有了一定的认识。然而,对于孤独症儿童而言,要在自然生长过程中认识自己和他人的身体比较困难,可能需要有针对性的训练才有可能获得这些能力。

(2) 训练目标

训练目标要视孤独症儿童的障碍程度及个体的能力水平和发展的可能性来制定。常规的做法是制定个体的初、中、高级训练目标。

① 初级训练目标。

初级训练目标主要是帮助孤独症儿童学会认识自己的身体各部位。

第一,使孤独症儿童学会指认和命名自己的身体部位;

第二,使孤独症儿童学会指认和命名他人的身体部位。

② 中级训练目标。

中级训练目标主要是帮助孤独症儿童学会区分自己和他人身体的各部位。

第一,使孤独症儿童能听懂"这是谁的……?"或"他(或某儿童的名字)的……在哪里?"这样的话语来描述身体部位;

第二,使孤独症儿童能对"这是谁的……?"或"他(或某儿童的名字)的……在哪里?"这样的提问进行回答。

③ 高级训练目标。

高级训练目标是使孤独症儿童在集体中或活动中,能正确地指认自己和他人的身体部位。

第一,使孤独症儿童在集体活动中能听指令并正确指认自己和他人的身体各部位;

第二,使孤独症儿童能按示范要求发指令,指示自己和他人身体各部位;

第三,使孤独症儿童能在日常情境中正确区分自己和他人的身体各部位。

(3) 训练要求

① 要求接受训练的孤独症儿童有仿说能力,如果不会仿说,能听懂并能使用手势表示。

② 要求训练按照初、中、高级的顺序进行,完成一级训练目标后才能进入下一级。

③ 训练时手段要灵活,利用儿童喜欢的方式、喜欢的游戏、喜欢的玩具进行训练。

(4) 教具准备

第一,准备10个身体各部位的卡片数份;

第二,准备人偶玩具数个。

(5) 训练过程

① 初级训练过程。

第一个训练内容及步骤如下。

训练内容:识别身体的各个部位。

训练要求与步骤:先训练孤独症儿童指认自己的各个身体部位,如"眼睛在哪里?"等。然后,再训练给自己的身体各部位命名,如指着孤独症儿童的眼睛说"这是什么?"等。

认识自己和他人的身体
(初级训练)

第二个训练内容及步骤如下。

训练内容:指认、命名他人或人偶的身体各部位。

训练要求与步骤:先训练孤独症儿童指认他人或人偶的身体各部位,如"××小朋友的眼睛在哪里?"或"这个布娃娃的眼睛在哪里?"等。然后,再训练孤独症儿童命名他人或人偶的身体各部位,如教师指着朋友的眼睛说"这是××小朋友的什么?",或者指着人偶的眼睛说"这是布娃娃的什么?"等。

第三个训练内容及步骤如下。

训练内容:指认和命名卡片中人物的身体各部位。

训练要求与步骤:先训练孤独症儿童指认卡片上人物的身体各部位,如指着卡片问"他(她)的眼睛在哪里?"等。然后,再训练孤独症儿童命名卡片上人物的身体各部位,如指着卡片上人物的眼睛说"这是什么?"等。

以上三个训练后,儿童对头、眼睛、眉毛、鼻子、嘴巴、耳朵、手、脚、肚子、脖子这10个部位每个指认或命名5次都正确,就可以认为已经完成了这级训练目标。

② 中级训练过程。

第一个训练内容及步骤如下。

训练内容:指认自己和人偶的身体各部位。

训练要求与步骤:把人偶给孤独症儿童,训练他指认人偶和自己的各个身体部位,如"指一下×××(儿童的名字)的眼睛"等。然后,再说"指一下这个布娃娃的眼睛"。

认识自己和他人的身体（中级训练）

第二个训练内容及步骤如下。

训练内容:学习回答"这是谁的……?"提问或用"这是他(或某儿童的名字)的……"句子描述自己和人偶的身体各部位。

训练要求与步骤:教师指着孤独症儿童的身体部位问"这是×××(儿童的名字)的眼睛"等。让他学习仿说。不会仿说的孤独症儿童,可以用点头或摇头的方式表示。

第三个训练内容及步骤如下。

训练内容:学会使用"这是×××的……"句式来回答提问。

训练要求与步骤:教师指着孤独症儿童的眼睛问"这是×××(儿童的名字)的什么?"等,要求他能回答出"这是×××(儿童的名字)的眼睛"。然后,教师再问指着人偶问"这是布娃娃的什么?"等,要求的答案是"这是布娃娃的眼睛"等。不会仿说的孤独症儿童,可以用指认自己手里的卡片来表示。

这阶段训练孤独症儿童对自己的描述可采用第三人称。教师的问话要灵活多样。以上三个训练后,儿童对自己和人偶的头、眼睛、眉毛、鼻子、嘴巴、耳朵、手、脚、肚子、脖子这10个部位每个指认或回答5次都正确,就可以认为已经完成了这级训练目标。

③ 高级训练过程。

第一个训练内容及步骤如下。

训练内容:学会指认自己和同伴的身体各部位。

训练要求与步骤:教师告知孤独症儿童指认一起游戏中的某个同伴的各个身体部位,如"指一下×××(同伴的名字)的眼睛"等,同时告诉同伴"当我说指×××(同伴的名字)的眼睛时,

认识自己和他人的身体（高级训练）

你要指自己的眼睛"等。

第二个训练内容及步骤如下。

训练内容:学会指认多个同伴的身体各部位。

训练要求与步骤:多名教师与几名孤独症儿童一起活动,学习指认他人的身体各部位和自己的身体各部位。

这阶段的训练,要求孤独症儿童熟悉一起游戏的同伴,最好能叫出同伴的名字;不能说话的孤独症儿童学会用手指同伴。以上两个训练后,儿童对同伴的头、眼睛、眉毛、鼻子、嘴巴、耳朵、手、脚、肚子、脖子这10个部位每个指认或回答5次都正确,就可以认为已经完成了这级训练目标。

2. 认知物品归属

认知物品归属是人在对自己与他人认知的基础上产生的一种心理活动,是对物品所有权的一种认知。所谓物品归属或物品所有权,也可称为物品的心理所有权,是个人感觉到物品(或者其中的一部分)归自己所有,是人们对物品所产生的拥有感。[1] 人们对物品所有权的正确理解,不仅包括对所有者拥有的特殊权利的认知,同时还包括认识到所有权是可以发生转移的,而且只有通过合法的转移才能够拥有所有权,如买卖或赠送。

(1) 概念

儿童物权意识的产生,是人自我意识发展的重要组成部分,是认识主客体关系的重要标志之一。研究发现,4~5岁儿童已经理解物品所有者可以允许或拒绝他人拥有物品。[2] 然而,这些能力对于孤独症儿童而言,需要针对性的训练才有可能获得。

(2) 训练目标

训练目标要视孤独症儿童的障碍程度及个体的能力水平和发展的可能性来制定。常规的做法是制定个体的初、中、高级训练目标。

① 初级训练目标。

初级训练目标主要是能使孤独症儿童正确认知属于自己的物品。

---

[1] PIERCE J L, KOSTOVA T, DIRKS K T. The state of psychological ownership: integrating and extending a century of research[J]. Review of general psychology, 2003,7(1):84-107.

[2] NEARY K R, FRIEDMAN O, BURNSTEIN C L. Preschoolers infer ownership from "control of permission"[J]. Developmental psychology, 2009,45(3):873-876.

第一,使孤独症儿童学会指认属于自己的物品;

第二,使孤独症儿童学会命名属于自己的物品。

② 中级训练目标。

中级训练目标主要是帮助孤独症儿童学会区分自己和他人的物品。

第一,使孤独症儿童学会指认属于他人的物品;

第二,使孤独症儿童学会命名属于他人的物品。

③ 高级训练目标。

高级训练目标是使孤独症儿童学会使用第三人称指认和描述自己与他人的物品。

第一,使孤独症儿童学会指认和描述自己的所属物品;

第二,使孤独症儿童能区分自己与他人的所属物品;

(3) 训练要求

① 要求接受训练的孤独症儿童完成了前面第一项"认识自己和他人的身体"的训练;

② 接受训练的孤独症儿童对是非问句要有一定的认知和理解;

③ 要求训练按照初、中、高级的顺序进行,完成一级训练目标后才能进入下一级。

(4) 教具准备

① 准备多类孤独症儿童熟悉的日常物品,如水果类、交通工具类玩具等;

② 准备物品盒或物品箱,2个以上。

(5) 训练过程

① 初级训练过程。

第一个训练内容及步骤如下。

训练内容:学会识别自己喜欢的物品。

训练要求与步骤:教师依次拿出4种物品,这些物品要是同类,如都是玩具或都是食物等,问他(她)"这是什么?"。然后,让孤独症儿童从中选出2个他(她)喜欢的,告诉他(她)这是属于他(她)的。

认知物品归属(初级训练)

第二个训练内容及步骤如下。

训练内容:学会描述自己的所属物品。

训练要求与步骤:教师示范,如指着孤独症儿童之前挑选出来的属于自己的物品说"×××(孤独症儿童的名字)的……"。

第三个训练内容及步骤如下。

训练内容:学会指认自己喜欢的所属物品。

训练要求与步骤:教师再依次拿出之前的 4 种物品,每拿一个出来就问"这是×××(孤独症儿童的名字)的……吗?",要求孤独症儿童回答"是"或"不是"。

以上三个训练后,儿童的回答全部正确,就可以认为已经完成了这级训练目标。

② 中级训练过程。

第一个训练内容及步骤如下。

训练内容:学会指认他人的所属物品。

训练要求与步骤:教师把准备好的 4 个孤独症儿童认识的物品,放在桌面上并一一介绍;然后,告知儿童可以挑选 2 个自己喜欢的,并将未被挑选的物品放在人偶边上,告知儿童"这两个是人偶的";最后,教师示范说"这是人偶的……"。

认知物品归属(中级训练)

第二个训练内容及步骤如下。

训练内容:学习识别他人的所属物品。

训练要求与步骤:教师再次拿出 4 种物品,每拿出 1 个物品并问"这是人偶的……吗?",要求儿童回答"是"或"不是"。没有语言能力的孤独症儿童可以用点头或摇头的方式回答。

以上两个训练后,儿童的回答全部正确,或几乎正确,就可以认为已经完成了这级训练目标。

③ 高级训练过程。

第一个训练内容及步骤如下。

训练内容:学会用"是"或"不是"区分自己和他人所属物品。

训练要求与步骤:教师将孤独症儿童挑选的物品放在桌面离他近的地方,把没有被挑选的放在人偶边上;然后,依次问"这个……是×××(孤独症儿童的名字)的吗?"或"这个……是人偶的吗?",要求儿童回答"是"或"不是"。没有语言能力的儿童

认知物品归属(高级训练)

可以用点头或摇头回答。最后,将4个物品打乱放在一起,问儿童同样的问题,要儿童回答。

第二个训练内容及步骤如下。

训练内容:学会区分和指认自己与他人的所属物品。

训练要求与步骤:教师安排2名孤独症儿童一起训练。先让他们挑选自己喜欢的物品,每次选一个;然后,教师把选的物品放在他们各自面前;教师拿出一个物品问"这是谁的?",引导儿童用"这是×××(儿童的名字)的"或"这不是×××(儿童的名字)的"来回答。

这阶段的训练,要求孤独症儿童熟悉一起游戏的同伴,最好能叫出同伴的名字。不能说话的孤独症儿童学会用手指同伴。以上两步训练,每步在训练后,儿童的回答全部正确,或几乎正确,就可以认为已经完成了这级训练目标。

3. 人称代词训练

对人称代词的掌握是儿童认识主客体的重要标志。从语法角度来说,人称代词是直接指代人或者事物的代词。汉语中的人称代词有三种形式:第一人称代词,如"我""我们";第二人称代词,如"你""你们";第三人称代词,如"他(她)""他们(她们)"。

(1) 概念

由于人称代词所指代的人或事物不像人的名字具有专属性,需要在具备一定的语言理解和表达能力以及对事物的认知基础上,才能掌握。研究表明:以汉语为母语的儿童一般在1岁半到3岁半期间逐步掌握人称代词,其顺序是从"我""你"到"他"。[1] 然而,对于孤独症儿童而言,人称代词的掌握并非易事,需要有针对性的训练才有可能掌握。

(2) 训练目标

训练目标要视孤独症儿童的障碍程度及个体的能力水平和发展的可能性来制定。常规的做法是制定个体的初、中、高级训练目标。

① 初级训练目标。

初级训练目标主要是能使孤独症儿童正确使用第一人称"我"和"我的"。

---

[1] 许政援,闵瑞芳.汉语儿童人称代词的获得[J].心理学报,1992(4):337.

第一,使孤独症儿童学会说"我";

第二,使孤独症儿童学会使用"我的"表达自己的所属物品。

② 中级训练目标。

中级训练目标主要是帮助孤独症儿童学会使用第二人称"你"和"你的"。

第一,使孤独症儿童学会说"你";

第二,使孤独症儿童学会使用"你的……"表达属于他人的东西。

③ 高级训练目标。

高级训练目标主要是帮助孤独症儿童学会使用第三人称"他(她)"和"他(她)的"。

第一,使孤独症儿童学会说"他";

第二,学会使用"是他的不是我的……"和"是你的不是我的……"来区分所属物品。

(3)训练要求

① 要求接受训练的孤独症儿童完成了前面两项训练;

② 接受训练的孤独症儿童要有一定的认知和理解是非问句;

③ 接受训练的孤独症儿童要有仿说能力;

④ 要求训练按照初、中、高级的顺序进行,完成一级训练目标后才能进入下一级。

(4)教具准备

① 准备多类数个孤独症儿童熟悉的日常物品,如水果类、交通工具类玩具等;

② 准备孤独症儿童妈妈或其他亲人的照片数张;

③ 准备物品盒或物品箱,2 个以上。

(5)训练过程

① 初级训练过程。

第一个训练内容及步骤如下。

训练内容:学会说"我"。

训练要求与步骤:教师用手拍自己的胸脯并自我介绍"我是×××老师";然后拿着孤独症儿童的手拍自己的胸脯并说"我是×××",让孤独症儿童仿说。这样的练习重复多次,直到孤独症儿童能自己完整仿说。

人称代词训练(初级训练)

第二个训练内容及步骤如下。

训练内容:学会说"我的"。

训练要求与步骤:教师示范,如指着自己的嘴巴说"我的嘴巴"等,让孤独症儿童学着指自己的嘴巴说同样的话。这样的练习重复多次,直到孤独症儿童能自己完整仿说。

以上两个训练后,儿童的回答全部正确,就可以认为已经完成了这级训练目标。

② 中级训练过程。

第一个训练内容及步骤如下。

训练内容:学会说"你"。

训练要求与步骤:教师指着孤独症儿童说"你是×××(儿童的名字)",然后拿起孤独症儿童的手指着教师说"你是×××老师"等。这样的练习重复多次,直到孤独症儿童能自己完整仿说。

人称代词训练(中级训练)

第二个训练内容及步骤如下。

训练内容:学会用"你的"表达属于他人的东西。

训练要求与步骤:教师拿出5个玩具,与孤独症儿童游戏。教师每拿出1个物品放在孤独症儿童处就说"这是你的",让孤独症儿童听和看,然后把玩具给孤独症儿童,让孤独症儿童给教师发玩具并要求说"这是你的"。这样的练习重复多次,直到孤独症儿童能自己完整仿说。

以上两个训练后,儿童的回答全部正确,或几乎正确,就可以认为已经完成了这级训练目标。

③ 高级训练过程。

第一个训练内容及步骤如下。

训练内容:学会说"他(她)"。

训练要求与步骤:教师指着一个人偶的嘴巴说"这是他(她)的嘴巴"等,然后问"他(她)的嘴巴在哪里?"让孤独症儿童指认。

人称代词训练(高级训练)

或者教师指着人偶的头问"这是谁的头?",要求孤独症儿童用"这是他(她)的头"来回答。这样的练习重复多次,直到孤独症儿童能自己完整仿说。

第二个训练内容及步骤如下。

训练内容:学会使用"是他(她)的不是我的……"和"是你的不是我

的……"来区分所属物品。

训练要求与步骤:教师安排2名或以上孤独症儿童一起训练。教师依次拿出每个孩子妈妈(或其他亲人)的照片,让孤独症儿童辨认。教师每拿出一张照片就问"这是谁的妈妈?",引导儿童用"这是我的妈妈"和"这不是我的妈妈""这是他(她)的妈妈,不是我的妈妈"和"这是你的妈妈,不是我的妈妈"来回答。这样的练习重复多次,直到孤独症儿童能自己完整仿说。

以上两个训练后,儿童的回答全部正确,或几乎正确,就可以认为已经完成了这级训练目标。

(三)假扮游戏能力训练

假扮游戏是儿童对自己熟悉或理解的人、事和物,通过想象采用特定动作、行为或语言等方式,进行的自由式的一种游戏形式。假扮游戏对于普通儿童来说,随着身心的发展假扮游戏会自行产生。然而,对于孤独症儿童来说就没有那么简单,他们需要有针对性的训练才有可能获得这种能力。

1. 感觉动作游戏(sensorimotor play)训练

(1) 概念

感觉动作游戏能力是儿童假扮能力形成的基础游戏能力,因此,孤独症儿童的假扮能力训练首先是从感觉动作游戏的能力训练开始。感觉动作游戏是儿童利用自己的感觉器官对玩具产生自发性动作进行的游戏,如用嘴咬、用鼻子闻、用手摸等游戏。

(2) 训练目标

训练目标要视孤独症儿童的障碍程度及个体的能力水平和发展的可能性来制定。常规的做法是制定个体的初、中、高级训练目标。

① 初级训练目标。

初级训练目标主要是能使孤独症儿童运用自己的各种感官对客体进行"观察"。

第一,使孤独症儿童合理使用各种感官;

第二,使孤独症儿童学会用各种感官"观察"。

② 中级训练目标。

中级训练目标主要是通过模仿帮助孤独症儿童学会正确的感觉动作游

戏玩法。

第一,使孤独症儿童学会动手搭建镜像积木;

第二,使孤独症儿童学会听指令完成感觉动作游戏。

③ 高级训练目标。

高级训练目标主要是帮助孤独症儿童利用各感官联合参与动作游戏。

第一,使孤独症儿童学会各感官间的切换;

第二,可以熟练完成各感官切换的动作游戏。

(3) 训练要求

① 要求接受训练的孤独症儿童各感官功能正常;

② 接受训练的孤独症儿童有一定的非语言或语言的理解力;

③ 要求训练按照初、中、高级的顺序进行,完成一级训练目标后才能进入下一级。

(4) 教具准备

① 准备多类数个各种带颜色的玩具或物品以及带声响的玩具或物品;

② 准备各种颜色的积木若干;

③ 准备儿童双手能拿住的软皮球1个。

(5) 训练过程

① 初级训练过程。

第一个训练内容及步骤如下。

训练内容:各感官分项训练。

训练要求与步骤:由于孤独症儿童往往存在视觉优势、听觉劣势的现象,教师可以先开始视觉训练,如让孤独症儿童看各种带颜色的玩具或物品。进行听觉训练,教师要把带声响的玩具或物品给他们,或者让他们走近,教师可以把手放耳朵旁做凹形手势来示范,让孤独症儿童练习用耳朵来静静地听。训练触觉可以让孤独症儿童学习触摸自己和他人的身体或者各种玩具、物品等。嗅觉和味觉训练可以用各种不同滋味的食物进行训练。孤独症儿童普遍存在或感官超载(超敏)或感官迟钝问题,训练时一定要根据个体情况,设计有针对性的训练。这样的练习重复多次,直到孤独症儿童能自己独立安静地从事各种感官活动。

第二个训练内容及步骤如下。

感觉动作游戏训练(初级训练)

训练内容:学会用感官来"观察"。

训练要求与步骤:教师示范,如教师在孤独症儿童身边,拿一个有颜色带声音的玩具或物品自己边看边听边摸等,让孤独症儿童"观察"教师怎么做。然后,教师把玩具或物品给孤独症儿童,让他们练习去用各种感官"观察"。在这一过程中,教师不要纠正孤独症儿童利用感官的顺序,只要他们能去做,就鼓励他们。这样的练习重复多次,直到孤独症儿童能自己独立安静从事各种感官"观察"活动。

以上两个训练,儿童基本上都能完成,就可以认为已经通过了这级训练目标。

② 中级训练过程。

第一个训练内容及步骤如下。

训练内容:学会动手搭建镜像积木。

训练要求与步骤:教师拿着至少3块不同颜色的积木,先从横搭或竖搭开始训练。让孤独症儿童在教师对面坐好,按照教师搭的形式和颜色,搭出一模一样的积木。这样的练习重复多次,直到孤独症儿童能几乎每次都能正确地独立搭出镜像积木。

感觉动作游戏训练(中级训练)

第二个训练内容及步骤如下。

训练内容:学会听指令完成感觉动作游戏。

训练要求与步骤:教师随机发出让孤独症儿童摸自己感官的指令,如"请摸你的脑袋""请摸你的鼻子"等,教师自己也摸自己的感官,让孤独症儿童边看边摸自己的感官。然后,教师再发出让孤独症儿童摸教师感官的指令,如"请摸老师的脑袋""请摸老师的鼻子"等。这样的练习重复多次,直到孤独症儿童能比较快地反应并自己独立完成指令任务。

以上两步训练,每步在训练后,儿童完成指令动作几乎是正确的,就可以认为已经完成了这级训练目标。

③ 高级训练过程。

第一个训练内容及步骤如下。

训练内容:学会在各感官间切换。

训练要求与步骤:教师对孤独症儿童说"老师依次说水果的名字,说到'苹果'你要摸自己的眼睛,说到'西瓜'你要摸自己的

感觉动作游戏训练(高级训练)

耳朵"等,然后教师开始说,自己也摸自己的感官,孤独症儿童边看教师边听和摸。开始时教师可以只要求听到一种水果的名字(词语)摸某一感官,随着孤独症儿童能力提高,再一个一个加词语。这样的练习重复多次,直到孤独症儿童能比较快地反应并自己独立完成指令任务。

第二个训练内容及步骤如下。

训练内容:熟练完成各感官间切换的动作游戏。

训练要求与步骤:3个以上孤独症儿童小组训练。教师让孤独症儿童围成圈坐,玩"击鼓传球"游戏,教师告诉孤独症儿童,听老师击鼓的节奏传球,老师击鼓快的时候要快传,老师击鼓慢的时候要慢传,老师停的时候就不传。这样的练习重复多次,直到孤独症儿童能比较好地完成指令任务。

以上两个训练后,儿童完成指令动作几乎是正确的,就可以认为已经完成了这级训练目标。

2. 功能性游戏(functional play)训练

(1) 概念

功能性游戏是儿童依据所拥有或能利用到的物品,在知晓其功能的基础上进行的游戏活动。如拿着小汽车玩开汽车游戏、用泡泡机玩吹泡泡游戏等等。功能性游戏是儿童在一定认知基础上产生的,由于是以其功能或作用为游戏主题展开的,功能性游戏比感觉动作游戏高级之处是带有了儿童自己的最简单或最初期的想象。因此,可以说功能性游戏的发展是儿童向假扮游戏发展的过渡。

(2) 训练目标

训练目标要视孤独症儿童的障碍程度以及个体的能力水平和发展的可能性来制定。常规的做法是制定个体的初、中、高级训练目标。

① 初级训练目标。

初级训练目标主要是能使孤独症儿童兴趣广泛。

第一,使孤独症儿童对身边的各种物品感兴趣;

第二,使孤独症儿童了解日常生活物品的用途。

② 中级训练目标。

中级训练目标主要是能使孤独症儿童利用各种物品进行简单游戏。

第一,使孤独症儿童合理使用身边物品;

第三,使孤独症儿童学会利用物品进行简单游戏。

③ 高级训练目标。

高级训练目标主要是通过模仿完成日常物品的多步骤游戏。

第一,使孤独症儿童较全面地掌握日常物品的用途并能模仿使用;

第二,使孤独症儿童学会多步骤完成日常物品的功能性游戏。

(3) 训练要求

① 要求接受训练的孤独症儿童各感官功能正常;

② 要求接受训练的孤独症儿童有一定的非语言或语言的理解力;

③ 要求训练按照初、中、高级的顺序进行,完成一级训练目标后才能进入下一级。

(4) 教具准备

① 准备数个儿童日常生活中使用频率高的物品或模型;

② 准备人偶,至少1个。

(5) 训练过程

① 初级训练过程。

第一个训练内容及步骤如下。

训练内容:更多关注并喜欢身边的各种物品。

训练要求与步骤:由于孤独症儿童普遍存在兴趣狭窄问题,往往对身边的事物视而不见、听而未闻。教师可以利用他们的

功能性游戏训练(初级训练)

视觉优势或感觉偏好,进行扩大兴趣范围的训练。教师可以每次训练时用日常生活中的物品或物品模型做教具,如可以是厨房用的、卫生间用的、教室里用的等,每次拿出一个,每节课最多拿出两个,教师拿出教具时,要用比较夸张的表情,表现出对教具非常感兴趣。拿出后,可以按照其用途进行"游戏",让孤独症儿童观看,然后把教具给儿童,让他观察并模仿,开始时如果不能模仿,教师可以辅助儿童完成。这样的练习重复多次,直到孤独症儿童能自己独立地进行符合教具功能的游戏。

第二个训练内容及步骤如下。

训练内容:认知日常生活物品的用途。

训练要求与步骤:教师用实物或模型或图片,利用孤独症儿童的感官偏好和语言理解能力,从他们生活最密切的物品开始认知,如饮食用品、衣服、

家具和家居用品、交通工具等。训练时要依据孤独症儿童的认知能力选择训练材料的难易和多少。每次课认知的物品不要太多。训练过程中，教师每拿出一个物品，要有意引起儿童的注意和兴趣，并用简单易懂的语言告知儿童物品的用途。当儿童认知了一个后，教师再拿出下一个。然后把本次课认知的几个物品摆成一行，教师说用途，让儿童拿起来，如"圆的用来装饭的是哪个？""用来梳头发的是哪个？"等。这样的练习重复多次，直到孤独症儿童能正确认知这些物品。

以上两个训练后，儿童基本上能完成日常生活物品的用途认知，就可以认为已经通过了这级训练目标。

② 中级训练过程。

第一个训练内容及步骤如下。

训练内容：学会合理使用身边物品。

训练要求与步骤：教师依次拿出几个儿童认知过的物品或模型，每拿出一个就说出名称，并示范性地做出相应的使用动作，如说"这是筷子"，并做夹东西的动作。然后让孤独症儿童模仿着去做。最后，把本次训练的几样物品或模型一起拿出来，教师随机选择说出名称，让孤独症儿童做使用时的动作。这样的练习重复多次，直到孤独症儿童能正确地独立完成使用物品的动作。

功能性游戏训练（中级训练）

第二个训练内容及步骤如下。

训练内容：学会利用物品进行简单游戏。

训练要求与步骤：教师把课前准备好的孤独症儿童认知并能使用的几个物品或模型拿出来，如人偶、筷子、碗、盘子等，教师先示范，一一使用拿出的餐具给人偶用。然后让孤独症儿童模仿这个简单的游戏。这样的练习重复多次，直到孤独症儿童能独立完成游戏。

以上两个训练后，儿童完成游戏的动作几乎是正确的，就可以认为已经完成了这级训练目标。

③ 高级训练过程。

第一个训练内容及步骤如下。

训练内容：比较全面地掌握日常物品的用途并能模仿使用。

训练要求与步骤：教师针对孤独症儿童个体的认知能力，在

功能性游戏训练（高级训练）

前面两个阶段训练基础上,有计划、分系列地对孤独症儿童进行日常生活中物品用途或功能的全面认知训练,如按照衣、食、住、行的顺序进行有序训练,并在认知的同时进行正确的模仿使用。其步骤可以参照初级和中级训练步骤。这样的练习重复多次,直到孤独症儿童能基本上对日常生活中使用频率高的物品进行用途认知和能正确地使用,就完成了这个阶段的训练任务。

第二个训练内容及步骤如下。

训练内容:学会多步骤完成日常物品的功能性游戏。

训练要求与步骤:教师课前准备一个人偶和几个类别的物品或模型做教具,如衣、食、住、行各类里的几个物品或模型,教师拿出各类教具按照孤独症儿童能理解的方式,边说边游戏,如"这个人偶要吃饭了",边说边系上围裙拿出菜,洗、切、炒……教师依据生活中真实的做法做好示范。开始可以只做两个类别物品的游戏,重复练习几次后,增加游戏材料的类别和步骤。这样的练习重复多次,直到孤独症儿童能比较好地独立完成多类别材料参与的功能性游戏活动。

以上两个训练后,儿童能基本上无误地完成游戏,就可以认为已经完成了这级训练目标。

3. 假扮游戏(pretend play)训练

(1) 概念

假扮游戏是儿童运用想象完成的游戏活动,因此也可理解为是想象性游戏。儿童依据个体的知识经验和理解力,通过自己的想象对生活中所见所闻的事件进行模拟,从而完成游戏的活动。因此,假扮游戏是儿童发展过程中出现的高级别游戏,是儿童自主游戏的最高层。儿童假扮游戏的出现是大脑发育和认知水平发展到一定程度的结果。

(2) 训练目标

训练目标要视孤独症儿童的障碍程度及个体的能力水平和发展的可能性来制定。常规的做法是制定个体的初、中、高级训练目标。

① 初级训练目标。

初级训练目标主要是能使孤独症儿童进行物品的替代。

第一,使孤独症儿童理解替代;

第二,使孤独症儿童使用替代进行简单游戏。

② 中级训练目标。

中级训练目标主要帮助孤独症儿童产生想象活动。

第一,使孤独症儿童学会想象;

第二,使孤独症儿童学会简单的想象游戏。

③ 高级训练目标。

高级训练目标主要是帮助孤独症儿童辨别真与假。

第一,使孤独症儿童理解"真"与"假";

第二,使孤独症儿童自主完成假扮游戏。

(3) 训练要求

① 要求接受训练的孤独症儿童已完成了前面两个大项的训练任务;

② 要求接受训练的孤独症儿童有一定的非语言或语言的理解力;

③ 要求训练按照初、中、高级的顺序进行,完成一级训练目标后才能进入下一级。

(4) 教具准备

① 准备儿童日常生活中使用频率高的物品或模型数个;

② 准备大一点的棍子至少1根,最好是塑料的。

(5) 训练过程

① 初级训练过程。

第一个训练内容及步骤如下。

训练内容:理解替代的意义。

训练要求与步骤:由于孤独症儿童普遍存在思维刻板、想象力缺乏问题,教师要做好充分的训练准备,从日常生活的物件或模型开始进行替换性练习,如训练时拿出筷子说"这多像敲鼓棒",拿出一个长方形积木说"这像个小汽车"等。然后让孤独症儿童自己观察并学习替换。教师要利用他们的视觉优势或感觉偏好,进行视觉想象力替换训练。这样的练习重复多次,直到孤独症儿童能自己独立地进行想象性替换。

假扮游戏训练(初级训练)

第二个训练内容及步骤如下。

训练内容:学会使用替代进行简单游戏。

训练要求与步骤:教师用实物或模型或图片做替代物游戏示范,如用大一点的棍子,说"我们来骑马吧",同时拿着棍子做骑马的动作,然后让孤独症儿童模仿说和做。这样的练习重复多次,直到孤独症儿童能完成替代游戏。

以上两个训练后,儿童基本上能完成替代游戏,就可以认为已经通过了这级训练目标。

② 中级训练过程。

第一个训练内容及步骤如下。

训练内容:学会想象。

训练要求与步骤:教师依次拿出物品或模型,每拿出一个就说出像什么,如"棉花像云朵""椅子像小车""纸杯像喇叭"等。然后让孤独症儿童来一一学着说像什么。这样的练习重复多次,直到孤独症儿童能独立完成想象活动。

假扮游戏训练(中级训练)

第二个训练内容及步骤如下。

训练内容:学会简单的想象游戏。

训练要求与步骤:教师课前准备一些厨房用具模型或家具模型,用这些模型先示范进行妈妈给孩子做饭或做家务游戏。然后让孤独症儿童模仿游戏。这样的练习重复多次,直到孤独症儿童能独立完成游戏。

以上两个训练后,儿童能完成简单的想象游戏,就可以认为已经完成了这级训练目标。

③ 高级训练过程。

第一个训练内容及步骤如下。

训练内容:理解"真"与"假"。

训练要求与步骤:教师准备一些教具,如装了水的杯子和空杯子,装有食物的碗和空碗等。教师拿起装了水的杯子喝水,再拿起空杯子喝水,问"哪个是真的在喝水?""哪个是假扮在喝水?",如果孤独症儿童的能力不足,可以自己示范先回答,如孤独症儿童能回答,可以让他回答。然后让孤独症儿童练习做,问问题。这样的练习重复多次,直到孤独症儿童能正确辨别"真"和"假",就完成了这个阶段的训练任务。

假扮游戏训练(高级训练)

第二个训练内容及步骤如下。

训练内容:自主完成假扮游戏。

训练要求与步骤:教师课前准备两个类型的实物或模型,带孤独症儿童一起进行假扮游戏。教师引导孤独症儿童选择先做什么游戏,一个游戏做好后,可以引导他再选择一个主题的假扮游戏。注意每次训练教师准备的游戏道具种类和数量不要过多,以免造成孤独症儿童分散注意力或导致选择困难。如果儿童在游戏中的做法不符合常规和规范,可以稍加辅助或引导,但不能替儿童想象。这样的练习重复多次,直到孤独症儿童能比较好地独立完成多类别材料参与的假扮游戏活动。

以上两个训练后,儿童能基本上无误地理解和完成假扮游戏,就可以认为已经完成了这级训练目标。

(四) 意图解读能力训练

为什么有语言表达能力的孤独症儿童会说出自己的需要,但非常少能说出自己的意图或想法？因为孤独症儿童不能与人很好地沟通和交往,很大程度上是不能理解自己与他人的心理状态,包括情绪、愿望、意图等。近年来一些研究很看重如何发展儿童"意图解读"的能力,认为这也应该是研究训练孤独症儿童方法的重点。对于普通儿童来说,随着儿童心智的发展,意图解读能力 18 个月就开始显现。然而,对于孤独症儿童来说,意图解读能力的发展不是易事,他们需要有针对性的训练才有可能获得。

1. 理解他人视角训练

(1) 概念

他人视角是指人不单从自己的视角看事物,而是能理解他人视角所看到的事物与自己的视角看到的不同。这种理解能力是人意图能力发展的第一步。

(2) 训练目标

使孤独症儿童能理解别人看到的和自己看到的事物角度不同,特征就不同。

(3) 训练要求

① 要求接受训练的孤独症儿童已完成前面几个大项的训练任务；

② 接受训练的孤独症儿童有一定的非语言或语言的理解力。

(4) 教具准备

① 大白纸卡 1 张、不同实物或模型数个；

② 双面不同内容的卡片数张。

(5) 训练过程

① 拿出两个不同的实物或模型,分别放在相对而坐的孤独症儿童和教师桌面的近处,使所放的两个物品尽可能处于儿童和教师连成的直线上。然后,教师问"你边上的是什么?""我边上的是什么?",待儿童回答正确后,把大白纸卡横放在两个物品中间,教师问:"你身体不要动,能看到我边上的这个东西吗?"重复这样的训练,直到儿童每次都能回答说"不能"或"看不到"为止。

理解他人视角训练

② 教师依次拿出准备好的双面卡,每拿出一张后,分别把两面给孤独症儿童看,看一面时问"你看到了什么?",然后把双面卡竖着放在两人中间的桌面上,问:"你现在看到的是什么?"待儿童回答后,再问:"老师现在看到的是什么?"重复这样的训练,直到孤独症儿童能理解他人视角所看到的事物与自己的视角看到的不同为止,理解他人视角训练目标就达成了。

2. 理解视角换位训练

(1) 概念

视角换位是指人看事物时不同的视角所看到的事物特征不同,能站在他人的视角(换位)理解所看到的事物是什么。这种理解能力是人意图能力发展的第二步。

(2) 训练目标

使孤独症儿童能理解别人的视角所看到的与自己的视角所看到的不同,并能知晓别人视角看到的是什么。

(3) 训练要求

① 要求接受训练的孤独症儿童已完成单一视角的训练任务;

② 接受训练的孤独症儿童有一定的非语言或语言的理解力。

(4) 教具准备

根据孤独症儿童的视觉偏好选择数个他喜欢的卡片或实物模型。

(5) 训练过程

① 教师拿出一个孤独症儿童喜欢的卡片或实物模型,放在相对而坐的孤独症儿童和教师的桌面上,注意要把正面对着孤独症儿童。然后问"你看到的是什么?",待儿童回答后,问"老师看到的是什么?",之后再问"你看到的是×××的那面吗?",待

理解视角换位训练

儿童回答正确后，再问："老师看到的是×××的那面吗？"

② 使用上面的卡片或实物模型，倒放在孤独症儿童面前，问"你看到的是什么？"，待儿童回答后，问："老师看到的是什么？"，之后再问"你看到的是×××的那面吗？"待儿童回答正确后，再问："老师看到的是×××的那面吗？"重复这样的训练，直到孤独症儿童能站在他人的视角理解所看到的事物是什么为止，理解视角换位训练目标就达成了。

3. 理解"看到才知道"训练

(1) 概念

"看到才知道"是指人只能知道自己看到的，不知道没有看到的事物，只有看到了才能知道是什么。这种理解能力是人意图能力发展的第三步。

(2) 训练目标

使孤独症儿童能理解人只能知道自己经历过的事件，从而理解他人。

(3) 训练要求

① 要求接受训练的孤独症儿童已完成前两步的训练任务；

② 接受训练的孤独症儿童有一定的非语言或语言的理解力。

(4) 教具准备

① 大小不等的空盒子或箱子几个；

② 孤独症儿童认识并喜欢的玩具若干个。

(5) 训练过程

① 只有教师和孤独症儿童两人参与的游戏。教师把一个空盒子或箱子和两个不一样的玩具放在两人中间的桌面上，教师说"老师要把这两个玩具的其中一个放到盒子（箱子）里，你现在要闭上眼睛哦"。教师待儿童闭上眼睛后，把其中一个玩具放进去，把另一个收起来。然后说："老师放进去了，你知道放的是什么吗？"如果儿童说对了，教师要强调说"这是你猜对的，不是看到的"，再接着玩。如果儿童没有说对，教师问"为什么没有说对呢？"，如果儿童回答不上来，教师说"因为你闭上了眼睛，没有看到老师放的是哪个，所以你就不知道"。这个游戏的玩具可以多次更换，以使儿童有新鲜感。

理解"看到才知道"训练

② 由教师、孤独症儿童和人偶参与的游戏。教师向孤独症儿童介绍人偶，说"现在我们和贝贝一起玩"。教师把人偶贝贝、盒子（箱子）、2个玩具放

在桌面上，并向孤独症儿童和人偶介绍桌面上的东西，并对孤独症儿童说"我们一起把一个玩具放进盒子（箱子）里，不让人偶贝贝看到"。教师把人偶放到一边，说"你来选一个玩具"，如果孤独症儿童不会选，教师可以辅助完成。选好放进去后，教师说"现在我们也让人偶贝贝看看盒子（箱子）里放的是什么玩具吧"。教师把人偶贝贝拿过来，让人偶贝贝看，然后问："人偶贝贝知道这里放了什么吗？"如果儿童回答"不知道"，教师纠正说"知道了，因为刚才让她看了"。如果儿童说"知道"，教师要接着问："为什么人偶贝贝会知道呢？"如果儿童有语言表达能力，引导其说出"因为刚才让她看了"；如果儿童的语言表达能力弱，教师可以让儿童用非语言的方式如摇头或点头表示。

这个游戏在玩到教师和儿童一起把玩具放进去后，教师还可以这样问："人偶贝贝知道我们放的是什么玩具吗？"儿童如果说"知道"，教师要纠正说"不对，她不知道，因为我们放的时候她没有看到"。如果儿童说"她不知道"，教师要接着问"为什么不知道呢？"，如果儿童有语言表达能力，引导其说出"因为刚才没让她看到"；如果儿童的语言表达能力弱，教师可以让儿童用非语言的方式如摇头或点头表示。

以上游戏重复多次，直到孤独症儿童能理解人只能知道自己看到的，不能知道没有看到的事物，只有看到了才能知道是什么，这步训练目标就达成了。

4. 理解"他人的已知与行为"训练

（1）概念

"他人的已知与行为"是指他人之前所见会有他人后续的行为。这种理解能力是人意图能力发展的第四步。

（2）训练目标

使孤独症儿童能理解人之前知道什么在哪里，就会去哪里找。

（3）训练要求

① 要求接受训练的孤独症儿童已完成前三步的训练任务；

② 要求接受训练的孤独症儿童有一定的非语言或语言的理解力。

（4）教具准备

① 模型屋一个和人偶一个；

② 孤独症儿童认识的室内物品若干个。

（5）训练过程

教师把模型屋及室内物品模型，课前放在桌面上。待孤独症儿童进教室坐好后说"我们一起看看这个模型屋的房间里有什么呢？"，"有×××、有×××……还有两个苹果，一个在小桌子上，一个在柜子上"，"人偶七七进来了，他看到了小桌子上的苹果，没有看到柜子上的红苹果"，"他在屋子里玩了一会儿就走了"，"过了一会儿（和儿童等待一会儿）人偶七七回来了，他想吃苹果"，"他会去哪里拿苹果呢？"如果孤独症儿童回答"去小桌子上拿"就奖励他或夸奖他，并接着问："为什么他会去小桌子上拿呢？"直到孤独症儿童能说出"他只看到了小桌子上的苹果"为止；如果孤独症儿童回答"去小柜子上拿"就纠正他："不对的，他前面进来玩的时候没有看到小柜子上的苹果。他只看到了小桌子上的苹果。那他会去哪里拿苹果吃呢？"引导儿童说"去小桌子上拿"。如果儿童的语言表达能力弱，教师可以让儿童用手指模型屋里的苹果来回答。重复这样的训练，直到孤独症儿童能理解人之前知道什么在哪里，就会去哪里找，这步训练目标就达成了。

理解"他人的已知与行为"训练

5. 理解"他人错误意图"训练

（1）概念

"他人错误意图"是指人当不知道已知的事物有变化时还会认为事物是原样的。这种理解能力是人意图能力发展的最后一步。

（2）训练目标

使孤独症儿童能理解"他人错误意图"的原因并接纳。

（3）训练要求

① 要求接受训练的孤独症儿童已完成前面四步的训练任务；

② 接受训练的孤独症儿童有一定的非语言或语言的理解力。

（4）教具准备

① 模型屋一个和人偶两个；

② 孤独症儿童认识的室内物品若干个。

（5）训练过程

① 物品位置错误意图训练游戏。教师把模型屋及室内物品模型提前放在桌面上，待孤独症儿童进教室坐好后说："我们一起看看这个模型屋的房间

里有什么玩具。有个消防车,有×××……这个模型屋是两个人偶的家,一个人偶是小哥哥轩轩,一个是小妹妹婷婷,他俩现在都在外面玩呢。哥哥轩轩口渴了,他进屋里找水喝,他进来的时候,看到消防车在玩具柜上,轩轩喝了水又出去玩了……过了一会儿,妹妹婷婷来到屋子里,她也要喝水,喝好水后,她看到玩具柜上的消防车,拿起来玩了一会儿,把消防车放到床上就出去了。"然后问,"哥哥轩轩回来后会去哪里找消防车呢?"如果孤独症儿童回答"去玩具柜上找"就奖励他或夸奖他,并接着问"为什么他会去玩具柜上找呢?",直到他能说出"他进来时看到消防车在玩具柜上"或者说"他没有看到妹妹婷婷把消防车放到小床上了"为止;如果他回答"去床上找"就纠正他:"不对的,他进来喝水的时候看到消防车在玩具柜上哟,他没有看到妹妹婷婷把消防车放在小床呀。那他会去哪里找呢?"引导儿童说"去玩具柜上找"。如果儿童的语言表达能力弱,教师可以让儿童用手指来回答。重复这样的训练,直到孤独症儿童能理解当没有看到别人动了这个东西,还是会认为这个东西在原地的道理。

理解"他人错误意图"训练

② 物品内容错误意图训练游戏。教师把模型屋及室内物品模型提前放在桌面上,待孤独症儿童进教室坐好后说:"我们一起看看这个模型屋的房间里有什么玩具。有好多水果,有一个饼干盒,有×××……"然后说,"我们看看这个饼干盒里是什么吧?"教师打开饼干盒,里面是彩笔,问:"你以为里面应该是什么呢?"儿童可能会说"是饼干",教师可以肯定儿童的回答说"是的,因为饼干盒是用来放饼干的,我们没有看到谁把饼干吃了,放了彩笔,所以还以为里面是饼干";如果儿童回答"是彩笔",教师要纠正说"不对,饼干盒是放饼干的,我们没有看到谁放了彩笔,所以不能知道里面是彩笔",直到儿童能说出"以为是饼干"为止。

教师还可以介绍人偶佳佳参与游戏,问"佳佳认为饼干盒里会是什么呢?",孤独症儿童的回答也可能是上面两种,教师可以用以上的方法引导和训练儿童。

重复这样的训练,直到孤独症儿童能理解"他人错误意图"的原因并接纳,这步训练目标就达成了。

【本章练习题】

1. 什么是心智活动与心智解读？两者有何关系？
2. 简述心智解读的功能。
3. 试述孤独症儿童心智解读能力的发展。
4. 简述孤独症儿童心智解读能力评估方法。
5. 孤独症儿童心智解读能力训练有什么必要性？
6. 试述孤独症儿童心智解读能力训练的主要内容。

第五章

孤独症儿童语言与言语发展及康复训练

教学目标

1. 师德养成目标

通过本章内容的教学,理解语言与言语发展对孤独症儿童社会性发展的意义;认识到科学的、针对性的语言与言语训练对孤独症儿童个体的必要性,从而确立教师在孤独症儿童的核心问题改善中所承担的重要角色;深刻理解教师身份的崇高和伟大。

2. 知识与能力目标

(1) 知识目标:理解语言与言语的关系,了解儿童语言与言语的发展,掌握孤独症儿童语言与言语评估的一般知识,理解孤独症儿童语言与言语训练的原则。

(2) 能力目标:初步学会孤独症儿童语言与言语评估方法、语言与言语训练的基本方法。

3. 情感与意志目标

(1) 情感目标:了解孤独症儿童语言与言语发展异常的原因,从而理解教师接纳"神经多样性"的意义,从而生成"有教无类"的情感体验。

(2) 意志目标:深刻理解孤独症儿童语言与言语训练的必要性,并产生为之努力学习的意志品质。

教学重点与难点

(1) 教学重点:孤独症儿童语言与言语的发展。

(2) 教学难点:孤独症儿童语言与言语训练的内容及实施。

> **案例呈现**

轩轩今年10岁。在他2岁多的时候，父母感觉他与同龄孩子不一样，特别好照顾，比如爸爸或妈妈去上班和下班回家，轩轩不会找他们，总是自己玩。除非需要没有被满足，他很少哭闹。自轩轩被医院诊断为重度孤独症后，家长就带他四处治疗和康复，直到轩轩6岁多，家里老人故去，且父母感觉康复效果不好，就没有再对他进行任何康复训练。轩轩8岁后来到当地的康复中心，经各项能力评估发现，他的智力仅相当于2岁儿童水平，而且他的语言发展更加落后，还达不到1岁半儿童的能力，主要表现在：语言训练时有仿音，但发音时不会送气；只能仿单个音；有需要时只会动手拉扯照顾者或通过发脾气来表示。

第一节 语言与言语及其障碍概述

一、语言与言语及其关系

（一）语言与言语的定义

语言是社会共有的交际工具，是按一定的语法所构成的语音表义系统。语言是由语音、语法和词汇构成的符号系统。言语是运用语言进行交际的过程，包括人们的说和写的过程，是人的一种行为活动。语言与言语是一对密不可分的相对概念，它们既关系密切，又有各自要独立完成的任务。

（二）语言与言语的关系

1. 语言与言语的联系

语言是在人们相互交际的过程中产生的，并发挥它的交际工具的作用。如果离开了言语这个交际过程，语言也就失去了它的存在价值。言语是要借助于语言才能完成自己任务的交际过程。如果没有语言，人们的交际过程只能通过表情、动作来进行,这种交际方式不能满足人类这种高级精密大脑产生的智慧活动的需要。因此说,语言与言语相互依存、共生共长。

2. 语言与言语的区别

(1) 一静一动

语言是社会共有的交际工具,是人类在长期的社会实践中发展起来的相对稳定的符号系统,语言具有的传承性也代表着它的稳定性。言语是人们在社会生活中运用语言满足交际的过程。交际过程本身是自由的和自主的,这就使得言语是相对动态的和变化多样的。

(2) 共性与个性

语言是交际活动中社会成员约定俗成共同使用的工具,人们在运用交际工具时,必须遵守本民族语言系统的规则,这样才能保障语言功能的实现和语言自身的发展。因此,语言的共性是它的本质所在。言语中每个人的嗓音、具体发音、使用的词语和句子结构等方面都有带有个人特色。因此,言语除了具有社会因素外,更具有个人的个性色彩。

(3) 有限与无限

语言系统的各个结构成分(语音成分、词的数量和构词规则等)是有规律可循的,也是受到限制的,人们要遵守这样的系统结构来使用它。言语活动是一种行为过程。不同的人,不同的交际需要,不同的话题,言语可以长,可以短,不受限制。

二、语言与言语障碍及其类型

(一) 语言与言语障碍的定义

语言和言语障碍在许多文献中被统称为语言障碍,但从它们各自所承担的任务来说,二者是有区别的。语言障碍是指儿童在理解和运用语言符号及规则方面发生的问题,或者儿童语言能力的发展明显落后于同龄伙伴的水平[1],如3岁还不会说话、表达时词不达意、自说自话等。语言障碍会直接影响儿童的思维发展,导致智力受到严重影响。言语障碍又称为说话障碍,指

---

[1] 银春铭,于素红.儿童语言障碍及矫正[M].北京:人民教育出版社,2001:101.

个体说话明显异于常人而引人注目或不易被人理解，如发音不准、咬字不清晰、说话停顿不当等。言语障碍会导致个体在与人沟通时表现出不适或无法与人沟通。

拓展阅读

美国的一项调查发现，3岁儿童中，出现言语障碍的占6%，其中男孩言语障碍的发生率比女孩高出一倍。日本在20世纪80年代的一项调查中报告，日本的语言障碍儿童至少有100万。2000年中国台湾台北市所做的调查显示学前儿童语言障碍的发生率为3.03%。1999年在江苏省的调查结果表明，普通教育机构中，低幼儿童语言障碍发生率为4.02%，其中，男孩的发生率为4.93%，女孩的发生率为2.93%。[①]

儿童语言言语问题越来越受到家长的关注，家长受到儿童说话晚、口齿不清、发音错误等问题的困扰时，常常找不到相应的医疗部门解决此问题。国外报道2岁儿童言语语言障碍达到17%，3岁达4%～7.5%，6岁达3%～6%。学龄前儿童中，约7%～10%儿童语言发育迟缓；而3%～6%的儿童有言语感受或表达障碍，并影响日后的阅读和书写。[②]

（二）语言与言语障碍的类型

学界对于语言和言语障碍的分类仍有争议。国内学者一般采用两种分类方法：一种是把语言障碍和言语障碍合并，统称为交际障碍或言语障碍，并把其分为构音障碍、语言流畅性障碍（口吃）、声音障碍和语言障碍四类；另一种是把语言障碍和言语障碍分开，同时把语言障碍分为语言发展障碍和失语症两类，把言语障碍分为构音障碍、语言流畅性障碍（口吃）[③]和嗓音障碍三类。以下简要介绍后一种分类。

---

① 方丰娟．不容忽视的儿童言语障碍[J]．家庭教育（婴幼儿家长），2005(9)：33．
② 于萍．儿童言语语言障碍（一）[J]．中国听力语言康复科学杂志．2016(4)：303．
③ 语言流畅性障碍是一种言语障碍，但在习惯上我们一般不称为"言语流畅性障碍"。

(一) 语言障碍

1. 语言发展障碍

语言发展障碍是指儿童口头表达能力或语言理解能力明显落后于同龄儿童的正常发展水平。语言发展障碍可分为伴随性语言发展障碍和发展性语言障碍。

(1) 伴随性语言障碍

通常来说,由于儿童智力低下、听力障碍、构音器官疾病、中枢神经系统疾病、语言环境不良等因素导致的儿童语言发展障碍,都属于伴随性语言障碍。因为这些原因会直接影响儿童的语言发展进程。

(2) 发展性语言障碍

发展性语言障碍,也称单纯语言发展异常,是指在正常语言学习环境下,没有听力缺陷、智力迟钝、明显神经或精神损伤的情况下,语言能力得不到正常发展。

发展性语言障碍又分为表达性语言障碍和感受性语言障碍。表达性语言障碍是指能理解语言但不能表达;感受性语言障碍是对语言的理解和表达均有影响。其表现为有些患儿开始学习语言时,可发出一些音节,但不能组成词;还表现出记不住常用词,不能用完整的句子去表达,无法正确使用功能词素和动词词法等。有些患儿对语言的学习速度很慢,如2~3岁还不能叫爸爸、妈妈,4岁还不能说5个字以上的句子。发展性语言障碍儿童,上小学后由于语言交流困难,会影响其心理健康,如会出现焦虑、抑郁、退缩、违拗等行为问题,并且会伴有学习困难,主要是阅读、理解和计算困难。

2. 失语症

失语症主要是由大脑语言中枢出现问题,导致人的语言功能出现障碍,从而丧失口语表达和理解能力的临床现象。其表现为在无听、说器官和意识受损的情况下无法完成语言接收、加工和输出。失语症常见的临床症状有:口语表达障碍、听理解障碍、阅读理解障碍、书写障碍、手势语的理解和表达障碍。失语症最常见的有运动性失语症和感觉性失语症。运动性失语症的表现是患儿能听懂话,看懂文字,但不能说话或只能讲一些单词。感觉性失语症的表现是患儿往往听力正常,但听不懂自己和别人所说的话,或虽有说话和书写能力但语言混乱,无法被别人理解。

失语症还可分为获得性失语症和发育性失语症,均是由器质性脑病变引起的理解和表达语言符号内容的异常。获得性失语症是指儿童和成人由于脑损伤或外伤出现的语言或言语丧失;发育性失语症是指儿童由于先天原因无法学会说话。

拓展阅读

语言活动的中枢机制

语言活动受一侧大脑半球支配,称为优势半球。除少数人外,绝大多数人的优势半球位于左侧大脑皮质及其连接纤维。语言活动是大脑皮质各个部位共同活动的结果,但皮质的不同部位又有相对的机能分工。语言活动包括听、说、读、写等几种不同的形式,因此,在大脑皮层上也分别有参与这些语言活动形式的皮质部位。

(1)听觉性语言中枢。顶叶、枕叶、颞叶交会处的颞上回主管对听到的语言进行理解,这一中枢叫听觉性语言中枢,因为是威尔尼克(Wernicke)发现的,所以又叫威尔尼克区。听觉性语言中枢受到损伤的患者听觉器官正常,所以仍然能听到声音,却不能分辨语音,对字词也失去了理解的能力,这叫感觉性失语症,又叫接受性失语症。

(2)运动性语言中枢。人脑左半球额下回靠近外侧裂的部位是主管说话机能的,叫运动性语言中枢。因为它是法国医生布洛卡(Broca)发现的,所以又叫布洛卡区。运动性语言中枢如果受到损伤,会表现为说话迟钝、费力,不能说出连贯、顺畅的语言,但其发音器官并没有毛病,而且病人还能听懂别人说的话,还能写字和认字,这叫表达性失语症。

(3)视觉性语言中枢。位于顶叶、枕叶交会处的角回是主管阅读的,叫视觉性语言中枢。这一中枢受到损伤的患者,能看到字词,却不能理解字词的含义,这叫失读症。

(4)书写中枢。位于额中回靠近中央前回的地方是主管书写功能的,叫书写中枢。这一中枢受到损伤的患者,其他运动机能正常,却不能写字、绘画,这叫失写症。

(5) 命名中枢。第一颞回与角回之间区域是命名中枢,病损时讲不出所见的人和物名称,是命名性失语症。

(二) 言语障碍

1. 构音障碍

构音(dysarthria)是指人产生语音的过程,主要指从胸腔呼出的气流经过声带振动,又经过唇、舌、腭、咽等构音器官的摩擦或阻断,从而发出语音的过程。当人在发音的时候,其发音的位置、气流的方向和强度、各器官的动作配合出了问题,就会造成语音的改变,形成构音障碍。构音障碍是指由神经病变,与言语有关的肌肉麻痹、收缩力减弱或运动不协调所致的言语障碍。

拓展阅读

构音障碍的分类:① 痉挛型构音障碍是中枢性运动障碍,一般表现为说话费力,音拖长,不自然的中断,音量、音调急剧变化,粗糙音,费力音、元音和辅音歪曲、鼻音过重等;② 迟缓型构音障碍是周围性构音障碍,表现为不适宜的停顿、气息音、辅音错误、鼻音减弱等;③ 共济失调型构音障碍是小脑系统的障碍,主要表现为元音、辅音歪曲、较轻,韵律失常,声音的高低、强弱呆板、震颤,初始发音困难,声音大,重音和语调异常,发音中断明显等;④ 运动过强型构音障碍是锥体外系障碍,构音器官的不随意运动破坏了有目的运动,造成元音和辅音的歪曲、失重音、不适宜的停顿、费力音、发音强弱急剧起伏、鼻音过重等;⑤ 运动过弱型构音障碍是锥体外系障碍,由于运动范围和速度受限,发音为单一音量、单一音调、重音减少、有呼吸音或失声现象;⑥ 混合型构音障碍是运动系统多重障碍,其表现为上述各种症状的混合,多种或单一不定,其好发人群广泛。

2. 语言流畅性障碍

语言流畅性障碍也称口吃。世界卫生组织将其定义为一种言语节奏的紊乱。它以无意识的声音重复、延长或中断而使说话人当时无法清楚表达他所想表达的内容。由此可见,语言流畅性障碍主要指在连续话语过程中的韵律失调,表现为节律、语速的失当。普通人的言语都具有良好的节律与速度,如偶尔不流畅也不至于影响交际,甚至有时说话者用停顿、音节延长、音节重复等手段来强调话语内容的重要,或引起听众的注意。但患流畅性障碍的儿童,其言语呈现出的话语节律混乱过于突出,在整个话语结构中,有太多的重复、阻塞、延长或节奏不当的停顿,甚至说话者不得不采用非口语的交际手段来替代口语的交流,其结果严重干扰了口语交际的进行。

虽然节律问题是语言流畅性障碍(口吃)最明显的特征,但是节律问题并不是这种障碍的唯一问题。一般说来,语言流畅性障碍包括了一些基本特点:第一,在某些音素或音节的发音上表现出异常的言语行为,包括音素或音节的拖长、重复、说话时发生中断、发音用力过强、只有发音动作而发不出声音。例如,把"你们"发成"你——你——你们"或"你——们"。第二,当发生口吃或预感到将要发生口吃时,有意掩饰自己的流畅性障碍。第三,一些消极情绪如恐惧、焦虑、羞愧、沮丧等会严重地困扰患者,影响患者的人生目标及心理发展。

从性别来说,语言流畅性障碍(口吃)发生率男性要高于女性,比例一般是 4∶1;主要发生在儿童期,大多数在 2~7 岁,发病的高峰是 5 岁,在所有学龄前儿童中占 5%,在言语障碍中约占 31.1%,其中 80% 可以通过适当的矫治恢复正常。[①]

3. 嗓音障碍

嗓音障碍也称声音障碍,指音高、音质和音量等基本特性方面的各种异常表现。根据不同的表现形式,嗓音障碍可以分为音高障碍、音质障碍和音量障碍等。

(1) 音高障碍。音高障碍表现为多种类型:声音过高、声音过低、音高平直、音高突变、假声、双音等。

(2) 音质障碍。音质也叫音色,其障碍主要表现为两种。第一种是共鸣障碍,包括鼻音过重和鼻音缺失。第二种是嗓音障碍,包括气息声、沙哑声和嘶哑声。气息声是指发声时有过多的气流呼出;沙哑声是一种很刺耳的声音,也是一种不好的发音方式;嘶哑声是气息声和沙哑声的混合。

---

① 周兢. 学前特殊儿童教育[M]. 大连:辽宁师范大学出版社,2004:108.

(3) 音量障碍。音量是指声音的大小强弱，它主要取决于说话时用力的程度。音量障碍主要分为喉全切失音（喉部被全部切除，而完全丧失用声带发声的能力），癔症性失音（情绪紧张而导致突然发不出声音），声音过弱（音量过小），声音过强（音量过大）。

第二节 儿童语言与言语的发展

人的语言与言语的习得是后天的，其发生是从出生后即开始。儿童习得语言和产生言语活动看似是自然而然的现象，实则需要具备先天脑部语言中枢发育正常、后天语言与言语环境正常以及个体的社会性发展正常等条件。语言与言语的习得是一个复杂的过程，因为语言与言语是一种合成现象。儿童要建立并发展完善的语音体系、获得大量的语词、理解和掌握词意、学会语词组合规则以及灵活使用语言的技能等。

一、普通儿童语言与言语的发展

普通儿童是指生理与心理发育或发展正常的儿童，他们出生后随着年龄的增长，在正常的生活和学习环境中，其语言与言语的发展有着共同的规律和进程。儿童出生后，在与成人的互动过程中先发展的是语音系统，语音系统的发展也是他们语言发展的过程。

（一）普通儿童语言的发展

0~6岁普通儿童语言发展的进程如下。

婴儿出生3个月时，开始发出"咕咕"声。

6个月时，婴儿能发出"咿咿呀呀"声，这时期称为牙牙学语期。婴儿一般先学会发 p、b、m 声，开始模仿，如 baba、mama 音。

2岁时，幼儿开始使用各种声母和韵母的组合，这时期幼儿发音的清晰度和准确度不高，如把 chi 发成 ci 等，往往只有家庭成员和看护者能理解。

2～3岁时,幼儿能熟练地掌握p、b、m、n、w、h、t、d、k、g、ng、y等,这时期的言语50%～75%能被非家庭成员理解。

3～4岁时,幼儿75%以上的言语可以被非家庭成员理解,能发出较复杂的声母和绝大多数的韵母。

4～5岁时,幼儿100%的言语可以被非家庭成员理解,但偶尔会有发音错误,这个年龄的幼儿能发出更多的复杂声母。

5～6岁时,幼儿100%的言语可以被非家庭成员理解,并且掌握了绝大多数声母的发音。

(二)普通儿童的言语发展

0～6岁儿童言语发展的进程如下。

1岁以内的婴儿,会将头转向说话的人,并能对"不"做出表情上的反应,常常会用哭声表达"需求";能识别自己和家庭成员的名字,能使用手势沟通,如需要抱的时候张开双臂同时挥手等;开始有意识地说"妈妈""爸爸";12个月左右,可以对问题做出答复,如"还要吗"。

2岁时,幼儿可以将两个不同的字组成一个词,如"要吃";会使用50个左右的词,能理解300个词的大概意思;能完成单步骤指令,如"接住球";能回答"是"或"不是";常常用手指物表示需要。

2～3岁时,能将3个不同的字组成词,如"我要吃";能理解很多反义词,如"大"和"小"、"走"和"停"、"上"和"下"等;能完成两个指令的活动,如"拿上你的玩具,跟我走";开始主动对熟悉的事物命名,如指着书中的狗说"小狗";能回答简单的开放性问题,如"这是什么"。

3～4岁时,幼儿能听懂日常会话;能大方地与人打招呼并在成人提醒下使用礼貌用语;能比较清楚地表达自己的需要和想法,必要时能配以手势动作;能口齿清楚地说儿歌、童谣或复述简短的故事。

4～5岁时,幼儿能完成最少三个指令的活动,如"把手洗一下,去穿衣服,跟妈妈出门";能轻松回答比较复杂的开放性问题,如"他刚才为什么生气了";愿意与他人交谈,喜欢谈论自己感兴趣的话题;说话时能正确使用语法,比较完整地讲述自己的所见所闻和经历的事情,且讲述比较连贯;在群体中能有意识地听与自己有关的信息;能结合情境感受和理解不同语气、语调所表达的不同意思;能根据场合调节自己说话声音的大小;主动使用礼貌用语。

5~6岁时,幼儿语言交流没有障碍,能结合情境理解一些表示因果、假设等相对复杂的句子;能有序、连贯、清楚地讲述一件事情,讲述时能使用常见的形容词、同义词等,语言比较生动;能依据所处情境使用恰当的语言,集体中听不懂或有疑问时能主动提问;能根据谈话对象和需要,调整说话的语气;能依据所处情境使用恰当的语言,如在别人悲伤时会用恰当的语言表示安慰;开始学习并理解汉字笔画和数字。

二、孤独症儿童语言与言语的发展

孤独症儿童的核心问题之一是社会功能发展落后,这导致他们的语言获得和交流在不同程度上出现障碍。因此,孤独症儿童的语言与言语发展往往不能遵循普通儿童的发展规律和进程。众所周知,普通儿童对言语的理解早于言语的表达。对孤独症儿童的研究则发现,每一年龄组内孤独症儿童语言理解(主要评估孩子概念的认知能力和语言理解的运用,但这方面不需要孩子做出适当的语言反应)均落后于语言表达(主要评估孩子概念和语言表达的运用,需要孩子做出适当的语言反应)。[①] 有研究表明,孤独症儿童语言能力自然发展的次序与普通儿童功能能力发展有明显差异;语言理解和认知表达显著分离,在生命的早期(2岁以内)已经开始出现,大约在2~4岁达到高峰。[②]

(一)孤独症儿童语言发展特征

多年的研究表明,部分孤独症儿童永远不能获得功能性语言,而获得功能性语言的孤独症儿童在临床上表现出异常的语言特征。[③] 具体特征如下。

1. 语迟或无语

即使有语言的孤独症儿童,他们语言发展的速率远不及普通儿童。一般

[①②] 周翔,陈强,陈红,等.300例孤独症儿童语言能力评估结果分析[J].中国康复理论与实践,2013(4):385.

[③] 李晓燕,周兢.自闭症儿童语言发展研究综述[J].中国特殊教育,2006(12):60.

来说,普通儿童 2 岁时已经能够较好地运用简短的词、句进行交流,如向父母提出"我要吃冰淇淋",而几乎所有的孤独症儿童 2 岁时无法靠语言来完成,他们往往要使用手势或拉着父母的手或衣襟到他想要东西的地方。孤独症儿童语言的发展滞后现象大多会延续到幼儿期以后。总体来说,很多孤独症儿童自产生语言后,其语言发展很缓慢。很多有语言的孤独症儿童即使能简单地表达,也不愿主动跟人说话,自言自语的时候更多。还有部分孤独症儿童一生没有有意义的语言发生,或只会发简单的声音,但没有能力说一句完整的话。

2. 造词现象

造词是高功能孤独症儿童会有的一种语言现象。他们会按照自己的想法造出一些他们能理解的特异性的词。早在 1991 年,沃尔登(Volden)等人以生理年龄和语言技能为匹配标准,对 80 个孤独症儿童、智力障碍儿童和普通儿童使用的新词或特异性语言进行了编码。研究证实,孤独症儿童会使用更多的新词与特异性语言,特异性语言的使用频率随语言的复杂性增多,而智力障碍儿童特异性语言的使用频率随语言能力的增长而下降。由此,研究者们认为,孤独症儿童的自创特异新词倾向与他们认知、社会和语言能力有关。[①]

3. 代词转换困难

代词转换困难是孤独症儿童普遍存在的语言特征,这一特征已成为孤独症诊断的重要参考之一。孤独症儿童常分不清"你""我""他",如老师问"你要喝水吗?"回答是:"你要喝水。"这是因为孤独症儿童在对自己和他人的概念上的分化和语言加工过程存在障碍。有研究表明,孤独症儿童说话时也有回避使用人称代词的现象。如在一项横向匹配研究中发现,与智力障碍儿童比较,孤独症儿童较少运用代词"我"的宾格,他们更多地用物或人的名称代替代词。[②]

---

① VOLDEN J, LORD C. Neologisms and idiosyncratic language in autistic speakers[J]. Journal of autism and developmental disorders, 1991,21(2):109－130.
② LEE A, HOBSON R P, CHIAT S. I, you, me and autism: an experimental study[J]. Journal of autism and developmental disorders, 1994,24(2):155－176.

4. 音调失调

会简单交流的孤独症儿童，说话时的声音语调也会有"外国人说汉语"的感觉，并且缺乏抑扬顿挫。研究发现，之所以出现这样的现象是因为孤独症儿童在韵律的感知与表达方面与普通儿童相比有显著差异。[1] 这些儿童虽然能感知到通过口头呈现的故事中的韵律线索，但是不能把感知到的这种韵律线索运用到表达性语言中。[2] 即便是高功能孤独症儿童也较少能采用有效的语调模式参与交流。他们或是将语调信号随意地传递给听者，或是完全系统性地错误运用语调。[3]

音调失调的表现

5. 语用发展障碍

儿童语用的发展被称为"儿童语言发展的源泉"，因为儿童在早期与成人交往过程中表现出的积极的语用倾向给他们创造了语言学习的机会。[4] 20世纪90年代开始，研究者对孤独症儿童的语言发展进行研究，许多研究者认为，孤独症儿童语言障碍的核心在于语用障碍。他们语言发展的主要问题是如何获得在社会情境中有效运用语言的能力。[5] 美国学者罗林斯（Rollins）在一项两年的追踪研究中，采用成长模型（growth model）的研究方法，以生理年龄和语言年龄为匹配标准，对6个孤独症儿童与6个智力障碍儿童进行了跟踪研究。他在词汇、语法、语用三个部分的线性发展曲线上发现，孤独症儿童具有特定的和普遍的语用障碍，其语用缺损导致语法习得严重滞后于研究初始具有同等语言年龄和生理年龄的智力障碍儿童。

语用发展障碍的表现

---

[1] PAUL R, AUGUSTYN A, KLIN A, et al. Perception and production of prosody by speakers with autism spectrum disorders[J]. Journal of autism and developmental disorders, 2005, 35(2): 205-220.

[2] FRANKEL F, SIMMONS J Q, RICHEY V E. Reward value of prosodic features of language for autistic, mentally retarded, and normal children [J]. Journal of autism and developmental disorders, 1987, 17(1): 103-113.

[3] FINE J, BARTOLUCCI G, GINSBERG G, et al. The use of intonation to communicate in pervasive developmental disorders[J]. Child psychology and psychiatry and allied disciplines, 1991, 32(5): 771-782.

[4] SNOW C E. Social perspectives on the emergence of language[M]// MACWHINNEY B. The emergence of language. NJ: Lawrence Erlbaum Associates, 1999: 257-276.

[5] COHEN D J, VOLKMAR F R. Handbook of autism and pervasive developmental disorders: 2nd ed[M]. New York: Wiley, 1997.

拓展阅读

对孤独症的语言与言语发展研究，初期主要采用观察法对患儿语言特征进行描述。20世纪70年代，发展心理学家以心理学界的研究范式（如分组匹配、小组对比、大样本等），采用实验或者自然收集语料的方法，对孤独症儿童语言发展特征进行了种类分属概念的研究。在孤独症研究领域较早运用直线线性成长模型方法进行语言研究的是美国学者罗林斯，他以生理年龄和语言年龄为匹配标准，将6个不同生理年龄、操作性智商高于70的孤独症儿童与唐氏综合征（伴智力障碍）儿童配对，对他们的词汇、语法、语用的发展模式进行了两年的跟踪研究。研究发现，孤独症儿童词汇的成长速率最快而语用的成长速率最慢，且语用的成长模式与语法的成长模式相互影响。与此同时，在比较生理年龄与语言年龄相同的两类儿童的词汇发展速率时，发现6个孤独症儿童的词汇发展速率不仅高于唐氏综合征儿童，而且高于或接近于普通儿童词汇发展的速率。这表明孤独症儿童的词汇发展速率没有出现异常状况，甚至有可能会超越普通儿童。这个研究告诉我们，在词汇发展方面孤独症儿童有可能并不存在质的发展问题。[①]

（二）孤独症儿童言语发展特征

孤独症儿童言语发展关注的是他们语言运用能力，即表达和交流的特征。其具有共性的言语发展特征如下。

1. 鹦鹉式语言

鹦鹉式语言是孤独症儿童学习语言的典型特征。长期观察研究发现，孤独症儿童的鹦鹉式语言具有两种形式：一种是即时性的语言，即仿说语言，如老师说："你几岁了？"孤独症儿童的回答："你几岁了？"另一种是延迟性的语言，表现在孤独症儿童对之前听过的话，会在某一并不符合场景的时空说出来，如上课时老师说"你坐好了吗？"，

鹦鹉式语言

---

① ROLLINS P R. A case study of the development of language and communicative skills for six children with autism[J]. Dissertation abstracts international, 1995, 55(7B): 3038.

孤独症儿童会把这句话用在他玩玩具的时候、走路的时候等。

2. 缺少交流环

观察研究发现，虽然高功能孤独症儿童基本的语音、词汇、语义和语法能力达到一定高度，但在具体的社会情境中，他们同人交流时不能有效理解和运用语言，常表现为只能进行简单的几个交流环即终止交流，如：有时对他人发起的交谈没有反应或只是一个回合的交谈；参与交谈或回应他人也对当时进行的话题反馈较少，被动的多；交谈过程中维持一个话题困难，会跑题或说一些与当下无关的话等。

3. 缺乏社会性言语

观察发现，很多有语言能力的孤独症儿童虽然在运用语言向他人提出要求时与普通儿童相比无显著差异，但是，他们很少使用一些社会指向性的言语，如评论、展示、感谢等。在使用语言保持社会接触时，孤独症儿童几乎从来不对正在进行的或过去的行为做出评论，也较少使用语言寻求或分散注意，不提供新信息，不倾向于表达意图或现状。[1] 孤独症儿童在言语水平上更多地指向较基本的需求。波尔(Ball)发现孤独症儿童仅会使用直接回应问题的陈述性句子，但是难以做出陈述性的陈述与评论。[2]

4. 发起对话困难

孤独症儿童普遍存在着主动发起交流性对话困难的现象。有关孤独症儿童会话能力的研究发现，孤独症儿童发起话题的能力比其他儿童要差，他们较少主动发起交流。[3] 罗林斯对孤独症儿童会话能力的研究发现，这些儿童发起话题和回应话题有脱节现象。[4] 也有研究结果发现：孤独症儿童在高结构化社会环境中如参与

---

[1] TAGER-FLUSBERG H. Autistic children talk about psychological states: deficits in the early acquisition of a theory of mind[J]. Child development, 1992,63(1):161-172.

[2] TAGER-FLUSBERG H. A psychological approach to understanding the social and language impairments in autism[J]. International review of psychiatry, 1999,11(4):325-334.

[3] LOVELAND K, LANDRY S, HUGHES S, et al. Speech acts and the pragmatic deficits of autism[J]. Journal of speech language and hearing research. 1988,31(4):593-604.

[4] ROLLINS P. A case study of the development of communicative skills for six autistic children (Unpublished doctoral dissertation)[D]. Boston: Harvard University, 1994.

仪式活动时有较强的发起会话的能力,但是在低结构化社会环境(如游戏互动)中他们发起会话的能力比较弱,被迫与同伴亲近时他们就会对社会环境做更多限定以求环境结构化。① 罗林斯认为,孤独症儿童的会话技能的问题主要在于他们缺乏足够的会话所需的交互意识。

5. 语篇能力弱

语篇能力是指把语法形式和意义融合在一起,用口头或书面形式连贯地表达不同种类语篇,即组织语段的能力。对孤独症儿童语篇能力的研究主要集中在叙事的语用能力上。叙事语用能力包括有情境叙事能力和去情境叙事能力。有情境叙事能力是指表述时对交流对象、场景以及交往目的的敏感性和适宜性;去情境叙事能力是指表述时对不在面前的事件、人物、发展结构的敏感性和适宜性。②

研究表明,孤独症儿童在叙事时对交流对象、情境的敏感性不够。洛什(Losh)等用一本28页的无字图书《青蛙靠自己》(*Frog on His Own*)引发被试对一个没有听过该故事的听者叙事,即研究孤独症儿童有情境叙事能力。研究发现,在图画书阅读(听者不知晓故事)的情境中,12岁的孤独症儿童在使用因果关系的语言及表达内部状态的词汇方面与其他儿童相似,但孤独症儿童不能识别引起人物内部状态的原因,他们在标识情感与解释行动时倾向于简单化,易于提供更多模糊不清的指代。③ 有关孤独症儿童去情境叙事能力的研究发现,在没有任何情境的情况下,孤独症儿童与对照组在使用故事大意帮助复述以及对故事中重要事件的敏感性上不存在差异,但孤独症儿童的叙事语言表达明显不连贯,他们较少运用故事大意连贯地组织叙事。这表明高功能孤独症儿童也许能基本理解故事,但缺少能进行必要因果推理的深层次理解。④

---

① SEAL B C, BONVILLIAN J D. Sign language and motor functioning in students with autistic disorder[J]. Journal of autism and developmental disorders, 1997,27(4):437-466.
② 张放放,周兢. 儿童叙事能力发展研究综述[J]. 幼儿教育(教育科学版),2006(6):47-52.
③ NORBURY C F, BISHOP D V M. Narrative skills of children with communication impairments [J]. International journal of language & communication disorders. 2003,38(3):287-313.
④ JOSHUA J D, LOISA B, EDNA C Y. Story recall and narrative coherence of high-functioning children with autism spectrum disorders[J]. Journal of abnormal child psychology, 2006,34(1):83-98.

拓展阅读

孤独症儿童对信息的加工能力比较弱，常表现为不能根据上下文的内容理解其意义。由于他们的注意力常被细节或点滴事物吸引，对通篇语言或文字缺乏关注或不能够关注，从而无法对其整体进行加工，进而使得他们的语篇功能发生异常。研究发现，通过功能性磁共振成像技术对17名孤独症儿童和17名普通儿童进行对语句理解力的测试后发现，孤独症儿童布洛卡区的激活显著少于普通儿童，但左侧额叶威尔尼克区的激活却显著多于普通儿童。以往研究发现，威尔尼克区负责处理的是一个句子当中个别单字的意义，而布洛卡区负责对句子的理解。从脑区的管理分工角度可解释某些孤独症儿童有优异的单字处理能力，但在理解复杂结构的句子时会遇到困难的原因。还有研究发现，孤独症儿童的脑皮质功能区域之间的联结与普通儿童相比较弱，枕顶区域的激活与普通儿童相比较低，这也就说明了孤独症儿童在脑部整合功能网络上存在缺陷，无法处理整合性的事件，难以对一段文字所描述的画面进行想象的原因。

第三节 孤独症儿童语言与言语评估

孤独症儿童语言与言语评估的目的是了解孤独症儿童语言与言语发展水平，为他们的语言与言语康复训练提供科学而准确的依据。孤独症儿童的语言与言语评估与普通儿童评估有共性的方面。但是，由于孤独症儿童的语言与言语障碍与其核心问题有关，特别是他们的社会功能发展落后，所以，在语言与言语评估的过程中要针对其特有的现象开展有效的评估。

一、孤独症儿童语言与言语评估的原则

（一）定量与定性结合

对于孤独症儿童的语言与言语评估，一方面要使用国际、国内公认的评估工具进行定量评定；另一方面评估者一定要通过对他们多时段、多场合的观察和记录，以及给予他们言语动机发生的适宜环境来考量，从而进行定性评估。只有定量与定性相结合的评估才可能是全面、真实和准确的。

（二）主观与客观结合

评估者一方面要通过评估工具观察孤独症儿童的语言与言语，进行客观、实事求是的评估；另一方面由于孤独症儿童特有的谱系性，评估者在评估前要向家长和养育者了解每个孤独症儿童的视、听偏好和感知特点等，在观察过程中进行信息收集的同时，更重要的是要分析这些信息，做出专业性的判断，与客观信息相整合，进行科学和精准的评估。

（三）多手段结合

孤独症儿童在注意力、听知觉和视觉敏感性等方面普遍与普通儿童有差异，为了更准确、有效地对他们进行语言与言语评估，使用图片、视频、音频和直接主题交流等多手段结合的方式进行多渠道的信息收集是非常必要的。

二、孤独症儿童语言与言语评估的内容

孤独症儿童语言与言语评估的内容主要包括语言发展水平评估和言语发展水平评估。

（一）语言发展水平评估

语言发展水平评估主要包括以下几个方面。

听觉理解评估：是对通过听觉器官获取语词或句子并加以理解的能力进行评估，评估是否对所听语言不能很好理解或完全不能理解。

自发性表达评估:是对主动且有意义表达能力的评估,评估是否能主动表达和表达是否符合情境。

命名评估:是对物品名称正确命名的评估,评估是否能对物品进行命名或能对哪类物品进行命名。

阅读评估:是对文字阅读及理解能力的评估,评估是否能阅读文字以及阅读后能否理解其意。

复述评估:是对听讲后进行重复讲述能力的评估,评估是否能复述和复述的完整性和准确性。

(二) 言语发展水平的评估

言语发展水平评估主要包括以下几个方面。

构音障碍评估:是对与构音相关的呼吸、共鸣、发音和韵律方面的变化的评估,评估哪些元音和辅音发音出现问题。

口吃评估:是对语言表达的流畅性进行的评估,评估是否有语塞和拉长音等问题。

嗓音障碍评估:是对音量、音调(音高)、音质的评估,评估是否有声音嘶哑、发音费力、音量减小、音域发声改变、咽部干燥、异物感等。

三、孤独症儿童语言与言语评估的工具

语言与言语评估工具是用以对人的语言与言语发展水平进行评定的权威性测量用具。这些用具有纸笔、仪器、音视频和图片等,要针对评估对象的自身特征和评估需要来选用。评估工具分语言评估用和言语评估用两种。对孤独症儿童的语言与言语评估没有专门的评估工具,一般都使用国内外公认的权威性评估工具。

(一) 孤独症儿童语言评估工具

1. 早期语言发育进程量表(上海标准化版)

早期语言发育进程量表(上海标准化版)源于美国神经发育儿科医生柯普兰·詹姆斯(Coplan James)编制的第一版早期语言发育进程量表(Early

Language Milestone Scale,ELMS)。上海标准化版常模是 2005 年由金星明、刘晓牵头编制。

该量表代表性常模来自 2005 年 3—8 月在上海多阶段分层整群随机抽样的样本,采自 10 个区共 70 个抽样点。调查回收问卷 9 157 份,有效问卷 8 549 份。有效应答率 93.4%,质量控制合格。样本地理位置和经济水平均具代表性。男女比例为 1.027∶1,卡方检验与 2003 年上海市性别比例无统计学差异。年龄分组情况,0～35 月龄每月龄为一组,每组人数 213～270 人。

该量表有 59 个项目,分为"语音和语言表达"(A,26 项)、"听觉感受和理解"(B,20 项)和"与视觉相关的感受和理解"(C,13 项)三部分。量表有 15 项需要现场测试(记录单均以 T 标明),其中 12 项需要测试工具,包括大皮球、小皮球、有柄杯子、蜡笔小勺、铃铛各 1 个,不同颜色方形积木 2 个。其余由家长报告获得结果。每个项目按通过与否记分,通过记 1 分,不通过记 0 分,故每个样本有 A、B、C 及总量表四个得分。根据统计学原则,得分等于或低于第 10 百分位数(P10)记为"异常",得分大于第 10 百分位数(P10)为"正常",如果得分等于第 10 百分位数,而该年龄组的第 10 百分位数与第 25 百分位数得分相等则为"可疑"。

2. 图片词汇测试

图片词汇测试根据的是美国迪姆恩等 1965 年修订的皮博迪图片词汇测验(Peabody Picture Vocabulary Test,PPVT),1981 年我国上海第二医科大学附属新华医院在郭迪教授的领导下,由龚中心教授完成标准化常模(上海版)编制。该测试相关背景等信息已在第四章介绍,本章不再赘述。

该测试不需要被试讲话,对因各种原因而丧失说话能力(如聋哑、失语、脑性瘫痪),或说话表达能力薄弱(如口吃、智力障碍、胆怯孤僻等)的人特别适合,同时,也能反映儿童的语言感受能力和语言理解能力。该测试可用于 3 岁 3 个月～9 岁 2 个月的儿童。

该测试也可进行集体测试(被试要会写数字)。将图片制成幻灯片或录入电脑,被试每人一桌,桌上放置一张白纸,纸上印有 120 张图板的序号,每一序号旁有一括号,主试每展示一张图板后,用慢速度重复两次测试词,被试将正确答案写在括号内,如果没有听清楚可以提出复读。每一图板展示 30 秒,然后切换下一张图板,120 张全部放完毕,评分时以连续 8 次中 6 次错误时为顶点。

该测试评分简便,答案符合标准得1分。将顶点分减去错误总分,即为粗分,通过查原始分与智商对照表可得智商,查原始分与智龄对照表可得出智龄。

3. 语言发展迟缓检查法(S-S法)

语言发育迟缓检查法(Sign-Significance, S-S法)最早是由日本国立康复中心小寺富子等制作而成,1981年开始使用的。中国康复研究中心(China Rehabilitation Research Center, CRRC)语言科从1990年开始引进并使用至1993年,之后进行了重新修订并试用。CRRC版S-S法按照中国儿童语言发育的规律及中国汉语的语言体系,从普通儿童正常语言发育的特征出发,将普通儿童的语言发育分成若干阶段,每个阶段都对应着儿童的实际年龄水平,选择有代表性的内容,以理解和表达为主,结合交流能力和操作能力制作而成。

CRRC版S-S法可以检查出语言发育迟缓的水平与实际生活年龄的差距,以及语言发育迟缓的状况。可以为诊断和评价儿童的语言能力提供客观依据。

该检查法适用于1~6.5岁的语言发育迟缓儿童。该检查法由三个项目组成:促进学习有关的基础性过程、语言符号与指示内容的关系及交流态度。其中以语言符号与指示内容的关系检查为核心,比较标准分为5个阶段。交流态度由7个观察项目组成,每个项目评分为3级或5级。

该检查法采用个别测试方式,完成测试约需要40分钟。测试者须掌握儿童语言及言语发育规律,掌握能够影响儿童语言及言语发育相关疾病知识,并熟练掌握测试程序。测试时需严格按照检查表内容进行,在阶段2测试中,按照检查表所要求的方式摆放测试工具,每个项目测试两次,将结果记录在检查表相应的栏目下。

CRRC版S-S法考虑到语言和沟通文化的差异,测验内容以国内常用词—句为主,测试语言简单,指导语和评分标准统一。是目前在语言发育障碍诊断及康复评定中最常用的测试工具之一。

4. 儿童汉语阅读障碍量表(DCCC)

儿童汉语阅读障碍量表(Dyslexia Checklist for Chinese Children,

DCCC),是由华中科技大学同济心理卫生研究中心编制而成的一个专门针对我国儿童汉语阅读能力水平的评估工具。它是依据《国际疾病分类(第10版)》(ICD-10)和《精神障碍诊断与统计手册(第5版)》(DSM-5)对阅读障碍的诊断标准设计的。

该量表适用于小学三至五年级的儿童,主要评估那些在阅读技能方面有明显缺陷,表现为对书面语言的阅读理解困难,而在其他学业领域可能正常,但不能用智力、学习动机、情绪和行为问题来解释的儿童。

该量表是一个他评式量表,包括了视知觉障碍和视觉运动协调障碍、听知觉障碍、意义理解障碍、书写障碍、口语障碍、书面表达障碍、不良阅读习惯和注意力障碍8个维度,共57个条目。采用5级评分,从未出现得1分,偶尔出现得2分,有时出现得3分,较常出现得4分,经常出现得5分。这些条目的原始分数越高,表示汉语阅读障碍行为表现越严重。将各条目的原始分进行求和,并转化为T分后$[T=50+10(X-M)/SD]$,即可进行评价和比较。各因子的T分越高,反映被测儿童阅读障碍的症状越明显,反之亦然。T分低于69百分位属于正常,超过98百分位即认为可能异常。被试只要其中一项因子异常,则可被诊断为汉语阅读障碍。

拓展阅读

失语症严重程度分级[①]

0级:缺乏有意义的言语或听理解能力。

1级:言语交流中有不连续的言语表达,但大部分需要听者去推测、询问和猜测;可交流的信息范围有限,听者在言语交流中感到困难。

2级:在听者的帮助下,可能进行熟悉话题的交流,但对陌生话题常常不能表达出自己的思想,使患者与评定者都感到进行言语交流有困难。

3级:在仅需少量帮助下或无帮助下,患者可以讨论几乎所有的日常问题,但由于言语或理解力的减弱,某些谈话出现困难或不大可能进行。

4级:言语流利,但可观察到有理解障碍,思想和言语表达尚无明显限制。

---

① 该分级依据的是波士顿失语诊断测验(BDAE)。

5级：有极少的可分辨得出的言语障碍，患者主观上可能感到有些困难，但听者不一定能明显察觉到。

(二) 孤独症儿童言语评估工具

1. 发声功能评估

发声功能评估需要四种仪器，这些仪器操作方便，适合临床使用。一些大学特殊教育专业和特殊教育学校有这些仪器。

(1) 实时言语测量仪

实时言语测量仪用于诊断发声障碍，主要是通过对患儿的言语面貌进行分析，从而进行发声诊断。并且在对患儿进行一段时间的康复后，可再次使用该仪器分析其言语面貌，以此对之前的康复方案进行验证，提出调整和新的康复目标。

(2) 喉功能检测仪

喉功能检测仪是一种临床常规检查仪器，常与喉内窥镜检查结合，共同诊断嗓音疾病。该仪器采用国际通用参数，将声学信号和电声门信号数据化，从而对嗓音音质的问题做出嘶哑声、粗糙声或气息声的客观判断，并对声带振动功能和闭合程度进行客观评估。

(3) 电声门图仪

电声门图仪是一种无损伤地检测声带振动的规律性、声门的开启与关闭状态以及声带的振动方式的仪器。该仪器能够敏感地反映出声带下缘和声带闭合阶段的状态，从而弥补内窥镜检查的不足。该仪器特别适用于对喉镜检查不配合的儿童以及对喉镜检查过敏的患者。

(4) 喉窥镜诊察仪

喉窥镜诊察仪是附带有摄像装置的纤维喉镜、动态喉镜或支气管镜，从中获取图像、声学及电声门图信号，通过计算机的处理，可以清楚地观察到喉部的情况，同时可进行定量分析，有助于疾病的诊断，以及病变范围与深度的判断。通过喉窥镜诊察仪获取的数据包括黏膜波、声门数码面积、开放角度和振动曲线等。该仪器可与喉功能检测仪和电声门图仪同时使用，进一步提供基频、开放率、接触率、声门噪声和其他病理分析的数据。

2. 构音语音能力评估

构音语音能力评估是对出现声母遗漏或错构等现象的儿童进行全面的构音语音能力评定。该评估工具是由华东师范大学黄昭鸣教授和韩知娟等人共同设计完成。

该工具是由 50 个单音节词组成，这些词包含 21 个声母、13 个韵母和 4 个声调。每一个词都有配套的图片。通过 18 项音位对比、36 对最小音位对比和音位习得情况的分析，测评患儿声母音位习得的能力、声母音位对比的能力以及构音清晰度。

该工具使用的目的：一是通过对被试声母音位习得、声母音位对比的分析，明确患儿的构音语音能力是否正常；二是明确构音语音障碍的问题所在，为构音语音障碍的治疗制订合理的方案；三是通过言语技能训练前后构音语音能力评估结果的比较，考察矫治方案的有效性，为监控言语治疗效果提供依据。

该工具适用对象为构音障碍、嗓音障碍、听觉障碍、语音障碍、语言障碍以及普通学前儿童汉语构音语音能力发展情况的评估等。

拓展阅读[①]

中山大学中文系神经语言学教学实验室面向语言障碍筛查开发的汉语儿童言语交际水平评估系统，以一套固定程序作为引导，能在短时间内快速采集儿童的言语数据。基于这个评估范式，实验室采集了大量 2~14 岁儿童言语交际过程中的言语数据，从语音、能产性（在不限制发言时长情况下，单位时间产出有意义句子的能力）、流畅度、语法、语义、逻辑 6 大语言维度出发，细分为 16 项指标对语料进行人工标注和机器识别，建立起一个应用于语言能力评估和语言障碍筛查的汉语儿童言语数据库，可以精准评估汉语儿童的言语交际水平。目前该语料库储存了 966 名汉语儿童的言语数据，并对 638 名儿童的语料进行了标注。该语料库可以为儿童语言障碍的智能化筛查提供

[①] 陆烁，丘国新，钱思宇，等. 面向语言障碍筛查的汉语儿童言语交际水平评估系统研发[J]. 语言战略研究，2021(6):45.

机器学习训练数据,也可以为研究汉语儿童语言习得和各类儿童语言障碍提供数据资源支持。

第四节　孤独症儿童语言与言语训练

语言与言语是个体后天在社会中发生、发展的,后天的语言环境和教育对儿童的语言与言语发展影响巨大,特别是对孤独症儿童来说更是如此。孤独症儿童的语言与言语发生与发展一定是要在有目的、有计划,并且持续的训练中得到提升。

一、孤独症儿童语言与言语训练的原则

对孤独症儿童的语言与言语训练是一个专业化要求很高的工作,应由经过专门学习和培养的专业人士来做。作为教师,学习和掌握一定的训练原则和训练方法,今后在工作中若遇到孤独症儿童,就能及时和有效地帮助他们提升语言和言语能力。孤独症儿童语言与言语训练的原则有以下几点。

(一) 遵循规律的原则

孤独症儿童首先是儿童,其次是有与普通儿童不同的先天特质的儿童。因此,对孤独症儿童的语言与言语训练,首先要遵循儿童身心发展规律来设计有序的训练内容,如从元音到辅音、从单音节到多音节、从单词到句子等。此外,作为儿童,游戏是他们的天性,语言与言语训练过程中要遵循儿童的身心发展需要与天性,把训练融入游戏之中,使孤独症儿童在学习如何玩的过程中学习语言与言语交流。

(二) 创设环境的原则

对于一个普通儿童来说,母语的习得是在其母语的环境中自然完成的。因此,语言的发生和发展需要适宜的语言环境。由于孤独症儿童有社交功能

障碍,无法或不能很好地在自然的语言环境中发生与发展语言与言语能力,所以,对他们的语言与言语训练更要设计适宜他们产生语言和言语动机的环境,如把他们喜欢的东西放在高处,待他们需要时,不要马上满足他们,鼓励他们发音才满足等。

(三) 及时反馈的原则

及时反馈是教育工作的常用手段,对孤独症儿童的语言与言语训练更具有价值。训练中,教师对孤独症儿童发的音、说的话要及时纠正或夸张地赞许,使得他们能及时获得"对"或"错"的告知,在脑中及时进行强化或加以纠正,以提升训练效果。

(四) 多手段并用的原则

孤独症儿童语言与言语训练,一方面要使他们多感官并用进行强化训练,如发声和交流训练,可以利用看教师口型和手势、听语音、摸发声位置等多手段进行;另一方面要利用图片、音频和视频等多媒介联合进行,这样的训练有助于多感官协同作用,达到事半功倍的效果。

二、孤独症儿童语言训练

孤独症儿童的语言训练与语言发展迟缓儿童的训练有相同之处,但不同的是,要考虑孤独症儿童的核心问题,即对人的关注不足、注意力不集中、模仿能力弱等,对其开展针对性训练。

(一) 听理解训练

这是一种采用词汇、短语、语句、语段等语言材料给予孤独症儿童听觉输入,以提高他们听理解能力的训练。

1. 训练目标

通过训练使孤独症儿童能听懂日常语言的字面意思,能听懂常用的名词、动词、形容词、代词、量词、副词等,能听懂简单句,能听懂并列、选择、条件、因果等复句,能听完三句以上的连贯性讲述。

2. 训练方式

教师通过各类游戏的方式来完成训练。无语言孤独症儿童的训练,要通过肢体动作的辅助帮助他们理解完成;有语言的孤独症儿童的训练,要通过语言加肢体并用完成。

3. 训练举例

举例一:针对重度无语言孤独症儿童,听理解训练要从最基本、最简单的听懂指令开始,如教师与儿童面对面坐,教师伸开双臂并说"抱抱",等待儿童的理解,重复几次,如果不能理解,教师就要主动去抱他。每次训练时给儿童时间去理解"抱抱"的意思,然后,教师主动去抱他。这种训练重复多次,直到儿童能独立主动完成为止。

听理解训练

举例二:针对有语言能力的中功能以上的孤独症儿童,听理解训练主要从听理解句子和复句关系着手,如教师说"我说你来做""向前三步走""向后转,跑四步";又如教师说"听我说完你去做""请先把垃圾放到垃圾桶里,再把椅子拿到桌子旁,然后打开门出去"。教师说的时候最初要放慢速度,随着儿童听理解力增强,再加快速度。开始时教师可以陪着儿童一同完成,待儿童完成能力有所提高,可以让儿童自己学习独立完成。这些训练重复多次,直到儿童能独立主动完成为止。

(二)语言表达训练

这是一种采用各种方式刺激孤独症儿童的语言表达,提高他们的语言表达能力的训练。

1. 训练目标

通过训练使孤独症儿童学会比较清晰地发元音和辅音;能说出常见物品的名称和用处;能用简单的句子寻求帮助;能回答别人的简单提问;能进行简单提问;能背诵简短的儿歌;能用两三个简单句讲述自己做了什么,见过什么;能正确使用人称代词"你""我""他";会使用常见的形容词;学会使用简单的并列复句、选择复句、条件复句、因果复句;能用简单的词、句表达自己的感受。

2. 训练方式

教师通过各类游戏的方式来完成训练。无语言孤独症儿童的训练,要通过肢体动作的辅助帮助他们理解完成;有语言的孤独症儿童的训练,要通过语言加肢体并用完成。

3. 训练举例

举例一:针对重度无语言孤独症儿童,语言表达训练要从最基本、最简单的元音发音开始,如教师与儿童面对面坐,教师拿出公鸡的图片说"公鸡怎么叫?喔喔喔",教师边说边做夸张的口型给儿童看,让孤独症儿童学习模仿教师的口型并发音。这种训练重复多次,直到儿童能独立主动完成为止。

语言表达训练

举例二:针对有语言能力的中功能以上的孤独症儿童,语言表达训练要从自组织语言开始,如教师与儿童面对面坐,教师说"先听老师说,然后你来说。今天老师穿了白色上衣、蓝色裤子和黑色的鞋子,你今天穿的是什么呢?";又如,教师拿出两张连续动作行为的图片说"阿姨先洗苹果,再吃苹果",然后再拿出两张不一样的连续动作行为图片,让儿童来说"先……再……"。教师在示范的时候语速要慢,边说边指自己的上衣、裤子和鞋子。示范后要等待儿童来仿说自己穿的,开始时不要急于纠正,以鼓励为主。这些训练重复多次,直到儿童能独立主动完成为止。

(三)阅读理解训练

这是一种采用图画绘本和文字材料,通过视觉输入,帮助孤独症儿童提升理解绘本图画和文字能力的训练。

1. 训练目标

通过训练使孤独症儿童能读懂图画绘本内容,读懂文字书中的词句篇章的意义和逻辑关系等,从而提升孤独症儿童的阅读理解水平。

2. 训练方式

教师通过各类游戏的方式来完成训练。无语言孤独症儿童的训练,要通过肢体动作的辅助帮助他们理解完成;有语言的孤独症儿童的训练,要通过语言加肢体并用完成。

3. 训练举例

举例一:针对重度无语言孤独症儿童,阅读理解训练主要进行的是简单图画绘本材料的阅读理解。教师根据重度孤独症儿童认知水平,选择他们经过多次训练能在一定时间内完成的图画绘本,从只有一个主人公的绘本开始训练,如《小猫钓鱼》,教师与孤独症儿童并排坐,教师拿着图画绘本,引导儿童看绘本中的图画。每一页内容教师只用一句话来简单概括地讲述,边讲边用手指点讲到的人或物并配合动作帮助儿童理解。然后,试着用"是不是"的提问方式问孤独症儿童,让他们用点头或摇头的方式回答。这种训练重复多次,直到孤独症儿童能理解图画绘本的内容为止。

阅读理解训练

举例二:针对有语言能力的中功能以上的孤独症儿童,阅读理解训练可以视孤独症儿童的认知水平而定,增加有一定难度的图画绘本或配有文字的绘本,如《龟兔赛跑》《老虎拔牙》《活了100万次的猫》等。教师与孤独症儿童可以并排坐,也可以面对面坐。教师最好让孤独症儿童拿着配文字的绘本。开始时教师给儿童一页页地用生动的语言讲述,教师的声音配有动作,都是夸张的,以吸引孤独症儿童的注意力,从而帮助他们更好地理解绘本中所讲的内容和情感。教师重复地讲几遍后,试着让儿童自己一页页地边翻边看边讲,不要急于给儿童纠正遗漏。这种训练重复多次,直到儿童能独立完成阅读配文字的绘本并理解为止。

三、孤独症儿童言语训练

孤独症儿童普遍存在言语交流障碍,其原因除了大脑语言中枢发展问题外,也有与言语发展落后的普通儿童一样的其他问题。因此,对孤独症儿童的言语训练,要先对他们进行言语发展水平评估(见上一节),再进行全方位的训练。具体训练如下。

(一) 构音训练

构音障碍可以由多种原因造成,且在孤独症儿童身上也有所表现。构音运动的发生是受神经和肌肉协调性影响的,因此,构音训练应该从生理角度着手,遵循由易到难的原则,进而解决构音问题。

1. 训练内容

有构音问题的孤独症儿童普遍存在舌唇部运动问题,这使得他们发出的音歪曲或者让人难以听清楚。所以,改善他们的构音面貌就要从训练嘴唇的张开、闭合、前突及回缩,舌部的前伸、回缩、上抬以及清扫唇周等动作入手。

2. 训练要求

① 训练前,教师要组织好孤独症儿童的注意力。

② 训练开始,教师要为儿童做精准示范。

③ 训练中,教师要耐心引导,反复示范,让其模仿。

3. 训练方法

(1) 下颌的训练

这主要是对儿童发音时下颌的位置和肌力进行训练。

① 下颌控制法。

前位控制法:用两指捏的手形,控制下颌前伸过度问题。

侧向控制法:用三角形手形辅助,控制下颌处于正位。

构音训练

② 提高咬肌力。

深压咬肌法:让儿童咀嚼或咬住东西,教师深压儿童的咬肌。

敲打咬肌法:让儿童咀嚼或咬住东西,教师敲打儿童的咬肌。

拉伸咬肌法:让儿童咀嚼或咬住东西,教师拉伸儿童的咬肌。

振动咬肌法:用振动器轻轻、慢慢地振动儿童的咬肌部位。

③ 按摩颞颌关节。

一边按摩儿童的颞颌关节,一边指导儿童进行咀嚼,放松颞颌关节。

④ 咀嚼训练。

把消毒后的咀嚼器放入儿童张大的嘴中,让儿童边咀嚼边发"a"或"wa"等音。

⑤ 咬住物体法。

咬住大物体法:让儿童咬住大咀嚼器,使下颌保持低位坚持数秒钟(时间长短视儿童的能力和可接受程度渐渐延长)。

咬住小物体法:让儿童咬住小咀嚼器,使下颌保持高位坚持数秒钟(时间长短视儿童的能力和可接受程度渐渐延长)。

杯子喝水法:让儿童咬住杯子边缘,使下颌保持高位坚持数秒钟(时间长短视儿童的能力和可接受程度渐渐延长)。

（2）唇的训练

这主要是对儿童唇部的肌张力进行训练。

① 唇肌张力过高训练。

按摩面部：教师的拇指放在儿童的下颌下面，其他手指放在儿童面部的远端按摩，然后再按摩唇部。

减少上唇回缩：用双手捧着儿童的脸，两拇指从鼻翼向口角位置延展式拉伸，然后按压上唇平行肌。

减少下唇回缩：用双手捧着儿童的脸，两拇指从下唇的正中位置向两边延展并揉按。

② 唇肌张力过低训练。

协助指压：用两手拇指的指腹用力按压口轮匝肌一周。

自助指压：用带弹性的东西抵住儿童的唇部，然后让其发"ba"或"pa"音。

吸吮：用棒棒糖或大磨牙棒放在儿童嘴边，让其做吸吮动作。

唇部拉伸：用拇指从儿童的唇中部向两侧拉伸，同时要求儿童向中央噘嘴。

唇交替运动：让儿童将唇闭住向两侧拉伸和噘嘴交替做（时间长短视儿童的能力和可接受程度渐渐延长），开始时教师可以用手来协助儿童做。

唇齿音：把儿童下唇涂上其喜欢吃的东西后，辅助儿童上齿包住下唇，然后引导其发"f"音。

(3) 舌部训练

这主要是对儿童舌部的感觉、舌部运动力量和协调性进行训练。

① 舌前部刺激。

压舌板刺激：用消毒后的压舌板放入儿童舌前三分之一处，让儿童抬舌尖及舌两侧。

按摩刷刺激：用消毒后的按摩刷放入儿童舌中部，让儿童的舌尖和舌两侧上抬。

吸管刺激：让儿童用吸管吸瓶装或盒装饮品。

② 舌侧边刺激。

食物转送：将儿童喜欢吃的食物从一侧的臼齿送到另一侧的臼齿处，使儿童舌侧边上抬。

臼齿咀嚼：将儿童喜欢吃的比较硬的东西，放在儿童口中一侧的臼齿处，让其咀嚼几秒后,再转到另一侧的臼齿处让其咀嚼几秒。每次训练要多次重复练习。

③ 舌尖刺激。

压舌尖:让儿童伸出舌头,把压舌板放在舌尖处让儿童用力顶住,教师向内压儿童的舌尖。

舌尖舔物:把棒棒糖放在儿童的舌尖上方,引导儿童上抬舌尖去舔。

④ 舌肌力训练。

推舌:用压舌板推儿童舌尖,让儿童用舌尖抵压舌板。

挤舌:教师边示范边指导儿童把舌头变细、变紧、变硬。

⑤ 舌控制训练。

舌尖位控制:用舌训练器让儿童的舌尖放入其孔中,当舌尖下降用力时,引导儿童发"d/t/n"音。

舌后位控制:把舌训练器放入儿童口中,引导儿童用舌根部上抵住训练器并引导发音。

⑥ 舌运动训练。

舌尖上卷:教师示范,引导儿童将舌尖卷到上牙齿的外表面,让儿童上唇向下用力(时间长短视儿童的能力和可接受程度渐渐延长)。

舌尖发音:教师示范,用舌尖抵住上齿龈内侧,引导儿童发"tu/du/nu"音。

舌尖运动:教师示范,让儿童张开嘴,舌尖向上抵住上牙龈,然后抵住下牙龈,这样上下交替反复做。

发"k"音:教师示范,将舌根抬向软腭,连续发"k"音。

⑦ 呼吸训练。

这是采用多种呼吸方式,对造成构音障碍的呼吸运动力量和运动协调性障碍进行康复的训练方法。

在训练中,教师主要以孤独症儿童感兴趣的游戏形式进行训练,其训练方法如下。

桌面相对静态的游戏:教师与孤独症儿童一起做吹的游戏,如吹蜡烛、吹纸条、吹纸风车的游戏。

桌面相对动态的游戏:教师把乒乓球放在桌子上,与儿童一起从不同的方向去吹动它。开始练习吹的时候,球放在儿童嘴前边上,随着儿童能力的提升,球的距离可以放至离儿童稍远的地方,让其练习吹。

借助用具吹:教师准备干净的吸管与儿童一起吹水、吹泡泡。用口哨和口琴吹出声音。

(二) 发声训练

在孤独症儿童构音训练的同时,要对他们进行发声训练。这是一种采用听、视、发声等方式对孤独症儿童发声异常进行康复的训练。

1. 训练内容

孤独症儿童的发声普遍存在不准确的问题,原因可能是多方面的。因此,需要在对他们进行言语面貌评估后,进行有针对性的综合训练。训练的主要内容是对其唇声、舌根声、舌尖声和唇张合发声训练。

2. 训练要求

① 训练前,教师要了解孤独症儿童的言语发展水平及问题所在,特别是要组织好孤独症儿童的注意力。

② 训练开始,教师要为儿童做精准示范。

③ 训练中,教师要耐心引导,反复示范,让其模仿。

3. 训练方法

(1) 唇声训练

唇声包括 b、p、m、w。训练前,教师可以抱着儿童呈仰卧姿势,与儿童玩耍一会儿,待其放松后,教师先发声,然后用手指轻轻地将儿童的唇合上,与儿童一起练习所发的唇音。每次训练要多次重复练习。

发声训练

(2) 舌根声训练

舌根声包括 g、k、h。训练前,教师可以抱着儿童呈仰卧姿势,躯干后倾,头向后伸展。与儿童玩耍一会儿,待其放松后,教师先发声,然后轻轻按住儿童的下颌舌根的位置,在手指离开的同时让其发舌根声。每次训练要多次重复练习。

(3) 舌尖声训练

舌尖声包括 d、t、n、z、c、s。训练前,教师与儿童面对面坐着。训练时,教师将儿童头部向上推,迫使其下颌被动地向上抬,然后让儿童发舌尖声。每次训练要多次重复练习。

（4）唇张合发声训练

教师示范,引导儿童模仿,嘴巴张很大发"ɑ ɑ ɑ"的音;嘴巴圆起来发"o o o"的音;嘴巴小圆发"u u u"的音;嘴巴翘起来发"ü ü ü"的音;嘴巴扁起来发"e e e"的音;牙齿对齐发"i i i"的音;练习双唇的发音"ba ba ba""po po po""pa pa pa"。每次训练要多次重复练习。

（三）听音训练

这是一种通过发音、唱音阶、朗读等多种方式对孤独症儿童的听觉系统进行的训练。

1. 训练内容

孤独症儿童普遍存在听知觉弱的现象。听音训练主要包括声音察觉训练、声音辨别训练、声音识别训练和声音理解训练。

2. 训练要求

① 训练前,教师要了解孤独症儿童的听知觉发展水平及问题所在,特别要组织好孤独症儿童的注意力。

② 训练开始,教师要为儿童做精准示范。

③ 训练中,教师要耐心引导,反复示范,让其模仿。

3. 训练方法

（1）声音察觉训练

教师课前准备儿童喜欢的带声响的玩具和节拍器,以及辅助训练的录音机或听觉康复训练仪等。训练过程中,把声音调整到儿童适宜接受的音量,让儿童对所播放的声音从不关注到慢慢产生关注。每次训练要多次重复练习。

听音训练

（2）声音辨别训练

教师课前准备儿童喜欢的带声响的玩具和节拍器,以及辅助训练的录音机或听觉康复训练仪等。训练过程中,把声音调整到儿童适宜接受的音量,并时不时地变换声源位置,让儿童辨别声源位置、声音节拍次数及声音高低。每次训练要多次重复练习。

（3）声音识别训练

教师课前在录音机里录下单音四声的发音,如"bā bá bǎ bà",或准备听觉康复训练仪等。训练过程中把声音调整到儿童适宜接受的音量,对儿童进行基于声音音位对比识别和对简单词语的识别训练。每次训练要多次重复练习。

(4) 声音理解训练

教师课前在录音机里录下儿童喜欢的故事或儿歌,或准备听觉康复训练仪等。训练过程中把声音调整到儿童适宜接受的音量,对儿童进行声音(包括言语声和非言语声)理解训练。每次训练要多次重复练习。

(四) 嗓音训练

这是一种触动孤独症儿童发音声带,使用声气结合的方式,对孤独症儿童的发音品质进行的训练。

1. 训练内容

孤独症儿童普遍存在发音时因气不够,声音不足,导致音质不好的现象。嗓音训练主要包括气息训练、元音训练和声气结合训练。

2. 训练要求

① 训练前,教师要了解孤独症儿童的嗓音问题所在,特别要组织好孤独症儿童的注意力。

② 训练开始,教师要为儿童做精准示范。

③ 训练中,教师要耐心引导,反复示范,让其模仿。

3. 训练方法

(1) 气息训练

气息训练的方法很多,教师课前要视孤独症儿童的气息水平选择适合其使用的训练方法。

嗓音训练

① 闭口打哈欠。教师示范,用手捂住自己的嘴,有意识地打哈欠,强制用鼻吸气、呼气。然后,辅助儿童试着做。每次训练要多次重复练习。

② 气声数数。教师示范,先吸足一口气,屏息数秒,然后用均匀的、低微的、带有气息的声音从1开始数数,数数时尽量不撒气、不漏气。然后,辅助儿童试着做。每次训练要多次重复练习。

③ 跑步唱歌。教师示范,边慢跑边唱儿童会唱和喜欢唱的儿歌,要尽量控制不出现喘息声。唱完一首后慢慢调节呼吸,然后再继续进行。然后,引

导儿童一起做。每次训练要多次重复练习。

（2）元音训练

教师课前准备带元音发音的卡片或点读机。训练过程中，教师要注意自己发出元音的音量是儿童可以接受的，对六个元音 a、o、e、i、u、ü 要一个一个进行强化训练，不急于求成。特别注意 a、e、i、u 这四个音是发音的重点。每次训练要多次重复练习。

（3）声气结合训练

教师课前在录音机里录下自己一口气数一组数字或一口气发"a"音的示范，也可以当场示范。训练前，教师让儿童先学习深吸气；训练时，一口气数一组数字，发声时吐字要清楚，气流要平稳，使用的数字量，由短到长。发"a"声，一口气发得越长越好，要求声音清楚、气流平稳。每次训练要多次重复练习。

【本章练习题】

1. 什么是语言与言语？两者有何关系？
2. 简述语言与言语障碍的类型。
3. 试述孤独症儿童语言与言语的发展。
4. 简述孤独症儿童语言与言语能力评估方法。
5. 简述孤独症儿童语言与言语训练的原则。
6. 试述孤独症儿童语言与言语训练的主要内容。

第六章

孤独症儿童情绪发展及康复训练

教学目标

1. 师德养成目标

通过本章内容的教学,掌握孤独症儿童情绪发展特点及其影响因素,了解孤独症儿童情绪发展的常用训练方法;认识到通过系统性、针对性的个别化训练可以有效促进孤独症儿童情绪能力的发展,从而进一步树立教师在孤独症儿童情绪发展中所承担的重要角色。

2. 知识与能力目标

(1) 知识目标:掌握孤独症儿童情绪发展特点及其影响因素,学习使用情绪评估的常用工具,了解孤独症儿童情绪能力发展的常见训练方法。

(2) 能力目标:初步学会孤独症儿童情绪能力训练的操作方式,初步运用针对性训练方法设计个别化教育干预的方案。

3. 情感与意志目标

(1) 情感目标:理解孤独症儿童的情绪发展障碍;通过系统性、针对性训练和适宜的环境,使孤独症儿童情绪能力得以提升;能以真诚的态度面对孤独症儿童的情绪问题,在教育过程中富有爱心与耐心。

(2) 意志目标:深刻理解孤独症儿童情绪发展的复杂性,理解融合教育环境的重要性,愿意为成为具有融合教育素养的老师而努力。

教学重点与难点

(1) 教学重点:学习使用孤独症儿童情绪评估工具。

(2) 教学难点:了解孤独症儿童常见情绪问题及其成因,初步掌握设计教育干预的方案。

> **案例呈现**

依依 4 岁,是重度孤独症女孩,没有任何语言,除了哭闹时发音外,平常基本不发音。依依有个特别让家长难以承受的问题就是每天不定时、原因不明地大发脾气。发脾气时不只是大哭大闹,她还会拽自己的头发并撕咬衣服的前襟或袖口,她衣服的这两个部位基本上都是小洞洞。

第一节 孤独症儿童情绪发展的特点

一、孤独症儿童情绪发展的一般特点

情绪是个体心理的重要组成部分,具有心理与行为的驱动作用。情绪发生发展的特点往往会对其他心理活动产生影响。孤独症儿童在情绪能力方面具有较为普遍的障碍,是其社会交往与沟通障碍的重要表现之一。由于孤独症个体其他核心症状的表现程度存在差异,情绪障碍的严重性以及后天情绪能力发育状况也会存在巨大差异。国内外学者对孤独症儿童情绪发展开展了系列研究,随着近几十年来技术的发展,在方法上有了长足的进步,研究主要涉及面部情绪的识别,声音和肢体语言的表达和理解,分享、理解和感受他人情绪的能力,以及共情等方面。[1]

(一)孤独症儿童的常见负面情绪

1. 易怒

孤独症儿童比较常见的负面情绪表现之一是易怒。易怒状态下,个体情绪通常特别不稳定,容易因日常小事而受到刺激,产生烦躁情绪、易发怒,也比较容易产生情绪波动。基于孤独症儿童的大样本调查研究显示,大约有

---

[1] 王智,田婧,朱紫桥.自闭症儿童的情绪认知干预效果元分析[J].心理技术与应用,2021(6):330.

60%的孤独症儿童表现出精神紧张、神经过敏、烦躁或愤怒的症状,25%的孤独症儿童存在超出正常范围的攻击行为,还有的不时会出现自残行为。孤独症儿童的障碍表现异质性特征明显,每一个孤独症儿童都有可能在同一类型障碍中具有不同的问题和程度表现。孤独症儿童的易怒可能是其疾病的伴发症状,也可能是继发症状,这些问题使孤独症儿童的社会功能受损明显,给其家人带来压力,也给康复治疗带来更多挑战。[①]

2. 焦虑

焦虑是指个体对即将来临的、可能形成的危险或威胁所产生的不愉快的复杂情绪状态,其中含有着急、挂念、忧愁、紧张、恐慌、不安等复杂成分。焦虑的产生与危急情况和难以预测、控制的事件有关。一般情况下,焦虑的程度与个体正在经历的压力事件程度相当,且当时过境迁后焦虑就可能解除。焦虑本身是个体的正常情感反应,但是过度的焦虑或过弱的焦虑就会形成情感性或生理性疾病。焦虑也是儿童期比较常见的精神障碍之一。在孤独症儿童的焦虑情绪研究中,20世纪中叶孤独症的提出者坎纳就曾在报告中提及:孤独症儿童在经历噪声、医疗事件时如在经历"巨大恐慌"和"严重的情绪危机时存在严重焦虑问题"[②],当时研究者就已经意识到孤独症儿童群体存在严重焦虑问题,且对孤独症儿童的适应性、同伴交往、家庭生活、社会技能习得产生了不良影响。

大半个世纪以来,针对孤独症儿童焦虑问题的研究不断丰富,但是关于孤独症儿童焦虑发生率的研究结果差异较大。在一项综述性研究中发现,孤独症儿童中有大约11%~84%的个体经历过不同程度的焦虑问题,其中大约有39.6%的孤独症儿童患有至少一种焦虑障碍,其中最常见的障碍为特定恐惧症,次之为强迫症和社交焦虑障碍。[③] 与普通儿童及其他类型特殊需要儿童相比,孤独症儿童的焦虑水平更高。这种异常情绪表现可能和孤独症儿童的冲突控制机制异常有关。冲突控制是监测感知觉信息输入或所需反应与

---

① 赵英欣,何凡,郑毅. 孤独症易怒症状治疗研究进展[J]. 中国神经精神疾病杂志,2021(8):501-503.
② KANNER L. Autistic disturbances of affective contact[J]. Nervous child, 1943,2(3):217-250.
③ 刘春燕,陈功香. 自闭症谱系障碍个体的焦虑:发生机制、评估与治疗[J]. 心理科学进展,2019(10):1713.

优势反应间的冲突并执行注意控制的能力,它能够帮助人们快速灵活地应对社交环境变化。研究发现,孤独症儿童对冲突信息的反应经常出现异常,比如在社交中常常难以理解同伴的情绪变化,并且在错误反馈的基础上,不具有恰当地及时调整纠错的能力。而冲突控制机制被视为能够预测焦虑症状的发生的重要潜在原因。[①] 焦虑障碍带给孤独症儿童的不仅是情绪的痛苦体验,也可能会加剧其他核心问题的症状程度。

(二) 孤独症儿童的面部情绪识别特征

面部情绪的识别是社会沟通交往中的重要组成部分,个体常通过面孔情绪的识别来接收他人的情绪状态,同时也通过面孔来传达自身的意愿。普通儿童天生具有对人类面孔的注意偏向,并且这种偏向随着婴儿生理的发展和面孔视觉经验的增加,而形成脑区对面孔加工的选择性增强,这成为个体社会性和情感发展的重要前提。[②] 而在孤独症患者群体中,则比较广泛地存在人的面部信息加工困难,比如在社交情境中,除了带有面部特征的人,还存在其他非社会性物体时,孤独症患者会倾向于更多地注视非社会性物体。[③]

有研究认为,孤独症儿童在识别面部基本情绪时,其速度和准确性与普通儿童相比无明显差异,此类研究通常是使用含有单一面部情绪信息的图卡,或者采用基本表情的文字标签来对孤独症儿童进行识别考察。但是在使用连续性图片展示情绪事件时,孤独症儿童对情绪的识别与普通儿童存在不同,主要表现为对正负情绪的判断正确率均不如普通儿童,尤其是在判断负面情绪的图片内容时,正确率明显低于普通儿童。[④]

但是,关于孤独症儿童这种面部基本情绪的识别偏差产生的时间,还存在研究上的分歧。早期的一些研究认为,孤独症儿童对情绪的识别偏差自出

---

① 陈琪,翟坤,陈庆欣,等.孤独症谱系障碍儿童的冲突控制特征及与焦虑症状的关系[J].中国心理卫生杂志,2021(7):547.
② 荆伟,张婕,付锦霞,等.婴幼儿面孔注意偏向:先天倾向与发展轨迹——来自正常和孤独症婴幼儿的证据[J].心理科学进展,2021(7):1216.
③ 王磊,张珍珍,刘春玲.自闭症谱系障碍婴幼儿面孔加工的研究进展[J].中国特殊教育,2021(6):59-60.
④ 李菲菲,沈钦雨,唐伊琳,等.自闭症儿童对情景事件的情绪理解:基于内隐和外显的测量[J].心理科学,2019(5):1271-1272.

生即存在,尤其是在对有强烈情绪面孔的识别速度与准确性上。但新近的一些研究则表明,孤独症儿童在生命的早期(至少6个月)时能够对孤立面孔进行正常加工,12个月前能够区分恐惧面孔与其他面孔的差异,并对恐惧面孔表现出注意偏向,但这种注意偏向在大约9~12个月期间逐渐呈现出异常化的特点。[1]

个体在进行面部表情的识别时,一般由两个信息加工阶段组成,分别是对面孔整体感知、编码阶段和面孔识别阶段。国内外关于孤独症儿童的面孔整体感知、编码阶段的研究结果显示,孤独症儿童对基本情绪面孔的整体感知速度比普通儿童慢,且对情绪面孔的整体感知模式存在异常。尤其在情绪面孔的五官被遮蔽或部分遮蔽的情况下,孤独症儿童对面孔的性别识别正确率也会下降,并且这种变化还与面孔被遮蔽的部位有关,在眼睛被遮蔽的情况下,识别正确率下降更为显著。[2] 因而,孤独症儿童在日常生活中与人交往时往往存在不同程度的困难,可能主要源自其对表情的信息加工速度较慢,不能及时回应,导致准确率相对较低。此外,孤独症儿童在对情绪面孔的记忆编码过程中表现出更多地依赖于左半球相关的神经通路,而以普通人为研究对象时则显示普通人在进行面孔识别时更多偏向于左侧视野的面孔信息,这说明对于普通人而言,面孔加工能力主要与大脑右半球的活动相关,而孤独症儿童则缺乏这种右侧化优势,这也可能是造成孤独症群体面孔加工困难的重要原因之一。[3]

在一些以高功能孤独症个体为对象的研究中,则发现了其存在对威胁性情绪面孔的异常注意偏向。威胁性情绪面孔是指相比于其他情绪面孔,更容易也更快获得个体注意的那些情绪面孔,比如愤怒、厌恶、恐惧等。在正常情况下,这种注意偏向有助于个体适应环境,更好维系社会关系,但是当对威胁性情绪过度注意时,则可能会引发个体的情绪和社交问题。[4]

---

[1] 王磊,张珍珍,刘春玲.自闭症谱系障碍婴幼儿面孔加工的研究进展[J].中国特殊教育,2021(6):60.
[2] 林云强,曹贤佳.五官完整度对自闭症儿童面孔表情性别识别的影响[J].心理科学,2019(2):492.
[3] 林琼希,吴桂花,张玲,等.孤独症谱系障碍儿童辨认基本情绪面孔早期加工阶段的异常特征[J].中国当代儿科杂志,2018(2):137-138.
[4] 范晓壮,毕小彬,谢宇,等.高功能自闭症个体对威胁性情绪面孔的注意偏向[J].心理科学进展,2020(7):1172.

总之,孤独症儿童的面孔识别能力不同程度地存在偏差,并且受到面孔情绪的类型、熟悉度、复杂程度、呈现方式以及眼睛注视方向[①]等多重主客观因素的影响。

拓展阅读

作为人类,普通人的面部表情非常丰富,人脸部的细小微变都可能表达完全不同的情感。据统计,人脸约可产生1万种表情,而其中3 000种是具有情感意义的。为了深入研究人的面部表情所表达的情感意义,研究者对这些表情进行了编码。其中具有代表性的表情编码系统之一的是面部动作编码系统(Facial Action Coding System,FACS)。FACS是美国心理学教授保罗·艾克曼于20世纪70年代末提出的。该系统根据解剖学定义了44个运动单元及运动描述符来描述面部运动,每个运动单元具有不同的位置和强度,如AU1指内部眉毛抬起,AU2指外部眉毛抬起等(详见图6-1)。FACS是迄今为止最为详尽、最为精细的面部测量系统,很多后续的方法都是以它作为基础展开。

Action Unit	Description	Action Unit	Description	Action Unit	Description
AU1	内部眉毛抬起	AU13	拉动嘴角向上	AU25	双唇分开暴露牙齿
AU2	外部眉毛抬起	AU14	嘴角向牙齿收缩	AU26	双唇分开看见舌头
AU4	眉毛整体低垂	AU15	嘴角垂直向下拉动	AU27	双唇分开看见喉咙
AU5	抬起上眼皮	AU16	下嘴唇向下拉动	AU28	吸允嘴唇覆盖牙齿
AU6	抬起脸颊	AU17	挤动下唇向上顶	AU41	微微低垂上眼皮
AU7	眼睛收缩	AU18	向中间皱起嘴巴	AU42	低垂上眼皮
AU9	收缩提起鼻子	AU20	嘴唇向后方拉扯	AU43	闭上眼睛
AU10	抬起上嘴唇	AU22	嘟起嘴唇成漏斗	AU44	下眼皮向上顶
AU11	加深中部鼻唇	AU23	收紧双唇成一字	AU45	双目眨眼
AU12	上扬嘴角	AU24	把双唇挤在一起	AU46	单目眨眼

图6-1 面部表情主要运动单元编码

---

① 侯婷婷,陈潇,李开云,等.自闭症个体的面孔识别障碍:来自眼动和神经科学技术的证据[J].中国特殊教育,2020(11):44-45.

人们常说,人有七情,在对人类常见表情的研究中,人们依据FACS给予其具体的标识,如人在平静时,面部运动几乎没有;人在快乐时会抬起脸颊、上扬嘴角;人在悲伤时内部眉毛抬起、眉毛整体低垂、嘴角垂直向下拉动等(详见图6-2)。

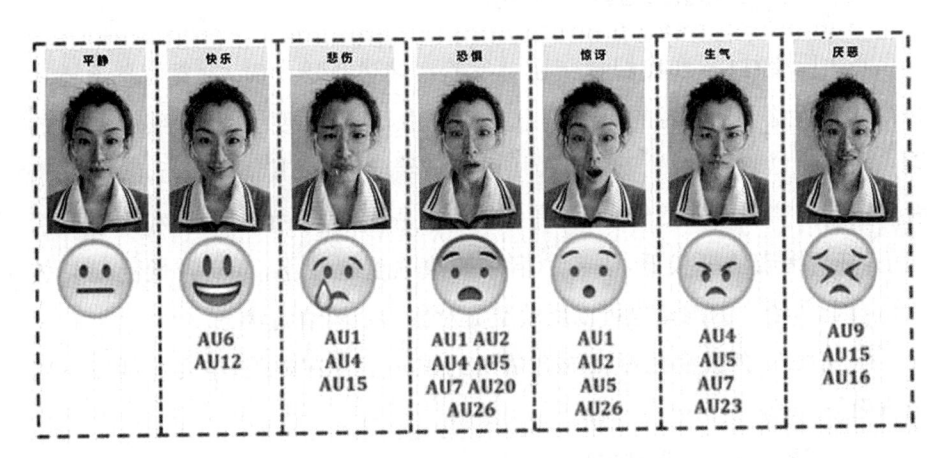

图6-2 情绪与人脸动作单元的对应关系

(三) 孤独症儿童的肢体情绪信息加工

面孔情绪信息是个体判断交往对象情绪状态的主要信息来源,此外,肢体动作在情绪识别中也有重要意义,尤其是在面部情绪比较模糊、复杂的情况下,对肢体动作的观察与分辨会为情绪辨别与理解提供重要线索。而当面部情绪与肢体动作传达内容一致时,还可以增加个体对情绪的判断速度和准确性,反之,则会影响我们对情绪的把握。

在针对肢体动作的情绪特征识别相关研究中,发现普通儿童对强烈情绪下的肢体语言,尤其是威胁性肢体语言存在识别的优势,而孤独症儿童与普通儿童在这一方面的表现是一致的,也就是说,孤独症儿童也具有强烈的威胁性肢体情绪的优势关注。但是,在肢体情绪的加工深度上,孤独症儿童明显不如普通儿童。任翰林等学者的研究发现,普通儿童在判断肢体情绪时,对头部动作的加工要优于上肢动作的加工,即使是在头面部信息比较模糊的情况下。而孤独症儿童则较多地把视线落点集中在肢体边缘[1],经常回避对

---

[1] 任翰林,黄亮,郑玉玮,等.自闭症谱系障碍儿童的肢体情绪加工特征:来自眼动的证据[J].中国临床心理学杂志,2021(1):11-12.

头面部的注视,并且在手势、姿势等肢体信息的关注上,也少于普通儿童。这说明,孤独症儿童存在肢体情绪信息识别困难。

(四) 孤独症儿童的语音情绪理解

在人际交往中,当我们对交往对象的情绪进行感知时,主要信息通道来自视觉和听觉。交际时的语音信息中含有由音高、强度、时长等线索构成的副言语信息,如当人们处于愤怒和快乐等情绪状态时,其情绪激活度较高,语音的情绪韵律一般强度较大,音高和第一共振峰较高;而在悲伤和厌恶等情绪下,其情绪激活度较低,语音的情绪韵律强度也较小,音高较低而时长较长。[①] 因而,语音的韵律也可以反映交流对象的不同情绪状态。

研究发现,孤独症儿童在语音情绪的识别上存在缺陷,主要包括以下四个方面。

1. 语调情绪信息识别的缺陷

研究发现,孤独症儿童对语音情绪的注意与识别是无意识自动化的,也就是说与其他刺激信息相比,情绪相关的刺激会引起普通个体更多和更快的注意与加工优先,但是孤独症患者则有所不同,孤独症患者更加偏好非情绪刺激。[②] 也有一些研究指出,阿斯伯格综合征患者较其他孤独症个体能够更好识别语调中的情绪信息,但是在中高强度的情绪语音语调信息下,其识别正确率和速度都更低[③],说明孤独症患者在语调情绪识别中的障碍是比较普遍的。

2. 不同类型情绪语音信息的识别缺陷

孤独症儿童在对不同类型情绪的语音信息识别速度和准确性上存在差异,主要表现在对由外部情境引发的悲伤和快乐的语音情绪识别准确性明显高于由内部愿望和信念引发的失望、尴尬和自豪等情绪。

3. 语音情绪初期信息加工过程的缺陷

从语音情绪的初期信息加工过程来看,孤独症儿童对音高、音强等声学线索更为敏感,因而导致信息加工初期的偏差。普通儿童一般在10岁左右开

[①] 王琦,胡金生,李骋诗,等. 孤独症谱系障碍者的情绪韵律识别[J]. 心理科学进展,2016(9):1377.
[②] 胡金生,李骋诗,王琦,等. 孤独症青少年的情绪韵律注意偏向缺陷:低效率的知觉模式[J]. 心理学报,2018(6):637-638.
[③] 郭明,刘晓峰. 孤独症儿童情绪识别能力研究述评[J]. 中国特殊教育,2018(12):37.

始出现对语音情绪的加工敏感性,但是孤独症儿童的听觉敏感性则较普通儿童更高。

4. 语音信息整合加工阶段的缺陷

在语音信息的整合加工阶段,孤独症儿童更倾向于根据语义或语境辨别交流者的情绪,而不是综合情绪,这和孤独症儿童的中央统合功能较弱有关。

综上所述,语音情绪的识别是我们正常社交的基础,而孤独症个体的语音情绪识别与理解困难阻碍了其有效社交活动的开展。

(五) 孤独症儿童的情境情绪理解

在真实的生活场景中,除了面部表情、肢体语言、语音线索之外,情绪的识别总是和一定的情境结合在一起,个体对于情绪的理解也总是需要结合情境的线索。情境情绪的理解是指在特定的交往情境中,个体对情境中主要人物的情绪进行理解和识别。[1] 个体需要对情境或情境中发生的事件与情绪之间进行因果关系的匹配,进而对情绪进行理解和把握,这是个体正确理解情绪的重要前提。

心理学研究认为,3~4 岁是儿童心理理论发展的前期,对于普通儿童而言,大约从 3 岁左右开始,能够将情绪与事件情境结合起来进行推测;4 岁左右的儿童,能够考虑交往对象情绪背后的其他欲望和信念等信息,这一时期也是儿童情境情绪理解发展的关键时期,普通儿童能在此阶段逐渐发展起对情境中的情绪的推理,进而选择恰当的面部表情予以反馈。

而以孤独症儿童为对象的研究则显示,其在情境情绪的识别上有困难。当研究者向孤独症儿童出示手绘情绪图片、面部表情照片,并要求将其与视频中的手势、声音以及情境进行匹配时,孤独症儿童将喜悦、悲伤、愤怒、恐惧这些基本情绪与视频中的情境匹配的能力明显受损,尤其是当呈现的材料与视频中的情境情绪不同时,识别的准确性和速度明显下降,并且相较普通儿童,孤独症儿童也更少地依赖情境信息。此外,孤独症儿童理解复杂情境情绪的能力相较理解简单情绪的能力也更弱。

孤独症儿童在情境情绪理解方面的障碍,可能是受到了信息整体加工水

---

[1] 李慧,邵伟婷,徐胜. 自闭症儿童情境情绪理解的研究综述[J]. 现代特殊教育,2020(2):68.

平较低的影响,从而影响了其对面孔与背景情绪整合信息的觉察。①

拓展阅读

情绪是复杂的心理现象,人们往往是在具体交往情境中,通过对他人的情绪进行理解并做出相应的行为反应来表达自身情绪。因此,采用连续发展的情绪事件和内隐任务来模拟生活事件中的情绪事件,能更好地反映孤独症儿童的情绪理解能力。浙江师范大学李菲菲等人组成的团队选取了智商相当的孤独症儿童和普通儿童作为被试,将广为人知的《猫和老鼠》等5部动画片中的情绪事件以系列图片的方式呈现出来,外显任务要求被试判断事件中主要角色的情绪感受,内隐任务要求被试做与情绪加工无关的任务——判断事件的一致性(儿童在执行无关任务时会不自觉地对刺激的情绪内容进行加工,这是一种能够内隐地考察情绪理解的任务)。结果显示,在外显任务中,孤独症儿童在对正面和负面情绪的判断上均显著不如普通儿童,尤其在对负面情绪的判断上,差距更为明显,说明孤独症儿童存在负面情绪理解方面的缺陷;在内隐任务中,普通儿童对正面、负面情绪的理解明显变弱,其中对负面情绪的理解几乎没有,而孤独症儿童在内隐任务中不仅对负面情绪理解更弱,对正面情绪理解也变弱了,即都存在理解缺陷。②

(六) 孤独症儿童的情绪调节能力

所谓情绪调节指人们根据环境的需要,有意识或无意识地调节情绪的产生、体验与表达,从而做出恰当的行为反应的能力,其本质就是认知控制情绪的过程。生活中我们几乎时刻都在发生着情绪的变化,情绪影响我们的注意、记忆、社交等一系列的心理和行为。情绪是一种非常重要的心理能力,而情绪的调节在日常生活中发挥着重要作用。

情绪调节由一系列的策略组成,这些策略可能用于增强情绪反应,也可

---

① 孙岩,郝盈雪,薄思雨,等.背景线索对自闭症谱系障碍情绪面孔识别影响[J].中国特殊教育,2017(10):26.
② 李菲菲,沈钦雨,唐伊琳,等.自闭症儿童对情景事件的情绪理解:基于内隐和外显的测量[J].心理科学,2019(5):1267-1272.

能用以维持或降低某种情绪反应;这些策略的运用过程有可能是有意识的,也可能是无意识的。而情绪调节能力水平取决于有效的认知控制功能,其能够生成、维持和调整目标导向策略。[1]

孤独症儿童的情绪调节能力存在一定缺陷。一是表现为在消极情绪出现时,孤独症儿童更多使用不恰当的策略进行应对,比如否认、回避等。二是孤独症儿童的情绪调节能力缺陷存在性别差异。相比于孤独症男孩,孤独症女孩的情绪调节能力缺陷情况更为普遍,也表现得更为严重。比如,孤独症女孩更难控制自己的情绪,有更高的情绪反应性和焦虑性,但是在调节情绪的策略上,孤独症女孩比男孩方法更多。[2]

拓展阅读

以下是一则孤独症儿童个案的情绪调节能力问题表现,个案来源为广东省某特殊教育学校,个案基本信息如下。

姓名:小力(化名)

年龄:九岁

就读学校:特殊教育学校

症状表现:确诊孤独症,语言、动手操作能力较好,情绪管理能力差,有明显的行为问题

表6-1 个案的一周表现记录表

	周一	周二	周三	周四	周五
问题行为发生前	教室电脑被打开	电脑屏幕上有配对练习	早自习无事可做	听到其他教室有动画声音响起	音乐课,老师示范跳舞
问题行为发生	使劲触摸屏幕,大声播放音乐	冲上讲台,点击屏幕	自己走到电脑旁,把电脑打开	自己跑出教室,趴在窗户上看	冲上讲台跳动
问题行为发生后	被老师拉到座位上	被老师批评	老师禁止后,开始大喊大叫	老师出教室寻找带回后,用头撞桌子、撞墙	老师口头制止后被其他同学拉下去

---

[1] 李含笑.情绪调节的神经机制研究[J].心理学进展,2018(12):1819.
[2] 曹秀爱,徐云.孤独症儿童情绪调节研究进展与启示[J].绥化学院学报,2021(10):73.

辅导方法有情绪疏导、认知调整、替代行为等,略。①

(七) 孤独症儿童的依恋情感特征

依恋是发展心理学领域的重要概念,一般是指婴儿与母亲或其他看护人所形成的长久持续的情感联结。就个体心理发展而言,尽管依恋的发展贯穿个体终身,但早期依恋关系的建立具有特别重要的意义。亲子之间的依恋关系是儿童早期心理发展最重要的内容,将直接影响个体安全感的建立,对其情绪情感能力、人格、社会性行为等的发展,以及将来的人际交往,均起到关键影响作用。

一直以来,有关孤独症群体的依恋行为也得到了较多关注。在很长的一段时间内,孤独症儿童被认为是缺乏依恋能力的。他们总是表现得不如普通儿童那样更容易与父母建立亲密关系,对陌生人和陌生情境的反应也经常与众不同,比如很多孤独症儿童一直到幼儿园阶段,都没有认生反应,也很少表现出对父母的特殊反应,不喜欢拥抱,但是另一些孤独症儿童则可能表现出异常的依恋某个人,或者特别喜欢肢体接触等。因此,孤独症儿童经常被描述为难以与人亲近,无法建立长期的稳定关系和情感纽带。美国《精神障碍诊断与统计手册(第4版)》中,也将孤独症描述为自婴儿期起就可能很难接受拥抱,对情感表达和肢体接触无动于衷甚至抗拒,他们可能会表现为不固定依赖一个人,也可能表现为另一个极端,即异常地依赖一个特定的人。②

拓展阅读

关于个体间不同的依恋风格,心理学研究领域最早有英国发展心理学家约翰·鲍比(John Bowlby)系统地提出了依恋类型理论。他认为,依恋类型可以分为四种,即安全型依恋、焦虑型(矛盾纠结型)依恋、回避型依恋和混乱型(焦虑+回避型)依恋,其中,焦虑型、回避型、混乱型依恋均属于不安全依

---

① 段孟楠.自闭症儿童情绪问题的个案辅导[J].中小学心理健康教育,2020(34):47-49.
② 杨凌燕,郭建鹏.自闭症儿童亲子依恋关系研究:观点、问题及发展趋势[J].中国特殊教育,2013(3):56-57.

恋型。

1. 安全型依恋

安全型依恋的主要特征是人际交往中较低的焦虑和回避表现。他们往往更容易建立和维持亲密关系，也更能承受人际挫折的压力，能在较为合理的范围内建立安全感，有很强的心理适应性。

2. 焦虑型依恋

这类人的人际风格特点是较低的回避和较高的焦虑。具体表现为渴望拥有良好的人际关系，渴望建立亲密关系，但又比较容易患得患失，外在的行为不稳定，内在的自信又不足，常表现出矛盾的心态。

3. 回避型依恋

回避型依恋风格个体与焦虑性依恋风格个体正好相反，具有高回避低焦虑的行为特征。这类人很少信任和依赖他人，对亲密关系的建立没有迫切需求，在人际交往中表现比较冷淡。

4. 混乱型依恋

这类人的人际风格特点是高回避、高焦虑。表现为既渴望亲密关系又害怕甚至抗拒亲密关系，缺乏对他人的信任能力，也对自身缺乏信心，处于一种矛盾和混乱的状态中。

自20世纪90年代起，越来越多的研究表明，尽管孤独症儿童在社会互动及交往方面存在障碍，但也存在明显的依恋行为，而且部分孤独症儿童能够形成安全型依恋。他们有的能向自己的母亲寻求安抚，在压力下，能主动寻求母亲的保护，也能主动靠近母亲而不是陌生人。来自北师大的研究团队总结了过去20年间关于孤独症儿童依恋行为的相关研究，将孤独症谱系障碍儿童的依恋特点归纳为三个方面。

1. 有限的依恋情感

孤独症儿童具有依恋情感，能表现出亲近行为，但这种亲近行为缺乏互动、交流和沟通，与父母的目光对视少于普通儿童，行为的发生频率也明显低于普通儿童。但跟与陌生人相处相比，孤独症儿童更愿意和熟悉的人尤其是母亲在一起。

2. 依恋类型的特点

孤独症儿童的依恋类型多为不安全型依恋，即多为焦虑型、回避型和混乱型依恋。国外一项研究结果显示,孤独症儿童不安全型依恋比例约为47%,而普通儿童中该比例约为38%[1],其中混乱型依恋类型在孤独症儿童中占比约为31%,而在普通儿童中占比约为15%[2]。此外,依恋类型具有明显内部差异性,一般来说,高功能孤独症儿童相比其他孤独症儿童更容易建立安全的依恋关系。

拓展阅读

美国发展心理学家玛丽·爱因斯沃斯(Mary Ainsworth)首次尝试使用陌生人情境法研究了早期依恋的建立与发展,也基本论证了依恋类型理论。后来在世界各国引起广泛认同,被普遍运用。但一些跨文化研究也表明,依恋类型的建构受不同文化背景的影响,具有明显的地区差异,包括各依恋类型的人群占比,以及依恋类型的具体表现等。比如关于各依恋类型的占比研究,邓红珠等人的本土化研究表明,孤独症儿童中不安全依恋类型占比高达92.51%[3],谭琴等人的一项本土化研究中则描述这个比例为70%,均明显高于国外同类型研究结果,国外研究认为孤独症儿童的不安全依恋类型主要为混乱型,而国内的本土化研究则认为孤独症儿童的不安全依恋类型中混乱型约占15%。[4]

3. 早期依恋关系中的父母角色

孤独症谱系障碍儿童早期依恋水平与其父母的敏感性相关。研究发现,具有安全型依恋特征的孤独症儿童,与不安全型依恋的孤独症儿童相比,前

---

[1] RUTGERS A H, BAKERMANS-KRANENBURG M J, IJZENDOOM M H, et al. Autism and attachment: a meta-analytic review[J]. Journal of child psychology and psychiatry, 2004,45(6): 1123-1134.

[2] WILLEMSEN-SWINKELS S H N, BAKERMANS-KRANENBURG M J, BUITELAAR J K, et al. Insecure and disorganised attachment in children with a pervasive developmental disorder: relationship with social interaction and heart rate[J]. Journal of child psychology & psychiatry & allied disciplines, 2000,41(6):759-767.

[3] 邓红珠,邹小兵,金宇,等.婴幼儿孤独症患者亲子依恋类型及影响因素分析[J].中国临床心理学杂志,2007(5):480-482.

[4] 谭琴,肖强,叶志英,等.孤独症患儿亲子依恋的不同特征研究及影响因素分析[J].中国妇幼保健,2015(3):443-445.

者的母亲较之后者,有更好的敏感性,即更能及时地捕捉到孩子的行为表现,正确解读其需要,并做出更为准确的回应。①

拓展阅读

所谓父母敏感性是指在亲子行为中,父母能准确地觉察、解读、反馈孩子的依恋信号。对于早期依恋关系的建构而言,母亲的敏感性尤为重要。依恋行为的出现与发展,和儿童自身的特点、母亲的表现以及环境均有密切关系。孤独症儿童自身的障碍特征是短期内难以改变的事实,而环境的影响又很难预测和把控,相对而言,母亲的敏感性特质是一个可以调节的重要因素。孤独症儿童的依恋行为发展中,相对敏感性较高的父母可以很好地与儿童沟通交流,有利于儿童形成安全型依恋,而敏感性不强的母亲在觉察儿童的依恋信号方面相对较弱,经常无法及时、准确地做出有效回应,因而影响亲子互动,不利于安全型依恋关系的形成。②

但总体而言,孤独症儿童的依恋发展与普通儿童还是有较大的差异,有关孤独症儿童的依恋关系发展与其他方面功能缺陷之间的关系,仍需进一步研究。③

(八) 孤独症儿童共情能力的发展

共情是指感受他人的情绪状态,在此基础上对他人的情绪状态进行识别和理解,并对他人的行为、意图做出推测的能力。④ 共情包括认知共情和情感共情。认知共情是指个体识别他人情绪和感受的能力;情感共情是指个体对他人的情绪和感受做出相应情绪反应的能力。⑤ 人们的情感过程往往基于主观需求而产生,而主观需求则是个体认知的反应,因此认知共情与情感共情

---

①② 侯雨佳,邓猛.国外孤独症谱系障碍儿童早期依恋特征及其干预策略述评[J].残疾人研究,2018(1):76-78.
③ 林云强,张福娟.自闭症儿童依恋研究述评[J].心理科学,2012(3):727-728.
④ 廖梦怡,陈靓影,张坤,等.自闭症谱系障碍儿童共情过程中能力缺陷量化研究[J].中国特殊教育,2020(1):51.
⑤ 霍超,李祚山,孟景.自闭症谱系障碍个体的共情干预:扬长还是补短?[J].心理科学进展,2021(5):849.

之间相互作用,个体的动机、价值观等认知活动都会对共情产生显著影响。[1]

共情能力能帮助人感受自身之外的情绪,具有关心、理解处于困境中的他人的能力,是个体亲社会行为产生和发展的重要基础。普通儿童一般在婴儿期就已经表现出共情行为的萌芽,比如以哭声的形式回应其他婴儿,对一些极端的情绪有反应,如当父母在婴儿面前争吵时,婴儿会出现惊惧的表情,甚至号啕大哭等。在一项婴儿实验当中,和蔼的母亲当着6个月大的婴儿忽然把表情从微笑变成冷漠,仅几秒钟后,婴儿就开始出现惊异的表情,并开始尝试用一些熟悉的动作"唤醒"母亲,随着一次次努力的失败,几分钟后,婴儿开始露出恐惧的表情并大哭;在1岁以后,普通婴幼儿的共情能力会有进一步提升,他们会经历自己不开心的情绪,并开始关注他人的情绪。[2] 孤独症婴幼儿早期的共情能力研究受样本和方法局限,相对较少,相关研究主要还是集中在幼儿期。

已有研究显示,孤独症儿童在认知共情方面普遍存在缺陷,主要表现为面部表情识别障碍和情绪状态理解缺陷,因而对共情场景的识别存在障碍。而孤独症儿童的情绪共情能力的研究结果存在一定分歧,大部分研究认为孤独症儿童的情绪共情存在能力发展不足和发展过度并存的现象。比如情绪的感知力和模仿能力低于普通儿童,或者对部分情绪的反应性异常增强,但是对另一些情绪则可能表现异常冷漠。同时,也有一些研究认为孤独症儿童的情绪共情能力与普通儿童发展无异。[3]

二、孤独症儿童情绪发展的影响因素

(一)神经生理机制的影响

目前认为,孤独症是一种由基因问题所导致的广泛性发育障碍,它的各种缺陷表现首先就受到了神经生理发育过程异常的影响。随着过去半个世

---

[1] 曹思琪,刘勋,伍海燕.共情可控? 以自上而下视角考察共情的可调节性[J].心理科学进展,2021(8):1420.
[2] 张晓霞,王叶,刘欣,等.自闭症谱系障碍者共情能力发展研究述评[J].中国特殊教育,2019(8):48.
[3] 张晓霞,王叶,刘欣,等.自闭症谱系障碍者共情能力发展研究述评[J].中国特殊教育,2019(8):49-50.

纪以来脑科学以及神经认知科学的迅猛发展,功能性磁共振成像等技术的推广应用,孤独症儿童情绪发展的神经生理机制相关研究得以迅速积累。

例如,社会脑理论观点认为,分布在大脑颞上沟及其邻近区域的脑区,是人们日常从事社交活动时观察他人行为和思考任务的主要承担区域,这些脑区专门负责加工社交信息,如面孔识别、目光注视、心理理论以及共情等。[1] 而已有研究发现,孤独症儿童在这些相关脑区存在发展异常,如杏仁核激活水平较普通儿童偏低,影响了孤独症儿童对不同面部表情的辨析,颞上沟和腹内侧前额叶激活水平显著低于普通儿童。此外,孤独症儿童还存在镜像神经元系统障碍、神经连接异常、执行功能障碍、弱中央统合等问题[2],均与共情等情绪能力的缺陷相关。

有关情绪调节的脑机制研究认为,情绪调节的过程与一定网络区域的激活有关,比如前额叶、顶叶、扣带回系统,这些区域负责执行控制和抑制过程,还有皮层下系统,如杏仁核、腹侧纹状体,它们参与情感产生和情感评价的过程等。虽然关于情绪调节过程中区域激活的分布还存在研究分歧,但其特异性激活脑区的研究已十分丰富。在孤独症儿童情绪调节的脑机制方面,还缺乏针对性研究,但一些针对特殊群体的相关研究显示,情绪调节障碍的个体在前额叶皮层和杏仁核的连接上存在异常表现,如焦虑、抑郁等,同时,他们在特异性脑区的激活上有所减弱,激活能力明显弱于普通健康人群;有关双向情感障碍患者的研究也发现了类似的结论,即前额叶下皮层区域激活异常。[3] 这些研究说明,个体情绪能力的健康发展需建立在神经生理机制基础之上。

(二) 遗传因素的影响

虽然遗传因素不能解释所有的孤独症案例,但其在孤独症发病因素中占相当大的比重,近几年遗传因素对孤独症的影响的相关研究也在不断深入。来自中南大学和温州医科大学的科研团队开展了一项超过 15 000 个孤独症

---

[1] 侯婷婷,陈潇,李开云,等.自闭症个体的面孔识别障碍:来自眼动和神经科学技术的证据[J].中国特殊教育,2020(11):43.
[2] 齐星亮,陈巍.自闭症共情-系统化理论述评[J].心理科学,2013(5):1262-1263.
[3] 李含笑.情绪调节的神经机制研究[J].心理学进展,2018(12):1821.

样本的研究,第一次完成了基于中国人群大样本的孤独症基因组关联研究,较为系统地阐述了孤独症发病的遗传基础,分析了孤独症患者头围发育异常的遗传机制,进一步补充说明了遗传因素在孤独症核心症状形成中的重要影响。

随着基因检测技术的进步,一些与儿童情绪行为相关的遗传机制也逐渐被发现,如催产素受体基因、多巴胺 D4 受体基因等一些关键候选基因。以催产素受体基因为例,过去关于共情能力等相关的候选基因研究主要指向成人,也已取得了可观成就,但是针对儿童的相关研究还非常少。随着研究方法的不断改进,新近研究发现,催产素受体基因的细微差别,会对个体的注意和对社会线索的知觉能力产生影响,携带不同基因型的孤独症儿童与普通儿童相比,在对情绪线索和威胁性表情的认知上,均表现更弱。又比如多巴胺 D4 受体基因差异,对儿童的注意力保持时间、共情关注有明显影响,同时也是孤独症儿童比较常见的情绪障碍的重要影响机制。[①]

(三) 后天环境的影响

与普通儿童一样,孤独症儿童的情绪情感发展也是建立在个体与环境的互动基础上,在其情绪能力发生发展历程中,后天环境尤其是家庭环境的影响是首要的。大量心理学研究证明,儿童情绪能力的发展离不开家庭环境的影响,如父母对儿童的互动回应方式是否及时、高效,是否提供了丰富的环境刺激。与处于简单交互环境下的儿童相比,那些处于丰富环境刺激中的儿童往往更容易发展出良好的情绪技能,来自主要抚养人的及时、高效的亲子互动,是儿童发展共情等高级情感技能的重要土壤。抚养人自身的情绪表达也会极大影响儿童的情绪理解和表达能力。在不擅长表达与理解情绪的家庭环境中成长起来的儿童,更容易习得回避情绪行为的风格。

在孤独症患儿的家庭中,家长往往面临巨大的压力,国外一项研究将孤独症患儿家庭与普通家庭以及其他类型特殊儿童家庭进行对比,发现孤独症患儿所在家庭面临着更严重的情绪问题、精神压力,乃至更多更大的婚姻问

---

① 康一奇,种霞,吴南.自闭症早期预警:联合注意和共情的发生发展及影响因素[J].2018(7):1226.

题。[①]孤独症儿童相较其他类型儿童,情感交流及其他社会互动更少,情绪及其调节能力发展障碍也导致这些患儿经常会爆发出突如其来的负面情绪风暴,甚至产生更严重的行为问题,这些都导致患儿父母在家庭生活中的处境非常艰难。父母由于自身情感特质的影响,加之长期处于高压状态下,容易导致自身心境的异常,在养育孤独症儿童时,处于过高或过低的敏感性水平,对孤独症儿童的情感需要不能很好地感受和反馈,也可能会加剧孤独症儿童的情绪问题。

此外,社会环境的包容与支持也是孤独症儿童及其家庭情感生活的重要影响因素。自 2007 年 12 月联合国大会将每年 4 月 2 日设为"世界孤独症关注日"以来,这一活动得到了包括中国在内的大多数国家的响应。每年的这一天,各种社会宣传推广、志愿服务活动形式多样,内容丰富。多年来,对孤独症的宣传主题已从最初的提高对其核心症状、诊断流程以及对孤独症群体本身的关注,深入到更深层的内容。如 2014 年第 7 个"世界孤独症关注日",主题为"科学干预、合理治疗、平等发展",倡导以平等、尊重、关爱的原则去接纳和关注孤独症儿童。2017 年第 10 个"世界孤独症关注日"的主题是"实现自主和自决权"。2022 年第 15 个"世界孤独症关注日"的主题是"聚焦孤独症服务,构建社会保障机制,促进服务机构高质量发展"。

尽管如此,以美国儿童精神病学家莱奥·坎纳(Leo Kanner)1943 年首次提出孤独症概念作为标志,孤独症正式进入人们的视线仅 80 余年,这对于一种疾病的发现、研究、治疗及攻克而言,是短暂的。相较于其他一些障碍(残疾),如智力落后、多动症、肢体残疾、视力和听力残疾等,人们对于孤独症的了解仍然很少。而对于媒体报道来说,对孤独症儿童的观察报道也缺乏时间上的持续性,在每年的孤独症关注日密集报道,平时则鲜有耳闻。有时媒体会过度夸大孤独症儿童的问题行为,导致公众形成负面印象;或过于关注孤独症群体中仍存有争议的少数个体的"天才"现象,如在数学、绘画、计算、演奏等个别领域表现出来的"天赋才能",甚至将孤独症误解为"天才病"。至于孤独症患儿及其家庭所面临的日积月累的困境和压力,公众却知之甚少。信

[①] 赵聪. 孤独症儿童家庭照顾的困境及政策支持研究——基于"爱心之家"孤独症儿童家庭的考察[D]. 南京:南京农业大学,2016:2-3.

息的不对称容易导致环境反应的标签化,产生更多的社会排斥,当孤独症儿童及其家庭感受到不被理解和支持时,他们往往会采取退缩和回避的策略来应对环境压力,如尽量避免和他人接触,减少外出的机会,包括减少去社区公共区域,减少去幼儿园、商场、公园等场所,避免孩子出现在众人面前。这对提供孤独症儿童情绪能力发展的正常环境是不利的,也同样不利于维系家庭其他成员的正常情感及社交需要。

(四) 睡眠及便秘的影响

1. 睡眠问题

睡眠质量对于维系个体的身心健康状态有非常重要的作用,针对普通人群的睡眠质量研究业已非常丰富,在睡眠质量保障身心健康的基础作用上已取得了共识,尤其在情绪情感方面,睡眠质量的影响不仅直接,并且比较显著。睡眠质量方面的问题,也与一些疾病的发生、发展密切相关。

国内外研究显示,孤独症儿童的睡眠问题发生率高达71.5%[1],睡眠问题是孤独症儿童父母及其护理者报告的最为严重和棘手的问题之一。研究还发现,情绪行为症状水平越高的孤独症儿童总体睡眠问题越严重。与无睡眠障碍的患者相比,伴有睡眠障碍的孤独症患者存在更多的社会交往问题、语言交流问题、情绪问题,这将增大对孤独症患者干预治疗的难度,导致更加不良的预后。因此,重视和积极干预孤独症患者的睡眠问题非常重要。[2]

拓展阅读

已有研究表明,孤独症儿童睡眠问题发生率显著高于普通儿童,他们比普通儿童更容易出现入睡困难、入睡前烦躁不安、入睡前要拍抱或摇晃、睡眠不安、间断睡眠、梦游、梦魇、夜惊、夜间尿床、睡眠打鼾、睡眠呼吸暂停、用口

---

[1] 唐婷,朱江,郭敏,等.孤独症谱系障碍儿童便秘及睡眠问题与情绪行为问题的关系[J].重庆医科大学学报,2020(1):89.
[2] 李小钧,李雪,刘建丛,等.孤独症儿童睡眠问题及其相关因素[J].中国心理卫生杂志,2018(1):31.

呼吸等,白天入睡时间固定者也少于普通儿童。[1] 相关研究发现,孤独症儿童的睡眠问题与其症状严重程度、发育水平、出生体质量、自理能力水平等均相关。来自唐婷等人的研究也表明,孤独症儿童的核心症状,如刻板行为越严重,其睡眠质量越差,睡眠呼吸紊乱、失眠等情况更多见;运动和言语水平发育迟滞、自理水平较低的孤独症儿童也呈现出更多睡眠障碍,可能因为发育水平反映了脑发育损伤的程度。

表6-2 睡眠问题(+)组和睡眠问题(-)组的孤独症儿童问题行为比较(n,%)[2]

问题行为	睡眠问题(+)组 ($n=123$)	睡眠问题(-)组 ($n=49$)	χ^2/F 值	P 值
情绪问题				
情绪变化大,喜怒无常	37(30.1)	5(10.2)	7.502	0.006
无缘无故哭泣	18(14.6)	3(6.1)	2.368	0.195
无明显原因突然发怒	19(15.4)	0(0.0)	8.509	0.002
容易发脾气	56(45.5)	10(20.4)	9.350	0.002
容易紧张不安	29(23.6)	4(8.2)	5.369	0.020
尖叫或呻吟、叹息	32(26.0)	7(14.3)	2.750	0.097
重复刻板行为				
自言自语或不断重复一些话	64(52.0)	14(28.6)	7.782	0.005
不断变换动作和姿势	38(30.9)	7(14.3)	5.004	0.025
摆动身体某部位	46(37.4)	7(14.3)	8.780	0.003
不停地跑跳	66(53.7)	11(22.4)	13.804	0.000
来回踱步	29(23.6)	3(6.1)	7.050	0.008
在地上打滚	23(18.7)	2(4.1)	6.027	0.015
不愿别人触碰身体	25(20.3)	3(6.1)	5.186	0.023

---

[1] 李小钧,李雪,刘建丛,等.孤独症儿童睡眠问题及其相关因素[J].中国心理卫生杂志,2018(1):34-35.

[2] 唐婷,朱江,郭敏,等.孤独症谱系障碍儿童便秘及睡眠问题与情绪行为问题的关系[J].重庆医科大学学报,2020(1):88.

续表

问题行为	睡眠问题(十)组 ($n=123$)	睡眠问题(一)组 ($n=49$)	χ^2/F 值	P 值
攻击及自伤行为				
踢打人、推人或抓人	61(49.6)	29(59.2)	1.292	0.256
用物品攻击人	11(8.9)	0(0.0)	4.682	0.035
毁坏家具等物品	11(8.9)	1(2.0)	2.572	0.183
咬自己的手等部位	27(22)	7(14.3)	1.298	0.255
打自己的脸、头或身体	18(14.6)	3(6.1)	2.368	0.195
捏掐自己的身体部位	10(8.1)	2(4.1)	0.885	0.513
用头或身体撞墙或其他物体	10(8.1)	1(2.0)	2.170	0.182
拉、拔自己的头发	9(7.3)	0(0.0)	3.783	0.062
乱摔东西	41(33.3)	11(22.4)	1.968	0.161

2. 便秘问题

由于对便秘的定义及在便秘严重程度的评估上尚未有清晰界定，便秘问题的调查工具也比较少，因而各个研究中统计的孤独症儿童便秘问题的发生率存在较大差异。比如李珂等人的研究中统计发现，孤独症儿童的便秘发生率约为17.6%[1]，而唐婷等人的研究结果则为32.6%[2]，也有一项国外的研究结果为44%[3]。但无论如何，便秘的情况在孤独症儿童中确实比较普遍，因而便秘与睡眠问题，都被认为是孤独症儿童的常见共患问题。便秘问题的研究中还发现，与没有便秘问题的孤独症儿童相比，患有便秘问题的孤独症儿童情绪和问题行为的发生率也更高，比如易怒、易烦躁、自伤、破坏性行为等。[4]

---

[1] 李珂,江晓东,季忆婷,等.孤独症谱系障碍儿童胃肠问题检出情况初探[J].上海交通大学学报(医学版),2017(11):1506-1511.

[2][4] 唐婷,朱江,郭敏,等.孤独症谱系障碍儿童便秘及睡眠问题与情绪行为问题的关系[J].重庆医科大学学报,2020(1):89.

[3] VALICENTI-MCDERMOTT M, MCVICAR K, RAPIN I, et al. Frequency of gastrointestinal symptoms in children with autistic spectrum disorders and association with family history of autoimmune disease[J]. Journal of developmental & behavioral pediatrics, 2006, 27(2S): 128-136.

拓展阅读

表6-3 便秘问题(+)组和便秘问题(-)组的孤独症儿童问题行为比较(n,%)[④]

问题行为	便秘(+)组 ($n=56$)	便秘(-)组 ($n=116$)	χ^2值	P值
情绪问题					
情绪变化大,喜怒无常	19(33.9)	23(19.8)	4.069	0.044
无缘无故哭泣	11(19.6)	10(8.6)	4.281	0.039
无明显原因突然发怒	11(19.6)	8(6.9)	6.245	0.012
容易发脾气	30(53.6)	36(31)	8.112	0.004
容易紧张不安	17(30.4)	16(13.8)	6.683	0.010
尖叫或呻吟、叹息	15(26.8)	24(20.7)	0.800	0.371
重复刻板行为					
自言自语或不断重复一些话	29(51.8)	49(42.2)	1.388	0.239
不断变换动作和姿势	20(35.7)	25(21.6)	3.921	0.048
摆动身体某部位	21(37.5)	32(27.6)	1.741	0.187
不停地跑跳	31(55.4)	46(39.7)	3.766	0.052
来回踱步	11(19.6)	21(18.1)	0.059	0.808
在地上打滚	12(21.4)	13(11.6)	3.177	0.075
不愿别人触碰身体	12(21.4)	16(13.8)	1.616	0.204

第二节 孤独症儿童情绪的评估

现今孤独症儿童相关康复机构与研究中心在我国的建设与发展已初具规模,但在孤独症的鉴别与诊断领域,评估的工具和标准主要还是借鉴引进

[④] 唐婷,朱江,郭敏,等.孤独症谱系障碍儿童便秘及睡眠问题与情绪行为问题的关系[J].重庆医科大学学报,2020(1):87.

国外的研究,关于孤独症儿童诊断评估的本土化系统理论与方法,研究成果相对较少。而在孤独症儿童的情绪评估领域,相关研究则更少,呈现出成果少、实践少,介绍多、修订少,引用多、权威性少,需求多、适用少的特点。① 这对于诊断和评估孤独症儿童,以及在康复训练过程中更好地与其他特殊儿童的类似症状相鉴别,了解孤独症儿童的情绪发展特点,掌握患儿的情绪能力水平,以及制订和调整康复训练方案,有一定影响。

一、情绪评估概要

心理学认为,情绪能力是指利用情绪建立、维持和改变个体与外界关系的功能来为人类服务的能力。② 具体来说,情绪能引发个体在所处情境中做出恰当有效的行为反应,是社会交往的重要动力系统。在童年期,情绪能力的发展是基础心理能力发展的重要命题,对个体的智力、人格等发展均具有长远影响和重要意义。

情绪在心理学中的研究历史悠久,不同的心理学流派对情绪都有独到的理解。如临床心理学往往聚焦情绪功能的研究,如情绪在环境适应、动机激发方面的作用。而进化心理学派则可能更关注情绪在进化的过程中,对生理系统的组织作用和对重要事件的适宜反应。结合各项研究及观点,在儿童心理咨询与康复领域,情绪更多被看作由情绪表达、情绪意识、情绪理解、情绪调节等要素构成。情绪表达、情绪意识和情绪理解可以帮助个体觉察情绪活动的情境,根据场景线索,对自身或他人的情绪状态及其产生的前因后果进行分辨和推理。良好的情绪感知与理解能力能帮助个体更好理解自身与他人,促进个体做出适宜反应。情绪调节能力则可以帮助个体根据情境线索增减情绪的强度或表达某种特定情绪。良好的情绪调节能力往往和自我控制能力的发展密切相关,对情绪场景做出合理的感知与理解,并能做出适宜强度的情绪反应,会使幼儿变得更为灵活,更易发展出更好的环境适应能力。③

---

① 王辉,李晓庆,李晓娟.国内孤独症儿童评估工具的研究现状[J]中国特殊教育.2009(7):54-59.
② 周培丽.孤独症儿童情绪能力发展的评估与训练[D].南京:南京师范大学,2011:12.
③ 刘玉娟.国外儿童心理治疗与干预中的情绪研究述评[J].中国特殊教育,2009(1):64-65.

二、孤独症儿童情绪评估的手段

孤独症儿童情绪的评估存在一定困难,至少有一半的孤独症儿童存在认知和语言障碍,对自身情绪感受的体察能力也比较弱,因而对于孤独症儿童来说,觉察或者表达自身的情绪比较困难。孤独症的某些症状本身也与一些情绪障碍表现有重叠之处,比如,孤独症患者与社交焦虑障碍患者在社交互动方面都会表现出回避的症状;孤独症患者与焦虑障碍患者都可能在某种情境中表现出语言问题,如口吃、说话不流利等;而孤独症患者与强迫症患者都存在兴趣狭窄和重复性动作的行为。[①] 在孤独症儿童的情绪评估工作中,通常需要结合多重手段,以减少误诊,如采用临床访谈、生理检查、现场观察、重要他人(如父母、老师、患者自身等)报告、评估量表等相结合,来获得对患儿情绪状态的全面评估。

三、孤独症儿童情绪评估的常用工具

孤独症儿童情绪评估工具一般包括两类:一类是孤独症诊断量表中的情绪项目或其他心理与行为量表中的情绪模块,如儿童行为量表(Child Behavior Checklist,CBCL),是在众多的儿童行为量表中用得较多、内容较全面的一种,该量表被证明可有效识别学龄期孤独症儿童青少年的情绪行为问题,包括情绪反应、焦虑/抑郁等因子。[②] 研究者使用 CBCL 研究 1 429 名孤独症儿童的焦虑现状,结果发现 46% 的孤独症儿童存在焦虑问题,而典型发展儿童存在焦虑问题的比例仅为 9%。[③] 另一类孤独症儿童情绪测量工具则来源于情绪评估专用量表。因孤独症诊断量表以及心理与行为量表在本书其他章节中已有涉及,本节主要介绍儿童情绪评估专用量表。

[①] 刘春燕,陈功香. 自闭症谱系障碍个体的焦虑:发生机制、评估与治疗[J]. 心理科学进展,2019(10):1717.
[②] 王菲菲,李雪,刘靖,等. 孤独症幼儿的情绪行为问题研究[J]. 中国全科医学,2019(18):2190-2191.
[③] LORD C,BUJA A, Hus V, et al. Exploring the relationship between anxiety and insistence on sameness in autism spectrum disorders[J]. Autism research,2013,6(1):33-41.

（一）儿童抑郁评定量表(CDRS)

儿童抑郁评定量表(Children's Depression Rating Scale,CDRS)，是常用儿童心理健康测评工具之一，也是最早出现的儿童抑郁量表。该量表由帕诺斯卡等人于20世纪70年代模仿汉密尔顿抑郁量表制成，适用于6～12岁儿童。该量表在1983年和1984年分别进行了两次修订，形成了儿童抑郁评定量表修订版(CDRS-R)。该量表在儿童情绪障碍的临床实践中被认为是黄金标准。

CDRS-R内容包括情绪、躯体诉述、自觉症状和行为症状，要求被试根据最近一周的真实感受进行作答。量表共有18个项目，每个项目都按照从症状的轻微到严重来排列，用"没有""有时""经常"来表示症状程度，每个选项都有对应的分值，当量表总分高于15分时，则表示被试可能存在抑郁障碍，当量表总分越高时，则表示有更多的抑郁症状。如"我觉得生活没什么意思"这一项目，根据最近一周的真实感受，如果没有类似感受，就选"没有"；有时候会有，就选"有时"；经常会有类似感受，则选择"经常"。在这一项目中，选择"没有"对应分值则为0，选择"有时"对应分值则为1，选择"经常"对应分值则为"2"。需要注意的是，作答时尽量不要犹豫，不要考虑怎样作答才是"正确"的，而应该根据真实感受进行直觉作答。

表6-4 儿童抑郁评定量表

题目	没有	有时	经常
1. 我像平时一样盼望着许多美好的事物	2	1	0
2. 我睡得很香	2	1	0
3. 我感到我总是想哭	0	1	2
4. 我喜欢出去玩	2	1	0
5. 我想离家出走	0	1	2
6. 我肚子痛	0	1	2
7. 我精力充沛	2	1	0
8. 我吃东西很香	2	1	0
9. 我对自己有信心	2	1	0

续表

题目	没有	有时	经常
10. 我觉得生活没什么意思	0	1	2
11. 我认为我所做的事都是令人满意的	2	1	0
12. 我像平常那样喜欢各种事物	2	1	0
13. 我喜欢与家里人一起交谈	2	1	0
14. 我做噩梦	0	1	2
15. 我感到非常孤单	0	1	2
16. 遇到高兴的事我很容易高兴起来	2	1	0
17. 我感到十分悲哀,不能忍受	0	1	2
18. 我感到非常烦恼	0	1	2
量表总分			

儿童抑郁评定量表作为临床上比较常见的儿童抑郁测评工具,支持自评与他评相结合的方式来获取分数判定。一般要求通过与儿童、父母、教师及其他与儿童一起生活的人交谈来获得各个项目的信息,因而对于存在社会交往与沟通障碍的孤独症儿童来说,也有较好的适用性,能较为清晰地把抑郁症儿童从非抑郁症儿童中分离出来。[1]

(二)学前儿童情绪检核表(PFC)

学前儿童情绪检核表(Preschool Feelings Checklist,PFC)是由美国华盛顿大学研究团队研发的用于筛查3～6岁学龄前儿童抑郁症状的检核表。儿童抑郁症状与成人相比并不典型,6岁以下幼儿的抑郁症状主要为快感缺失,最敏感的症状是悲伤情绪和易怒情绪,具体表现为过度依恋父母、过分担忧、行为退缩,不愿参加集体活动、厌学等。由于其症状并不十分明显,且受限于幼儿的自我觉察与表达能力,比较容易被成人忽视。相较于幼儿的其他情绪障碍筛查,以及相较于成人的抑郁症状筛查,幼儿抑郁症状的筛查在体系上还并不完善,专用工具也相对较少。

学前儿童情绪检核表研制于21世纪初,由华盛顿大学医学院的琼·卢比

---

[1] 林崇德. 心理学大辞典[M]. 上海:上海教育出版社,2003.

(Joan Luby)及其团队研发,包括家长报告版和教师报告版。量表的使用不需要进行额外的专业培训。最初版本的 PFC 共 16 个条目,采用"是"或者"否"进行评分,在反映抑郁症状的严重程度上比较薄弱,后续经过修订,形成了学前儿童情绪检核量表版(Preschool Feelings Checklist-Scale Version,PFC-S),量表版采用五级制进行评分,能更好地反映幼儿抑郁症状的严重程度。

目前,国外 PFC 和 PFC-S 在初级保健、临床诊断、科学研究中运用日益广泛,对该量表的信效度研究比较充分。国内近两年也陆续开展了该量表的本土化研究。上海市浦东教育发展研究院和上海交通大学医学院附属精神卫生中心等组建的研究团队在 2022 年前后针对 PFC-S 家长版和教师版进行信效度研究,研究团队从量表编制者处获得量表,完成了量表的翻译,对量表条目进行逐一论证,开展两轮预调查,最终形成了中文版量表。经过施测,结果显示,该量表在预测幼儿抑郁症状方面有很好的有效性,但同时研究团队也发现量表的家长版和教师版的结果一致性信度不高,这可能是因为家长因为缺乏幼儿情绪发展的参照对象,受其主观视角影响容易夸大幼儿表现,而教师一方虽然有丰富的幼儿群体观察经验,但对于幼儿个体的了解深度不及家长,加之无论是家长还是教师,对幼儿情绪行为的判断都受到其自身觉察能力的影响,因而两者对于幼儿个体的评分结果出现误差。但总体来说,PFC-S 具有较好的信度和效度,可以作为幼儿抑郁症状的筛查工具。[1]

(三) 儿童焦虑量表

孤独症儿童焦虑情绪的评量工具主要包括典型焦虑评定量表、适用于孤独症个体的共病量表和专用于孤独症个体焦虑情绪评估的量表几类。

早期的孤独症焦虑情绪评定工作主要借助一些典型焦虑评定量表。比如斯宾塞儿童焦虑量表(Spence Children's Anxiety Scale,SCAS)是国际上常用的儿童焦虑情绪测评工具之一,该量表在 DSM-4 的基础上进行修订,主要用于评估儿童多种焦虑症状,包括分离焦虑、躯体伤害恐惧、社交恐惧、恐慌障碍、强迫冲动障碍和广泛性焦虑。该量表自诞生以来,经过各地区不同

---

[1] 马天宇,杜亚松,程永琛,等. 学前儿童情绪检核量表(家长版)的效度和信度评价[J]. 中国心理卫生杂志,2022,36(9):786-792.

文化背景下样本的检验，被大多数研究一致认为其信效度较好；经过学者的研究论证，被认为同样适用于中国大陆地区儿童青少年的焦虑情绪测查。但随着孤独症儿童焦虑情绪的测量与评估领域的研究发展，这类典型个体焦虑量表在把握孤独症儿童的焦虑本质及测量的因素结构上的适用性存在争议。

此外，孤独症儿童共病量表也可用以测评孤独症患儿常见精神障碍。如孤独症谱系障碍儿童共病量表（Autism Spectrum Disorder-Comorbid for Children，ASD-CC）可用于评估孤独症儿童抑郁症、强迫症、特定恐惧症、多动症、品行障碍、抽搐、饮食障碍等。

随着人们对孤独症研究的逐步深入，孤独症儿童焦虑情绪的专用测评工具不断开发。如焦虑障碍访谈表—孤独症附录（父母版）（Anxiety Disorders Interview Schedule-Autism Spectrum Addendum, Parent Version, ADIS-ASA），是一种半结构化的访谈工具，能较为精准地测评孤独症儿童的焦虑问题，可用于评估典型焦虑中的特定恐惧症、社交焦虑障碍、强迫症、广泛性焦虑障碍和分离焦虑障碍等，还能区分与孤独症相关的模糊的焦虑症状（即非典型焦虑）；孤独症儿童焦虑量表（父母和儿童版）（Anxiety Scale for Children-ASD，Parent and Child Versions，ASC-ASD），在儿童焦虑和抑郁量表（Revised Child Anxiety and Depression Scale，RCADS）的基础上，结合孤独症儿童焦虑的临床表现进行了修订，在表现焦虑、不确定性、焦虑唤醒和分离焦虑几个方面具有良好的信效度；压力调查表（Stress Survey Schedule，SSS）专门用于测量孤独症和其他发育障碍者的生活压力水平。该量表可以生成个人压力档案，用来指导旨在提高应对技能的干预计划，在导致压力的因素分析方面能给出很好的支撑，但不能直接用于孤独症儿童的焦虑诊断。[1]

（四）儿童情绪适应量表学前版（CEAS-P）

儿童情绪适应量表学前版（Children's Emotional Adjustment Scale-Preschool Version，CEAS-P）是由索尔拉休斯（Thorlacius）等组建的研究团队

---

[1] 刘春燕,陈功香.自闭症谱系障碍个体的焦虑:发生机制、评估与治疗[J].心理科学进展,2019(10):1717-1719.

在2017年编制发表的,该量表主要用于衡量学龄前3~5岁幼儿在愤怒、恐惧和害羞等方面的情绪能力。

CEAS-P共由29个项目组成,这29个项目分为脾气控制、社交自信、焦虑控制三个维度,其中脾气控制维度包含11个项目,社交自信维度包含10个项目,焦虑控制维度包含8个项目,每个项目都按行为出现的频率从低到高,用"1"到"5"表示,其中"1"表示从不,"5"则表示经常。测试主要采用家长报告的方式进行,要求家长按照幼儿最近一个月内的真实表现进行描述。

作为一个"年轻"的情绪测评工具,CEAS-P与传统情绪量表相比,具有自身优势。一直以来学界对情绪能力的概念尚未有统一的观点,但一般认为情绪能力包括情绪表达和情绪调节两个主要方面。传统情绪量表大多针对情绪能力的某个或某些方面,较少能涵盖幼儿情绪能力发展的所有方面,其中关于愤怒和恐惧等的情绪测量工具则更少,且现有量表在衡量幼儿情绪发展的不足时,其措辞和内容也较为消极,容易引起学校和家长的排斥。而CEAS-P采用更为积极的项目措辞,经过本土化的研究发现,CEAS-P在三个维度的内部一致性、结构效度、同时效度等方面均有良好表现。[1]

第三节 孤独症儿童情绪能力训练

在人的一生中,各种复杂情绪往往交织出现,无论是普通个体,还是孤独症群体,都需面对各种情绪。当处于负面情绪时,根据情绪体验的内容和强度的不同,需要采取不同的方法进行主动自我调节或被动干预。而由于孤独症儿童在社交、语言和情绪方面具有较为普遍的障碍,这类儿童在情绪的自我调节上较之普通儿童更弱。了解和掌握一些情绪能力训练的方法,对孤独症儿童的教师和家长而言还是非常必要的。

---

[1] 武敏,杨婷婷,朱晶晶,等.儿童情绪适应量表学前版在中国学前儿童中的信效度检验[J].中国临床心理学杂志,2020(1):46-48,62.

一、孤独症儿童极端情绪调节能力的训练

（一）安抚法

安抚法是一种比较常见的情绪调节方法,对于一些短暂的负面情绪风暴有比较直接的干预效果。常见的情绪安抚方法包括语言的慰藉、肢体的抚触等。值得注意的是,孤独症儿童大多具有不同程度的社交和言语障碍,在对孤独症儿童的负面情绪进行抚慰时,言语的声音信息可能会比言语的内容更为重要,即言语抚慰孤独症儿童时,说话的音量、音调可能比说话的内容更便于孤独症儿童感受和理解。通过其他方式安抚孤独症儿童时,也需要紧密结合孤独症儿童的个体需要,比如有些孤独症患儿喜欢特别紧的拥抱,能从肢体的压迫中获得抚慰和放松；而有些孤独症儿童则相反,对肢体的接触非常反感和恐惧。因此,具体的安抚方式还需要因人而异。

孤独症儿童极端情绪调节能力的训练

（二）转移法

转移法,顾名思义,就是在发生比较强烈的不良情绪体验时,通过各种手段帮助个体把注意力从引起不良情绪体验的事件中转移出来,改变其注意的焦点,随着刺激事件的消失,逐渐降低情绪体验的强度,直至恢复平静。比较常见的情绪转移手段包括愉快记忆、自我暗示、代偿转移等。愉快记忆是指通过回忆过去发生的愉快或成功的体验,重新体会愉快情绪。自我暗示是指用积极的想法或语言来使人振奋,化解沮丧、悲伤等负面情绪。代偿转移是指用另一种需要的满足来弥补当前的负面情绪体验,比如这个任务完成不理想,在另一个任务中努力获得成功并体验成功的乐趣。手段需根据孤独症儿童的个体需要进行具体调整。

（三）合理情绪宣泄

面对患儿不良的情绪体验,有时候可以帮助其进行适当的情绪宣泄,比如大哭一场。心理学观点认为哭是心理保护机制的一种,它有助于释放不良情绪产生的能量,调节机体的平衡,还可以解除紧张、烦恼、痛苦。通过运动

来进行情绪宣泄也是比较适用于孤独症儿童的方法之一,适度的运动也有助于个体改变不良情绪。当人们处于沮丧或愤怒等负面情绪时,生理上也会出现相应反应,如心跳加快、脸部发热等,通过适当的运动,如跑步、打球等方式,可以促进大脑分泌内啡肽等物质,激发快乐的情绪,使紧张、郁闷等不良情绪得到缓解,情绪就会慢慢恢复正常。但是情绪宣泄需要注意场合,并需采用适当的方式。宣泄并不是放纵,更不是任性和胡闹。不分时间、地点、场合的任性发泄,不仅不利于调控情绪,还可能会造成不良后果。

二、孤独症儿童情绪表达与理解能力的训练

(一) 心理理论干预法

20 世纪末,研究者在心理理论缺陷的研究基础上,发展出了孤独症的心理理论干预法,主要用于共情与社交能力的训练。经过 20 多年的发展,心理理论干预法形成了一套体系,程序上主要包括:每周举行一次小组讨论会,一共举行 8 次,每次每组 5~6 人,组内成员年龄差在 3 岁以内;每次讨论会由 4 个环节组成,分别是根据提前布置的家庭作业开展小组讨论,开展新的主题活动,组员向父母展示本期主题学习成果,布置下一次小组讨论任务。其中,每期的新主题活动包含了多种内容形式,如从不同的角度探讨问题并分享观点,尝试揣测别人的意图和感受并预测其行为,基本情绪的识别,复杂情绪如内疚、羞愧等的识别,辨别真实表现和假扮表现,角色扮演等。[1]

在小组讨论活动的组织过程中,心理理论干预法对于受训者有一定的要求,比如:适用年龄段多在 7~13 岁;患儿应具有一定的智商基础和语言能力;在破坏性等行为问题上程度较轻;父母受教育水平良好。

心理理论干预法是一种比较新的方法,其自身尚在不断地完善与发展中,近几年来,该类方法还利用计算机技术发明了一系列适用于孤独症共情能力训练的人机互动游戏,在识别和预测个人情绪和意图及提高共情能力方面给予指导。与此同时,该方法也存在着一些不足,比如对受训者的要求决

---

[1] 霍超,李祚山,孟景.自闭症谱系障碍个体的共情干预:扬长还是补短?[J]心理科学进展,2021(5):850-853.

定了该方法目前的适用面还比较窄;作为一种新兴的方法,它所产生的效果的长期性以及迁移情况还未有足够的研究支撑;对于高级情绪能力的干预效果目前不明显等。

(二) 认知行为疗法

认知行为疗法(Cognitive-Behavioral Therapy,CBT),起源于20世纪50年代的认知心理学,在当时是一种广泛流行的心理学思潮和研究方向,其影响力一直延续至今。认知心理学从广义上而言主要研究人类高级心理认知过程,如注意、知觉、表象、记忆、创造性、问题解决、言语和思维等,从狭义上而言则主要研究人的信息加工过程。

在认知心理学家看来,人的情绪发生发展均建立在认知发展的基础之上,也就是说,当人们产生某种情绪体验时,这种情绪体验并不是来自所处的情境本身,而是来自人们对当时自身所处情境的看法,所以影响情绪的根本因素来自认知。情绪问题的发生往往是由认知不足或认知错误导致的。例如,有大量研究证明,孤独症儿童也一样有喜、怒、哀、惧等基本情绪,即便如此,由于孤独症儿童存在不同程度的认知障碍,他们往往不能理解情绪的生活情境,而一些复杂的情绪能力,如羞耻、内疚等则与更为复杂的社交情境密切关联,因此在对情境的认知判断和理解上,孤独症儿童遇到了很大困难,也造成了其在情绪表达和理解中的不恰当、不准确。[①] 因此,若要解决情绪问题,提升情绪能力,必须首先改变自身的认知,提升认知能力。

认知行为疗法就是一种通过改变认知历程进而改变外显行为的训练模式,这种模式要求治疗师和个体在互相合作的前提下开展工作,并遵循认知行为治疗的程序。在儿童情绪问题的治疗中,认知行为疗法已被证明具有良好的效果,特别是在帮助改善孤独症儿童的情绪管理能力以及愤怒、焦虑等情绪的调控方面效果明显。

认知行为疗法比较常用于孤独症儿童情绪能力训练的治疗模式有以下三种。

---

① 周培丽.孤独症儿童情绪能力发展的评估与训练[D].南京:南京师范大学,2011.

1. 视觉提示任务

主要通过使用视觉提示手段,如字卡、漫画或实物等,对孤独症儿童进行概念教导,然后逐一对社交技巧、向他人求助的能力等进行认知重建。

2. 团体教学法

团体教学法的干预程序由辨识情绪引发的身体变化、进行认知重建、在模拟情境中学习处理情绪三个环节构成。例如,对于有焦虑情绪障碍的孤独症儿童,首先应学习辨识由焦虑引发的身心变化,在此基础上再通过自我对话、寻找焦虑的根源来避免重蹈覆辙,最后,在模拟的焦虑情境中由教师带领儿童学习应对焦虑情绪的技巧。

3. 社交故事法

社交故事(又叫社会故事)法即运用描述特定社会情境的素材,利用孤独症儿童的视觉学习优势,帮助其学习社会交往技巧和对他人的情绪理解与辨识。素材的形式多以图片和漫画为主,其内容不仅包括积极情绪的内容,也包括负面情绪体验的事件描绘,还可以通过不同颜色、形状等视觉信号的编辑,来帮助孤独症儿童辨识情绪和场景。[①]

上述常见的认知行为治疗模式都被证实有较好的情绪能力提升的训练效果,但大部分研究主要集中在高功能孤独症或阿斯伯格综合征患儿身上,中重度孤独症患儿通过认知行为疗法明显改善情绪能力的相关研究则较少。

【本章练习题】

1. 简述孤独症儿童情绪发展的特点。
2. 简述孤独症儿童情绪问题的主要成因。
3. 简述孤独症儿童情绪评估的常用工具。
4. 简述孤独症儿童极端情绪的调控方法。
5. 试述心理理论干预法的基本原理。
6. 试述认知行为疗法在孤独症儿童情绪能力训练中的运用。

---

① 靳少举.认知行为教学对自闭症儿童情绪能力的干预研究[D].重庆:重庆师范大学,2017.

第七章 孤独症儿童的行为问题及康复训练

教学目标

1. 师德养成目标

通过本章内容的教学,掌握孤独症儿童常见行为问题及其成因,了解孤独症儿童行为问题的常用康复训练方法;认识到通过系统性、针对性的个别化训练可以有效帮助孤独症儿童改善行为问题,从而进一步树立教师在孤独症儿童的行为问题改善中所承担的重要角色。

2. 知识与能力目标

(1) 知识目标:掌握孤独症儿童常见行为问题类别、个体差异及其成因,学习使用行为能力评估工具,了解孤独症儿童行为问题的常用康复训练方法。

(2) 能力目标:初步学会孤独症儿童行为问题训练的操作方式,初步运用行为训练方法设计个别化教育干预方案。

3. 情感与意志目标

(1) 情感目标:理解能通过系统性、针对性训练和适宜的环境,使孤独症儿童行为问题得以改善;进一步认识到教师角色在孤独症儿童行为改善中的重要性,能以真诚的态度面对孤独症儿童的行为问题,行为引导过程中富有爱心与耐心。

(2) 意志目标:深刻理解孤独症儿童行为问题的复杂性,理解行为训练的重要性,愿意成为具有为孤独症儿童行为改善而付出的好教师。

教学重点与难点

(1) 教学重点:掌握孤独症儿童常见行为问题及其成因,学会使用行为能力评估工具。

(2) 教学难点:初步学会运用行为训练方法设计教育干预的方案。

> **案例呈现**

程程是个 5 岁男孩,是一对双胞胎中的哥哥,这两个孩子很小就被诊断为孤独症,程程的症状更严重。平时课间小朋友自由活动的时候,他总是喜欢一个人躺在地上看着自己的两只手,玩很久;看东西时歪头斜视;对场地、周围人和物的变化非常敏感,只要有一点变化就会哭闹不止;再渴也不喝水,只喝固定某个品牌的饮品;不吃学校的饭菜,每天吃从家里带的一种特制的炒饭;除了有需求,从不找人,不主动与人互动。

第一节　孤独症儿童的行为问题

一、孤独症儿童常见行为问题

孤独症被人类发现和认识的时间并不长,从 1944 年美国的坎纳医生最先报道病例算起,至今也不过七八十年历史。孤独症儿童除了具有社会性互动与沟通障碍、刻板行为等症状,行为问题也是孤独症儿童的主要障碍之一。[①]这些行为问题通常令患儿的家庭养育非常困难,也使孤独症儿童的学校适应之路倍加艰难,是孤独症患儿家长压力的主要来源之一。

什么是"行为"?当我们在探讨孤独症儿童的行为问题时,这里的"行为"概念,与我们所熟悉的生活中的"行为"概念有所不同。在生活中,当我们提到"行为"一词时,通常指正在发生的、看得见的一系列举动,而这里我们所说的"行为",范畴则大于此。所谓孤独症儿童的问题"行为"不仅包括正在发生的,看得见、听得见的具体举动,例如拍球、跳绳、走路等,还包括那些行为的预备状态,即将要发生的动作、行动等。当我们把"行为"的外延扩大时,就会

---

① 李成齐.自闭症儿童的行为问题辅导——功能评估的应用研究[J].中国特殊教育,2005(8):44-47.

发现孤独症儿童的很多外在表现,可以被划分成具体的行为成分加以分析,找到其形成的原因,以及最终解决行为问题的方法。

在孤独症儿童的行为问题中,刻板行为、攻击行为、自我伤害行为是最常见的几类,这些行为问题按照严重程度的不同,所需干预的等级也不尽相同。按照优先处理的顺序,一般可将上述行为问题按照从严重到轻微划分为三个等级,分别是破坏行为、干扰行为、分心行为。[①] 社交中的行为问题通常会导致班级内部成员接纳上出现困难,显著影响孤独症儿童的融入,干扰到患儿正常学习活动的开展,对家庭而言也会产生更多的养育压力。如果不及时加以干预,可能会导致患儿的症状更加严重,乃至产生其他心理问题,进一步阻碍其融入班级、社会,形成恶性循环。因此,及时发现孤独症儿童的行为问题,有针对性地及早介入干预,是十分必要的。以下简要介绍孤独症儿童的主要行为问题。

(一) 刻板行为

在孤独症研究的历史进程中,刻板行为一直被认为是孤独症的核心障碍之一。刻板行为是一类高频的、重复的、要求在环境中坚持同一性的行为。[②] 刻板行为主要包括重复感觉运动和坚持同一性行为。重复感觉运动包括重复使用物体、重复手部动作、特殊感官兴趣或狭隘的兴趣,如按特定秩序排列物品,重复性的语言,对某些感官刺激有不同寻常的反应或兴趣,如有的孩子特别喜欢看马桶冲水时的旋涡;有的孩子特别喜欢盯着电扇的叶片,看很长时间;有的孩子特别喜欢某种气味,如汽油、别人坐过的凳子等;有的孩子对特定物品表现出异常的依恋等。坚持同一性行为则表现为坚持常规或仪式化的行为、抵触环境细微变化、对特殊感觉刺激的负面反应等不合理且固执的行为[③],如坚持在进教室前一定要携带水壶,但全程都不喝水;按照固定的路线走路;等等。刻板重复的行为方式往往使孤独症儿童拥有非常执着但有

---

① 朱友涵,孙桂民. 自闭症儿童问题行为干预的研究[J]. 中国康复医学杂志,2009(9):851-852.
② 廖杉,李梦琦,代英. 孤独症谱系障碍重复刻板行为的主要特征和评估工具[J]. 中国儿童保健杂志,2020(1):41.
③ 廖杉. 孤独症谱系障碍患者重复刻板兴趣行为的定量研究[D]. 重庆:重庆医科大学,2020:25.

限的兴趣,总是强烈地关注少数事物,很难接受事物的改变。[1]

刻板重复的行为在不同的患儿身上有不同的表现,不同年龄、不同智力、不同性别、不同发育状态下,孤独症儿童的刻板行为表现出一些特征。

1. 不同年龄孤独症儿童的刻板行为

普通个体在婴幼儿时期,其实也表现出重复行为的特点,如婴儿期的孩子反复吃手、吃脚、旋转身体等,这些行为有利于早期运动技能的习得,随着相关运动技能的发展与成熟,重复行为会逐渐减少频次。由于学龄前期幼儿的社会认知和语言能力发展局限,行为的转移和发展受到一定影响,因此重复行为在5岁以前会持续存在。孤独症儿童的刻板行为也符合这一特征。

2. 不同智力水平孤独症儿童的刻板行为

在5岁以下的孤独症儿童中,无论其智力水平的高低,刻板行为都是比较常见的,这一点与普通儿童相似,但普通儿童随着年龄的增加,社会认知和语言能力的进一步发展,刻板行为会逐渐减少。而在5岁以上的孤独症群体中,非言语智商低于70的儿童,刻板行为随着时间的推移呈现上升趋势,如与普通儿童相比,重复感觉运动的严重程度仍然持续。

3. 不同性别孤独症儿童的刻板行为

有关不同性别孤独症儿童的重复刻板行为差异研究开展较早,相对成果也较多。希勒(Hiller)等人基于138名高功能孤独症儿童的样本分析发现,孤独症女孩较男孩表现出更少的狭隘兴趣,且在狭隘兴趣的具体表现内容上具有非典型性的特点。[2] 弗雷泽(Frazier)等人的一项基于2 418名孤独症儿童的研究显示,女孩的重复刻板行为表现较男孩更少,尤其是智商正常的孤独症女孩。[3] 而另一项研究的结论则不同,2015年哈罗普(Harrop)等学者提出,当孤独症儿童存在智力落后情况时,不论男孩女孩,重复刻板行为的频率都更高,且没有显著性别差异,而孤独症男孩的重复刻板行为和年龄呈正相

---

[1] 宁宁,张永盛,杨广学. 自闭症谱系障碍儿童重复刻板行为研究综述[J]. 中国特殊教育,2015(2):46.
[2] HILLER R M, YOUNG R L, WEBER N. Sex differences in autism spectrum disorder based on DSM-5 criteria: evidence from clinician and teacher reporting[J]. Journal of abnormal child psychology, 2014,42(8):1381-1393.
[3] FRAZIER T W, GEORGIDES S, BISHOP S L, et al. Behavioral and cognitive characteristics of females and males with autism in the simons simplex collection[J]. Journal of the American academy of child and adolescent psychiatry, 2014,53(3):329-340.

关,孤独症女孩则不相关。[①]

刻板行为是孤独症儿童最难克服的问题之一。它不仅使孤独症儿童的行为经常令人产生误解,影响环境对其的接纳,也会严重阻碍孤独症儿童学习掌握新的技能;而习得技能的匮乏,也进一步导致了患儿在改变当前行为时的可替代技能缺失,因而形成恶性循环。

4. 不同发育群体的刻板行为

与其他特殊类型儿童,如智力落后儿童相比,孤独症儿童表现出更多的刻板行为,且持续的时间也更长。而金素贤(Kim So Hyun,音译)等人的研究则认为坚持同一性的刻板行为特征是孤独症儿童区别于其他发育障碍儿童的重要特点,重复感觉运动的刻板行为在孤独症以外的其他类型特殊儿童中也比较常见,但坚持同一性的刻板行为在孤独症群体中更具有特异性。[②]

(二) 攻击行为

在精神医学研究领域,攻击行为被解释为一种导致破坏性后果但仍然无法自制的行为。攻击行为往往违背他人意愿,包括以伤害某个想逃避此种伤害的个体为目的的任何形式的行为。[③] 在孤独症群体中,攻击行为也是比较常见的行为问题,尤其是在患者年幼时期,更容易由于刻板行为、情感缺失、需求表达和满足受阻等原因承受压力和挫折,诱发攻击行为。一项大样本研究表明,超过 1/4 的孤独症儿童存在超出正常范围的攻击行为。[④] 而且由于刻板行为等障碍的影响,孤独症儿童的攻击行为往往还不容易改变。因此给父母、教师、同学及患儿自身带来困扰和压力。

结合孤独症儿童的临床表现,可将其攻击行为分为四种类型,包括:身体

[①] HARROP C, GULSRUD A, KASARI C. Does gender moderate core deficits in ASD? An investigation into restricted and repetitive behaviors in girls and boys with ASD[J]. Journal of autism and developmental disorders, 2015,45(11):1-12.

[②] KIM S H, LORD C. Restricted and repetitive behaviors in toddlers and preschoolers with autism spectrum disorders based on the Autism Diagnostic Observation Schedule (ADOS)[J]. Autism research, 2010,3(4):162-173.

[③] BARON R A, RICHARDSON D R. Human aggression: 2nd[M]. New York: Plenum Press, 1997:7.

[④] 赵英欣,何凡,郑毅. 孤独症易怒症状治疗研究进展[J]. 中国神经精神疾病杂志,2021(8):501-504.

攻击，主要指一些不合适的身体接触行为，如打人、咬人、抓人、顶撞、推搡、捏拧、拉扯、向他人吐口水等；言语攻击，如辱骂、喊叫、讥讽、口头威胁、挑衅抨击及取笑同伴等；破坏行为，如故意破坏、抢夺他人物品、扔砸东西、撞击课桌或门窗等；[1]消极反抗，如对待他人情绪暴躁、无端愤怒、厌恶反抗等。

拓展阅读

如何区分孩子行为的"好坏"？

善于观察并发现孩子行为的本质，是我们采取行为干预的前提。在孩子的日常生活中，判断孩子行为的好坏似乎很容易。我们偏好把那些我们希望看到的行为判断为好的行为，比如有礼貌、善于合作、喜欢表达等；而把一些不足的、过度的行为判断为不好的行为，比如大喊大叫、不爱打招呼、不善于沟通等。但是实际上，由于行为发生的情境不同，有时候判断也可能存在变化。

比如，在餐厅里妈妈正在刷手机，孩子独自坐着，一会儿摸摸妈妈的筷子，一会儿摸摸餐厅提供的儿童餐具，时不时地发出餐具碰撞的声音，妈妈呵斥了几声："不许碰！"可是没过多久，孩子又故技重施，直到妈妈生气地说："跟你说了不许碰！你没听到吗？"看起来这个孩子似乎很调皮，但是对于发展中的儿童来说，探索和好奇是天性，尤其当一个孩子处于无所事事的"无聊"状态下时，通过这些摆弄的动作来激活自己，几乎是无法避免的。而妈妈把缺乏陪伴的无聊状态理解为孩子的调皮故意，一味进行压制，显然不妥当。

又比如一位妈妈在给 6 岁的儿子做训练。孩子似乎对学习的内容不感兴趣，眼睛总是看着别的地方，嘴里还一直不停地哼着昨天在广告里听到的歌，一会儿又重复上午妈妈和邻居交谈时说过的几句话。妈妈觉得虽然孩子没有重复训练要求的内容，但是这样不停地说话也不错，也许能练练发音什么的，至少比不开口说话强，于是就不再继续训练了，任由孩子独自嘟嘟囔囔。[2]对于训练中的孩子来说，自言自语并不是积极的语言表达方式，反而可能是

---

[1] 林云强，张福娟. 自闭症儿童攻击行为功能评估及干预策略研究进展[J]. 中国特殊教育，2012(11)：47.

[2] 刘昊. 孤独症儿童的行为教学[M]. 北京：华夏出版社，2010：13-15.

由于寻求感官的自我刺激,或回避并不感兴趣的学习内容,或是畏难等,显然和训练的初衷相违背。但是妈妈并没有警觉,反而为孩子的回避开了绿灯,这显然会影响当前训练的效果。

(三) 自伤行为

自伤行为是一种由病理或心理因素导致的极端行为,是在没有明确目的的情况下,直接指向自己并致使身体受到伤害或某一器官组织损伤的一类行为,是一种复杂且比较危险的行为。这种行为不具有致死性,但一旦发生,除了对个体自身造成伤害,也容易引起所处环境的排斥。有人从心理学视角出发进行研究,认为自伤行为的产生与个体的情绪管理障碍有关,包括情绪表达不畅、情绪调节困难、异常极端情绪爆发等。也有心理学家综合心理、社会、生物等因素,提出整合观点,认为自伤行为的产生除了自身情绪管理障碍,还受到遗传条件、家庭和学校教育环境的影响,如个体所经历的压力性生活事件是自伤行为的重要诱因。近20年来,聚焦自伤行为的神经生理机制研究逐渐增多,但仍缺乏自伤行为的认知神经生理机制的综合模型。学界主要认为自伤行为和个体的情绪调节障碍、高冲动性以及疼痛感知的异常共同引起。[1]

孤独症儿童的自伤行为内容与形式多种多样,如用头撞墙,殴打、拉扯、啃咬自己身体的部位,吃沙子、钉子等异物,嗅闻一些对人体有害的气体等,其行为的发生往往和其生理或心理需求满足受阻有关。据统计,孤独症谱系障碍患者自伤行为的发生率达35%~60%,[2]相较于其他发展障碍,自伤行为发生率更高。

孤独症患者的自伤行为,与其他发展障碍患者或普通人群的自伤行为不同,它往往还与孤独症患者的刻板行为这一典型症状交织在一起,具有重复、刻板的特点,并且可能持续更长的时间。与此同时,孤独症儿童的自伤行为不是一成不变的,随着年龄的增加,患儿自伤行为的方式可能发生变化,或者

---

[1] 邓洵,陈宁,王单单,等.自伤行为的神经生理机制及共病障碍比较[J].心理科学进展,2022(7):1561-1566.
[2] 贺安妮,熊振芳,程艳然,等.自闭症儿童自伤行为功能评估及医教结合干预个案研究[J].绥化学院学报,2018(10):85-90.

其程度发生改变。在孤独症儿童个体身上,自伤行为的发生还具有一定的突然性,很难预防。除了带来身体上的伤害,自伤行为还严重阻碍了孤独症儿童的社会融入,妨碍患儿的康复治疗预期效果,也给康复护理人员和家长带来比较大的心理压力。而对孤独症儿童不良行为的早期干预可有效预防长期的社会消极影响,促进患儿学习技能的发展。[1]

二、孤独症儿童行为问题的主要原因

刻板行为、攻击行为、自伤行为等行为问题,在孤独症儿童身上都比较常见。在过去的半个多世纪里,应用行为分析等一系列方法在解决上述问题方面已经取得了明确的效果。综观行为干预的结果,想要取得良好的、稳定的、长期的效果,最重要的因素之一是寻找或塑造替代行为。也就是说,在干预行为问题时,如果不理解行为发生的前因后果,盲目干预,则往往只能解决表面的问题,取得的效果也是短期的。

导致孤独症儿童问题行为的主要原因,主要有以下几类。

1. 不了解社会规则或处于陌生的人际情境中导致冲动行为

社交能力缺损是孤独症儿童的核心症状之一。在社交过程中,人际信息的识别给孤独症患儿带来极大挑战。在一些陌生的场合,他们的社交问题可能频繁地发生,且令家长更难应对处理。他们可能会无缘由地高声、长久尖叫,不断奔跑,无视规则随意拿取物品。语言能力较好的孤独症儿童,即使能更好地理解和运用语言,也可能会由于对社会规则无法理解而经常不合时宜的表达一些观点,表现出共情能力的不足。尽管在低龄幼儿身上,童言无忌很普遍,但是对于孤独症儿童来说,这种不合时宜的特征更突出,且随着年龄的增长,这种不合时宜可能会显得越来越突兀。即使是在家庭这一相对稳定且熟悉的环境中,由于缺乏对规则的深度理解以及情绪调节能力弱,孤独症儿童也会难照管,尤其是当他们感受到挫折时。

2. 染色体和基因缺陷导致刻板行为

刻板行为是孤独症儿童的核心行为问题之一,其生理机制与染色体和基

---

[1] 陈碧珍. 孤独症儿童早期干预的探讨研究[J]. 儿童发展研究,2016(1):43-46.

因缺陷有关。如此类问题导致的神经递质异常,包括多巴胺、γ-氨基丁酸、5-羟色胺等脑内成分的异常,通过对神经基底节产生影响,进而破坏神经直接通路和间接通路的平衡性、活动性,成为导致孤独症儿童刻板行为反复发生的因素之一。在相关研究中发现,抑制多巴胺受体活性能起到削弱刻板行为的效果,反之则会诱发刻板行为。此外,脑结构与脑连接的异常也被证明与孤独症儿童刻板行为的发生有关。人脑中调控个体行为的重要结构之一是额叶,已有很多研究发现,孤独症患者的额叶组织与普通人相比,左右前额叶表现出不对称的特点。就孤独症儿童而言,其前额叶的神经元数量偏多,但前额叶与其他脑区的联结功能表现异常,[1]如近距离神经联结异常增多,远距离神经联结则偏少,这些特征都被认为与孤独症儿童的刻板行为密切相关。

3. 感知觉异常

近年来随着影像学技术的发展,孤独症的神经生理及生化等特征相关研究发展迅速,对孤独症儿童感觉异常的认识也不断深入。如研究人员以特殊序列的磁共振成像技术检查孤独症儿童的神经束,发现这类患儿左右大脑半球内部结构和功能不均衡,左侧大脑半球的神经连接普遍少于右侧大脑半球,即存在偏侧化差异。而胼胝体的远距离神经连接则不足。胼胝体是左右两个大脑半球活动整合的通道,远距离神经联结的不足也被证明是导致孤独症核心障碍的重要因素。[2] 因而孤独症儿童在感知视觉、听觉、触压觉、味觉等信息时,信息的选择性忽视与过度加工现象同时并存,影响其对社交及环境因素的整体感知。

第二节 孤独症儿童行为能力评估

行为主义心理学认为,人的行为是有规律的,因而可被预测和控制。人

---

[1] 李天碧,胡艺箫,宋词,等.孤独症谱系障碍重复刻板行为的测量与机制[J].科学通报,2018(15):1438-1451.
[2] 姚滔涛,陈卓铭,张书晨.孤独症患儿神经连接异常的影像特征[J].中国康复理论与实践,2020(4):472-478.

的行为还受到机体内部因素和环境条件的影响,即使是问题行为,往往也具有其内在的目的性或功能性,只有认识行为的功能性并以此指导治疗,才会取得理想的干预效果。

在过去,行为问题往往被看作负面的,是需要杜绝和消除的,因而惩罚的策略占据主导。相较于行为表现来说,行为的功能是内在的动因,通过惩罚可能暂时压制了表面行为,却未必能帮助个体发展出良好的行为模式。在相同的条件下,不同的人可以有不同的行为表现,而在相同的行为表现背后,不同的人也往往有不同的行为动因。当我们把行为问题看作有一定意义或具有某种功能时,则更可能去深入地了解具体行为,对行为问题的处理才可能更趋于多元化。

对孤独症儿童的行为能力的评估,正是建立在这种观点基础之上,强调发现不同的人在不同条件下的行为功能或动因,充分考虑到这一人群所特有的问题,比如孤独症患者具有的特殊的感官能力、刻板的行为方式等。从评估的角度来看,孤独症儿童的问题行为之所以经常出现,主要是因为孤独症儿童缺乏社会技能,因而了解行为问题背后的动因需要更多的信息,在评估衡量行为问题时,需要结合个案的差异性进行全面的评估。

一、孤独症儿童行为能力评估概要

(一) 评估的目的

孤独症儿童行为能力评估的目的主要是通过分析个体的行为功能,根据行为功能的不同来拟定个别化的干预策略,即探寻个案行为背后的深层次动因,掌握影响行为的因素,其目的是制定、选择符合个体差异性的干预策略。

(二) 评估的功能

评估本身不是目的,评估是实现改变现状的手段。有研究指出,评估的主要功能可以包括以下内容:一是通过评估分析行为问题的功能和结构;二是对后续行为问题进行预测;三是寻找设计预防行为问题的方式方法;四是设计应对行为问题的干预策略,塑造替代行为。评估是否有建设性,主要看评估的结果发现了什么样的问题,提出了什么样的改进措施。①

(三) 评估的方法

孤独症儿童行为能力评估常用的方法有观察法、访谈法和测量法。由于儿童的某些行为具有跨情境的一致性,而某些行为只出现在特定的环境中,因此为了对儿童的行为做出全面评价,需要根据儿童的个体差异,同步搜集教师、家长的信息。

1. 观察法

观察法可以分为直接观察法和间接观察法。直接观察法是指直接观察和记录问题行为的发生过程及结果,在运用直接观察法观察孤独症儿童的问题行为时,观察者应处于完全中立立场,不能对问题行为或其他环境因素进行控制和干预。间接观察法则是指通过观察一些能反映过往事件的实物,来推断和了解孤独症儿童身上曾经发生的事件。如通过游戏中玩具被故意损坏的情况来判断孤独症儿童的攻击性行为发生情况。

2. 访谈法

访谈法运用于孤独症儿童的行为评估,主要是通过口头访谈孤独症儿童的重要他人,如父母、老师、康复师等,来收集其问题行为相关的资料。访谈既可以是明确目的的正式访谈,也可以是较为随意的非正式访谈。用访谈法收集孤独症儿童的问题行为的信息,需要注意尽量访谈多个不同情境中的患儿相关他人,以完整收集患儿在不同情境下的信息。

3. 测量法

测量法主要是指运用测量工具对特定现象进行信息收集。孤独症儿童问题行为的测量已经形成了一些具有良好信效度的工具,如儿童行为量表、鲁特(Rutter)儿童行为问卷、孤独症行为量表等,均得到了广泛运用。

二、孤独症儿童行为能力评估的常用工具

行为问题是孤独症儿童融合教育中的突出问题,不少孤独症儿童由于存在

---

① 李成齐. 孤独症儿童的行为问题辅导——功能评估的应用研究[J]. 中国特殊教育,2005(8):44-47.

不同表现形式、不同程度的行为问题,因而在集体生活中与他人摩擦不断,严重的甚至被排挤,在融入普通学校环境的过程中遭遇阻碍。但孤独症儿童的行为问题从不同角度有不同的分类,其评估标准也各有差异。以下主要介绍应用比较广泛的评估工具。

(一) 儿童行为量表(CBCL)

儿童行为量表(Child Behavior Checklist,CBCL)由美国心理学家阿肯巴克(Achenbach)于20世纪60年代发起研究,是儿童行为量表中历史悠久、应用比较广泛的一种。该量表20世纪70年代最早在美国推广使用,至80年代末,逐渐形成了家长用量表、教师用量表、儿童自测量表等分量表,以及各量表的使用手册。量表专门用于检测6~18岁儿童的分裂样、抑郁、不合群、强迫、躯体主诉、社交退缩、多动、攻击性、违纪、行为、情绪等问题。在21世纪初,随着计算机技术的发展,儿童行为量表迎来了计算机化,在调查的开展、数据回收与分析、诊断与输出上日趋便利,有助于调查或培训的开展。而国外研究表明,上述各量表的信效度均比较可靠。

我国在1980年初引进儿童行为量表中的适用于4~16岁的家长用表,在中国22个城市进行了儿童心理行为问题流行病学调查,制定了中国城市儿童各年龄性别组城市常模,但量表信度和效度评价未见报道。[①] 21世纪初,儿童行为量表对适用年龄范围及量表维度进行了改进,形成了适用于1.5~5岁儿童的行为量表,但国内对新版儿童行为量表的研究还比较少。2011年国内首次有团队翻译引入该量表,并进行实践运用,通过分析认为来源于美国的学龄前精神病理学的分类结构在中国仍具有普遍性。[②]

以下是儿童行为量表的家长用量表中关于行为问题的测评项目节选,该部分总计有113题。

[①] 李宏田,刘建蒙.儿童行为问题检核表的使用现状及儿童行为问题的研究进展[J].中国生育健康杂志,2010(1):59.
[②] 徐静,陈图农,丁小玲,等.Achenbach儿童行为量表的初步应用分析[J].中国妇幼健康研究,2015(2):194.

表 7-1　儿童行为量表家长用量表中行为问题测评项目部分内容

说明：以下是描述您孩子的项目。只根据最近半年内的情况描述。每一项后面都有三个数字(0、1、2)，如孩子明显有或经常有此项表现，圈 2；如有时有此项表现，圈 1；如无此项表现，圈 0。

1. 行为幼稚与其年龄不符	0	1	2
2. 过敏性症状(填具体表现)	0	1	2
3. 喜欢争论	0	1	2
4. 哮喘病	0	1	2
5. 举动像异性	0	1	2
6. 随地大便	0	1	2
7. 喜欢吹牛或自夸	0	1	2
8. 精神不能集中,注意力不能持久	0	1	2
9. 老是想某些事情不能摆脱,强迫观念(说明内容)	0	1	2
10. 坐立不安,活动过多	0	1	2
11. 喜欢缠着大人或过分依赖	0	1	2
12. 常说感到寂寞	0	1	2
13. 糊里糊涂,如在云里雾中	0	1	2
14. 常常哭叫	0	1	2
15. 虐待动物	0	1	2
16. 虐待、欺侮别人或吝啬	0	1	2
17. 好做白日梦或呆想	0	1	2
18. 故意伤害自己或企图自杀	0	1	2
19. 需要别人经常注意自己	0	1	2
20. 破坏自己的东西	0	1	2
21. 破坏家里或其他儿童的东西	0	1	2
22. 在家不听话	0	1	2
23. 在学校不听话	0	1	2
24. 不肯好好吃饭	0	1	2
25. 不与其他儿童相处	0	1	2
……			

（二）鲁特（Rutter）儿童行为问卷

鲁特（Rutter）儿童行为问卷适用于学龄儿童的年龄范围，也适用于区别儿童的情绪和行为问题，目前该问卷已被广泛运用到很多国家的儿童行为问题研究中，也是国内学龄儿童行为问题检测的常用量表。

该量表主要分为教师问卷和父母问卷，分别对儿童在校和在家行为进行评定。内容包括一般健康问题和行为问题两方面。问卷将行为问题分为两大类。

第一类问题被称为"A行为"，即违纪行为或反社会行为，主要包括：经常破坏自己和别人的东西、经常不听管教、时常说谎、欺负别的孩子、偷东西。

第二类问题被称为"N行为"，即神经症行为，主要包括：肚子疼和呕吐；经常烦恼，对许多事情都烦；害怕新事物和新环境；到学校就哭，或拒绝上学；睡眠障碍。

孙文喜等人搜集了1989—2016年间公开发表的关于该问卷调查的中国普通学龄儿童行为问题发生率的研究文献，经筛选得到符合入排标准研究共43篇，分析结果表明：父母问卷以13分为临界分，教师问卷以9分为临界分，凡大于或者等于此者为有行为问题。[1]

一些基于不同文化背景下的广泛应用结果表明，该问卷简单、明确、易于掌握，其灵敏性、特异性和总效率均很高，有较好的信度和效度，所以可较好地适用于学龄儿童的儿童行为问题的流行病学调查和研究工作，也适用于区别儿童的情绪障碍、违纪行为和有无精神障碍。

但是，这一问卷用于孤独症儿童的行为问题调查时，仍需要其他资料进一步补充。但该问卷对收集孤独症儿童行为问题的资料提供了重要线索，可以通过教师和父母等不同的知情人，了解孤独症儿童在不同情境中的行为问题分布特点，为孤独症儿童行为问题的检出提供依据。

以下是父母问卷的测评项目节选，该部分总计有31题。

---

[1] 孙文喜，董成龙，袁颖，等. Rutter 儿童行为问卷调查的中国普通学龄儿童行为问题发生率 meta 分析[J]. 中国心理卫生杂志，2018(9)：1.

表7-2　鲁特(Rutter)儿童行为问卷父母问卷项目节选

说明:请根据孩子最近一年情况按0、1、2 三级评分:0代表从来没有;1代表有时出现,不是每周1次;2代表至少每周1次。			
1. 头痛	0	1	2
2. 肚子痛或呕吐	0	1	2
3. 支气管哮喘或哮喘发作	0	1	2
4. 尿床或尿裤子	0	1	2
5. 大便在床上或在裤子里	0	1	2
6. 发脾气(伴随叫喊或发怒动作)	0	1	2
7. 到学校就哭或拒绝上学	0	1	2
8. 逃学	0	1	2
……			

(三) 孤独症行为量表(ABC)

孤独症行为量表(Autism Behavior Checklist,ABC)是一款具有孤独症诊断价值的量表,由学者克鲁格等人(Krug et al.,1978)编制而成的。1989年北京医科大学的杨晓玲教授将该量表引入我国并进行了修订,是孤独症儿童筛查领域使用较为广泛的一组量表。

孤独症行为量表将孤独症儿童的行为症状分为57项,分别类属于5个因子,即感觉、交往、躯体运动、语言和生活自理。其中,每项的评分是按其在量表中的负荷大小分别评为1～4分,测评分值越高说明严重程度越重。国内研究表明该量表能有效反映孤独症儿童存在的交往、交流障碍和刻板行为及常伴随的情绪、行为问题,效度较好,是孤独症诊断及疗效评估的重要辅助工具。[1] 通过量表的测试,孤独症儿童一些异常行为特征如果能及早发现,也有利于医生和训练师的早期诊断和早期干预。[2]

但该量表的使用要求评定者与患儿共同生活至少3～6周,填写者应是与

---

[1] 马俊红,郭延庆,贾美香,等.异常行为量表中文版在儿童孤独症群体中的信效度[J].中国心理卫生杂志,2011(1):14-19.
[2] 朱莎,成新宁,钟燕.ABC量表对孤独症儿童早期行为特征的分析[J].医学临床研究,2015(10):1973.

儿童生活半年以上的教师,否则可能因为评定者与填写者对一些评定项目理解不够准确,或者患儿因年龄或时间因素尚未表现出某一行为问题,而导致评定结果出现偏差。尽管量表针对孤独症儿童的特异性较好,但仍需要仔细观察与谨慎分析,并尽量结合其他多种评估工具。

表7-3 孤独症行为量表(ABC)节选

说明:该量表总计有57项。每一项的回答为"是"或"不是"2种,每一题目后面有相应分值,如果判断为"是",则计为题后分数;如果判断为"不是",则计为得0分。例如第一题如答"是"得4分,如答"不是"得0分,以此类推。

题 目	分值	是或否
1. 喜欢长时间自身旋转	4	
2. 学会做一件简单的事,但很快就忘记	2	
3. 经常没有接触环境或进行交往的要求	4	
4. 往往不能接受简单的指令(如"坐下""过来"等)	1	
5. 不会玩玩具(如没完没了地转动、乱扔、揉等)	2	
6. 视觉辨别能力差(如对一种物体的特征、大小、颜色、位置等辨别能力差)	2	
7. 无交往性微笑(即不会与人点头、招呼、微笑)	2	
8. 代词运用颠倒或混乱(你、我分不清)	3	
9. 总长时间拿着某种东西	3	
10. 似乎不在听人说话,以至让人怀疑他有听力问题	3	
11. 说话不合音调、无节奏	4	
12. 长时间摇摆身体	4	
13. 要去拿什么东西,但又不是身体所能达到的地方(即对自身与物体距离估计不足)	2	
14. 对环境和日常生活规律的改变产生强烈反应	3	
15. 当与其他人在一起时,呼唤他的名字,他没有反应	2	
16. 经常做出前冲、旋转、脚尖行走、手指轻搔轻弹等动作	4	
17. 对其他人的面部表情没有反应	3	
18. 说话时很少用"是"或"我"等词	2	
19. 有某一方面的特殊能力,似乎与智力低下不相符合	4	

续表

题 目	分值	是或否
20. 不能执行简单的含有介词语句的指令（如把球放在盒子上或放在盒子里）	1	
21. 有时对很大的声音不产生吃惊反应（可能让人想到他是聋子）	3	
22. 经常拍打手	4	
23. 大发脾气或经常发点脾气	3	
24. 主动回避与别人的眼光接触	4	
……		

每项的评分是根据它在量表中的负荷大小分别给予 1、2、3、4 级评分。每项都归属于特定的因子，而在量表中每项都标明了相应的因子和相应的得分。如第 24 题属于交往因子，分值为 4 分，将各分项得分相加即为量表总分。总分 57 分为筛查分，67 分为诊断分。

（四）刻板行为评估量表

孤独症儿童的刻板行为评估量化存在困难。常用的孤独症诊断量表如孤独症诊断面谈量表—修订版（ADI-R）、孤独症诊断观察量表（ADOS）和儿童孤独症评定量表（CARS）等，均涉及了刻板行为的项目，但对刻板行为评估的针对性和准确性上有一定限制。一些常用的刻板行为评估专用量表包括：重复行为量表、重复行为问卷、行为及感官兴趣问卷等，也有较广泛的应用性。

1. 重复行为量表（RBS）

重复行为量表（Repetitive Behavior Scale，RBS）研发至今不足 30 年，经过专家团队、临床医生、孤独症家长的合作，历经多次版本修订，形成了 RBS-R 版本。该版本尽可能多地囊括了孤独症儿童各种类型的刻板行为，以及不同复杂程度的刻板行为，需要家长根据患儿近一个月的行为表现进行评估。该量表不仅适用孤独症儿童，也适用于孤独症成年个体，在国内外的运用与研究中，均有较好的信效度。

2. 重复行为问卷（RBQ）

重复行为问卷（Repetitive Behavior Questionnaire，RBQ）也是一个经过近 30 年修订的量表，现已形成了 RBQ-2 和 RBQ-2A 两个版本，前者适用于低龄幼儿,后者适用于成人。量表涉及的刻板行为种类多,施测简单,家长需要根据孤独症儿童刻板行为的严重程度和行为发生频率进行逐项评分,得分越高说明刻板行为越严重或越频繁。但该量表的临床使用还需进一步推广。

第三节　孤独症儿童行为训练

针对孤独症儿童的行为问题,目前尚没有统一的、根治的方法。长期以来,主要是医生、特教康复人员、科研人员和患儿家长在实践中不断摸索,尝试各种治疗方法,积累经验,再结合患儿的个别情况,提出针对性的个性化教育方案。总体来看,常见的治疗方法有应用行为分析、结构化教学、感觉统合训练,以及其他的教育、心理干预疗法。其中,常用的是一些高度结构化的和密集的技巧性训练来帮助儿童改善问题的行为干预法。[1]

一、应用行为分析

应用行为分析(Applied Behavior Analysis,ABA)是指人们在尝试理解、解释、描述和预测行为的基础上,运用行为改变的原理和方法对行为进行干预,使其具有一定社会意义的过程。[2] 20世纪60年代,美国心理学家洛瓦斯在加州大学洛杉矶分校开始进行孤独症早期干预研究。针对孤独症儿童最突出的行为障碍问题,洛瓦斯及其团队率先采用应用行为分析对其进行干预。在他的早期实验中,通过密集的行为训练,帮助其中9名孤独症儿童进入了普通学校就读一年级。现在这种干预方法已经被广泛地应用于发展性障碍(如孤独症和智能障碍)、情绪障碍(如抑郁症和焦虑症)和行为障碍(如注意缺陷多动障碍)等有关问题的教育干预,其良好效果也不断得到科学的检验和证实。

---

[1] 段云峰,吴晓丽,金锋.自闭症的病因和治疗方法研究进展[J].中国科学(生命科学),2015(9):820-844.

[2] 刘惠军,李亚莉.应用行为分析在自闭症儿童康复训练中的应用[J].中国特殊教育,2007(3):33.

(一) 应用行为分析的原理

ABA 的理论基础是行为主义心理学分支之一——操作性条件反射理论，其提出者是心理学家斯金纳。斯金纳将人的行为分为应答性行为和操作性行为两种，应答性行为是指由特定的、可观察的刺激引发的行为，比如人们看到美食会分泌口水，此时美食就是非常明确的、可观察的刺激物。而操作性行为是指行为发生时没有任何能观察的外部刺激，这种行为看似是自发的，也就是说，行为的产生可能是由行为的结果所引发的，比如，小婴儿最初只是偶尔发出了类似"妈"的声音，妈妈听到以后便报以微笑和爱抚，于是这个小婴儿就将"妈妈"的发音和眼前这个最亲密的抚养人建立起了联系，并学会了叫"妈妈"。

斯金纳研究发现，在特定条件下，产生有利结果的行为将会在以后环境中继续发生，那些没有产生有利结果的行为将会随着时间减少或消失，即行为是通过结果选择的过程确定的。一切行为的发生，都是特定环境背景下的产物，又都会反作用于发生该行为的内部或者外部环境。①

斯金纳将行为受其结果的影响而不断增加的现象称为"强化"，而将使行为出现的可能性增加的行为结果称为"强化物"，行为受其结果影响而减少的现象则被称为"惩罚"，使得行为出现的可能性减少的行为结果称为"惩罚物"。ABA 遵循行为产生的程序，系统地增进社会支持和认可的行为，或减少问题行为的发生。其基本原理即"刺激—反应—强化"，主要过程就是康复训练师对受训对象进行一种或者多种刺激，受训对象根据刺激做出恰当的反应，然后康复训练师再根据受训对象的反应给出特定强化物。强化物的使用也是有要求的，比如当受训对象根据刺激做出相应正确的反应时康复训练师会给予受训对象强化物，肯定并鼓励他的行为，当受训对象在一定刺激下做出的反应是不恰当的，此时训练师不能给予强化物，而是应当示范指导受训对象正确行为，进而纠正和替代错误行为。② 和其他的行为矫正技术相比，ABA 在运用时更强调个体差异，需针对受训对象不同特点和需要来设计刺激

---

① SKINNER B F. The behavior of organisms: an experimental analysis[M]. New York: Appleton-Century-Crofts, 1938:659-660.
② 何丹. 应用行为分析在自闭症儿童干预中的应用[D]. 成都:四川师范大学,2015:4.

的呈现和强化策略。

在孤独症儿童行为问题的康复训练中，ABA 的突出特点表现为：强调将患儿无法掌握的目标分解为小的单元目标；针对不同的个案、不同的时期及其不同的任务要求，恰当地使用强化程序；越早实施干预越好（一般认为最好是 3 岁之前开始）；尽可能长时间、系统地实施干预。[1]

（二）应用行为分析干预方案的制定与实施

1. 制定干预方案

制定干预方案主要包括替代行为的选择和明确干预目标。

替代行为是指用以替代问题行为的行为。问题行为虽然往往因为不符合常识与规范而容易导致各种摩擦和矛盾，但是问题行为本身对于患儿而言，仍然具有一定功能。比如当儿童希望引起母亲更多的关注时，会大力地拍打桌面，制造出噪声，这一行为本身是错误的，但是对于这名儿童来说，问题行为的背后也有一定的诉求。寻求替代行为的过程，其实就是帮助该名儿童用可为社会接纳的行为方式来表达同样的诉求。

当我们初步确定替代行为之后，就需要给干预的实施制定目标。干预目标应该是描述清晰的、可测量的。比如"遵守课堂纪律"虽然是一个美好的目标预期，但是其可操作性却不强，应当改为诸如"能保持至少 10 分钟内不擅自离开座位"等。当然，具体目标的制定，肯定要符合孤独症儿童现阶段的能力。此外，目标的设计还需要考虑短期、中期与长期的干预效果，明确通过多长时间的训练，能达到什么样的行为水平，并且把孤独症儿童更容易实现的目标作为短期目标。

2. 实施干预方案

干预方案的实施意味着前期资料收集准备工作告一段落，正式进入干预训练阶段。该阶段需注意以下几点：

（1）干预环境的创设

孤独症儿童较之其他儿童，往往在环境适应能力方面较弱，因此尽量在干预训练开始之前安排一段时间引导患儿适应环境，包括干预教室内的物理

---

[1] 刘惠军，李亚莉. 应用行为分析在自闭症儿童康复训练中的应用[J]. 中国特殊教育, 2007(3): 33.

环境,以及人,如训练师、同伴等,以减少因适应不良而引发的行为问题。且环境一旦确立,尽量不要随意变动,以免增加重新适应的困难。

(2) 引导儿童参与制定方案

制定干预方案的过程虽然是以训练师为中心,在对个案的观察分析,充分掌握其康复需要的基础上确立起来的,但是引导儿童参与到方案制定中来,可以更好地建立起儿童与训练师的信任关系,帮助儿童理解行为的目的。对于能力较好的孤独症儿童,还可让其自主选择强化物,参与制定获得强化物的阶段性目标。

(3) 强化阶段

ABA对孤独症儿童积极行为的增加、保持或问题行为的减少、消除,都是通过强化的运用来实现的。强化物的区分和运用要根据孤独症儿童的行为表现,积极的行为及时给予强化,问题行为则不予强化。患儿如果能够用替代方式来满足自身要求,相应的行为问题自然会减少。[1]

拓展阅读

强化物的选择与运用

1. 强化物的选择

强化物的选择需要充分考虑儿童的实际情况,让儿童自由地、重复地接触大范围的强化物,同时观察儿童在自然环境下的选择倾向,对那些被选择2次以上的实物做记录。在选择强化物时,同时应注意评估一下其是否有效,是否安全健康,是否可以做到(即"可实现性"),是否可以控制(即"可控制性")。

2. 强化物的运用原则

适当性原则:强化物必须由儿童的选择偏好来决定,强化物的大小必须与任务的轻重相符。

即时性原则:强化物的使用需即时,在行为发生的3秒钟内给予强化。

---

[1] 林云强,张福娟.自闭症儿童攻击行为功能评估及干预策略研究进展[J].中国特殊教育,2012(11):50.

伴随性原则：在给予强化物前，要求儿童执行所指定的任务，应伴随给予强化物的呈现。

一致性原则：坚持奖励所期望的行为，否则就会影响儿童的期望系统。

3. 强化物的运用频率

强化物的使用频率并不是越高越好，当孤独症儿童初次接触 ABA 的方法，或者训练内容对该名儿童而言具有一定难度和挑战时，通常采用连续强化的方法。当孤独症儿童的积极行为已经出现，多采用间歇式强化的方法。不同模式的强化频率如图 7-1 所示。

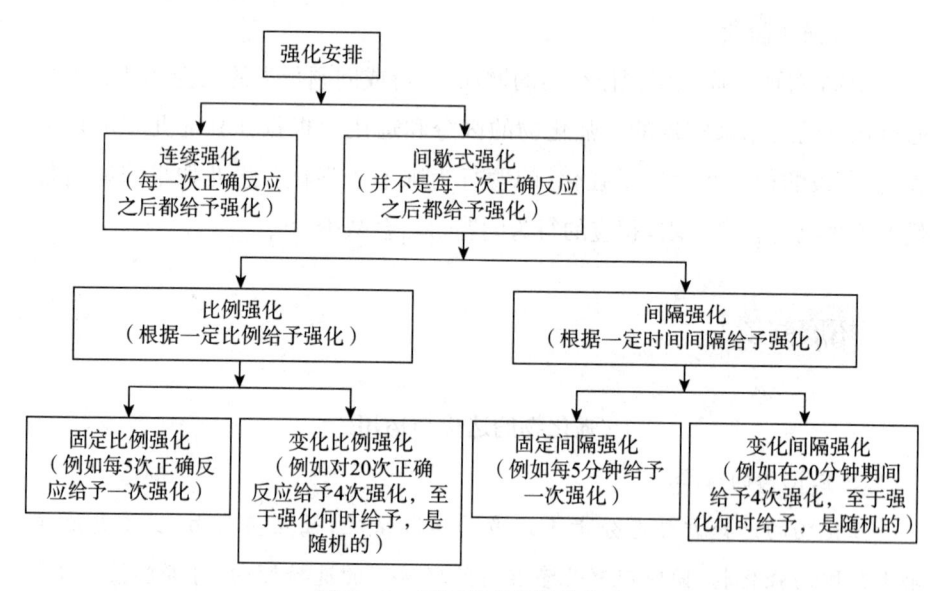

```
                          强化安排
                        ／      ＼
              连续强化              间歇式强化
         （每一次正确反应          （并不是每一次正确反应
          之后都给予强化）          之后都给予强化）
                                ／        ＼
                          比例强化          间隔强化
                      （根据一定比例       （根据一定时间间隔
                        给予强化）           给予强化）
                       ／    ＼              ／    ＼
                固定比例强化  变化比例强化  固定间隔强化  变化间隔强化
              （例如每5次正确反 （例如对20次正确 （例如每5分钟给予 （例如在20分钟期间
               应给予一次强化） 反应给予4次强化，至 一次强化）     给予4次强化，至于强
                               于强化何时给予，是                化何时给予，是随机的）
                               随机的）
```

图 7-1　不同模式的强化频率

（4）行为泛化

行为泛化是指孤独症儿童在接收干预训练后，学习掌握了一定的技能或行为模式，之后在其他情境中，也能重现该种技能或行为模式的现象。行为泛化是应用行为分析的重要内容，其内容可以包括训练师指导语、刺激物和环境等的泛化。[①] 具体可以按图 7-2 的步骤开展。

---

① 刘惠军，李亚莉. 应用行为分析在自闭症儿童康复训练中的应用[J]. 中国特殊教育，2007(3):33.

将复杂技能或行为分解成若干个小单元,并明确各个小单元的训练目标,按特定强度和分解步骤进行训练。这期间保持环境、指导语、刺激物的一致性,但需增加或变换不同的训练师,以帮助患儿在不同训练师指导下能识别指导语。

⇩

此阶段,要求在同样的环境下继续按照分解步骤进行训练。这期间变化刺激物和指导语,在不同的训练师指导下学习识别不同的强化物和指导语。

⇩

该阶段继续更换不同的指导语和刺激物,还要对环境做出一定改造,并可根据患儿水平设置干扰(如陌生人进入房间),以帮助患儿在有干扰的情况下学习保持对任务的识别和执行。

⇩

在最后阶段,逐渐将训练干预迁移到真实的情境中去,训练患儿在变化的真实环境中对更为真实的刺激物和指导语做出反应。尝试随着任务的推进,让患儿从干扰中辨别有用信息,或从同伴那里获得线索。

图7-2 行为泛化的步骤

(三) 应用行为分析的操作方法

应用行为分析延伸出多种不同的训练操作方法,其中最主要的包括回合式教学法和关键反应疗法。

1. 回合式教学法(DTT)

回合式教学法(Discrete Trial Teaching,DTT)是以教育干预者为中心的训练方法,又被称为离散式单元教学法。它采用密集训练的模式,训练目标要求尽量分解成小而具体的步骤,训练内容高度结构化,并以简单和重复的方式教授技能(因而称为"回合")。教授过程中,每个回合都以指令、反应、结果、停顿四个步骤进行反复训练,并严格筛选、运用强化物,注重干预过程中的数据收集和分析,直到被训练者完全掌握设定的目标,才会进入下一个目标的训练,训练目标和内容会根据儿童的即时反应情况进行适度调整。[①] 受训孤独症儿童的反应一般分为三种:正确反应、错误反应、无反应。对于正确

---

① 代真真,姜志梅,朱俊丽. 孤独症谱系障碍应用行为分析干预的研究进展[J]. 中国儿童保健杂志,2021(6):47.

反应,将通过合理运用强化物来增加和强化患儿的正确反应,对于错误反应或无反应,则需要及时给予辅助来完成正确反应,并在不断重复的回合中达成训练目标。

拓展阅读

DTT中目标分解为具体步骤的操作

DTT的教学中,当复杂行为患儿全部不会时,应分解成小单元分别进行教学,然后再将复杂行为复原。如患儿不会自主洗手的情况下,洗手动作的步骤分解可参考下表。

表7-4　DTT中目标分解为具体步骤的示例(以洗手为例)

序号	洗手的步骤分解	完成请画"√"
1	打开水龙头	
2	挤压洗手液	
3	搓手	
4	将手放置在水龙头下	
5	在水中搓手	
6	关水龙头	
7	纸巾	
8	擦干净手	
9	将纸巾扔至垃圾箱	

2. 关键反应疗法(PRT)

关键反应疗法(Pivotal Response Treatment,PRT)又称关键反应训练(Pivotal Response Training,PRT),是一种在DTT基础上发展而来的情境化教育方法。PRT更加强调儿童在训练中的主导作用,重视在自然情境中针对患儿的关键性技能进行干预,并且在儿童逐渐发展起来的核心反应性技能基础上,促进其他领域的发展。

在传统的DTT教学法中,结构性极强的干预活动通常在固定的教室里进行。但是PRT则强调在自然的情境中,或者在家庭当中进行训练,并且可以安排其他儿童,通常是普通儿童来作为正确行为的示范者,通过环境的诱导来诱发孤独症儿童的正确行为反应。PRT 更加注重结合儿童的兴趣和选择,有利于挖掘儿童的学习动机,满足儿童的内部需求。

有研究显示,PRT 能够有效改善孤独症儿童的言语与非言语技能、社交互动和社会关系的技能,且能够减少孤独症儿童破坏性行为的发生。[1] PRT 不仅对训练师的专业执行能力提出较高要求,同时也要求训练师对孤独症患儿家长进行培训,使家长掌握 PRT 的关键操作要点,以便在家庭生活情境中开展运用。在 PRT 体系中,家长被认为是儿童最好的帮助者,是孤独症儿童康复的重要决定性因素。

拓展阅读

表 7-5　PRT 中利用自然情境开展训练的案例

训练目的	准备工作	操作过程	情境设置
孤独症儿童在就餐时主动开口索要某种食物	训练师或家长对患儿的口味偏好比较了解,有长期的共同生活经历,相互较为信任	1. 训练师或家长将儿童喜爱的某种食物放在孤独症儿童触手不可及之处,保障儿童可以清楚看到,但在没有成人协助无法自行取得 2. 训练师或家长不断拿取其他食物,但就是不去碰触儿童最喜爱的那种食品,激发其言语沟通的动机 3. 训练师或家长给儿童提供表达机会,如"你想要吃这个东西吗?"这种时候儿童更容易发出语言。当儿童做出正确反应时,训练师或家长给予及时的肯定与奖励	在家庭或融合幼儿园生活的自然情境中

(四)应用行为分析的局限性

应用行为分析在过去几十年的发展历程中经历了辉煌,为孤独症康复教

---

[1] 代真真,姜志梅,朱俊丽. 孤独症谱系障碍应用行为分析干预的研究进展[J]. 中国儿童保健杂志,2021(6):47.

育领域做出了贡献,有大量的实证研究证明它是科学的、可行的。但随着对孤独症研究的不断深入,以及对康复教育方法的不断更新,它的局限性也日益凸显。传统的 ABA,主要存在以下局限。

1. 强化刻板行为

ABA 尤其是 DTT 有其固有的操作流程,严格遵循小单元目标、回合式训练的原则,对训练目标达成时间和准确率也有严格规定,这对于以刻板行为为核心问题之一的孤独症儿童来说,容易导致其行为技能、记忆内容的僵化,只对固定的问题做出固定的反应,不利于适应变化的行为,而在现实生活中,人们的行为往往是复杂的、变化的、具有情境性的。

2. 过于强调外在行为

孤独症儿童也是人,和其他普通儿童一样,拥有认知、情感、意志、行动层面的各种心理需求。ABA 派生自行为主义心理学,从根本上强调研究看得见摸得着的外在行为反应,强调对行为的训练控制,主张奖励与惩罚的强化机制,而不重视情感、动机、需要等内在心理成分的研究。因而在孤独症儿童的康复训练上,ABA 也很少涉猎情感、动机层面的需求满足,而更多聚焦于行为、语言等认知能力的训练。但对于孤独症儿童来说,并不是学会说话了,或者学会看人、学会互动了,孤独症的核心问题就解决了,对他们更富有挑战性的是自我意识、情感等社会化领域的障碍。

3. 对患儿自身的认知发展可能性评估不足

虽然作为一种广泛性发育障碍,孤独症儿童在多个功能领域都有不同程度的损伤,但随着年龄和经验的增加,其身心也将获得一定程度的自我发展。一些当下的错误,随着年龄的增长会自然得以解决,但 ABA 很少涉猎对个体自我发展的评估与预测。

二、结构化教学

(一) 结构化教学的概念

结构化教学(Treatment and Education of Autistic and Communication Handicapped Children, TEACCH)是指由训练师根据患儿特点安排有组织、有系统的学习环境,并尽量利用视觉提示,帮助孤独症儿童建立个人工作系统和习惯,以便能融入集体和社会的方法。①

结构化教学法由美国北卡罗来纳州立大学医学院精神科的艾瑞克·修普勒(Eric Schopler)等人在20世纪六七十年代开发。这是一套从孤独症沟通障碍治疗与教育干预方案中逐渐发展起来的完整教育策略。它基于孤独症儿童的视觉优势,倡导在干预过程中尊重孤独症群体的特征,综合利用学校和家庭中的教育资源,运用时间—空间的视觉象征,使教育环境与教学活动高度结构化,增强孤独症儿童的功能性技能。②

孤独症儿童普遍的视觉加工能力较强,通过视觉接收信息的偏好较为明显。结构化教学正是利用了这一特征,在孤独症儿童的日常学习与生活环境中,以突出而明确的视觉标识,结合个别化训练方案,增强其对环境的识别与理解,提高其认知能力,降低其情绪易感性,提升其社会性。

所以对于孤独症儿童而言,通过观察图片或其他的视觉符号、道具,可能会更易于他们学习。来自脑功能成像领域的研究也表明,孤独症儿童在完成语言、记忆等复杂认知任务时,更加依赖初级皮质区等主控视空知觉的中枢神经系统。③ 虽然这种视觉学习的优势本质上是孤独症儿童大脑发展不平衡的产物,是一种病理性的表现,但可以成为提升孤独症儿童康复训练效果的一个很好的抓手。如图7-3所示,将孤独症儿童早晨起床后刷牙洗脸的活动可以用视觉提示的方式进行表示。

(二) 结构化教学的原理与特点

1. 结构化教学的原理

结构化教学开发者认为,当人们在心理活动时,对客观世界的认识受主观心理过程的影响,容易存在偏差,尤其是在疾病或意外的影响下,一些个体的心理加工能力受损,致使个体对事物的理解、解释、描述,或是对行为的预测出现困难,这类困难和缺陷在孤独症儿童群体中普遍存在,是孤独症儿童的基本缺陷。如感觉异常、思维怪异、理解能力缺陷、社交局限,以及刻板行

---

① 莫春梅,李琼,姚望,等.结构化教学对自闭症儿童认知能力影响的实验研究[J].教育与教学研究,2014(8):122-123.
② 袁海娟.自闭症谱系障碍儿童结构化教学的研究综述[J].现代特殊教育,2017(14):54.
③ 曹漱芹,费雯,孙爱军.4—6.5岁自闭症幼儿颜色偏好的实验研究[J].中国特殊教育,2012(5):50.

图 7-3　运用结构化教学理论进行视觉提示的实例

为和兴趣范围狭窄等。这些缺陷和不足基本都是孤独症儿童的知觉特异性作为开端引起的[1],因此结构化教学法强调通过知觉能力的干预达到改善相关问题行为的目的,即提供一系列教学策略,对理解过程进行干预,使个体的理解结果可以在保证不出偏差的前提下,具有一定的社会意义。

这些教学策略主要包括把教学空间的设计、教学设备的布置、时间安排、交往方式、教学手段的运用等进行模式化、系统化安排,把各种教学因素根据孤独症儿童的特点有机结合起来,以便更好地全方位帮助孤独症儿童开展学习活动。如孤独症儿童与普通儿童相比,有些被发现存在感知觉加工能力方面的优势,其中最常被研究者提及的是在复杂图形中寻找目标物的优越的视觉搜索能力。[2] 尤其是对非生命物体的认知,似乎比对面部的认识更加

---

[1] 潘文娟.结构化教学对 2—6 岁自闭症儿童重复刻板行为的干预研究[D].南昌:江西师范大学,2017:4.

[2] 吴雪媛,彭晓玲,黄丹.视觉搜索眼动模式在识别孤独症谱系障碍儿童中的应用[J].中国儿童保健杂志,2019(9):949.

敏感,[1]因此一般情况下结构化教学的环境中的视觉提示会显得非常重要,甚至比语言指令有更好的效果。同时,结构化教学在课程内容的设计上也非常丰富,包括感知觉能力、手眼协调能力、模仿能力、精细动作能力、大肌肉运动能力、知觉能力、语言理解和表达、社会交往、生活自理以及情绪情感等方面,[2]以此来引导孤独症儿童获得全面的发展。结构化教学在进行课程内容设计时,还强调遵循个别化差异,重视根据儿童的兴趣和理解特点来设计针对性学习环境,采用不同的手段引导儿童。这是因为孤独症儿童自身对环境的敏感性高,所以对环境因素变化的反应通常比较剧烈,并导致严重的适应问题,而结构化的物理环境和学习程序可以帮助孤独症儿童更好地避免出现严重适应性问题。

2. 结构化教学的特点

结构化教学的一大特点是强调采用稳定的、结构化的秩序,充分利用孤独症儿童认知特征,来组织教学活动,完成生活场景,以达到行为训练、能力提升的效果。在孤独症儿童生活与学习的环境中,从物质环境创设、时间的安排、训练任务的程序等,均以稳定的结构化模式进行设置,并充分利用视觉提示信号传达意图。比如,一个孤独症儿童,在用餐期间,保育员不断用言语指令要求其吃饭,往往效果不尽如人意。但是如果通过画图的方式(画出吃饭的示意图)给这名儿童看,却更容易获得孤独症儿童的关注,并能主动执行。在很多场景和任务中,视觉辅助可能会比语言发挥更大的作用。孤独症儿童由于其认知系统的加工特点,通常对复杂、多变的环境因素识别与适应非常困难,对于他们而言,碎片化的感知致使其对外部环境的体验可能是混乱的、无法理解的、充满压力的,他们更愿意在封闭的、自我的世界当中,按照特定的程序行动,比如走一样的路,吃一样的东西。而日常学习生活的环境发生变化,哪怕只是一点点微小的变化,都有可能使孤独症儿童感到压迫与不适。而结构化教学稳定的、结构化的秩序营造,无疑可以较好地弥补环境带来的问题。

---

[1] 袁凤云,姚克勤,廖可人,等.事件相关电位技术对孤独症谱系障碍儿童基本视觉功能的研究[J].中国医学物理学杂志,2019(8):975.

[2] 何慧,覃晓静.孤独症儿童的结构化教学法干预疗效分析[J].首都食品与医药,2023(3):47.

结构化教学的另一个特点是鼓励家长参与孤独症儿童的行为训练。结构化教学的核心是增强孤独症儿童对环境、干预训练内容的理解和服从,并在有组织、有系统的训练程序以及有序的材料投放中,帮助孤独症儿童在认知、自理能力和行为问题等各方面得到功能的改善,并最终实现最大限度地回归社会。[1] 在这个过程中,孤独症儿童的游戏和兴趣是教育干预的出发点,家庭生活场景则是个别化教育计划开展实施的最佳场所。

(三) 结构化教学的主要内容

根据孤独症患者对环境设置的稳定要求,以及其视觉加工的优势偏好特点,结构化教学强调在实践中运用各种视觉与结构化要素,从环境创设、作息时间、视觉提示、工作系统几个方面入手,塑造适宜孤独症儿童的学习与生活环境。

1. 结构化的环境创设

孤独症儿童理解学习环境的能力较弱,而有组织、有系统地设计教学环境能帮助患儿理解环境,适应环境和教师的要求,既可以减少无关因素的干扰刺激,又可以帮助孤独症儿童专注于学习活动,另一方面也使他们知道在什么环境做什么事情。结构化的物理环境创设(如图 7-4)要求在教室中用清晰的界限为孤独症儿童划分不同的活动和学习空间,以便他们了解活动、学习与环境的关系,掌握环境对他们的要求,并且合理地按照一定秩序摆放

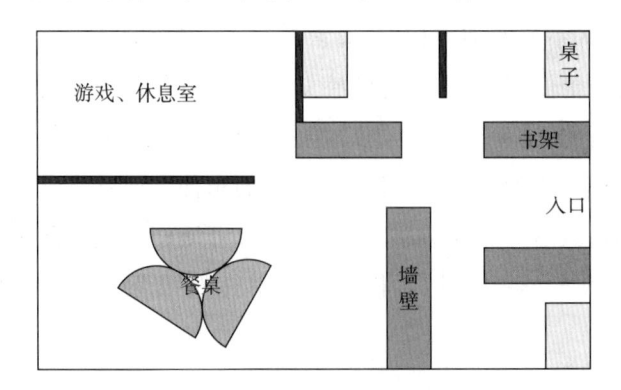

图 7-4 结构化的物理环境创设

---

[1] 曾刚,于松梅.自闭症文化特质与结构化教学[J].中州大学学报,2014(6):93.

学习与生活物品,保持其相对稳定不变动。再具体些说,在孤独症儿童的学习环境中,划分集体学习区、个人活动区、游戏区等,书籍、玩具、生活用具的摆放位置明确、固定,并在每个区域都使用醒目的文字提示和图片提示。通过这些视觉策略使孤独症儿童的学习、生活更有组织和更具安全感,帮助他们记忆和理解,知道此时此刻"我所处的位置"以及"当我在这个位置时我的任务是什么"。[①]

2. 结构化的作息时间

结构化的作息时间是指利用作息表、计划表、日历等与孤独症儿童沟通在何时及何地做何事。[②] 作息时间表(如图7-5)的设计应简约、清晰,按照一定的秩序,如由上到下、由左及右,按时间或节次对生活及学习内容进行排列,并具体到某一个具体活动开始和结束的时间,活动开展的地点等相关信息,关键信息多用图片、照片等视觉提示进行呈现,帮助孤独症儿童了解每天的作息和活动安排。

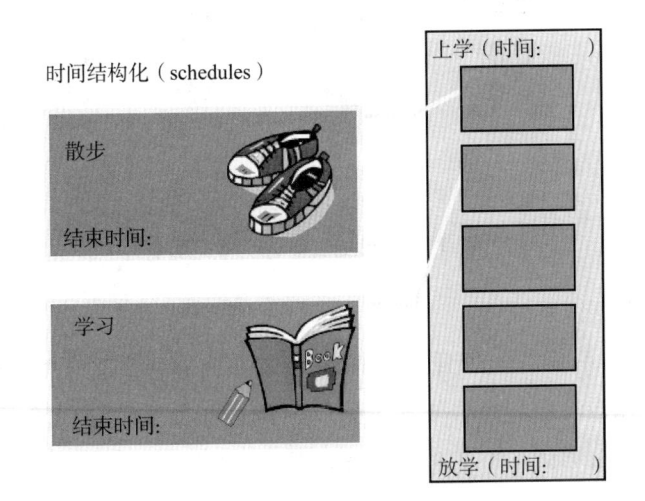

图7-5 作息时间表举例

在融合班的教学环节里,还应兼顾集体活动和个别化活动安排的作息表结构化,即将一些班级常规活动,如幼儿园晨间活动、餐点活动、集体教学活动等进行内容的结构化呈现,同时根据孤独症儿童个别情况,制定个人学习

---

① 林琴.自闭症学生数学课堂中结构化教学法的应用[J].现代特殊教育,2017(15):52.
② 曾刚,于松梅.自闭症文化特质与结构化教学[J].中州大学学报,2014(6):93.

的程序表,从而协助他们有效地计划、组织自己的日常生活。

3. 视觉提示的设计

视觉提示是指利用孤独症儿童视觉线索加工优势的特征,使用文字、图片、图卡、流程图等手段,把要完成的任务安排成一个模式,说明其内容与步骤,便于孤独症儿童按照指示完成任务(如图7-6)。[①] 视觉提示可以帮助孤独症儿童克服社交与言语障碍,通过视觉信号的加工对当前环境进行组织与理解,更好地识别环境,了解任务要求,达到沟通的效果。

图7-6 自主进餐的步骤提示卡

4. 个人工作系统

个人工作系统即一个任务包括多个活动内容,增加一个任务持续的时间,孤独症儿童将被清晰告知接下来的时间段里需要完成几个任务,任务先后的顺序如何,完成一个任务后需要做什么(如图7-7)。[②] 在这个系统设置中,包括结构化教学的其他各个要素,环境创设、材料投放、任务程序、视觉提示等将被有机整合。孤独症儿童可以在这个个性化的工作系统中,相对独立地去规划、完成自己的学习和生活,增强自我成就感,提升自我管理能力。

[①] 莫春梅,李琼,姚望.结构化教学对自闭症儿童认知能力影响的实验研究[J].教育与教学研究,2014(8):122-126.

[②] 张勤良,张俊,刘凤琳,等.结构化教学法对孤独症谱系障碍儿童康复效果的影响研究[J].中国儿童保健杂志,2019(1):82.

图 7-7　个人工作系统示例

(四) 结构化教学的局限性

结构化教学经过实证研究表明具有可行性,但也存在局限。在孤独症儿童的教育康复训练中,结构化教学针对患儿学习方面的困难或言语沟通障碍等问题比较有效。但使用该方法帮助儿童养成有序工作的良好习惯时,如果操作不当可能会导致患儿产生新的刻板行为,或使其刻板行为加重。当儿童逐步掌握目标技能,能独立操作完成后,要及时将结构化策略进行转换,如原来按照"从上到下"排序的工作任务,可变更为"从左到右"的任务排序。又比如采用时间表来规划患儿的活动程序时,随着患儿能力的提高,也需要经常变换记录方式,以避免造成新的刻板行为。

三、感觉统合训练

(一) 感觉统合的概念

1969 年,美国心理学家爱尔丝(Ayres)博士根据脑功能研究、临床治疗及实验研究结果,首先提出了感觉统合理论。爱尔丝认为,感觉统合是人体将各部分器官输入的感觉信息整合起来,经大脑统合作用,完成对身体内外知觉并做出反应。从神经发育模式上看,人的高层次的学习技术如认知、语言、注意、机能性行为等有赖于对多种感觉输入的加工能力的发展。因此,感觉统合是每个儿童成长过程中必须有的学习过程。没有感觉统合，大脑和身体都无法发展。任何原因导致的感觉刺激信息不能在中枢神经系统进行有效的整合，则整个身体不能协调有效地动作，导致感觉统合失调，表现为动作不协调、注意力不集中、认知能力低下、交往沟通困难、情绪障碍等多方面问题。①

感觉统合训练是为了使感觉神经中枢之间更加协调、有序地工作，而采取针对性的身体练习方法，对不同中枢神经予以刺激，使其在不断对比、联结、分析、控制中逐渐形成高效、协调的工作机制，从而改善脑处理感觉信息的方法。②

（二）孤独症儿童的感觉统合失调

有研究认为，孤独症儿童的感觉统合失调主要包括身体运动障碍、结构和空间知觉障碍、前庭平衡功能障碍、视听觉障碍及触觉障碍，具体内容见表7-6。③

表7-6 孤独症儿童感觉统合失调详述

类型	内容	表现
身体运动障碍	包括控制大肌肉和精细肌肉，其活动能力及整体协调能力差	例如穿脱衣裤、扣纽扣、拉拉链、系鞋带等生活自理能力与年龄不符
结构与空间知觉障碍	指对事物大小比例、空间结构的感知障碍，如看客体形象比实物大得多或比实物小得多，看到人的脸面变形、鼻歪嘴斜，或者台凳橱柜形状改变，把远物看得很近或把近物看得很远等	例如在陌生的环境中迷失方向，辨别左右有困难，鞋子穿反，不喜欢翻跟头、打滚等需要头脚改变方向的活动
前庭平衡功能障碍	前庭功能发展不良，易受到来自地心引力的干扰，难以保持身体的平衡	例如无故跌倒及不自觉地转圈，阅读、算术等能力差，看书容易眼酸，上课好动不安，难以端坐，写字姿势不端正等

---

① 张挚，翟宏. 我国儿童感觉统合训练研究的现状与问题[J]. 中小学心理健康教育，2011(3):4.
② 赵月民，陈培友，吴志建. 感觉统合训练对自闭症儿童康复影响的元分析[J]. 现代特殊教育，2017(14):42.
③ 刘林妹，袁茵. 孤独症儿童感觉统合失调特点及教育训练建议[J]. 绥化学院学报，2013(4):96-97.

续表

类型	内容	表现
视听觉障碍	除对刻板事物外,注意力难以集中,即使是对感兴趣的事物也难以长时间的关注	例如视而不见、充耳不闻,在学习上无法流利阅读,抄写文章时常常多字或少字,写字时偏旁部首容易颠倒,写作业时容易漏题、抄错题,经常忘记老师布置的口头作业等
触觉障碍	有异常的躯体反应和情绪反应,控制情绪能力弱	不能对身体部位受到的刺激做出正确的反应,没有疼痛感或反应迟钝,有时对外界刺激会表现出攻击性行为,有时也表现为内向、软弱、爱哭等

(三) 感觉统合训练的开展

感觉统合训练作为一种孤独症儿童康复方法,在各级特殊教育学校和康复中心被广泛使用。对患儿进行感觉统合训练的目的是:使患儿的感觉功能得到改善,使大脑能够较好地对相应的功能区发出指令,有利于大脑的发育,从而使患儿的病情得到改善。[1]

感觉统合训练包括测试、训练、评价、反馈等环节。在开展孤独症儿童的感觉统合训练之前,首先需要进行测试,全面了解儿童的病情,并制订个别化的训练计划。感觉统合训练的内容非常多,以下介绍常见的训练内容。

1. 前庭功能平衡训练

使用圆筒吊缆、四足位吊缆、滚筒、平衡踩踏车等进行训练,调节前庭的信息接收与处理以及平衡神经的反应机能,有效地促进神经组织的全面发展。

2. 触觉敏感度训练

使用大龙球、羊角球、海洋球池等训练患儿的触觉敏感度。

3. 本体感训练

使用滑板、平衡台、跳床等进行训练,强化前庭平衡、触觉以及大小肌肉的协调,使身体能够灵活运动。[2]

为达到预期效果,感觉统合训练也需要遵循计划性、系统性的原则,保持

---

[1] 王芳. 感觉统合训练与行为指导治疗30例儿童孤独症的实践与体会[J]. 临床医药文献杂志,2014(1):40.

[2] 夏佳. 感觉统合治疗对儿童孤独症的治疗效果研究与分析[J]. 中国社区医师,2018(10):25.

一定的训练频率和强度。一般需坚持每天训练,每周不少于5天,每次训练不少于1个小时,持续训练半年以上。当然,具体的训练计划需因人而异。

(四)感觉统合训练的局限性

感觉统合训练在孤独症儿童康复训练中常被归为辅助训练,在改善孤独症儿童运动机能障碍方面有一定效果,但一般不作为主要康复方法单独使用。

在运用过程中,感觉统合训练也表现出一定局限性:其一,孤独症儿童的核心症状主要是社交能力缺损,而感觉统合训练是以提高患儿运动机能为主要目的,活动中儿童与同伴合作交流的环境支持较缺乏,因此,对孤独症核心症状的改善效果非常有限。其二,感觉统合训练的开展要依赖于专业训练器材,器材的开发更新以及训练内容创新速度较缓慢,器材种类相对固定且训练内容较为单一,容易导致患儿兴趣降低,影响训练效果。

四、其他方法

(一)积极行为支持

1. 积极行为支持的概念

积极行为支持即正向行为支持,是在应用行为分析基础上发展形成的行为干预技术之一。它主张在功能性行为评估的基础上,采用强化、消退、区分强化等技术开展正向的行为干预。该方法的支持者认为任何行为都具有功能性,即使是类似的行为,发生在不同的人身上也往往具有不同的内涵,所以在面对孤独症儿童的行为问题时,需要分析其行为背后的功能,以便从根本上找到成因,因此行为问题的改变不仅仅在于改变其行为本身,更应该包括行为产生的完整环境。①

与传统行为干预相比,积极行为支持的主要特点在于其干预策略的焦点从以负性惩罚为主,转向正向的行为干预,并强调对引发问题发生的环境的系统改造,②以产生全面而长期的影响,帮助患儿预防及减少行为问题。这种

---

① 邵秀筠. 积极行为支持对学前孤独症儿童离座行为干预的个案研究[D]. 济南:济南大学,2019:2-3.
② 陈更娟. 以家庭为中心的孤独症幼儿积极行为支持研究[D]. 大连:辽宁师范大学,2013:4-12.

方法不仅适用于专业机构,也提倡将治疗师的角色从专业训练人员转向父母和普通教师,将训练室的环境转向自然环境,以获得更为完整的教育生态。

2. 积极行为支持的关键要素

积极行为支持的实施效果与以下三个要素有直接关系。

(1) 功能分析

积极行为支持开展功能分析首先要有一个明确的行为目标,这个行为目标应在治疗师与家长合作的前提下共同拟定。在确定行为目标后进行功能分析,分析主要聚焦于两个方面:一是行为发生的前提,这个前提既包括发生在较远时间节点的,也包括目标问题行为发生当下的刺激事件。为了确保功能分析尽可能准确,在方法上尽可能多样,如结构化或非结构化的家长访谈,在学校、训练机构及家庭等不同场景中的直接行为观察,以及教师访谈和问卷。二是聚焦于行为结果,分析行为的功能。

如在一项运用积极行为支持进行孤独症儿童行为问题干预的研究中,通过研究者视角观察、指导家长观察、家长访谈等多种方法,对患儿的行为问题进行功能分析,结果如表7-7所示。

表7-7 问题行为功能分析举例[1]

问题行为	大前提	小前提	功能
摇头	家长之间出现矛盾	要求孩子参加个别训练(布置学习任务)	中止训练或延缓训练进程
	挑食	家长或老师语气过于严厉	停止或延缓和同伴的互动
	睡眠不足	家长或老师发出指令	逃避指令(使家长或老师撤去对其的要求)
		起床时大人给穿衣	得到想要的物品或食物
		面对新的老师	
		有老师接近	
		小组教学中被要求和同伴互动	
		嘈杂的环境	
		有得到物品或食物的需求没有得到满足	

[1] 刘昊. 正向行为支持法干预孤独症儿童问题行为的个案研究[J]. 中国特殊教育,2007(3):28.

续表

问题行为	大前提	小前提	功能
自伤	家长之间出现矛盾	有得到物品或食物的需求,但没有被满足	中止训练或延缓训练进程
	睡眠不足	长时间训练	停止或延缓和同伴的互动
		布置较困难或新奇的任务	逃避指令(使家长或老师撤去对其的要求)
		小组教学中被要求和同伴互动	得到想要的物品或食物
		嘈杂的环境	

(2) 开展针对性干预

其一,是针对刺激控制的策略,这是针对问题行为的前提专门实施策略加以控制,进而降低该行为的出现频率。如上表中孩子因为家长或老师语气过于严厉这一前提而出现摇头的行为问题,作为训练老师和家长在任何时候都要避免大声斥责孩子,而使用坚定的、不含训斥的语调与孩子说话。

其二,是运用消退的方法。通过功能分析,我们会发现相当数量的行为问题受特定的前提因素的影响,并在这个前提因素的持续作用下得到强化才会持续出现。运用消退的方法就是将那些对行为问题予以强化的功能(即行为产生的效果)削弱或撤销。比如上表中孩子因为家长或老师过于严厉的语气这一前提而出现摇头的行为问题,而因为摇头这一行为问题,又产生了中止训练或得到某个想要的东西的效果。运用消退法解决这个问题,就需要不满足孩子中止训练或得到某个想要的东西的目的。消退干预时,有些孩子会以为不能达成目标而短期出现行为问题的暴增,甚至出现更为严重的行为问题,这时需要治疗团队做好环境保护,比如墙面、桌角等做好软包,避免孩子产生过激反应时伤害自己。同时,家长的配合工作也格外重要。一些行为的前提与功能与家长的教养方式有一定关系,此时就需要家长的配合,否则很难达到消退法的要求。

(3) 建立替代行为

这里主要运用区分强化策略。区分强化简单来说就是强化恰当行为,不强化问题行为。比如当孩子哭着闹着想要某个东西时,对于这种哭闹行为,不予强化,不把东西给孩子;而当孩子使用合适的沟通方式表达需求时,就把孩子期望的物品给他。又比如在课堂教学的情境中,当孩子上课时间离开座位时,老师忽略其行为,而当孩子能坐在凳子上时,老师就给予贴纸奖励。

3. 相关评价

积极行为支持是一种源自行为主义心理学的方法,在临床上仍然发挥着较大的影响力,目前国外已有大量实证研究证明积极行为支持是一种有效的行为问题干预方法。但目前大多数成功的案例均以学校或康复机构为干预情境,围绕家庭这一环境条件开展的研究较少。近几年,以家庭为中心的积极行为支持综合干预模式已在国外得到一定发展,而国内相关研究则待进一步发展。

(二) 动物辅助干预

1. 动物辅助干预的概念

动物辅助干预是一种以目标为导向,引入符合特定标准的特殊动物,在专业人员的引导下开展活动,进而提高干预对象生理、生活、情绪或行为水平的干预手段。主要包括动物辅助治疗、动物辅助活动、动物辅助教学三种形式。[1] 开展动物辅助干预需要满足以下几个条件:第一,动物辅助干预要有明确的目标,这个目标的制定需要医教背景专业人员、动物辅助干预专业人员及患者共同参与;第二,动物辅助干预的实施过程应在受过严格训练的专业人员指引下完成;第三,动物辅助干预的过程应当被仔细观察并详细记录,以便进行过程性评估,及时调整干预手段,更好地达成目标;第四,动物辅助干预时所引入的动物应当接受筛选和训练,一般包括动物健康状况、性格因素以及技能的评估。动物辅助干预中最常使用的动物是狗和马,另外还有海豚、豚鼠、美洲驼、兔子等动物。

2. 动物辅助干预在孤独症儿童行为问题干预中的作用

动物辅助干预能激发孤独症儿童语言和社会交往行为的发展,减少其刻板行为等问题。借助动物辅助干预,把孤独症儿童融入和动物接触的活动中,至少可以在行为问题干预领域起到以下几方面的作用:第一,减少刻板行

---

[1] 马慧,敖勇前,王庭照.动物辅助干预在自闭症儿童康复中的应用[J].中国特殊教育,2018(9):31-34.

为。刻板行为是孤独症核心症状之一，也是孤独症儿童最常见的行为问题，他们经常固执于某些特定的仪式化行为，或迷恋特定的事物或活动，难以接受变化。有较多的实证研究表明，通过动物辅助干预，可以显著改善孤独症儿童的刻板行为。第二，减少情绪因素引发的攻击和自伤行为。孤独症儿童在动物辅助干预手段介入下，通过与动物相处可促使体内的皮质醇水平与皮肤电导水平下降。皮质醇水平与皮肤电导水平均被认为是重要的压力与情绪指标。随着它们的下降，患儿的压力得到缓解，心情愉悦，攻击与自伤行为也得到了明显改善。[1]

除此之外，当孤独症儿童参与动物的喂食、清洁和训练活动时，动作和组织能力也得到发展。最为重要的是，动物成为孤独症儿童与现实联结的桥梁，孤独症儿童通过照顾动物能学会和其他生物互动的方法，而这种互动最终能扩展到与人的沟通。[2]

3. 评价与展望

目前已有一些质量较高的研究证明动物辅助干预可以发挥出独特的治疗作用，但相关的临床研究还存在效果上的分歧，一些支持动物辅助干预效果的研究也尚未得到充分的循环论证。另外，作为一种较新引入孤独症治疗的方法，在方法体系上尚未形成标准，关于动物的筛选与训练也存在意见分歧。因此，尽管动物辅助干预来解决孤独症儿童行为问题的相关研究、实验或报道越来越多，但是因为孤独症的病因不明以及多种致病因素的可能，到目前为止，单纯依靠动物辅助干预的手段来达到孤独症儿童行为改善的目的尚不可能，较为理想的治疗模式仍然应该是针对患儿的实际情况结合几种治疗技术进行综合干预。但作为一种辅助康复手段，动物辅助干预的价值还是应当得到充分肯定的。

(三) 药物辅助治疗

针对孤独症儿童常见的行为问题，目前主流的治疗方式是以康复训练为主，尚无针对孤独症核心症状的特效药物。但康复过程中有些孤独症儿童会

---

[1] 马慧,敖勇前,王庭照.动物辅助干预在自闭症儿童康复中的应用[J].中国特殊教育,2018(9):31-34.

[2] 宋玲,王雁.动物辅助治疗与特殊儿童的身心发展[J].心理发展与教育,2006(2):89-93.

出现行为问题高峰的波动表现,如攻击、自伤、易激惹等,这些表现有时候通过康复训练短期内无法缓解,反过来又会严重影响康复训练的进程,这也是孤独症儿童在融合情境中出现融入困难的重要因素之一。此时,采用药物辅助治疗来缓解行为问题,也是临床上经常采用的方法。

目前的药物辅助治疗选择主要有利培酮与阿立哌唑,以缓解孤独症儿童的易激惹症状。此外还有一些其他药物,如奥氮平、齐拉西酮及喹硫平,在改善孤独症行为问题方面也有一定效果,但相对而言,利培酮在安全性、有效性、耐受性方面均表现更好,且临床试验的证据也更丰富。

针对孤独症儿童的行为问题,目前药物只能起到短期辅助作用,科学、系统的长程教育干预仍然是从根本上改善行为问题的主要抓手。

【本章练习题】

1. 简述孤独症儿童常见行为问题与成因。
2. 简述孤独症儿童行为能力评估的常用工具。
3. 什么是应用行为分析?简述其原理。
4. 什么是结构化教学法?简述其原理。
5. 试述感觉统合训练在孤独症康复治疗领域的运用。
6. 试述积极行为支持的实施步骤。

第八章

孤独症儿童主要康复训练方法介绍

教学目标

1. 师德养成目标

通过本章内容的教学,理解孤独症儿童几个主要康复训练方法的内涵和应用价值;认识到科学、有针对性且灵活地使用这些康复训练方法对孤独症儿童核心问题的改善有着重要的促进作用,从而进一步树立教师在孤独症儿童的核心问题改善中所承担的重要角色,深刻理解教师身份的崇高和伟大。

2. 知识与能力目标

(1) 知识目标:理解几种重要训练方法的内涵与原理,了解几种方法在我国的使用情况,掌握针对孤独症儿童核心问题改善的几种方法不同之处,理解几种方法使用时要注意的问题。

(2) 能力目标:初步学会几种方法在孤独症儿童个体训练时的操作方式与具体应用。

3. 情感与意志目标

(1) 情感目标:了解使用适合个体的训练方法,可以帮助孤独症儿童改善他们的核心问题,从而生成努力学习并为孤独症儿童的问题改善而勤于探索的情感体验。

(2) 意志目标:深刻理解孤独症儿童康复训练方法的科学性、针对性与时效性,并产生为之努力学习的意志。

教学重点与难点

(1) 教学重点:孤独症儿童早期干预丹佛模式、孤独症的儿童艺术治疗。
(2) 教学难点:社交情绪调控交互支持模式、孤独症的儿童心理治疗。

拓展阅读

中国大陆孤独症研究第一人

陶国泰教授生于1916年,是我国大陆地区孤独症研究第一人。陶国泰教授于1949年10月从美国学成归国,怀着一颗赤子之心投身祖国的儿童精神卫生事业,率先在国内进行精神疾病流行病学调查,成为我国儿童精神卫生事业的创始人。他于1982年在其撰写的论文《婴儿孤独症的诊断和归属问题》中报道了4例儿童孤独症确诊病例,开创了中国大陆孤独症研究的先河。此后的十年间,中国大陆的孤独症研究经历了从无到有的初创阶段。

图8-1　陶国泰教授

陶国泰教授对于新生事物勇于挑战,不言放弃的精神,对于儿童青少年的深切关爱,深深影响了一代孤独症的研究者。1953年由他起草的我国第一个"中国精神疾病分类"(草案),经全国精神卫生工作会议讨论通过,在全国试行。他于1960年参与编写了我国第一本精神病学教科书《精神病学》,于1984年6月创立了我国第一所儿童心理卫生研究中心。

孤独症自被认定为全球重大的公共卫生问题之始,就引起了各国多领域相关研究者的高度关注。特别是对孤独症儿童的干预方法和手段的研究,耗费了大量的人力、物力和时间,也创立了不少干预方法或模式。但是,由于孤独症是儿童早年发生的广泛性发展障碍,产生的原因至今不明,且呈现形式是谱系式,这给他们的治疗、康复干预带来极大的挑战,其困难和复杂程度不言而喻。本章所介绍的干预方法是迄今为止使用比较普遍的方法,有些也进行了循证研究。

第一节　早期干预丹佛模式

一、创始人及团队简介

(一) 创始人

早期干预丹佛模式(Early Start Denver Model, ESDM)，又称早期介入丹佛模式，是由美国加州大学发展心理学教授萨莉·J. 罗杰斯(Sally J. Rogers)和美国"孤独症之声"(Autism Speaks)前首席科学家杰拉尔丁·道森(Geraldine Dawson)博士共同创立的。

1. 萨莉·J. 罗杰斯

萨莉·J. 罗杰斯是加州大学戴维斯分校 MIND 研究所精神医学教授，孤独症研究领域先驱型人物，致力于孤独症婴幼儿的早期干预、模仿缺陷、家庭干预研究。她与杰拉尔丁·道森及其他同事一起创立了著名的早期综合性行为干预方法——早期干预丹佛模式。

2. 杰拉尔丁·道森

杰拉尔丁·道森是"孤独症之声"前任首席科学家，曾任北卡罗来纳州大学教堂山分校精神医学教授及华盛顿大学孤独症研究中心创始主任，后就职于杜克大学，教授精神病学、行为学、心理学和神经学，并担任杜克大学孤独症和脑科学研究中心主任。作为国际知名的孤独症专家，道森博士积极倡导对孤独症早期发现和干预、基因等方面的研究。

(二) 研究团队

早期干预丹佛模式采用团队方式实施干预，主要干预人员包括治疗师、其他专业人士和家庭成员。由于孤独症谱系障碍可能影响儿童多个领域的发展和运作，干预团队通常要求由来自不同学科背景的专业人士(例如心理学家、语言病理学家、职业治疗师和教师等)组成。家长作为团队中的成员之一，直接参与整个干预过程的评价和实施，并发挥重要作用。

二、早期干预丹佛模式概要

早期干预丹佛模式是基于发育科学、婴幼儿学习方式及孤独症对早期发育影响的科学研究成果基础上,用于年龄在 12~48 个月大的孤独症儿童的综合性强化干预方案。干预中,父母、治疗师利用游戏与孤独症儿童建立积极有趣的关系,通过游戏和联合活动等,减轻孤独症状的严重程度,同时提高孩子的整体发展水平,促进孤独症儿童的语言、社交和认知技能的提升。

早期干预丹佛模式于 2010 年面世,2012 年研究通过脑电波测试发现,使用丹佛模式干预的孤独症婴幼儿对人脸给予的关注超过玩具。此测试结果首次为孤独症干预疗效提供了生理证据。《时代》杂志因此把它评为 2012 年十大医药突破之一。

(一) ESDM 建立的基础

ESDM 的理论基础和基本方法是将丹佛模式、人际发展模式、社交动机障碍模式和关键反应训练技术这 4 种不同但互补的方法组合在一起。

1. 丹佛模式(DM)

丹佛模式是萨莉·J. 罗杰斯博士与她的同事一起于 20 世纪 80 年代,针对 24~60 个月孤独症儿童开展的学前干预计划。其干预计划的重点是与孤独症婴幼儿建立亲密关系,采用具有强烈正面影响的动态、活跃的互动,引导孤独症婴幼儿主动寻找社交伙伴参与喜欢的游戏。该模式中的"感觉社交常规"(sensory social routine)技术,强调通过非语言动作及后来的语言交流,使孤独症儿童主动积极参与动态互动并使之持续。而感觉社交常规也是 ESDM 的核心特征。

丹佛模式的实践,证实了孤独症婴幼儿在所有领域的发育均落后。该模式尝试采用多学科团队模式参加到孤独症婴幼儿的干预中;通过引入发育课程来系统评估孤独症婴幼儿各方面发育状况;根据短期发育目标为每个孩子设定个别课程,并且每天进行贯穿在单独和小组活动中的高强度训练。训练时强调跟随孩子的引导,进行语言和非语言沟通以及认知和游戏。

罗杰斯和同事通过对丹佛模式十年的研究,领悟到模仿能力障碍是典型孤独症婴幼儿的严重缺陷,由此引发了他们对模仿能力在儿童早期发展中所起作用的进一步思考。

在 ESDM 中保留的 DM 核心特征有:由跨学科团队来执行所有领域的发育课程;重点强调人与人之间的互动;发展流畅、相互和自发性的模仿行为,包括模仿肢体动作、面部动作、表情及物品使用(操作、摆弄物品)等;同时强调非语言和语言沟通的发展;重点关注日常动态游戏中的认知练习;和父母成为伙伴。[①]

2. 人际发展模式

丹尼尔·史登(Daniel Stern)于 20 世纪七八十年代开启对孤独症婴幼儿的研究工作,他对罗杰斯和彭宁顿团队的孤独症启发式发展模式研究的影响非常大。丹尼尔·史登描述的孤独症婴幼儿主观性发展的行为里程碑中,可以观察到他们的障碍,即模仿、共同注意、情感分享、有意图沟通的延迟和减少。人的模仿能力在普通婴幼儿出生后就已具备(Meltzoff & Moore, 1977),罗杰斯和彭宁顿假设孤独症患儿从一出生模仿能力就受损,因此,破坏了他们早期身体同步性和合作性的建立。同步性最早体现在婴幼儿和照顾者之间感觉和状态的协调。而同步性受损则影响婴幼儿与照顾者之间的情感协调(Yirmiya, Kasari, Sigman, et al., 1989)。情感协调性可能进一步受到孤独症婴幼儿不正常的面部情绪表达的影响,使父母无法掌握婴幼儿的情绪状态。婴幼儿和照顾者之间在这个层次的模仿和情感分享受损,导致婴幼儿和伙伴间理解彼此感觉和心理状态的发展出现障碍。同样,这也严重影响婴幼儿对有意沟通的觉察和利用能力的发展。

ESDM 强调要借助照顾者与孤独症婴幼儿的关系,发展孤独症婴幼儿的社交—情感沟通能力。由照顾者提供的这些富有情绪和反应性的关系易于让孤独症婴幼儿接受并产生反应。

3. 社交动机障碍模式

ESDM 的创始人之一杰拉尔丁·道森及其同事假设,孤独症在生物学上存在社交动机方面的基本缺陷,从而导致婴幼儿对社交奖赏的敏感性相对缺

---

① 萨利·J. 罗杰斯,杰拉尔丁·道森. 孤独症婴幼儿早期介入丹佛模式[M]. 徐秀,王艺,主译. 上海:上海科学技术出版社,2014:16.

乏。这种缺乏导致孤独症婴幼儿对周围环境的社交信息，包括他人的面部表情、声音、肢体动作和语言无法表现出正常的喜爱和主动注意。这种无法主动关注和参与他人的活动将导致模仿、情感分享和共同注意能力受损，是儿童社交—情感和沟通能力发展的主要障碍。道森及其同事认为这种早期社交参与的缺乏不仅改变了孤独症儿童的行为发展进程，而且也影响了感知、表征社交和语言信息的中枢神经系统的发育和组织方式。

ESDM 中用到的提高社交奖赏以便增强社交互动中儿童的社交注意能力和动机，就是受到孤独症的社交动机假设相关研究的巨大影响。

4. 关键反应训练(PRT)技术

PRT 是劳拉·施赖布曼(Laura Schreibman)和凯戈尔夫妇(Robert Koegel & Lynn Koegel)等人于20世纪90年代发表的，采用ABA原理研发的训练孤独症儿童的独特方法。

PRT 是借助孤独症婴幼儿和成人的互动动机，以创造重复的学习机会。其要求为：应用与孩子目标和反应直接有关的强化物；将孩子的选择融入教学课程；将需要学会的任务穿插在先前已掌握的任务中；无论孩子当时表现的准确性如何，治疗师都强化孩子参与所期望行为的努力或尝试；从事能高度激励孩子的活动；和孩子分享对材料和活动的掌控。[①] 目前认为，在实证证据支持下，PRT 是孤独症儿童重建沟通能力的实践策略之一。

（二）ESDM 发展的教学策略

ESDM 通过两种方式来提升儿童社交学习能力。一是带领孤独症婴幼儿参与日常生活中的合作和社会互动活动，以便建立良好的人际关系和象征性沟通，形成社交知识和社交经验的传递。二是高强度教学，用于弥补孤独症婴幼儿因过去缺乏进入社交世界而导致的社交学习能力缺陷。ESDM 非常强调康复师与孤独症婴幼儿的情感和人际关系，以及游戏技能的培养，其教学策略如下。

1. 调节、利用和激励策略

ESDM 的实践活动强调以孤独症婴幼儿的情感特征为目标，当他们疲

---

① 萨利·J. 罗杰斯，杰拉尔丁·道森. 孤独症婴幼儿早期介入丹佛模式[M]. 徐秀，王艺，主译. 上海：上海科学技术出版社，2014：18.

倦、淡漠或觉醒度低下，回避、被动，悲戚、躲避、受到伤害、哭闹或烦躁，或因多动和精力充沛而无法安心参与活动时，康复师或家长要能熟练地调节孤独症婴幼儿的情绪，通过活动选择自己的语音语调和活动水平来激励孤独症婴幼儿，使他们最大限度地参与到游戏或活动中。

2. 正向情感策略

正向情感策略用于 ESDM 中，是强调康复师或家长在训练过程中不要过度激励孤独症婴幼儿，要用自己真诚和自然的正向情感面对他们，选择与他们的需求和能力很好匹配的情感状态面对他们。

3. 角色互换和双向参与策略

该策略要求在康复训练中随时关注孤独症婴幼儿的主动性，关注他们是否能与训练者角色互换，是否在观察训练者，是否表现出理解他人的行为等。同时，该策略强调把孤独症婴幼儿同伴间的互惠性和社交参与渗透在训练过程的始终。

4. 及时反应与反馈策略

这个策略是许多教学与训练过程中普遍使用的手段。ESDM 中强调康复师或家长对孤独症婴幼儿的状态、动机和感觉的协调能力等要非常敏感，并给予及时反应。要求训练者通过语言和肢体动作线索，来读懂孩子，了解他们的沟通暗示，会在相应情境下认同他们的暗示，并做出适当的反应。即便是面对孤独症婴幼儿的负面情绪，也能做到理解他们的暗示，并能积极地回应，但是，不会强化他们的不良行为。

5. 创造沟通机会策略

该策略是要求康复师或家长无论进行什么目标的游戏或活动，都要给孤独症婴幼儿创造便于沟通的机会，如请求、抗议、评论、寻求帮助、欢迎、称呼和详述等。创造的沟通机会要与他们的语言水平相符。康复师或家长在其中要使用示范、重述和拓展等语言技巧来引导或影响他们。

6. 策划活动策略

对孤独症婴幼儿的康复训练，ESDM 强调康复师或家长要有一定的策划能力，使用多种素材，围绕不同材料、规划、主题、种类及故事框架展开策划并让自己在其中能完成不同的角色行为。

7. 同步策略

ESDM 要求康复师或家长在训练中使用的语言，与干预中的孤独症婴幼儿的语言在发展水平和功能性（语用）方面，以及语言和非语言沟通内容和能力方面保持同步。它提出了要遵循"加 1 原则"，即康复师或家长的言语平均长度通常要比干预中的婴幼儿多一个单词，并要求用合适的语言对他们的沟通做出反应。

8. 转换管理策略

该策略强调对孤独症婴幼儿活动转换能力训练的重要性。康复师或家长要注意通过结束某项活动而接着进行其他活动来培养他们的兴趣转换能力。孤独症婴幼儿对活动转换是非常敏感的，如果他们的兴趣能在较短的时间内从一项活动顺利转向下一项活动，说明他们的独立性得到了提升。

（三）ESDM 的循证研究

ESDM 在实践过程中进行了一系列的循证研究。

1. 早期采用组内—前后对照设计的循证研究

早在英文版《孤独症婴幼儿早期介入丹佛模式》出版前，已有 8 篇文章描述了丹佛模式或 ESDM 的有效性。最初 4 篇研究论文提供了丹佛模式教学中的大样本孤独症儿童发育加速的一致性证据：罗杰斯及其同事（Rogers, Herbison, Lewis, et al., 1986）首次描述了该模式的作用，重点强调发育导向、中心定位（在治疗中心实施教学）、学生和成人人数比为 1：2 的学前小组模式，以及游戏、语言、认知和社交关系；罗杰斯和路易斯（Rogers & Lewis, 1989）还针对更大群体详细阐述了上述分析结果，以证明其在象征性游戏及社交沟通方面取得的进步；罗杰斯和迪利亚（Rogers & Dilla, 1991）将两组儿童进行比较，一组包含 49 名孤独症谱系障碍儿童，而另一组包括 27 名有其他行为或发育障碍但是并未罹患孤独症的儿童，以分析丹佛模式干预对其发育的影响；罗杰斯和路易斯等（Rogers, Lewis & Reis, 1987）对丹佛模式的重复验证性进行了研究，分别在 5 个独立的机构进行，它们分布在科罗拉多州的 4 个远郊社区和 1 个城市社区。

2. 采用准实验性设计或实验性设计的循证研究

之后，有两项研究采用了单一被试来检验丹佛模式或 ESDM 对非语言

ASD 幼小儿童获得语言能力的疗效（Rogers，Hayden，Hepburn，et al.，2006；Vismara，Colombi & Rogers，2009）。这两项研究采用了 1∶1 的训练模式，该模式持续 12 周，每周利用 1 小时进行个别化治疗和家长培训。两项研究都显示，在这样的低强度治疗中，绝大多数儿童都获得了单字语言能力。2006 年的研究是将丹佛模式与其他治疗方法进行比较的唯一论文。在这项研究中，儿童被随机分配到丹佛模式组或"促进重塑口音目标"组（PROMPT 治疗）（Hayden，2004），后者是治疗语言运用障碍儿童的方法。两组中，绝大多数（80%）儿童在治疗课程中都掌握了有意、自发和具有沟通效果的词汇，并且认为父母培训在孩子发展中起了关键作用，他们为孩子提供了最低限度的直接训练。此外，该项研究中的许多孩子在此之前都已参与了其他的语言治疗，部分儿童已治疗了很多年，而他们在当时的治疗中未获得语言能力，直至参加了这次治疗。

3. 美国国家心理健康研究所资助的循证研究

美国国家心理健康研究所（NIMH）资助的 ESDM 临床随机对照研究，由华盛顿大学首席研究员道森（Dawson）负责实施。道森及其同事招募了 48 名年龄在 18～30 个月的单纯孤独症婴幼儿，按照全量表智商分数，将他们分为两个层次（55 分以下和 55 分以上），然后随机分配到两组：ESDM 干预组接受父母和有经验治疗师的家庭干预，每周进行平均 25 小时的 1∶1 模式干预，为期 2 年（治疗师平均每周工作时间为 15 小时）；另一组提供评估和追踪随访，然后转介至以社区为基础的标准化治疗，即评估和随访组（AM 组）。基线评估中，这两组儿童孤独症症状的严重性、性别、智商、社会经济水平都没有差异。基线评估之后 2 年，ESDM 组马勒（Muller）早期学习能力标准测试提高的分数显著高于 AM 组。ESDM 组平均提高 19.1 分，AM 组平均提高 7.0 分。ESDM 组在文兰（Vineland）适应性行为标准化测试中的平均得分同样要比 AM 组高出 10 分。通过对文兰（Vineland）亚量表的深入分析，沟通和运动亚量表显示，相比 AM 组而言，接受 ESDM 干预的儿童表现明显更好。通过比较两者的预测试得分，可以看出，ESDM 组在沟通能力方面有明显的提高。

三、早期干预丹佛模式在我国的应用研究

2014年,早期干预丹佛模式被上海复旦大学附属儿科医院徐秀教授团队引进国内。2018年以前,国内关注ESDM的研究和实践成果不多,可查到的只有3篇文献。2018年以后,我国多地陆续开展ESDM的研究和相关实践。

2017年,浙江工业大学教育科学与技术学院徐云教授团队进行了"早期介入丹佛模式在孤独症儿童早期干预中的应用"的研究,并在《中国临床心理学杂志》发表文章。他们选取了40例孤独症患儿,随机分为观察组和对照组,每组各20例。对照组接受常规干预,观察组在常规干预的基础上给予ESDM为指导的康复干预。干预前后采用儿童孤独症评定量表(CARS)进行评估。经过8周共80节的干预课程后,观察组儿童在人际关系、模仿、情感反应、感知觉、语言交流等能力上有显著提高($P<0.05$);观察组和对照组儿童的CARS总得分存在显著差异($P<0.05$),接受ESDM干预的儿童的孤独症行为表现改善明显。结论是,早期介入丹佛模式可以改善3~5岁孤独症儿童在社交互动、沟通交流、情感反应等方面的行为表现。

2018年,吉林大学第一医院发育行为儿科李洪华和李春丽等人在《中国当代儿科杂志》发表了《早期介入丹佛模式治疗儿童孤独症谱系障碍的初步应用》一文。该研究选取2~5岁ASD儿童40例,随机分为常规干预组和ESDM干预组,每组各20例。干预3个月后,结果表明:常规干预及ESDM干预均可改善2~5岁ASD儿童的社会退缩、多动等异常行为,但ESDM干预较常规干预在改善ASD儿童异常行为方面效果更显著。

2019年,华东师范大学教育学部王玥和杨长江采用meta分析的方法评估早期介入丹佛模式对孤独症患儿认知能力、适应行为以及核心症状的干预效果,并在《中国心理卫生杂志》上发表了《孤独症早期介入丹佛模式干预效果的meta分析》。论文显示:早期介入丹佛模式可改善孤独症患儿的认知能力、适应行为及核心症状。

2020年,贵州师范学院王智等人的《早期丹佛干预模式对自闭症谱系障碍儿童干预效果的元分析》在《现代特殊教育》发表。他们的研究涉及国内外高质量相关研究11篇,共256名被试,并考察量表类型、干预时长和干预强度

的调节作用。结果发现：早期干预丹佛模式可以改善孤独症谱系障碍儿童的认知能力、适应行为和核心症状的严重程度。其中，在适应行为方面，不同量表类型和干预时间对实验结果具有显著的调节作用。

2021年，中山大学附属第三医院儿童发育行为中心王石换、邹小兵等人的《早期介入丹佛模式对孤独症谱系障碍婴幼儿的疗效分析》在《中国儿童保健杂志》上发表。他们把60例ASD婴幼儿随机分为两组：实验组30例，均接受ESDM干预；对照组30例，为"干预等待"的ASD婴幼儿。干预时间为每周1次，每次1小时，持续24周。干预前两组婴幼儿在沟通、社交互动、重复刻板行为、认知、语言、精细动作方面的差异亦无统计学意义（P＞0.05）。研究结果显示：经ESDM模式干预后，ASD婴幼儿的语言、社交明显改善，认知、语言表达、语言理解、小肌肉、模仿能力明显提升，行为特征——非语言的刻板行为明显减少。

ESDM自引进我国至今，医学康复、教育干预研究者们对其的实践性探索还在进行中。由于ASD个体症状的复杂性和ESDM强调家庭干预的重要性，ESDM在我国ASD干预中广泛应用的可行性，还有待本土化后进行更深入的研究和探索。

第二节　社交情绪调控交互支持模式

一、社交情绪调控交互支持模式产生的背景

（一）行为主义的盛行

20世纪初，约翰·B.华生（John B. Watson）提出心理学的研究对象不是心理状态或思想过程，而是可被测量的行为，对于行为的客观研究是一门自然科学，观察环境中的刺激与引起的反应才是心理研究要做的工作。至此，相关研究大量涌现。1938年，实验行为分析诞生，代表人物是斯金纳。他抛弃了所有在试验中无法操作的假设性的概念，专注于寻找在环境中影响行为的因素。通过系统地控制行为发生前后的环境刺激，斯金纳和同事们发现了

许多基本的行为原理,为之后的行为分析学奠定了实证基础。

1949年,第一例将行为分析运用到人类的研究诞生,实验对象是有严重发育迟缓的18岁男性,观察的医师都认为他不可能学会任何东西,然而研究者富勒(Fuller)在4个实验时段内就让躺在床上的男孩学会了以每分钟3次的频率将手臂举直。20世纪50年代,研究者们将在动物试验中得出的行为原理应用到人类身上,并证实了其有效性。60年代,行为原理被用于改善有重要社交意义的行为。到70年代,很多运用在教育领域的行为原理诞生了,例如代币制、有后效作用的赞赏和课程设计等。同时,大学开始开设应用行为分析的相关专业,《应用行为分析》期刊于1968年开始出版。因此,孤独症谱系障碍干预治疗也受到了行为主义思潮的影响。

(二) 应用行为分析的局限

行为分析学是在行为主义理论的框架内研究人的行为、行为的变化及影响因素的一门科学。应用行为分析(ABA)是行为分析学的应用形式,是将行为分析所得的结果进行应用,以理解行为和环境之间功能性关系的科学。有关应用行为分析的介绍在第七章第三节有详述,在此只做简介。

1993年莫里斯写的《让我听见你的声音》一书,讲的是有两个孤独症孩子的家庭采用ABA矫治孤独症孩子,其效果十分显著。此后,这一方法在美国越来越广泛地受到教育界的注意。很多孤独症家庭决定按照此方法去做。越来越多的学校、机构都选用ABA教孤独症儿童。ABA被广泛应用的原因之一是当时社会对孤独症的认识还不够清晰;原因之二是针对孤独症的康复治疗一直没有更有效的方法;原因之三是人们认为ABA是治疗孤独症最安全、有效的方法。的确如此,当时的许多研究证明,通过综合性的密集的ABA训练,孤独症儿童在学习、逻辑、沟通与适应能力方面得到了显著的提高。一些学龄前儿童在两年以上的训练后,可以在普通学校就读,不过有些需要影子老师的辅助。ABA在孤独症儿童的康复方法和策略的研究中确实起到了非常大的作用,以它为基础衍生出来多种康复方法:回合式教学法(DTT)(第七章介绍过),主要特点是,将每一项要教的技能分成小的步骤,然后一步步地练习,强化性教学,反复训练每个步骤,使用提示帮助孩子做出正确的反应,使用强化物及强化手段;早期干预丹佛模式(ESDM)(上一节介绍过),是针对 1~4 岁孤独症儿童的综合性干预方法,通过增加学生与其他人的互动来创造学习机会,需要家长的大量参与;关键反应疗法(PRT)(第七章介绍过),是以游戏为基础、以儿童为主导的一种行为疗法;图片交换沟通系统(Pitcture Exchange Communication System,PECS)是一个由图片组成的功能性交流系统,使用者能通过选择图片提出要求、进行评论和沟通。

然而,行为主义发展到 20 世纪 30 年代后,其严守自然科学的取向受到了批评。有些原属行为学派的学者不再坚持"客观的客观"的原则,转而接受意识为心理学研究的主题之一的理念。行为主义心理学中持有此种理论取向者被称为新行为主义心理学。而应用行为分析依然以行为主义理论为基础,必然会面临其基石不稳、发展高度受限的问题。因此,行为主义理论用于孤独症谱系障碍干预治疗模式最初为行为干预单一模式,后来出现了以行为干预为基础、认知提升为重点的二元模式,之后是以行为干预为基础、结构化教育为主线、社交训练为重点、其他训练为辅助的拼版式多元模式。[1] 以行为主义理论为指导的干预模式有这样的发展取向,是因为持行为主义理论的孤独症干预研究者们也看到了它的不足,即行为主义过于强调外在行为可见性的重要意义,而完全忽视了人是有主观能动性的个体,且受后天个体所经历的事件,特别是自身观念的影响,因此,人的心理内部对人外在的行为表现的作用是非常重要的因素。

拓展阅读

行为主义者推崇的研究方法上的客观主义,的确对心理学的发展产生了重大影响。但是,行为主义之所以遭到后来者的批判,有其内在的本质上的缺陷。如华生行为主义心理学的局限性:① 它的最大缺陷是将意识及认知等中介过程排斥在心理学研究的范畴之外,使人的心理过程成为不可知的"黑箱"。这个致命的错误使他的一些后期追随者们(如被称为新行为主义者的赫尔和托尔曼等人)离经叛道。② 华生对行为的研究采用了元素主义的分析

---

[1] 曾海辉,黄晓娜,陈妙婷,等. 社会功能为主线的孤独症谱系障碍综合干预模式[J]. 中国康复医学杂志,2020(5):627.

方法。他把学习看成是在条件作用下将若干无序的"S-R"单元形成有序的行为序列的过程。这种方法论思想使研究的结果抹杀了学习过程的整体性、目的性和认知性特征。③华生企图找出人类和动物的统一行为模式,他的行为研究混淆了动物行为和人类行为的本质区别,否定了意识对人类行为的指导、控制和调整的作用,抹杀了人类行为的本质性特征。

二、社交情绪调控交互支持(SCERTS)模式概要

社交情绪调控交互支持模式是由来自美国、英国及澳大利亚的五位专家于2006年共同研究开发的,他们还出版了著作《社交情绪调控交互支持模式》(*The SCERTS Model*)。

(一) 社交情绪调控交互支持模式的内涵

社交情绪调控交互支持模式是由社交沟通(Social Communication, SC)、情绪调节(Emotional Regulation, ER)及交往支持(Transactional Support, TS)三个部分组成,简称SCERTS模式。该模式的建立吸收了已有的孤独症儿童干预方法(如应用行为分析、结构化教学法、地板时光和人际关系发展干预等)的优势方面,并在长期的孤独症儿童干预实践过程中将社交沟通、情绪调节、交往支持作为孤独症康复干预的重要因素。该模式重视儿童的内在感受和个人意愿的表达,注重真实情境中孤独症儿童功能性和社会性交往能力的发展。因此,SCERTS模式干预的组织形式是以家庭为中心,形成以家庭和专业人士共同组成的团队。在精心协调的方式下,其共同的目标是最大限度地支持孤独症儿童的综合能力发展,解决孤独症儿童及其家庭面临的最大困难。

(二) 社交情绪调控交互支持模式的组件

1. 社交沟通干预

迄今为止的研究均认为,孤独症儿童的交流障碍主要归因于他们的共同注意和使用符号的象征能力的缺陷。

(1) 共同注意

前面的章节讲述过,共同注意是人建立有效社交、发展语言交流能力的

前提条件,如人的共同注意能力对新生儿与母亲或看护人之间的身体与目光接触、互动关系协调、情绪的表达和相互影响都具有使其社会化发展的推动作用;儿童的语言习得的过程需要复杂的共同注意能力,来联结有关过去和未来事件的交流,并能够考虑听众的注意焦点、兴趣和知识,有效地组织话语的意义理解和表达。[①]

共同注意能力的缺陷使得孤独症儿童在社会性交流方面出现发展性障碍,表现为不能追随他人的目光,也不能主动用目光吸引他人,进而无法与他人密切接触,也无法参与交往活动;缺乏交流动机,交流语言发展滞后;无法理解他人的意图,不能追随他人的话题进行交流和回应。

SCERTS研究团队认为,只有在家庭中,家长和儿童的玩伴对孤独症儿童进行长期的、积极的交流练习,才有希望促进其共同注意能力的发展。因此,如何帮助家庭成员掌握有效的干预技术成为SCERTS模式研究的重要内容。

(2) 象征能力

孤独症儿童的象征能力缺陷表现为:第一,交流方面,如摆手、指点等非语言交流无法完成,也缺乏有意义的声音交流,如有需求时常会发出难以理解的音;第二,功能性物体的使用或象征性游戏方面,不会恰当使用功能性物体,如玩具小车只能用于摆成行,更不会象征性的假扮类游戏。

因此,SCERTS模式的研究者认为,孤独症儿童具有独特的学习风格和特殊需要;通过系统地改变生活环境和人际交流的语境,可以让大多数孤独症儿童在自然环境和综合活动中有效地提升他们的象征能力。他们提出使用功能性的训练课程,即在儿童实际生活需要的表达和满足的过程中,要充分利用各种象征手段,在实际的互动中促进言语、动作、图画的象征意义的学习。

2. 情绪调节干预

孤独症儿童多存在睡眠、饮食和排泄等生活上的问题,他们的情绪调节

---

① CARPENTER M, TOMASELLO M. Joint attention, cultural learning and language acquisition: implications for children autism [M]// WHETHERBY A, PRIZANT B. Autism spectrum disorders: a transactional developmental perspective. Baltimore MD: P. H. Brookes Publishing, 2000:31-54.

能力发展水平不足以抑制这些问题带来的困扰,也使他们的抚养者烦恼不已。

(1) 情绪的自我调节与相互调节

情绪的自我调节和相互调节的功能不同,前者是产生于个体内在,是自发性的、自我指导的;后者是发生在客体间,是在社会互动中完成的。孤独症儿童情绪的自我调节能力缺陷表现为个体思维、表达、行为简单、机械和刻板重复;相互调节困难表现为对客体(他人)的"无感"。

SCERTS模式的研究者认为,随着孤独症儿童社会意识和交流能力的形成,他们可以发展情绪调节能力。

(2) 反应过度与反应迟钝

孤独症儿童在情绪唤起和调节方面往往存在两个极端:一方面是对某些事物过于敏感,即情绪唤起反应过度,表现为对新环境或未知事物的焦虑、烦躁不安,由此会出现惊恐后的逃跑或攻击性行为;另一方面是对某些事物反应迟钝,表现出视而不见、听而未闻的被动、呆滞、意识朦胧现象。

SCERTS模式的研究者观察到了孤独症儿童的特异性表现,并认为通过家庭成员与专家团队对他们的观察与信息收集,找到孤独症个体情绪唤起和调节两个极端的根源,能帮助他们将反应水平调整至较为合理水平。

(3) 交流与情绪调节

日常生活中,人与人之间的交流对人的情绪调节和行为组织能力发展起着重要的作用。孤独症儿童不能与人进行正常交流,也不能通过自己的想象在记忆中象征性地处理事件或解决问题,更难以通过思考来学习。这导致他们对日常事件难以理解、不可预测,因而经常处于情绪的危机状态。

SCERTS模式的研究者认为,利用共同注意的影响,可以促进人际互动中的情绪调节,并有利于安全的人际关系的形成。互动的调节和自我调节、语言交流以及社会情感发展之间存在着相互依赖的关系。因此,SCERTS模式针对孤独症儿童的发展性需要提出了综合性交往的干预方法。[1]

3. 交往支持

SCERTS模式提出的综合性交往干预方法非常强调给孤独症儿童提供

---

[1] PRIZANT B M, Meyer E C. Socioemotional aspects of communication disorders in young children and their families[J]. American journal of speech language pathology, 1993(2):56-71.

多种途径的综合性支持。他们认为,让孤独症儿童适当地参与人际互动,在日常活动中理解意义,产生积极的情绪体验,是对孤独症儿童进行有效干预的最基本策略。

(1) 人际交往支持

社交能力缺损是孤独症儿童的核心症状之一。对孤独症儿童的大量观察与研究发现:一方面,孤独症儿童在人际交流、社会认知以及情绪调节方面缺少必需的能力和技巧。另一方面,多数孤独症儿童的家人和伙伴也缺乏支持他们的知识和技巧。

因此,SCERTS模式试图尝试弥补这两方面的不足,希望把孤独症儿童与他人的交往支持作为干预的切入点列入干预方法之中;更是把培养孤独症儿童的交流愿望、让其体验到自我效能感作为最优先的干预目标和关键性的策略。

(2) 教育和教学支持

SCERTS模式作为一个综合性交往干预方法,强调家庭、学校和幼儿园等环境对孤独症儿童全面的、综合的教育性支持。注重在不同的环境中,支持者要注意按孤独症儿童的心理发展的进程安排干预任务和顺序。

所以,SCERTS模式要求学校要根据教育活动的形式和内容,合理地设计适合孤独症儿童,并易于他们接受的结构或半结构性的干预方案。同时特别要求教师要对变化的语境中孤独症儿童的心理需求高度敏感,以他们能力的发展需要为依据组织教育教学活动,并不断修正干预方法,实现干预目标。

(3) 对家庭提供支持

孤独症儿童的家庭自孩子确诊后受到的精神上的打击和无助的恐惧是不言而喻的。精神上的打击,多数是不能面对或正视,这需要家长或家庭成员经过一段时间的思考和适应,之后可以自行解决。无助的恐惧,则不是能自行解决的。因为孤独症儿童家庭的无助主要来自需要面对社会服务的不足。就当下而言,即使是在发达国家,公共服务系统的支持也是有限的,甚至是混乱不堪的,而且总体来说效果是不尽如人意的。[1]

---

[1] DOMINGUE B. CUTLER B, MCTARNAGHAN J. The experience of autism in the lives of families[M]// WHETHERBY A, PRIZANT B. Autism spectrum disorders: a transactional developmental perspective. Baltimore MD: P. H. Brookes Publishing, 2000:369-393.

由于孤独症的复杂性,即使家庭成员付出爱心和努力,仍可能会经受到巨大挫折。因此,SCERTS模式提出对家庭的支持包括培训支持,即为家庭提供信息、知识和技巧以支持其孩子的发展;情感支持,即增强家庭成员应对精神压力和困难的能力。该模式要求在干预过程中临床工作者、教育工作者与家庭成员结成稳定的团队,共同关心孤独症儿童,经常交流各自的体会和经验,探讨成功或不成功的策略,一起关注儿童的进步和难题,持续地评估教育/治疗目标的适当性,共同寻找合适的干预方式和途径。

SCERTS模式强调交往支持的灵活机动,强调社会环境以及对孤独症儿童和家庭时刻变化的实际需要,强调儿童和家庭成员在积极互动中提升信心和能力。

拓展阅读

学习风格简介(Learning Style Profile,LSP),是SCERTS模式的建立者之一帕特里克·J.赖德尔(Patrick·J.Rydell)根据自己多年的临床实践与训练经验将SCERTS模式提炼出的浓缩版,主要用于康复师、家长了解孤独症儿童个体学习的风格特征和模式。LSP主要由10个组件组成:① 以物为导向到以人为导向。② 通过社交模型、示范和演练来学习。③ 通过多个合作伙伴获得社交线索。④ 物体、活动和人之间的灵活转换。⑤ 分享控制。⑥ 互动方式。⑦ 语言与言语交流。⑧ 执行功能。⑨ 远距离学习。⑩ 转换。这10个组件要在孤独症儿童的干预训练中有序建立。

(三) 相关评价

1. SCERTS模式的价值

该模式广泛吸收了当代孤独症干预研究的成果,且提供了个别化干预的新动向和新策略。

首先,SCERTS模式的研究团队在长期的实践中不懈努力,为孤独症儿童核心问题的解决提供了一个以综合性干预为主导的模式框架。

其次,SCERTS模式提出的综合性干预是全方位的综合。干预团队参与人员的全方位综合(专家、教师、家长);干预环境的全方位综合(教育环境、家庭环境和社区环境等);干预项目的全方位综合(社会沟通、情绪调节和交往支持等)。

最后,SCERTS模式强调把孤独症儿童看作儿童。激发孤独症儿童的行为动机和主动性是其重视的关键。在干预中重点关注儿童的感受和表达能力的发展,注重运用象征手段实现家庭中的人际交流,促进儿童的自我调节和互动能力。

2. SCERTS模式的问题

由于孤独症是谱系障碍,加之病因尚未完全明确,目前所有的干预手段都没有形成成熟且有效的典范式模式。

第一,孤独症儿童康复效果的评价标准还不具备严格的生态学效度,目前还是采用智商(IQ)或者采用干预后的教育安置(例如学校分班)的变化这种静态式的评估。由于多因素的限制,内容更宽泛、更具动态化和情境化的评估无法实现。对于干预方案的评估也要包括环境变量和人际互动的变量。SCERTS模式的评估也是如此。

第二,SCERTS模式的实施有预定内容和程序,是一种处方式的干预。实施者要按照处方进行操作。然而,对于孤独症儿童来说,在家庭自然环境中随时随地地进行干预是最佳方式。如果完全按照SCERTS模式进行操作,就常常会脱离生活实际中儿童的个人需要,脱离社会互动的情境意义和具体的生活功能。如对儿童的社交语言进行干预,如果完全根据预设的语法逻辑来展开,就会不契合当下儿童所处环境和社交场合的实际,变得为了干预而干预,而不是因环境、因事件变化而灵活干预。这也是教育干预的复杂性决定的。

第三,SCERTS这种综合性干预模式所需的人力、物力及财力庞大,这给干预的长期实施带来诸多不确定性,如干预人员的稳定性、经费来源的持续性等。

第四,该模式的习得,需要相关人员花费几年时间和大笔学费才能完成,这使SCERTS模式成为大多专业人员可望而不可即的技术。

拓展阅读

表 8-1　常见的孤独症干预模式简介

英文简称	创始人	创始时间	地域	简介
ABA	伊法·洛瓦斯（Ivar Lovaas）	1962年	美国	应用行为分析（Applied Behavior Analysis, ABA），是普遍用于对发育障碍的儿童进行早期行为干预与训练的操作性方法体系
TEACCH	艾瑞克·修普勒（Eric Schopler）	1970年	美国	结构化教学（Treatment and Education of Autistic and Communication Handicapped Children, TEACCH），是美国北卡罗来纳大学的一个公共卫生项目，即孤独症与沟通障碍儿童的治疗教育计划，也称为系统化教学法
SI	简·爱尔丝（Jean Ayres）	1972年	美国	感觉统合理论（Sensory Integration Theory），即"感统"，由南加州大学一位临床心理学专家创建
PRT	罗伯特·凯戈尔（Robert Koegel）等	1993年	美国	关键反应疗法（Pivotal Response Treatment, PRT），其前身是自然语言范式（Natural Language Paradigm, NLP），也是从ABA延伸而来，PRT的目的在于正向改变核心行为，进而增强儿童的沟通技巧、游戏技能、社交行为以及自我监控能力，随着关键领域的发展，实现流畅的整合发展目标，美国国家孤独症中心2011年认定，PRT是被证实有效的11种孤独症干预方法之一
RDI	史蒂芬·葛斯汀（Steven Gutstein）	1995年	美国	人际关系发展干预（Relationship Development Intervention, RDI）是近年针对孤独儿童的核心缺陷提出的训练方法，理论体系出现在2005年出版的著作《解开人际关系之谜》中
DIR	斯丹利·格林斯潘（Stanley Greenspan）	1979年	美国	基于发展、个别差异和人际关系的模式（Developmental, Individual-differences, Relationship-based Model, DIR），也被称为"地板时光"，目的在于建立照顾者和儿童之间稳定信任的关系，促进个体在社交、情感、学习能力发展，而不是在表面行为和症状方面下功夫

续表

英文简称	创始人	创始时间	地域	简介
PECS	安迪·邦迪（Andy Bondy）和洛里·弗罗斯特（Lori Frost）	1985年	美国	针对传统孤独症学童沟通训练的缺点，美国特拉华州孤独症项目（Delaware Autistic Program）发展了图片交换沟通系统（Picture Exchange Communication System，PECS），它是专为孤独症儿童设计的一套语言沟通法，依儿童的程度分阶段实施训练
PCI	杨宗仁	1997年	中国台湾	游戏与生活文化介入（Play- and-living Culture Intervention，PCI），遵循迈克尔·托马塞洛（Michael Tomasello）文化学习的观点来说明孤独症儿童的问题，即每一个婴幼儿不论是出生于何种文化，都能学会当地文化中的语言、风俗、习惯，包括衣食住行与应对进退的方式等，因而能在不同的情境中察言观色，表现出恰当的情绪与行为
SS	卡罗尔·格雷（Carol Gray）	1991年	美国	社交故事（Social Stories）是适合孤独症儿童学习社交技巧的方法之一，经过多年实践，已形成比较完善的体系
ESDM	萨莉·J.罗杰斯（Sally J. Rogers）	2010年	美国	早期干预丹佛模式（Early Start Denvel Model，ESDM），以实证研究成果与临床经验为基础，将治疗场所移至家庭环境中，为家长提供渐进性的指导，旨在通过亲子间的互动提高孤独症婴幼儿的多种能力，理论体系体现在著作《孤独症婴幼儿早期介入丹佛模式》，ESDM针对年龄在12～48个月大孤独症儿童的早期综合性行为干预方法

第三节　孤独症儿童的心理治疗

随着全社会对孤独症儿童群体的重视程度越来越高，对其康复方法的研究相继开展，人们发现，孤独症儿童很多伴有不同程度的心理困扰，如焦虑、强迫、恐惧、抑郁等。研究发现，心理治疗可改善他们的症状。本节主要介绍两种在孤独症儿童康复实践中使用较多且需要进一步研究和探索的心理治疗方法。

一、沙游治疗

由于孤独症儿童存在语言交流障碍,他们无法很好地使用语言表达自己的观点或情绪体验。因此,在对孤独症儿童的烦躁、情绪不稳、多动、冲动、自伤等心理行为问题进行处理时,临床中的言语面谈式的咨询并不适用,而沙游疗法是一种"非言语性"治疗方法,孤独症儿童可以运用少量的语言甚至不需要语言来表述自己的内心状况,从而使治疗师了解更多他们内在的心理需要,帮助他们缓解焦虑和压力,以减少他们负面情绪的发生。

(一)沙游疗法的含义与缘起

沙游治疗又称沙盘游戏疗法、沙盘疗法、箱庭疗法、沙箱疗法,其工具包括沙、水、沙具和特定尺寸规格的沙箱。来访者需要在沙游治疗师的陪伴下,利用上述工具在沙箱内完成作品,通过作品来反映个体或群体的无意识心理活动内容,是一种流行的表达性心理治疗方法。[1]

沙游治疗的缘起要追溯到20世纪初,一位英国作家韦尔斯(H. G. Wells)在家庭生活中深感自己与儿童交往缺乏技巧,无法处理好与叛逆期孩子的关系,经过细心观察,他发现,通过融入孩子们自发的创造性游戏,可以非常快速而有效地融入孩子的精神世界,帮助家长理解孩子的情感需要,培养其想象力及其他重要心理品质,他根据这类游戏活动的特征,归纳总结了一套"地板游戏"方法。

至20世纪20年代,英国儿科医生M.劳恩菲尔德(M. Lowenfeld)受到韦尔斯的启发,在从事儿童心理卫生工作的过程中发现,如果给孩子们一个自由创造的空间,他们会自发地亲近沙子,并在成人提供的条件下,主动运用各种各样的玩具,结合沙子,塑造出一幅幅创意作品,而在这个过程中,孩子们的各种心理问题也得到极大缓解。劳恩菲尔德将这种游戏方法系统化后

---

[1] 沈悦.沙盘游戏疗法在孤独症儿童中的应用研究[J].科学大众(科学教育),2020(7):82.

命名为"世界技法"。

沙游治疗自20世纪80年代以来,在全球范围内得到广泛运用,尤其在学校教育、心理健康、心理治疗、特殊儿童教育干预等领域,迅速推广,已经发展为一种成熟而有效的心理治疗方法。各种相关专业机构也纷纷建立,如国际沙盘游戏治疗协会(International Society for Sandplay Therapy, ISST),由卡尔·荣格(Carl Jung)的学生,沙游治疗的创始人多拉·卡尔夫(Dora Kallf)于1985年建立,为沙游理论及其实践提供全球性的交流和讨论。我国于20世纪90年代引入此理论,并在申荷永、张日昇等心理学家的带领下做了大量关于沙游的实践与研究工作。近年,随着心理治疗和心理咨询的发展,沙游治疗越来越受欢迎,在和各种疗法的共同使用过程中发挥着越来越大的作用。[①] 在孤独症儿童的教育干预中,沙游疗法也有了越来越多的研究与实践。

(二)沙游治疗的理论基础

瑞士心理治疗家荣格的学生多拉·卡尔夫(Dora Kallf)女士在偶然的际遇下接触观摩了劳恩菲尔德的"世界技法"演示过程并深受震撼,后在"世界技法"基础上,卡尔夫融合了荣格分析心理学和中国文化两大思想,将韦尔斯的"地板游戏"和劳恩菲尔德的"世界技法"整合在一起,因而通常认为沙游治疗的理论基础是荣格的理论和中国文化。

荣格将个体的自我发展看成是由个体潜意识(personal unconscious)和集体无意识(collective unconscious)两个来源构成。前者主要包括各种带有感情色彩的情结,它是个体心理生活的主要内容,以区别于其他个体的心理活动;后者的内容则主要指原型(archetype)。原型及原型理论是荣格分析心理理论的核心构成,荣格用它来表示人类心理中所包含的共同精神遗传。荣格认为人的集体潜意识由本能和原型构成,本能是个体与生俱来的行为倾向,原型则是个体与生俱来的思想倾向,且不为个体自身所觉察。而原型包括了各种原始的结构元素,这些元素来源于久远的集体生活和渊远文明,一旦形成就以集体潜意识的形式世代相传,并作用投射于集体内部的每一个个体成

---

① 吴梅宝,吴明霞,汤万杰.沙盘游戏的发展以及理论分析[J].黑龙江教育学院学报,2009(9):85.

员,因而,原型的意向或象征物往往能够使集体中的成员产生尊敬、恐惧、崇拜等感情。原型的数量是无限的,并渗透于生活各个层面,神话、梦、幻想、宗教仪式、艺术作品就是大量承载原型素材的体现。

卡尔夫除了将荣格分析心理学理论引入沙游治疗,也深受中国文化和哲学思想的影响。她在著作中把中国宋代儒家理学思想的开山鼻祖,文学家、哲学家周敦颐的新儒学思想与沙游融合,尤其是把太极图作为理解沙游治疗机制的重要理论基础,太极八卦和阴阳五行的外物化理论被作为解释沙游治疗方法技术的内在核心结构的重要基石。

在沙游治疗过程中,沙具模型的选取、沙子图形的塑造、沙具和沙子结合所产生的整体意象,都具有象征的意义,都包含着原型的成分。来访者通过摆放沙具使不能觉察的内心世界具体化,激活情绪体验,个体能在意识层面将无法通过言语表达的情绪形象化,使无意识心理压力、消极情感、创伤记忆得以宣泄,使内心世界得到修复,并在行为层面逐渐产生影响,达成与自身的和解。[①]可以说,沙游治疗的方法提供了一条通向无意识的途径,在这种形式下,来访者的心理防御会逐渐降低,并可以通过运用沙具打造各种作品,来达成与自己内心的沟通,使心理世界与外部世界恢复平衡关系。而沙游治疗师的角色类似保护者和助手,在建立与来访者的信任、稳定的良好关系基础上,在必要的时候通过共情、质询、分析等手段保护来访者,帮助来访者增进自我理解,实现自身的和解与成长。[②]

拓展阅读

申荷永,心理学家。国际分析心理学会(IAAP)心理分析师,国际沙盘游戏治疗学会(ISST)心理治疗师,IAAP暨ISST中国发展组织负责人,华人心理分析联合会(CFAP)创办会长,心理分析与中国文化国际论坛(1998—2013)主要组织者。长期致力于中国文化与心理学研究的深度融合,为沙游疗法在我国的推广做出了贡献。出版《心理分析:理解与体验》《中国文化心

[①] 李龙珠,陈顺森.箱庭疗法在幼儿心理咨询中的应用价值[J].闽南师范大学学报(哲学社会科学版),2016(4):111-112.

[②] 沈悦.沙盘游戏疗法在孤独症儿童中的应用研究[J].科学大众(科学教育),2020(7):82.

理学心要》《沙盘游戏疗法》《团体动力学》和《心理场论》等 10 多部专著,在国内外学术期刊发表论文 60 余篇;主编"点金石心理分析译丛""心理分析新视野""心理分析与中国文化丛书"和"心灵花园:沙盘游戏治疗丛书",主编《心理分析》杂志;"心灵花园"公益项目发起人及组织者,创办广东东方心理分析研究院。

张日昇,北京师范大学心理学教授,于 1998 年将箱庭疗法正式介绍到中国,多年来一直致力于咨询心理学的教学、研究,特别致力于箱庭疗法的理论研究、临床实践和推介工作。曾出版《青年心理学》《咨询心理学》《咨询心理学》等心理学专著。2006 年 5 月,张日昇教授的《箱庭疗法》由人民教育出版社出版,该书是目前国内最完整、最权威的箱庭疗法专著。2016 年 10 月,张日昇教授的《箱庭疗法的心理临床》出版,被誉为"箱庭疗法应用于心理临床的精粹案例之集大成"。

(三) 沙游治疗在孤独症康复治疗领域的运用

沙游治疗的非语言性特点,及其可操作性和趣味性,易于吸引儿童,能更好地克服孤独症儿童的症状所带来的交流障碍,患儿可以用手来创造"心灵语言",以沙具为文字来描述内心,将无意识心理内容可视化、立体化,从中获得自愈的能量。因而,沙游疗法对于孤独症儿童具有很强的适用性。[1]

孤独症儿童在做沙游治疗

一项针对沙游疗法在孤独症谱系障碍儿童社会交往行为发展中的影响的研究显示,经过约 9 个月的沙盘游戏治疗,患儿的社交兴趣得到了拓展和提升,对人的关注显著增强,在此基础之上,交流技能以及社交品质也获得改善。[2] 还有一些研究者报告称,经过中长程的沙盘游戏治疗,孤独症儿童的核心障碍有所消退,对愤怒等极端情绪的觉察和控制能力有所增强,刻板行为的出现频次降低,言语交流、自我照顾等方面能力均有一定提升,总体优于对照组患儿。[3]

---

[1] 傅佳丽. 互动式沙盘对自闭症谱系障碍儿童社会交往的影响[J]. 心理月刊,2020(13):6.
[2] 沙鹏,张海滨,刘全礼. 沙盘游戏治疗对孤独症谱系障碍儿童社会交往行为发展的影响[J]. 中国特殊教育,2022(8):57-58.
[3] 严宇虹. 沙盘游戏对孤独症谱系障碍儿童的实证干预研究进展[J]. 心理月刊,2022(14):239.

此外，还有一些研究者将团体沙游引入孤独症儿童的康复训练，如开展两名及以上孤独症儿童的团体沙盘游戏活动，或进行融合团体沙盘游戏活动，即引导普通儿童分阶段参与孤独症儿童团体沙盘游戏活动，研究结果显示，团体沙盘游戏活动在改善孤独症儿童核心症状方面的效果明显优于个体沙盘，尤其是有普通儿童参与的团体沙盘游戏，改善效果更加明显。团体沙盘游戏治疗也被用于孤独症儿童亲子关系的干预，父母的参与能在相对高质量的互动中改善家庭亲子关系，进而促进孤独症儿童心理水平的发展。

总之，沙游治疗在帮助孤独症儿童提升社交能力、学习克制不良情绪，发展言语沟通能力、眼神交流能力，促进亲子关系，缓解刻板行为等方面均有很多成功的经验。

（四）孤独症儿童沙游治疗的要素及注意事项

1. 孤独症儿童沙游治疗的要素

对孤独症儿童进行沙游治疗所需要素（硬件）与其他沙游治疗没有区别，包括：沙箱、沙子、沙具，水，以及一个经过合理设计的房间和可供治疗师、来访者坐的桌椅等。

（1）沙箱

沙箱内侧的国际标准尺寸为 57cm×72cm×7cm（如图 8-2）。箱子底部涂成蓝色，是为了使人在挖沙子时产生挖出"水"的感觉，箱子四侧的蓝色代

图 8-2　沙盘游戏中使用的沙箱

表着天空。箱子是一个有边界限定的容器,四角代表着"天圆地方"的大地,大地作为母性的象征给来访者一种安全与受保护的感受,箱子的重要作用是保护制作者自由地表现内心世界。在面对不同的来访者时,沙箱的规格一般是不变的,但沙箱架的高度需要根据来访者的身高体型进行调整,以来访者坐在沙箱边摆放沙具时感到舒适为佳。

小知识

为什么沙箱都是长方形的?

长方形的沙盘设计是有一定考量的。长方形相较于其他常见形状,比如正方形或者圆形而言,更具有不平衡性,会令观者产生紧张感,使人有移动和进入的意愿,人们需要在长方形中不断进行上下左右的调整才能确立图形的中心位置。而正方形或圆形等图形则缺乏这样的特质,它们全然对称,容易使来访者的注意力困于图形中心,无法流动。而其他不规则图形既不符合人们对规则图形的偏好,也不利于来访者从中确立中心位置。因此沙游治疗中使用的沙盘均为长方形。

(2) 沙子

沙子是沙盘治疗中必不可少的,沙子为来访者提供了非言语的交流方式,玩沙也能给人自由、放松、休憩的感觉。沙子一般为黄色或白色天然细沙,以覆盖沙箱一般高度为佳。由于一些来访者希望在沙游时加入水,有的沙游师工作时,会准备两箱沙子,一个干沙箱,一个湿沙箱,以满足不同来访者的需求。

(3) 沙具

沙具的种类繁多,主要包括植物类、人物类、神话、宗教、军事、建筑类、动物类、生活用品类、自然景观类、交通运输类和食物果实类等。沙具是无意识语言的象征,在沙游中以三维空间的方式展示来访者内心活动。沙具的数量没有特定要求,能够充分表达来访者的内心即可,但一般来说,越多越好,一般的沙游工作室通常沙具数量都超过千种,即使如此,沙游师仍然会在其职业生涯期间,利用各种契机搜集沙具,不断丰富沙具柜。

(4) 水

水在沙游治疗中属于可选项。有些来访者需要用水或者湿沙来展现沙盘中各种要素的溶解、融合，进行创造或毁坏，因此，沙游室中一般需要储备一些水以及喷水的容器，如果有条件的话可以设计一个水槽。不过湿沙在使用完成后整理、晒干比较费时，且一些具有攻击性的来访者可能会把掺了水的沙子弄得到处都是，因此，加了水的沙游通常会使治疗结束后的清理工作变得更为烦琐，这也可能令沙游师感到困扰。是否在沙游室提供水，通常由沙游师根据实际需要来决定。

(5) 房间设计

沙游的房间没有固定大小，但应根据不同的用途需要进行合理的设计。比如包含团体沙盘游戏项目的沙游室要比只做个体沙游的沙游室大一些，但总体不能太大，避免来访者在空旷的空间内产生不安的感受。沙游室的采光要充足，但不宜有太多窗户，室内应有舒适的沙发供来访者休憩，有纸巾可供方便拿取，有照相或录像设备用以记录。可在沙游室内摆放或壁挂钟表，但应大小适中，且避免放置在来访者座位的正对面，以免导致来访者产生时间紧迫感，增加压力。此外，室内装饰品也不宜过大，避免产生压迫感。总之，沙游室的空间设计以自然、温馨、放松为主基调。

2. 孤独症儿童沙游治疗的注意事项

(1) 治疗师需充分了解个案病史

孤独症儿童的疾病表现个体差异大，即使是同一症状，表现的形式、程度也可能存在巨大差别。只有做好准备工作，充分了解个案的病史，才能有针对性地创设适宜个案的沙游环境，制定符合个体需求的治疗方案。

(2) 治疗师应充分尊重孤独症儿童能力差异

孤独症儿童的核心症状以社会交往与言语沟通障碍、兴趣狭窄与刻板行为为主，在沙游过程中，他们的意识与行为的转化更为困难。对于部分患儿来说，可能会持续二三十次甚至更多次重复徘徊在类似的主题表达中，沙盘内容的建构在初期往往也会比较空洞而缺乏主题。因此，更需要治疗师保有积极的态度和足够的耐心。

二、绘画治疗

绘画应用于心理治疗,有其独特作用,它不仅可以处理人们的情绪和心理创伤问题,还可以使心理障碍患者的自我形象、自尊或自我概念、社交技能等方面得到提升,促进语言的发展与认知功能的改善。有研究表明,绘画治疗特别适合不能说话或不想说话的患者,如孤独症、失聪、迟钝、大脑损伤、妄想患者;还适合用于对言语治疗有阻抗的人,如对谈话疗法有抵触情绪,而其他方法均无疗效的患者。目前,绘画治疗在西方国家已经得到广泛的应用,成为心理治疗的主要技术之一。在我国,绘画治疗的研究起步较晚,目前尚未成为成熟的专业领域,特别是对孤独症儿童的绘画治疗研究还需要更多的探索和实验。

(一) 绘画治疗的含义

绘画治疗(art therapy)是一种以精神分析心理学、脑科学、艺术学等理论为基础的治疗方法。绘画治疗是自我表达的活动过程,来访者通过美术创作,以绘画的艺术形式形成自由联想,将潜意识中压抑的心理活动内容投射在自由创作的过程与作品中。训练有素的治疗师通过对绘画过程与作品的观察与分析,了解来访者的情绪、认知水平等心理状态,通过与患者的沟通与交流,使个体或团体成员达成调节情绪、减少负面情绪、探索内在自我、促进自我意识、治愈精神疾病、促进身心成长等目的。绘画治疗的手段接近自然,允许来访者通过口语、非口语的形式进行表达,实施门槛低,实施过程注重环境的创设,善于营造放松的体验,使来访者通过视觉心象的表达,抒发内心深处未能表达的思想和情感。[①]

(二) 绘画治疗的基本原理

1. 心理发展阶段论

心理学研究认为,人的心理发展具有阶段性,这是影响不同年龄段个体

---

① 崔建华,谢小璐. 对自闭症儿童进行绘画治疗干预的实验研究[J]. 唐山师范学院学报,2013(4):127-130.

绘画特征的主要因素。心理发展阶段的研究以皮亚杰和埃里克森的理论最为著名。

(1) 皮亚杰认知发展理论概要

皮亚杰的认知发展理论把儿童的认知发展分为四个阶段。

第一,感知运动阶段。感知运动阶段包括出生后至2岁这一时期,即婴儿时期。这个阶段的儿童处于语言、意识、表现萌发的时期,探索世界的主要方式是通过感官动作,是主客体分化以及因果概念形成的时期。

第二,前运算阶段。前运算阶段包括2岁至7岁这一时期,随着表象能力的提升,这一阶段的儿童开始发展出象征功能,逐渐形成形象思维能力并迅速发展,思维方式有了质的飞越。

第三,具体运算阶段。具体运算阶段包括7岁至12岁这一时期,这个阶段的认知发展核心特点是出现思维的可逆性,初步萌发逻辑思维的能力,能解决分类、守恒等问题。

第四,形式运算阶段。形式运算阶段包含12岁以上的年龄段。此时人的思维已能摆脱具体事物的束缚,不受具体事物内容的局限,能把形式与内容分开,进行抽象的逻辑思维,即能运用符号进行命题演算,能根据假设进行逻辑推理。

学龄前儿童的认知发展主要经历感知运动阶段和前运算阶段,绘画治疗的研究多以前运算阶段为主。前运算阶段的幼儿以表象为思维的主要形式,从这个阶段开始幼儿对绘画产生浓厚兴趣,喜欢把绘画作为表达自己的情感和想法的重要手段,并且幼儿的绘画能力发展受到认知水平发展的制约。皮亚杰及其他学者的后续研究也支持了这一观点,他们认为幼儿的绘画能力是有既定规律可循的,如3岁时会画圆,4岁画方框,5岁能画三角形,6岁左右能画菱形。而随着逻辑思维能力的逐渐形成和发展,绘画会逐渐摆脱自我中心,呈现理性的趋势。

(2) 埃里克森人格发展理论

埃里克森根据个体自我意识的发展将人格的发展划分为八个阶段,分别是口欲期、肛门期、性器期、潜伏期、两性期、青年期、成年期、老年期。这八个阶段是以固定不变的顺序出现的,这种固定顺序具有跨文化的稳定的特点,每个阶段都有针对性的社会心理发展任务和重要转折点,如果能顺利度过转折点,则会形成积极的自我力量,更好地适应环境,反之则会削弱自我力量,阻碍个体的环境适应。

儿童的人格发展主要包括从口欲期到潜伏期四个阶段,涵盖 0~12 岁这一年龄范畴,这四个阶段的人格发展任务分别是信任感的确立、自主性的发展、主动性的形成、勤奋感的获得。如果儿童能在各个阶段获得良好的教养环境支持,则形成积极的人格品质,反之,如果养育者采取否定、压制,或过度关注等方式,则可能形成相反的品质,如不信任、怀疑羞怯、内疚及自卑。

绘画作为儿童期比较常见的情绪和想法的表达手段,其主题和内容的呈现也往往与儿童的人格发展水平有密切联系。

(3) 其他阶段理论

中国心理学家黄翼在 20 世纪 30 年代研究了不同年龄段儿童的绘画作品后发现,儿童的绘画水平会随着儿童心理发展水平的变化呈现出不同的特征。他提出了儿童绘画心理理论,把 2~10 岁的儿童绘画心理划分为"涂鸦期""象征期""定型期"和"写实期"四个阶段。之后,儿童教育家陈鹤琴在对自己孩子的 431 幅绘画作品进行分析之后,也得出了类似的结论。

拓展阅读

黄翼(1903—1944),中国现代心理学家,擅长儿童心理学和实验心理学,被誉为中国儿童心理卫生工作领域的先驱。黄翼先生历经战乱年代,在极其艰苦的条件下坚持研究,生平成果丰富,如"儿童的物理因果概念"(Huang,1943)、"机械记忆中的组织、重复作用及学习意向的实验研究"(Huang,1944)、"儿童对刺激客体形状和颜色的提取"(Huang,1945)、"儿童'现象'解释中的选择原则"(Huang, Yang & Yao,1945)、"儿童泛灵论的实验分析"等,

图 8-3 黄翼

其在儿童心理卫生领域的理论研究与实践尤为人称道。他开设儿童心理辅导专门课程,培训相关工作人员,尝试推动在中国开设儿童心理辅导机构,开设以心理健康发展为目标的托幼机构。黄翼对中国近现代儿童心理健康事

业的推动做出了重大贡献,新中国成立以后,中国科学院心理研究所在资料室辟"黄翼先生研究专室",以兹纪念。[①]

美国美术教育家 V. 劳恩菲尔德(V. Lowenfeld)在 1962 年出版的《创造性与心理成长》一书中也提出了与黄翼先生类似的观点,他认为儿童美术发展与他们的心理发展阶段相匹配,并将 2~9 岁儿童的美术发展分为三个阶段。

第一个阶段是"涂鸦期"(2~4 岁)。此时儿童初次通过肌肉运动绘画,这个阶段的主要特征是涂鸦,并可以分为"乱线涂鸦""有控制涂鸦"到"命名涂鸦"三个过程。"乱线涂鸦"阶段,儿童的绘画是无控制,以各种无序的乱涂乱画为主,此时儿童获得了大量动觉经验;"有控制涂鸦"阶段以重复性的线条为特征;"命名涂鸦"阶段,儿童开始将绘画内容与某些来自经验的事物联系起来,并尝试给绘画命名。

第二个阶段是"前图式期"阶段(4~7 岁)。此时儿童处于自我中心阶段,并逐渐具备对事物进行象征性描绘的能力,例如用圆圈代表人的脑袋,用椭圆代表人的身体。但受自我中心心理特征的影响,此时的画作大多难以表达远近、立体等效果,而且无法将自己看不到却知道的东西也画出来。

第三个阶段是"图式期"阶段(7~9 岁)。儿童在这一阶段已能用几何线条的图式来表现视觉对象,图画内容往往表达个人经验和兴趣,喜欢突出自己认为重要的部位;符号和图式的运用经常发生变动;表现出空间感。

上述理论之间虽然有些差异,但总体反映了儿童绘画与其心理发展之间的密切关联,这些特征与皮亚杰的儿童认知发展阶段论中的阶段特征也具有高度的一致性。[②]

2. 投射理论

投射理论源自心理动力分析学中的心理防御机制理论,其创始人是弗洛伊德。在心理学中,投射是指一种心理防御机制,当人们长期承受压力或经历重大创伤性事件时,基于维护心理平衡的本能需求,会将负面体验和情绪压抑形成潜意识的一部分,而潜意识中的负面体验和情绪,又会在某些时刻

[①] 范庭卫.黄翼与中国儿童心理辅导的开拓[J].心理学报,2009(2):182-188.
[②] 周念丽,方俊明.利用绘画区分自闭症谱系障碍儿童功能的探索[J].心理与行为研究,2012(4):301-306.

反映在外界事物上，即为投射。比如"感时花溅泪，恨别鸟惊心"的体验，实际上是潜意识中离别时的哀伤心境投射到了花鸟身上，将原本不相干的情绪、态度等心理活动内容反映在了外物上。这些压抑的潜意识内容平时难以被觉察到，只能在没有特定意义的刺激下被投射出来，且投射的过程不受年龄、文化水平、认知方式等因素的影响。

投射理论是绘画治疗的重要理论依据。弗洛伊德的学生荣格在心理治疗中使用曼陀罗绘画技术，鼓励来访者用绘画的形式将心里的感受表达出来，常见的曼陀罗特征是圆形当中带有一个四方的结构（如图8-4），它被认为是很多文化的共性象征，代表内在秩序与平衡，通过对结构和颜色运用的分析，可以反映个体心理。

图8-4 常见的曼陀罗特征

又比如美术教育家玛考文（K. Machover）以精神分析取向来解释儿童人物绘画中身体不同部位的象征意义，尝试将人物形象的大小、位置、填补或省略的情况、线条、肢体的阴影、擦除痕迹等特征标准化，用以解释作者的情感和动机。

(三) 绘画治疗在孤独症康复治疗领域的运用

大部分孤独症儿童表现出不同程度的语言交流损伤，因而在一些依赖语言的心理测评、康复训练中，往往会面临障碍。而绘画治疗与沙游疗法一样，具有非言语性的特点,是孤独症儿童表达自己情绪和认知的良好方式。

绘画治疗在孤独症康复治疗中表现出一定的独特优势:第一,一幅绘画作品或系列作品可包容大量信息,如不同时间、地点的事件,呈现多种冲突的情感;第二,绘画治疗的工具简单多变,手法灵活,易于掌握,实施的门槛低,几乎任何人都可以参加;第三,绘画治疗由于其形式简单,可随时随地开展,有利于心理治疗常态化;第四,绘画治疗可为参与者提供宣泄和释放的空间,有利于来访者释放"毁灭性的力量"。[①]

目前,绘画治疗在孤独症儿童康复治疗领域的运用,比较常见的有:用于评估儿童自我概念、人格、家庭关系、智力的发展情况,诊断抑郁症等心理疾病,开展心理治疗工作,尤其是解决与情绪相关的问题。但无论是哪个领域,在运用过程中都不能作为唯一的判断标准,要结合其他方法综合进行判断。

拓展阅读

不同功能水平的孤独症儿童绘画作品有明显的质性差异。一般来说,高功能孤独症儿童比低功能孤独症儿童拥有更好的绘画心理表征能力。

华东师范大学周念丽、方俊明等人根据儿童绘画发展理论,对160名3~14岁孤独症谱系障碍儿童开展绘画投射测试研究,将孩子们的自由画(涂鸦)、绘人和家庭成员画进行赋值编码,尝试运用绘画区分孤独症谱系障碍儿童功能的可行性。

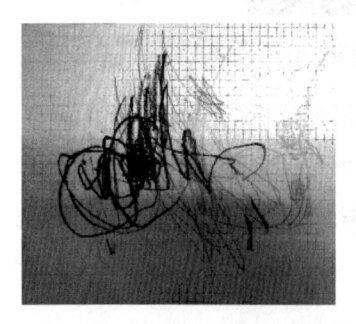

图8-5 一个8岁低功能孤独症儿童的涂鸦作品

结果显示:低功能孤独症儿童的作品都停留在信笔涂鸦水平(如图8-5),相当于2岁左右普通儿童在绘画中反映出来的心智发展水平。该类型患儿能流畅地运笔,画出相对较长的直线,且笔触较重,说明患儿执笔的稳定性有一定发展,但从作品中可看出,绘画的内容以涂鸦为主,呈现不规则的线团状,缺乏意向,没有创造性,与该类型儿童认知发展相对低下的程

[①] 崔建华,谢小璐.对自闭症儿童进行绘画治疗干预的实验研究[J].唐山师范学院学报,2013(4):127.

度相匹配。

中功能孤独症儿童的绘画特点是其绘人多为蝌蚪形,人物能摆在中间,身体各部分比例失调,肢体部位的准确性也较差(如图8-6),相当于3~4岁左右普通儿童的心智水平(如图8-7)。

图8-6 一个8岁中功能孤独症儿童的绘人作品

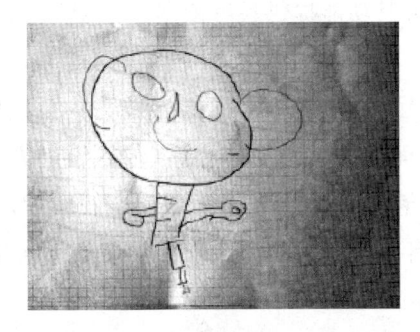

图8-7 一个3岁普通幼儿的绘人作品

高功能孤独症儿童绘人的能力明显更好,且能在家庭成员画中反映出家庭中的人际关系。下面是一组8岁的高功能孤独症儿童的绘画与6岁的普通儿童的家庭成员画的比较(如图8-8和图8-9),可以看到虽然两者尚存差距,但8岁的高功能孤独症儿童的绘画中有完整人形,身体各部分比例适中,能体现人物关系,人物面部表情丰富,能较明确地传递愉悦的情绪,还有在细节上体现观察的结果,如家长脸上的眼镜。从相关研究来看,绘画治疗总体上能反映孤独症儿童的心智发展水平。①

图8-8 一个8岁高功能孤独症儿童的家庭成员画

图8-9 一个6岁普通幼儿的家庭成员画

---

① 周念丽,方俊明.利用绘画区分自闭症谱系障碍儿童功能的探索[J].心理与行为研究,2012(4):301-306.

(四) 孤独症绘画治疗的要素及注意事项

1. 孤独症儿童绘画治疗的要素分析

从孤独症儿童的涂鸦、绘人和家庭成员画，可以推论其大致的自我意识和对他人认知的发展水平，从而能为区分其功能提供参考依据。

（1）涂鸦

第一层次水平为涂鸦，可用于推断无口头言语和象征游戏能力的孤独症儿童在色彩和空间感知、肌肉运动等方面的发展水平。要素包括：绘画内容的涂鸦是否有规则，是否有具象化的内容；绘画内容是否表现出空间概念；颜色的选择是否丰富；笔触力度是否与该年龄段儿童的腕部操作及精细动作水平发展相匹配。

（2）绘人

第二层次水平为绘人。美国心理学家古德伊纳芙(Goodenough)及其团队于1926年发表关于通过绘人来评估幼儿和学龄前儿童的智力发展水平的理论。通过大量的研究，他证明了儿童的绘画和智力之间的一些联系，其评价指标包括儿童画出人物形象的细节数量、身体各部分比例的协调性、线条的流畅性、身体各部位整合所表现出的动作协调性等。后来，古德伊纳芙还发现绘人测验不仅可以用来评估儿童智力方面的发展特点，而且也能揭示儿童的人格特征，这些工作丰富了儿童心理测评的理论与工具。

（3）家庭成员画

第三层次水平为家庭成员画水平。家庭成员画可被用作为心理测试的手段，是一类可直接对亲子关系进行评估的方法。该测验格外强调绘画中的"动作元素"，如"家我大小""活动一致性"和"画面布局"等元素，能显示家庭内部成员之间互动情况，以及人际情感联系状态。国内外学者对此进行了针对儿童的应用研究，取得了一些成果，如2016年的一项国内研究介绍了国际流行的"家庭动力绘画测验"的评分标准中各项量化指标及其操作定义，并比较了绘画测验和量表测验的结果，实验表明，绘画测验在儿童亲子关系评估中具有一定的有效性。[1]

---

[1] 张婧,雷秀雅.绘画测验在儿童亲子关系评估中的有效性[J].中国心理卫生杂志,2016(1):40-42.

表 8-2 "家庭动力绘画测验"的各项量化指标及其操作定义[1]

量化指标	操作定义
家我大小	绘画中"我"的大小,即"我"的头顶到两脚间中点的距离(以厘米计)
面部表情	绘画中"我"的面部表情,若呈现出积极情绪的表情记 0 分,中性情绪的表情记 1 分,消极情绪或未画出表情记 2 分
亲子相对距离	父亲/母亲与"我"的相对距离,即绘画中"父亲/母亲"的中心点到"我"的中心点之间的距离与"家我大小"之比
亲代相对大小	绘画中父亲/母亲相对于"我"的大小,即"父亲/母亲"从头顶到两脚间中点的距离与"家我大小"之比
亲子朝向	以绘画中的"我"为参考点,如果与父亲/母亲的朝向相对记 0 分,朝向相同记 1 分,朝向相背记 2 分
亲子阻隔	绘画中的"我"与父亲/母亲之间有无物体或其他人的阻隔,有其他人阻隔记 2 分,有物体阻隔记 1 分,二者都有记 3 分,无阻隔记 0 分
活动一致性	绘画中父亲/母亲是否与"我"一起在做一件事,做同一件事记为 0 分,否则记为 2 分
相对位置	绘画中的"我"与父亲、母亲的相对位置,如果"我"处于中间记 0 分,处于边缘处记 2 分,无法确定记 1 分
结构完整性	绘画中的"我"和父亲/母亲的形象是否完整,家庭成员中几人未画完整记几分,画完整记 0 分
人物缺失	绘画中的人物形象是否包括"我"和父母亲,缺少 1 人记 2 分,全部画出记 0 分
画面布局	绘画面积与画纸总面积之比,如果比例小于 1/3 记 1 分,小于 1/6 记 2 分,否则记 0 分
特殊主题	绘画是否属于反映亲子关系质量的特殊主题,如果绘画主题为"冲突(打架、争吵等)""全家一起睡觉""全家一起照相"或"全家一起看电视"记 2 分,否则记 0 分
绘画风格	绘画中是否出现波恩斯(Burns)的评估方法中提到的 8 种绘画风格(阻隔、包围、边缘化、折叠阻隔、底部线条、顶部线条、在特定的人物下画线、鸟瞰图)以及火柴人、棒形人、背面人,出现几种记几分,未出现则记为 0 分
家庭动力绘画测验总分	以上 13 项指标分数相加之和,分数越高说明儿童亲子互动情况越差

---

[1] 张婧,雷秀雅.绘画测验在儿童亲子关系评估中的有效性[J].中国心理卫生杂志,2016(1):42.

总体而言,家庭成员画中所表现出来的人物数量、人物的性别认知和人物关联这三个方面的特征,分值越高,说明儿童心理发展水平越高。①

2. 孤独症儿童绘画治疗的注意事项

绘画治疗应用于孤独症儿童康复训练中,需要注意以下几个方面。

第一,要根据孤独症儿童的心理发展变化制定不同的治疗方案,注意由易到难,由直观到抽象,训练计划要充分尊重儿童自身需要,在孤独症儿童个体发展特征基础上开展活动。

第二,绘画治疗可以很好地融入日常生活,要加强对家长的培训,以提高他们对孤独症儿童早期干预的意识,帮助他们树立信心,使其能够积极配合治疗师及教师进行有效的绘画治疗。

第三,孤独症儿童的治疗必须遵循长程的特点,绘画艺术治疗亦如此。除了症状缓解、能力发展需要长期训练的积淀,长程训练还可以防止孤独症儿童的退行性行为的发生。②

第四节 孤独症儿童的艺术治疗

艺术治疗兴起于20世纪四五十年代,是一种以心理学为基础,以艺术手段为表达形式,融合了教育学、精神医学、哲学等多种思想的心理治疗方法。来访者需要在艺术治疗师的陪伴下,运用各种艺术材料和手段,进行自我表达,使痛苦的经历、创伤得以减轻,或提高个人的认知能力,从艺术表达中获得乐趣等。当前,艺术治疗处于蓬勃发展中,特殊儿童康复领域也出现了很多艺术治疗方法的研究与实践,比较常见的有绘画治疗、音乐治疗和舞动治疗。由于绘画治疗的特殊性,我们已经把它放在上一节介绍,本节主要介绍后两种治疗方法。

---

① 周念丽,方俊明. 利用绘画区分自闭症谱系障碍儿童功能的探索[J]. 心理与行为研究,2012(4):301-306.
② 张雯,顾昭明. 自闭症儿童绘画艺术治疗的初步尝试[J]. 内蒙古中医药,2009(6):25.

一、音乐治疗

音乐治疗是一门既古老又新兴的学科。音乐治疗的历史非常古老,史前时期法师或巫师就通过音乐为背景的歌舞或降神仪式为病人"驱魔治病"。西方巴洛克时期有人提出了在疾病治疗中气质和特性理论,而我国则早在春秋战国时期《左转·昭公元年》便记载了音乐治疗对身心调节的功能,《黄帝内经》《乐纬》等古代典籍中也有"五音"与人的内脏器官和健康关系的记载。但是,音乐治疗成为一门学科是从1940年美国卡萨斯大学正式建立音乐治疗这门学科开始的,至今不到百年。目前,音乐治疗已成为具有多种治疗流派和上百种治疗方法的交叉性学科。

(一) 音乐治疗的含义

音乐治疗(Music Therapy)是一种包括治疗、调节、教育和训练等方式的综合性疗法,是音乐与生命科学相结合的产物,广泛运用于教育和医疗领域。音乐治疗能通过个体的听觉以及对音乐的反应开展听觉统合训练。聆听经过加工的音乐,即随机删除了低频和高频的音量不超过85分贝的音乐,对诸如生理缺陷、精神紊乱或情绪紊乱患者的生理和心理健康状况进行评估,利用音乐刺激和音乐体验的各种形式设计治疗方案,达成治疗目标。[①] 此外,在特殊儿童康复教育领域,对于部分具有一定音乐感知能力甚至是音乐天赋的特殊儿童,可以通过音乐治疗有效地改善其身心功能,矫治不良行为习惯,协调身心健康并提升生活品质。

音乐治疗在我国本土开展较晚,大约自20世纪末开始,逐渐有一些来自音乐学院的学者组建音乐治疗专业、出版著作、发表文章、培养学生,推动了我国音乐治疗方法的研究与运用实践,近年来,音乐治疗在特殊教育领域的应用也受到了更为广泛的关注。[②]

[①] 张焱. 孤独症儿童音乐治疗过程中若干问题的探讨[J]. 中央音乐学院学报,2006(2):123.
[②] 刘全礼,郝晓敏,付超. 我国特殊儿童音乐治疗的现状研究[J]. 昆明学院学报,2020(2):45-55.

(二) 音乐治疗的原理

1. 音乐治疗的一般原理

音乐治疗的出现源于医学心理学、物理学、美学及康复学等多学科交叉的理论和方法。音乐治疗的原理主要来自以下三个方面。

(1) 神经及内分泌原理

音乐作为有声、有韵律、有节奏的频率,会通过人听觉传导通路传入大脑皮质相关中枢,使局部皮质兴奋,并将冲动传至脑干网状结构及其他部位进行整合加工,通过传导纤维影响下丘脑、垂体等结构的内分泌功能,促使其分泌一些有利于健康的激素、酶等活性物质,调节局部血流量,提高细胞兴奋性,改善神经、心血管、消化及内分泌等系统的功能,可维护人的正常生理节律和心理平衡。例如人们在音乐会上所表现出来的兴奋和陶醉,就是人体产生了使人喜悦的内啡肽所致。

(2) 共振原理

音乐是人创作出来的适合人听觉享受的和谐的声波振动,这种振动可使人的颅腔、胸腔、腹腔及其内部的脏器组织产生共振,进而影响人体的脑电活动、心律及呼吸节律等。有研究表明,人体的细胞时刻都在振动中,而音乐这种外源性振动,可以起到对人体细胞的"按摩"作用,可以调节机体细胞的兴奋或抑制程度,从而改善人体功能。

(3) 心理学原理

现代社会人的工作、学习压力大,竞争激烈,心因性疾病激增。心理治疗认为通过自我情感的宣泄可以有效解决心理问题,作为使用便利的音乐,恰好具备了这一功能。音乐对人内心的安抚、情绪宣泄和情感激发有着非常奇妙的作用。

2. 音乐治疗用于孤独症儿童康复治疗的原理

音乐治疗运用于孤独症儿童康复训练的原理主要为三个方面。

首先,人类大脑对于音乐具有特殊敏感性。在0~12岁儿童阶段,适当的音乐刺激有利于儿童大脑皮层的发育,特别是神经元突触的生长,促进沟回的形成。已有研究证明,优美的音乐是增强大脑皮层跨区域神经网络的有效探针,可以诱导出更为复杂的神经连接,增强大脑的连通性,使大脑跨皮层信息流传输的效率更高。[①]

其次,音乐治疗被证明在多个领域对不同对象具有促进康复和发展的作用,国内外均有研究证明,通过音乐的手段能促进个体在集体协调、情绪调节、社交交往、个性成长等方面良性发展,如日本一项研究发现,打击乐的学习能加强身体机能的协调与反应,并有助于情绪的宣泄,以及抑制问题行为与不良情绪的滋生。港台地区在实践中也发现,歌唱、器乐演奏等音乐活动,能显著降低孤独症儿童自我刺激行为的发生,减少自言自语,有助于塑造生活和学习的正确行为,提升注意力水平。[②]

再次,孤独症群体自身的特征具有较强的音乐治疗适用性。大部分孤独症儿童有感觉异常的症状,其中比较常见的表现之一即为听觉异常。孤独症患儿的听觉异常行为主要包括听觉反应迟钝、听觉反应过敏、听觉恐惧和听觉特殊兴趣。重度孤独症患儿听觉恐惧的发生率往往高于轻度和中度孤独症患儿,且伴有其他感觉异常的孤独症患儿存在更多的听觉异常行为。[③] 有研究发现,孤独症儿童和普通儿童一样具有音乐的模仿能力,甚至很多孤独症儿童的音乐模仿能力比一些有音乐天赋的普通儿童还要高。这也是音乐治疗适用于孤独症儿童的重要依据。

(三) 音乐治疗在孤独症康复治疗领域的运用

法国耳鼻喉科布拉德最早尝试运用音乐的手段开展听觉训练,并形成了听觉统合训练理论,该方法引导患儿聆听经过加工过的音乐,这些音乐根据孤独症儿童听觉异常的常见特点,删除了低频和高频的音,音量控制在不超过 85 分贝,以达成听觉治疗的目标,这是目前比较常见的孤独症儿童听觉临床治疗手段。

过去 20 年来,我国的特殊儿童音乐治疗研究与实践取得了一些成果,主要表现为:在特殊儿童康复领域开展了许多实践工作,尤其是在孤独症儿童康复训练领域,音乐治疗的成果较多;研究内容以干预实施的过程为主,如运用音乐治疗的方法来进行孤独症儿童的动作干预、语言干预、社会交往等。

[①] 何裕嘉,张玮,郑高兴,等. 音乐增强大脑网络小世界特性[J]. 复旦学报(自然科学版),2017(6):693.
[②] 张焱. 音乐治疗干预高功能孤独症儿童行为训练的个案研究[J]. 中国特殊教育,2005(8):39.
[③] 谭迎花. 孤独症患儿听觉异常行为的研究[D]. 沈阳:中国医科大学,2012.

目前,音乐治疗在孤独症康复治疗领域运用主要包括以下技术。

1. 声音的模仿

声音模仿技术顾名思义就是以音乐为媒介,引导孤独症儿童模仿常见声音来与治疗师进行交流,如元音、辅音和语气词的发音。音乐治疗活动的设计中,患儿的哭闹、喊叫、无意识的声音都可以以音乐声音的元素来进行分解,治疗师可以通过使用乐器、人声、改编的音乐旋律等来模仿孩子们的哭闹或者无意识的细微声音,在互动中给予患儿支撑,也让参与活动的孩子在安全、自由的环境中对自身模仿能力进行挖掘,并在声音模仿的基础上,逐渐延伸至单音节、双音节等的言语交流。

2. 肢体的模仿

肢体语言一般手臂、手指、腿部、面部表情等的运动构成,是人际交流中的重要渠道,属于非言语交际手段。人们在生命的初期,都是以肢体语言的沟通为开端的。对于有言语障碍的儿童而言,运用肢体语言来表达与沟通,不仅可以满足交流的需求,还可以降低由于言语障碍或听觉感觉异常而引发的恐惧等负面体验。在孤独症儿童的康复训练中,康复训练时可以利用镜像原理和移情技术,运用多种音乐活动进行模仿互动,并且用声音或器乐回应或者模仿孤独症儿童表现出的节奏、音程、旋律、肢体动作,甚至哭闹,以促进患儿肢体协调性,并提升用肢体进行表达的能力。

3. 呼叫回应训练

呼叫回应训练主要包括即兴互动训练和奥尔夫音乐治疗。即兴互动训练通过即兴演奏的乐器声音(如鼓、钢琴、铝板琴等),及其演奏过程中产生的特点振动和表面触感,为患儿提供有声与无声的触觉和听觉体验,训练孩子们的手、眼、脑的协调性。如奥尔夫音乐治疗中,融合了儿歌、律动、舞蹈等多种音乐元素,在呼叫回应训练中,治疗师在特定的音乐节奏中融入指令、目光交流、表情等元素,可以改善孤独症儿童的语言能力,提高肢体协调能力。[1]

总体而言,音乐治疗在孤独症康复治疗领域的相关研究成果偏重一般性的介绍,音乐治疗方法的理论研究比较少见;在研究方法上,实验设计的成分较少,感性经验的介绍较多;研究者多以音乐院校科研工作者为主,教育学、

---

[1] 郝莉.音乐治疗与孤独症谱系障碍儿童康复[J].沈阳医学院学报,2022(2):180-181.

心理学等其他相关专业背景的研究者较少。

拓展阅读

孤独症儿童音乐治疗案例

案例基本信息：

68例孤独症患儿,按照简单随机法分为观察组(38例)和实验组(30例),观察组男22例,女16例,年龄(8.3±4.0)岁,对照组男21例,女9例,年龄(8.6±4.3)岁,两组一般资料差异无统计学意义。

筛查工具：

美国《精神障碍诊断与统计手册(第5版)》(DSM-5)中关于孤独症的诊断标准;无其他精神障碍疾病及其他重大疾病;未进行其他相关治疗。

实验设计：

① 对照组。

接受常规康复训练,包括心理疏导、生活训练、运动、饮食护理、感觉统合训练、听觉统合训练、语言训练及作业与游戏训练等(不接受下面的音乐治疗过程)。

② 治疗组。

在接受常规训练方案的基础上增加组内音乐治疗,具体方法如下:

频次:2次/周,每次治疗时长60分钟,持续15周。

形式:小组教学形式,治疗师为中心,患儿环绕就座。

音乐素材:按照类型分为打招呼类(如《问声好》)、情感类(如《好妈妈》)、社交类(如《找朋友》)、话题类(如《狐狸和葡萄》),每节课各类型选择一首歌曲。

治疗过程:

① 由治疗者带领组内患儿跟着音乐哼唱。

② 用通俗易懂的语言讲解歌词意义。

③ 鼓励患儿参与互动和讨论。如打招呼类鼓励患儿按照音乐中的内容主动对治疗师和其他患儿打招呼;社交类音乐中鼓励患儿介绍自己,主动与其他人交流,情感类及话题类鼓励患儿主动表达听完歌曲的感受及看法,并

积极与治疗者及其他患儿互相讨论并反馈自己观点等。

④ 以唱、讲、听、反馈及组内重复进行的模式进行。

⑤ 在治疗结束后鼓励患儿以书写板的形式表达出对下次音乐主题的期望。

注意要点：

密切观察患儿身体情况及情绪变化，注意排解疏通紧张、焦虑或抑郁等心理症状，必要时结合家长安抚；开展对患儿家长的相关知识普及和护理支持。

结果：

采用孤独症儿童行为量表（ABC）及音乐治疗量表（MTS），分别于治疗前、治疗1周后、治疗7周后、治疗15周后4个时间点评估患儿的社交及言语水平，发现与干预前相比，组内音乐疗法干预治疗可以改善患儿孤独症症状及社交与言语水平，值得在临床实践中应用与推广。①

二、舞动治疗

我国历史上，舞动治疗的思想早有记载。如《吕氏春秋》中写道："昔陶唐氏之始，阴多滞伏而湛积，水道壅塞，不行其原，民气郁阏而滞着，筋骨瑟缩不达，故作为舞以宣导之。"其意是指创造舞蹈就是为了解决人们的情绪抑郁和筋骨不适。

（一）舞动治疗的含义

现代的舞动治疗起源于美国。它又被称为舞蹈/动作治疗（Dance / Movement Therapy, DMT）。美国舞蹈治疗协会（ADTA）把它定义为"一种运用舞蹈或动作过程以促进个体情绪、身体、认知和社会整合的心理疗法"。舞动治疗是舞蹈、动作和心理治疗的结合，其发展受舞蹈艺术、动作研究和心理学的影响。② 这种方法强调动作与精神世界联系，其并不追求舞蹈技巧，但

---

① 赵永红,闻春波,戚亚敏,等.组内音乐治疗治疗自闭症患儿临床观察[J].实用中医内科杂志,2020(8):23-26.
② 李微笑.舞动治疗的缘起[M].北京:中国轻工业出版社,2014:5.

也不是简单的肢体放松,而是注重通过动作的接触、沟通、分享和互动,将身体探索、真实的需要、情感的宣泄与表达、身心的整合有机地结合起来,因此和一般的舞蹈表演和身体运动有明显区别。

常见的舞动治疗形式包括创意舞动、拉班动作。创意舞动是一种运用创造性动作进行自我表达的即兴舞蹈活动,可以在创造性的表达过程中,帮助人们碰触自我内心世界。拉班动作是运用舞蹈学自身理论对舞蹈动作的力和形态塑造等表现要素进行动作的记录与分析,为舞动治疗师更准确地分析与描述来访者的动作语言提供依据。

就儿童来说,舞动治疗能使参与者突破创伤精神的束缚,在放松的环境中达成身心的深度卷入,以非言语的手段,溯回创伤原点,进而将负面能量转换成积极的成长力量。[1]

(二) 舞动治疗的基本原理

舞动治疗的核心学科为心理学,具体包括发展心理学、团体心理学、变态心理学等,尤其是精神分析理论,对舞动治疗发展产生重大影响。[2] 舞动治疗发展至今,其主要原理包括以下内容。

1. 精神分析理论

精神分析心理学是一个大家庭,也是舞动治疗的重要基石,其中对舞动治疗产生深远影响的理论包括积极想象技术、客体关系理论和个体心理学等。

(1) 积极想象技术

积极想象技术也叫作主动想象技术,是以卡尔·荣格为代表的心理动力学派最主要的心理治疗技术之一。荣格认为想象的过程即意象的呈现过程是有生命的。所谓意象,在心理学中主要是指人脑对不在眼前的事物的心理再现,这个再现的形象,受到个体潜意识影响,往往会被赋予事物原貌以外的意义,因而意象象征着个体的潜意识心理活动内容。荣格提出,心理治疗的本质不是矫治、修正,而是拥抱和接纳,来访者应当保持无为的态度,充分体验积极想象的过程,跟随意象的缓慢变化,真诚地面对自己的内心世界,在治

---

[1] 黄任之.留守儿童心理创伤的舞动治疗[J].湖南第一师范学院学报,2019(5):39.
[2] 马古兰丹姆,周宇.舞蹈治疗原理及其在运动康复治疗中的应用研究[J].心理月刊,2019(1):42.

疗师的辅助下与自己达成共情。因而,心理治疗的过程应该是非理性干预的、自然的、真诚的。

（2）客体关系理论

客体关系中的"客体"最初由弗洛伊德发明,指除了主体以外的所有其他人、事、物。客体既可以是外在的,也可以是个体内在的,外在的客体通常是个体外部真实存在的某个人或事物,内在客体则是指个体的心理表象,即与外在客体相关的形象、想法、感觉,甚至是幻想。在此基础上,后由英国发展起来的精神分析学派分支整合成为客体关系理论,主要指主体与客体之间的关系。客体关系的形成受早期经验的影响,不同年龄段的个体其主体和客体的构成,以及两者互动的方式也有区别。如婴儿期的孩子对于自身、他人和世界的认知是不完善的,他们需要经历一个概念从模糊到清晰的过程,帮助婴儿完成这一过程的主要是大量的与外部互动的经验,凭借这些经验的积累,婴儿逐渐发展出一种相对稳定的外部(这一时期主要是指养育者)关系模式,而这种关系模式又成为婴儿后续发展的心理基石。当个体的特定发展阶段任务不能如期完成时,就会导致客体关系混乱,形成心理创伤甚至是严重的心理障碍。

（3）个体心理学理论

个体心理学理论由奥地利精神病学家、人本主义心理学先驱阿尔弗雷德·阿德勒(Alfred Adler)创立。阿德勒曾追随弗洛伊德,后因学术观点的分歧与之分道扬镳,自创个体心理学理论。

个体心理学认为,人具有天生的社会属性,依赖社会生活、社会交往、相互合作,个体的行为应由社会力量决定。同时,个体心理学也认为意识是人格的中心,人能意识到自己的行为动机,意识与潜意识并非完全割裂。人也能意识到未来的各种条件,通过制订计划来引导自身行为。虽然阿德勒也认同早期经验对人具有影响,但否认早期经验对人格发展的决定性作用。他强调意志水平对个体的意义,人生来就有向好的原始动机,它引导个体不断追求自我超越,并在这个过程中获得心理成长。

2. 镜像理论

镜像理论的基础是基于镜像神经元的系列研究。镜像神经元是一种具有特殊映射功能的神经元,它广泛分布于大脑,个体在互动观察中,能映射出别人动作、情绪和意图,镜像神经元是其重要的神经生理机制。[1] 人脑的镜像神经元系统在交互中解读他人的动作序列,生成自我动作序列编码,使人脑具有对动作理解、模仿和共情交流的能力。[2]

基于镜像理论,舞动治疗在操作过程中通过肢体表演与模仿,与来访者产生共振,创造共情的链接,激活其镜像神经元,使其能够从身体舞动中获得心理经验。

3. 具身认知

另一项来自心理学的研究也为舞动治疗的机制贡献了理论基础。社会心理学提出具身认知理论,即认为个体的学习行为中,身体不仅是活动的载体,更是身心交互的渠道,在整个学习过程中具有核心地位,以个体为中心的活动设计,本质上也是以个体的身体活动为中心,注重身体活动经验的建构。[3] 在孤独症儿童的舞动治疗中,患儿通过对他人肢体、面部表情等身体状态的感知,引起自身身体层面的模仿,进而引发相关情感体验,学习理解社会互动信息,提升处理应对能力。

4. 动作隐喻

动作隐喻是指在动作或姿势中,背后所蕴含的心理隐喻。如果情绪不健康,外在的身体形态也会扭曲。例如,有些人会屏住呼吸,限制身体空间的使用,断开身体各个部位的连接,阻断对内疚、攻击等感觉的体验。[4] 舞动治疗中,动作本身并不是核心,但是通过身体的动作,可以帮助个体了解自己,感受自己身体变化背后的表征意义,同时,通过控制身体的语言,探索新的表达方式,由外及内促进改变。

(三) 舞动治疗在孤独症康复治疗领域的运用

舞动治疗运用于孤独症儿童的治疗始于20世纪60年代,美国舞动治疗师贝丝·卡利胥-维斯(Beth Kalish-Weiss)在系统

舞动治疗

---

[1] 龚亮,汪凯,程怀东. 镜像神经元的功能及其临床应用[J]. 中国神经精神疾病杂志,2010(4):252.
[2] 胡俊. 认知、共情和审美意象——论镜像神经元对审美意象生成的作用[J]. 上海大学学报(社会科学版),2021(5):131-140.
[3] 宋耀武,崔佳. 具身认知与具身学习设计[J]. 教育发展研究,2021(24):74.
[4] 谢晖,王深. 舞动治疗的理论基础与研究现状[J]. 心理月刊,2018(2):32.

修习舞动治疗课程的过程中,特别关注孤独症儿童的心理动力性格和动作行为,后率先将舞动治疗运用于孤独症等特殊族群的康复领域,并形成了一套孤独症及其他非典型儿童的行为评价量表,建立了有效的儿童舞动治疗的评估方法。这些量表可以解释孤独症的身体动作模式,揭示心理功能发展过程中的连续性行为变化,能够为治疗师评估儿童的需要、制订治疗计划、选择介入时机提供有效帮助。[1]

当前,舞动治疗在孤独症儿童康复训练领域提供了很多新的视角。如通过空间、时间(如"快"与"慢"的训练,时间持续的长与短的训练等)、力量训练提升运动协调能力;通过姿势、即兴创编、想象、舞动发泄等训练发展前庭系统;通过舞动中的行为模仿、角色转换、同伴互动等训练交往能力。

拓展阅读

孤独症儿童舞动治疗干预效果实证研究

近20年来,舞动治疗在特殊儿童康复训练中所取得效果获得了越来越多的证明,其疗效逐渐明晰,以下是庞佳等学者归纳的孤独症儿童相关案例:一名5岁孤独症女孩接受了4个月的舞动治疗干预,量化研究结果发现,被试增加了60.5%的同步行为,从特殊教育中心转至普通幼儿园;对38名孤独症儿童(平均年龄5岁)的一项舞动治疗干预实验显示,实施每次30分钟,每周2次,共2个月的舞动治疗,质化研究结果发现,被试的刻板动作、胆怯、抵制教师等行为减少,执行任务行为增加,参与度显著提高;针对4名16岁到18岁的孤独症男孩实施近9个月的舞动治疗干预,每周1次,每次45分钟,量化研究结果显示,被试的团队凝聚力和对彼此的尊重与交流能力增强,且暴力行为显著减少,在干预结束后的1个月中仍有正向行为变化。[2]

孤独症舞动治疗案例

案例一:时间训练

通过速度的"快"与"慢"的训练,显示的是"何时发生的"。在"快"的动作

---

[1] 马古兰丹姆,周宇.舞蹈治疗原理及其在运动康复治疗中的应用研究[J].心理月刊,2019(1):42.
[2] 庞佳.舞动疗法运用于特殊儿童康复研究述评[J].中国特殊教育,2015(11):21.

训练中,感受能量的瞬间迸放及心理上的迫切感;在"慢"的动作训练中,感受缓慢、延绵的动态及形成从容的心理感觉。如速度的快与慢、重拍与弱拍的力量、时间持续的长与短等。如训练活动"走小路",治疗师引导"小朋友可沿一条小路走,也可以沿一条岔路走,在无人的路上快走、慢走或原地停留片刻……"这样时走时停,时快时慢,可以避免相互碰撞,逐步学会控制自己情绪,学会转弯、等待、谦让等,在不知不觉中摆脱了自我中心,增强了自我控制。

案例二:呼吸训练

通过呼吸练习,训练患儿的发声与语言沟通能力,如训练活动"吹泡泡""吹气球",当患儿吹出了泡泡或吹动气球时,治疗师要求他用手指一指,并随即用手触碰或抓住泡泡或气球,引导患儿说"我要泡泡""我喜欢气球"……对于某些没有言语能力的孤独症儿童,用儿歌加上动作配合做呼吸练习,可增强他们言语和非言语的表达能力。①

【本章练习题】

1. 试述早期干预丹佛模式的教学策略。
2. 试述社交情绪调控交互支持模式。
3. 什么是沙游治疗?简述其原理。
4. 什么是绘画治疗?简述其原理。
5. 试述音乐治疗的原理及其在孤独症康复治疗领域的运用。
6. 试述舞动治疗的原理及其在孤独症康复治疗领域的运用。

---

① 庞佳.自闭症儿童的舞蹈动作治疗[J].现代特殊教育,2009(9):33-35.